Michael Schratz, Angelika Paseka, Ilse Schrittesser (Hg.)

Pädagogische Professionalität:
quer denken – umdenken – neu denken

Impulse für *next practice* im Lehrerberuf

Michael Schratz, Angelika Paseka, Ilse Schrittesser (Hg.)

Pädagogische Professionalität:
quer denken – umdenken – neu denken

Impulse für *next practice* im Lehrerberuf

facultas.wuv

Michael Schratz
Dekan der Fakultät für Bildungswissenschaften und Professor für Schulpädagogik an der Universität Innsbruck.
Forschungs- und Arbeitsschwerpunkte: Schulforschung, Lehrerbildung, Qualitätsentwicklung, Management und Leadership. Mitglied internationaler Kommissionen und Arbeitsgruppen zur Lehrerbildung (Europarat, Europäische Union, OECD).

Angelika Paseka
Professorin für Erziehungswissenschaft/Schwerpunkt Schulpädagogik an der Universität Hamburg.
Forschungs- und Arbeitsschwerpunkte: Professionsforschung und Professionsentwicklung, Gender Mainstreaming und qualitative Methoden der Bildungsforschung.

Ilse Schrittesser
Institutsvorständin des Instituts für Bildungswissenschaft der Universität Wien und Professorin für Schulpädagogik/Schwerpunkt Lehrerbildung und Professionalisierungsforschung. Ab Oktober 2010 Professorin für Lehr- und Lernforschung an der Universität Innsbruck
Forschungs- und Arbeitsschwerpunkte: Professions- und Professionalisierungsforschung, Lehrerbildung, Lehr-und Lernforschung und Universitätsentwicklung.

Bibliografische Information Der Deutschen Nationalbibliothek

Die Deutsche Nationalbibliothek verzeichnet diese Publikation in der Deutschen Nationalbibliografie; detaillierte bibliografische Daten sind im Internet über http://dnb.d-nb.de abrufbar.
Alle Angaben in diesem Fachbuch erfolgen trotz sorgfältiger Bearbeitung ohne Gewähr, eine Haftung des Autors oder des Verlages ist ausgeschlossen.

1. Auflage 2011
Copyright © 2011 Facultas Verlags- und Buchhandels AG

facultas.wuv Universitätsverlag, Berggasse 5, 1090 Wien, Österreich
Alle Rechte, insbesondere das Recht der Vervielfältigung und der Verbreitung sowie der Übersetzung, sind vorbehalten.
Umschlagbild: © Nikada, istockphoto.com
Lektorat: Susanne Müller, Wien
Satz: Florian Spielauer, Wien
Druck: Facultas Verlags- und Buchhandels AG
Printed in Austria
ISBN 978-3-7089-0609-6

Gedruckt mit Unterstützung des Bundesministeriums für Unterrricht, Kunst und Kultur und des Bundesministeriums für Wissenschaft und Forschung in Wien.

Inhalt

Angelika Paseka, Michael Schratz, Ilse Schrittesser
Professionstheoretische Grundlagen und thematische Annäherung 8

Michael Schratz
Professionalität und Professionalisierung von Lehrerinnen
und Lehrern in internationaler Perspektive 46

Ilse Schrittesser
Professionelle Kompetenzen:
Systematische und empirische Annäherungen 95

Angelika Paseka
Transformationen – Brüche – Entgrenzungen.
Personal Mastery als Suchbewegung 123

Erna Nairz-Wirth
Professionalisierung nach Pierre Bourdieu 163

Christina Schenz
Bildung und pädagogische Professionalität:
Vom Versuch, gleichzeitig über einen weißen
und schwarzen Schimmel zu sprechen 187

Andrea Fraundorfer
Differenz und Professionalität:
Vom prekären zum produktiven Umgang mit Differenz
in Schule und Unterricht 218

Julia Köhler
„Es soll sich endlich hier was ändern!"
Empirische Befunde zur Professionalität von Lehrerinnen
und Lehrern aus der Sicht von Schülerinnen und Schülern 253

Vorwort

Im Jahr 2005 wurde vom damaligen Bildungsministerium (aktuell: Bundesministerium für Unterricht, Kunst und Kultur, BMUKK)[1] eine Expertengruppe unter der Leitung von Michael Schratz mit der Entwicklung eines Konzepts beauftragt, Thema und spezifische Problemstellung von Professionalität und Professionalisierung im Lehrerberuf mit Bezug auf eine sich zunehmend internationalisierende Bildungslandschaft zu bearbeiten und Entwicklungsfelder für die Zukunft aufzuzeigen. Die Arbeitsgruppe EPIK (Entwicklung von Professionalität im internationalen Kontext), der Vertreterinnen und Vertreter unterschiedlichster Systembereiche des Bildungswesens angehören – Vertreterinnen und Vertreter der Universitäten, der Pädagogischen Hochschulen, der Landes- und Bezirksschulinspektorate, der Verwaltung – erarbeitete auf der Basis ihres Auftrags in den vergangenen fünf Jahren sogenannte Domänen von Professionalität, deren Profil und Grundlagen im vorliegenden Band vorgestellt und aus unterschiedlichen Perspektiven beleuchtet und diskutiert werden sollen[2].

Einleitend werden zunächst die dem Domänen-Ansatz vorausgehenden theoretischen Grundlagen und Annahmen dargestellt. Anschließend werden Konzept und Bezugsrahmen der Domänen erläutert, um schließlich zu den im Band enthaltenen einzelnen Beiträgen überzuleiten, die ihrerseits das hier verfolgte Konstrukt von Professionalität aus unterschiedlichen Blickwinkeln schärfen und vertiefen und an weiterführende theoretische Fragestellungen anschlussfähig machen.

Michael Schratz (Innsbruck)
Angelika Paseka (Hamburg)
Ilse Schrittesser (Wien und Innsbruck)

---

[1] Sektion I, Internationale Angelegenheiten, SC Dr. Anton Dobart.
[2] Mitglieder der Arbeitsgruppe: Alfred Fischl (BMUKK), Peter Forthuber (PH Oberösterreich), Johannes Kainz (BSR Völkermarkt), Julia Köhler (Universität Wien), Fritz Lošek (LSR Niederösterreich), Angelika Paseka (Universität Hamburg), Michael Schratz (Universität Innsbruck), Ilse Schrittesser (Universität Wien), Andrea Seel (KPH Graz), Ramona Uhl (PH Oberösterreich), Silvia Wiesinger (BMUKK).

Professionstheoretische Grundlagen und thematische Annäherung

Eine Einführung

Angelika Paseka, Michael Schratz, Ilse Schrittesser

1 Versuch einer handlungstheoretischen Fundierung

Professionalität wird im vorliegenden Ansatz als Ausdruck *professionalisierten Handelns* betrachtet. Ihm wird vor dem Hintergrund der Ausdifferenzierung gesellschaftlicher Sphären die Aufgabe zugedacht, in krisenanfälligen gesellschaftlich hochsignifikanten Bereichen für die Bewältigung potenzieller oder realer individueller oder kollektiver Krisen zu sorgen. Dabei sind einerseits Bestand und Weiterentwicklung des gesellschaftlichen Zusammenhangs zu gewährleisten und gleichzeitig das Voranbringen oder Wiederherstellen einer so weitgehend wie möglich autonomen Lebenspraxis des Einzelnen sicherzustellen. Aus der beschriebenen Aufgabenstellung erklärt sich die besondere Handlungsgrammatik professionalisierten Handelns. Die von EPIK entwickelten Domänen von Professionalität leiten sich aus dieser spezifischen Grammatik ab – Näheres dazu später (siehe darüber hinaus auch die Beiträge von Schratz, Schrittesser, Paseka und Schenz im vorliegenden Band). Zunächst wird versucht, einen den EPIK-Domänen zugrunde liegenden begrifflichen Bezugsrahmen von Handeln und Handlung zu formulieren und damit die Frage nach der Beziehung von Mensch und Welt zu stellen bzw. herauszuarbeiten, wie diese Frage in die Konzeption der Domänen Eingang findet (vgl. zu den folgenden Ausführungen auch Schrittesser 2007). Der Blick richtet sich dabei zunächst auf die zugrunde liegenden anthropologischen Prämissen, die Raum für Veränderungen und sozialen Wandel denkbar machen.

Johann Gottfried Herder beschreibt 1770 in seiner *Abhandlung über den Ursprung des Menschen* die Sonderstellung des Menschen in der Natur, indem er den Menschen als mangelhaft ausgestattetes Wesen bezeichnet, das jedoch aufgrund dieser Mangelhaftigkeit besondere Kräfte – Verstand, Vernunft, Besonnenheit – zu entwickeln gezwungen ist. Herder argumentiert, und das ist das Interessante an seiner Darstellung, dass der Unterschied zwischen Mensch und Tier kein gradueller, sondern ein prinzipieller sei: „Es ist die *ganze Einrichtung aller menschlichen Kräfte; die ganze Haushaltung seiner sinnlichen und erkennenden, seiner erkennenden und wollenden Natur*; oder vielmehr – es ist *die einzige positive Kraft des Denkens*, die mit einer gewissen *Organisation des Körpers* verbunden, bei den Menschen so *Vernunft* heißt, wie sie bei den Tieren *Kunstfähigkeit* wird, die bei ihm [dem Menschen, Anm. der Autoren] *Freiheit* heißt und bei den Tieren *Instinkt* wird." (Herder 1770/1966, S. 26, Hervorh. im Original)

Der Mensch, auch wenn er in seinen Instinkten unterbestimmt ist, sei also zwar als mangelhaft ausgestattetes, aber auch als besonders begabtes Wesen zu betrachten. Neben Vernunft und Besonnenheit bzw. Reflexion sei dem Menschen die Sprache als wesentliche und schöpferische Anlage gegeben (vgl. ebd., S. 31f.) Auf der Basis dieser Grundannahme dekliniert Herder die menschlichen Kräfte in ihren diversen Erscheinungsformen (der Mensch als horchendes, sprechendes und merkendes Geschöpf), um schließlich die mangelhafte Ausstattung des Menschen, diesmal aus der Sicht seiner notwendigen Sozialität, noch einmal aufzugreifen: „*Eben deswegen kommt der Mensch so schwach, so dürftig, so verlassen von dem Unterricht der Natur, so ganz ohne Fertigkeiten und Talente auf die Welt*, wie kein Tier, *damit er*, wie kein Tier, *eine Erziehung genieße und das menschliche Geschlecht*, wie kein Tiergeschlecht, *ein innigverbundenes Ganzes* werde!" (Ebd., S. 97, Hervorh. im Original)

Die den Menschen auszeichnenden besonderen Fähigkeiten hängen demnach – so lässt sich Herders Argumentation verstehen – unmittelbar mit seiner zunächst mangelhaft wirkenden Ausstattung zusammen. Der Mensch: ein Widerspruchswesen, dessen natürlicher Mangel sich als Potenzial wenden lässt; die besonderen Anlagen bedürfen allerdings der Entfaltung durch Erziehung.

1803, etwa zwei Jahrzehnte nach der Veröffentlichung von Herders Abhandlung, wird Kants Vorlesung über Pädagogik publiziert. Auch Kant beschreibt den Menschen als ein durch Instinktmangel einerseits und Vernunftbegabung andererseits bestimmtes Wesen. Der Mensch brauche daher „Wartung und Bildung" (Kant 1803/1982, S. 10), Tiere hingegen brauchten weder das eine noch das andere. „Ein Tier ist schon alles durch seinen Instinkt; eine fremde Vernunft hat bereits alles für dasselbe besorgt. Der Mensch aber braucht eigene Vernunft. Er hat keinen Instinkt, und muss sich selbst den Plan seines Verhaltens machen."[3] (Ebd., S. 9)

---

[3] Die zitierte Stelle setzt sich wie folgt fort: „Weil er aber nicht sogleich imstande ist, dieses zu tun, sondern roh auf die Welt kommt: so müssen es andere für

Peter Kauder und Wolfgang Fischer interpretieren Kants Überlegungen zur Bestimmtheit des Menschen folgendermaßen: „Von seiner eigenen Natur her (Instinktdefizit *und* Vernunftbegabung) erwarten den Menschen zwei Aufgaben, nämlich zum einen, sich selbst zu erhalten, und zum anderen, zur Vervollkommnung der Menschheit mit beizutragen." (Kauder/ Fischer 1999, S. 101) Es ginge in diesem Prozess darum, Natur und Kultur zusammenzuführen. „Eine derartige Synthese [von Natur und Kultur, Anm. der Autoren] ist deshalb notwendig, weil der Mensch seiner (ihm eignenden) Natur nach sowohl qualitativ als auch quantitativ vom Tier wesentlich unterschieden ist: er ist nämlich dazu fähig, seine Natur umzuarbeiten und sich als Kulturwesen zu zeigen [...]. Als Wesen zwischen Natur und Kultur ist der Mensch nicht darauf eingeschränkt, sich biologisch-natürlich zu erhalten, sondern er kann die Selbsterhaltung zu einem Kulturprozess machen. Damit wird deutlich, dass die hinreichende, den Menschen zum Menschen machende Bedingung seine Fähigkeit zu handeln ist." (Ebd.)

Während Tiere instinktgeleitet und genetisch fixiert sind, ist der Mensch ein der Natur ausgeliefertes, in gewisser Weise zur Natur in Widerspruch stehendes und dennoch selbst natürliches Wesen. Durch seine Potenziale – Vernunft, Besonnenheit, Sprache – und durch *Handeln* kann jedoch sein Verhältnis zur Natur bestimmt und sein Überleben gesichert werden.

In moderner Wendung spricht Max Scheler mehr als hundert Jahre später von der „Weltoffenheit" des Menschen als Folge seiner Instinktarmut und bestimmt diese als Kennzeichen der „Stellung des Menschen im Kosmos" (vgl. Scheler 1928/1995). Etwa zur gleichen Zeit argumentiert Helmuth Plessner sein Verständnis des Menschen und seiner Spezifika in ähnlicher Richtung. Bei ihm ist die Rede von der „exzentrischen Positionialität", die der Mensch in der Welt einnimmt (Plessner 1928/1975), die ihn in eine Differenz zur Natur bringt und die bearbeitet und bewältigt werden will. Auch Arnold Gehlen – ein weiterer einflussreicher Vertreter anthropologischen Denkens Anfang des 20. Jahrhunderts – versteht in seinem Zugang den Menschen als besonderes Wesen. Er greift Herders Denkfigur der mangelhaften Ausstattung auf und prägt den Begriff des Mängelwe-

---

ihn tun." (Kant 1803/1982, S. 9) Dieser Strang wird hier nur am Rande angemerkt, weil er zwar interessant für das Thema des Bandes ist, nicht aber direkt zur hier verfolgten Argumentationslinie beiträgt. Diese zielt vor allem darauf ab, den Menschen als handelndes und aufgrund seiner besonderen Ausstattung zum Handeln aufgefordertes Wesen darzustellen.

sens als konstitutives Moment menschlicher Existenz. Vor diesem Hintergrund markiert er Handeln als das Schlüsselphänomen menschlicher Existenz und versucht nachzuweisen, „wie die Bestimmung des Menschen zur Handlung das durchlaufende Aufbaugesetz aller menschlichen Funktionen und Leistungen ist, und dass sich diese Bestimmung aus der physischen Organisation des Menschen eindeutig ergibt: ein physisch so verfasstes Wesen ist nur als handelndes lebensfähig." (Gehlen 1940/1993, S. 20)

Eine weitere Schärfung erhält der Begriff Handeln in Max Webers Verständnis. Handeln soll demnach „ein menschliches Verhalten (einerlei ob äußeres oder innerliches Tun, Unterlassen oder Dulden) heißen, wenn und insofern als der oder die Handelnden mit ihm einen subjektiven Sinn verbinden." (Weber 1919/20/1995, S. 303) Soll diese Prämisse kompatibel mit der Annahme eines dem Menschen innewohnenden Strebens nach weitgehend autonomer Lebenspraxis sein, so ist – aufgrund des existenziellen Unterworfenseins unter Situationsbedingungen einerseits und der Sinngebundenheit menschlichen Handelns andererseits – Autonomie in dieser Perspektive nur denkbar, wenn dem Handeln ein kreatives Moment innewohnt, das sich jeder determinierenden Dimension entgegenstellt und es dem Menschen ermöglicht, die sich ihm anbietenden oder entgegenstellenden Szenarien von Welt nicht einfach als Aufforderung zur Anpassung zu deuten, sondern aktiv, schöpferisch und sinnerfüllt zu gestalten.

Mit dieser Annahme leiten wir zur Darstellung eines handlungstheoretischen Ansatzes über, den Hans Joas in seiner Abhandlung zur Kreativität des Handelns vorlegt (Joas 1992/1996). Joas arbeitet für seinen Handlungsbegriff Kreativität als *analytische Dimension* allen menschlichen Handelns heraus. Er bezieht sich zunächst auf Herder und dessen Verständnis des Menschen als Mängelwesen, das im Unterschied zur Natur instinktmäßig nicht festgelegt ist und das aus dieser Differenzsituation heraus seine besonderen Eigenschaften zu entwickeln beginnt. Joas interpretiert die Position Herders folgendermaßen: „Eine von den Mängeln erzwungene, den Menschen aber ganzheitlich von den Tieren unterscheidende reflexive Distanz zu den Gegebenheiten der Welt und zu sich selbst wird [bei Herder] zum einheitsstiftenden Prinzip." (Ebd., S. 118) Vernunft und Sinnlichkeit seien im Begriff der „Besonnenheit" aufeinander bezogen und bestimmten die menschliche Umgangsweise mit sich und der Welt. Der sprachliche „Ausdruck" entstehe daher auch nicht in einem Dualismus von Innen und Außen – nicht etwas, was innen ist, dringt nach außen, um sich auszudrücken –, der sich ausdrückende Mensch erkenne sich vielmehr im Prozess des Sich-Ausdrückens selbst, werde dabei auch von sich überrascht und führe das zunächst Diffuse erst im Ausdruck, der sich immer an andere Menschen richtet, seiner Klarheit zu. „Damit hat der Ausdruck zwei Eigenheiten [...]. Zum einen gewinnen wir die Klarheit über die uns vorschwebenden Bedeutungsgehalte nur durch unsere Bemühung um deren Ausdruck; zum anderen stellen wir bei unserer Bemühung um einen Ausdruck das Ausgedrückte immer in einer auch für andere Menschen wahrnehmbaren Weise dar." (Ebd., S. 119) Ausdruck stellt für Joas allerdings einen Handlungstypus dar, in dem Kreativität nicht analytisch, sondern bloß metaphorisch repräsentiert ist – Ausdruck *steht* in diesem Sinne *für* Kreativität. Diese Einschränkung habe aber zur Konsequenz, dass – entgegen der These von Joas, Kreativität sei der Struktur allen menschlichen Handelns inhärent – alle anderen, dem Ausdruckstypus nicht zugerechneten Handlungsformen kein kreatives Moment enthielten.

In Auseinandersetzung mit der europäischen Lebensphilosophie (unter Rückgriff auf Schopenhauer, Nietzsche und Dilthey) entfaltet Joas im Kontext pragmatistischer Ansätze (hier vor allem unter Rückgriff auf Peirce, Mead und Dewey) seine Theorie der situierten Kreativität. Einerseits sei von der Sprache und andererseits von der Situation als jeweils gemeinschaftsbildende Dimensionen auszugehen. Wahrnehmung werde zwar zunächst unreflektiert von Gewohnheiten und scheinbar selbstverständlichen Gegebenheiten geleitet, die übernommenen Muster würden aber immer wieder durch die Widerständigkeit der Welt erschüttert. Es komme zur *Krise*, die nach einer *Rekonstruktion* des gestörten Zusammenhangs verlange. Diese Rekonstruktion sei nun insofern als kreative Leistung zu verstehen, als die Situation mit ihren Bedingungen die Kreativität menschlichen Handelns immer wieder herausfordert, die jeweiligen Lösungsentscheidungen aber nicht festlegen kann (ebd., S. 190). Die Menschen seien unter den gegebenen existenziellen Bedingungen von einer kooperativen Wahrheitssuche (bei Charles S. Peirce: „inquiry") geleitet, in deren Vollzug sie die Krisensituationen des täglichen Lebens gemeinsam so zu deuten versuchen, dass Selbst- und Welterkenntnis ein Bild ergeben, welches sich im Überlebensprozess als sinnvoll erweist und die menschliche Handlungsfähigkeit mit erweiterter Verfügungsmacht anreichert.[4]

---

[4] Zu einem ähnlichen Schluss kommt Oevermann in seiner Peirce-Interpretation, wo er Peirces Philosophie als eine „Philosophie der Krise" bezeichnet (vgl. Oevermann 2001).

„Jede Situation", schreibt Joas, „enthält nach Auffassung der Pragmatisten einen Horizont von Möglichkeiten, der in der Krise des Handelns neu erschlossen werden muss. Es werden Hypothesen aufgestellt: Vermutungen über neue Brücken zwischen Handlungsimpulsen und Situationsgegebenheiten. Nicht jede solche Brücke ist tragfähig. Gelingt es aber, eine neue Brücke zu schlagen, dann hat sich die Handlungsfähigkeit konkret angereichert." (Joas 1992/1996, S. 196) Die Situation ist dabei nicht nur als Beziehung zwischen Mensch und gegenständlicher Welt zu denken, sondern ist immer – wie schon in der doppelten Rolle der Sprache als Erkenntnis- und Vergemeinschaftungsorgan deutlich wird – sozial bestimmt.

John Dewey schließt in seiner Theorie der menschlichen Erfahrung an Peirce an: Alle Erfahrung entsteht in Deweys Sichtweise aus einer sich in der Situation stellenden, eine Spannung erzeugenden Problematik und den sich daraus ergebenden Handlungsoptionen. Ist eine Erfahrung ganzheitlich, d. h. schließen sich alle in der Situation stattfindenden Teilhandlungen zu einer gemeinsamen Bedeutung zusammen, so spricht Dewey von ästhetischer Erfahrung. Diese sei aber nicht nur im Akt des Künstlerischen zu suchen, sondern sei mögliche Dimension jeder Alltagserfahrung. „Weil [...] die wirkliche Welt – die, in der wir leben – eine Verbindung von Bewegung und Kulmination, von Bruch und Wiedervereinigung darstellt, wird ein Lebewesen der Erfahrung des Ästhetischen fähig. Immer wieder verliert es den Einklang mit seiner Umwelt. Der Moment, in dem ein gestörter Zustand in einen harmonischen übergeht, ist der Augenblick intensivsten Lebens." (Dewey 1934/1988, S. 25)

In einem solchen Moment sei das volle Potenzial menschlichen Handelns ausgeschöpft, sinnvolles Handeln sei in vollem Umfang möglich, da „alle Teilhandlungen vom Sinn der Gesamthandlung durchströmt werden und die individuelle Handlung als Teil eines überindividuellen Handelns erfahren wird." (Joas 1992/1996, S. 206) „Überindividuell" stehe dabei nicht synonym für ein Kollektivsubjekt, sondern bezeichne die soziale Einbettung menschlichen Handelns. Besonders die Kunst sei als exemplarischer Fall dafür zu werten, dass diese Art der Sinnerfüllung möglich ist und dass durch das künstlerische Schaffen immer wieder auch neue Erfahrungsweisen eröffnet werden (ebd., S. 209). Die ästhetische Erfahrung wird zum kreativen Moment menschlichen Handelns und Ausdruck der ihm inhärenten möglichen Steigerungsformen von Kreativität.

Vor allem aber ergibt sich ein weiteres notwendig kreatives Moment im menschlichen Handeln logisch aus der von Dewey behaupteten Interaktionsstruktur von Handeln und Umwelt. Der Mensch geht demnach nicht nach einer vorgefassten, von vornherein ein bestimmtes Ziel anstrebenden Vorstellung in eine Situation, sondern durch deren auffordernden und herausfordernden Charakter ist er immer auch ein Antwortender auf die Situation. Daraus ergibt sich die relative Unbestimmtheit der Handlungsziele und eine Reziprozität von Zielen und Mitteln: Erst im Handeln konstituiert sich, welche Orientierungen jeweils relevant werden, welche Wege eingeschlagen und welche Optionen wieder verworfen werden.[5] Dabei ist zwischen vorweg fremd gesetzten Zielen (dazu zählen sowohl Fremdzwang als auch Selbstzwang) und Zielen zu unterscheiden, die sich im Handeln in der Situation einstellen. So findet sich bei Dewey sowohl der Aspekt der Situiertheit menschlichen Handelns, der sich über den Prozess der Erfahrung äußert (man kann nur in Situationen zu Erfahrungen gelangen), wie auch der Aspekt der Kreativität, der einerseits als ästhetisches Moment und andererseits als notwendig erfinderische Antwort auf Situationen gedeutet werden kann.

Im Zusammenhang mit der von Joas behaupteten und zunächst aus der Situiertheit menschlicher Handlungen hergeleiteten primären Sozialität menschlichen Handelns wird auch auf George Herbert Mead zurückgegriffen. Mead bestimme die Quellen der Konstitution und Entfaltung des Selbst in der „Dynamik interpersonaler Beziehungen" als „social act" und verorte, so Joas, die Entstehung des Selbst damit in den Strukturen der Kommunikation. Die zentrale Bedeutung der Kreativität für Meads Persönlichkeitsmodell ließe sich „an seiner Instanz des ‚I' ermessen, das als Quell unantizipierter Spontaneitäten, die den Handelnden ebenso überraschen wie seine Partner, gedacht wird." (Joas 1992/1996, S. 202) Unvorhersehbar agieren zu können, darin lässt sich Kreativität verorten, aber eben nicht als personale Fähigkeit, sondern aus der Dynamik der Situation heraus. Darin liegt der Keim von Wandel: „In solchen Reaktionen des Einzelnen, des ‚I', gegenüber der Situation, in der er sich befindet, vollziehen sich die wichtigen gesellschaftlichen Veränderungen." (Mead 1973, S. 261)

---

[5] Vgl. dazu Joas' Erläuterungen des pragmatistischen Begriffs von Intentionalität als „Selektion eines dominanten Motivs." Im Fluss des Handelns erfolgt die Zwecksetzung als ein „Resultat der Reflexion auf Widerstände", auf die das Verhalten trifft (Joas 1999, S. 31).

Professionstheoretische Grundlagen und thematische Annäherung

Im Anschluss an die durch Peirce, Dewey und Mead formulierten Grundannahmen entfaltet Joas seinen Handlungsbegriff. Dieser bietet mit dem Motiv der Krisenbewältigung als Ausgangspunkt menschlichen Handelns und mit der kooperativen und sprachlich vermittelten Wahrheitssuche (Peirce), mit der aus der Situation genährten Welterfahrung als einem zwischen Zielen und Mitteln offen oszillierenden Prozess (Dewey) und der in kommunikativen Strukturen begründeten Konstitution eines spontanen Selbst (Mead) eine Heuristik, die auch der Anlage des vorliegenden Domänenkonzepts zugrunde liegt. Im Zusammenspiel von *Situiertheit, Krisenbearbeitung* und *Kreativität* entfaltet sich der Sinnhorizont menschlichen Handelns.

Um die bisherigen Überlegungen vorerst abzuschließen, ist festzuhalten: Der Mensch ist zum Handeln bestimmt, und dieses Handeln wird im hier verfolgten Domänenansatz als fundamentalste Form der Differenzbewältigung (Stichwort „Mängelwesen") verstanden. Jedes Handeln ist zwar an die Situation gebunden, auf die es zu antworten versucht; im Umgang mit den Situationsbedingungen ist es aber aufgrund seiner kreativen Dimension zukunftsoffen und relativ unbestimmt. Wenn Situiertheit und Kreativität grundlegende Dimensionen menschlicher Weltbewältigung darstellen, so stehen Entscheidungsoffenheit und Nicht-Determiniertheit menschlichen Handelns immer den vorweg gegebenen Bedingungen der Situation gegenüber. In ihrer situierten Kreativität treten die Subjekte den – ihre Entstehungslogiken in sich tragenden – Systembedingungen gegenüber. Die situierten und kreativen Momente verdichten sich im Zusammenspiel der Akteurinnen und Akteure zu einem Gemisch aus beabsichtigten und unbeabsichtigten Handlungsfolgen. In diesem Sinne ist von einem „realistischen" Systembegriff auszugehen, der von den Subjekten nicht absieht, sondern deren Handlungen als die (konkret körperlich zu verortenden) Ausgangspunkte von Systemprozessen versteht. Diese präsentieren sich dem Betrachter zwar als fertige Ergebnisse, dennoch bleiben die Strukturen gestaltungsoffen, auch wenn die Akteurinnen und Akteure gerade in komplexen und gewachsenen Systemen – das Bildungssystem ist ein gutes Beispiel – häufig einen anderen Eindruck haben. Dass Strukturen keine ausschließlich determinierende Wirkung zuzuschreiben ist, findet sich auch in Anthony Giddens' Theorie der Strukturierung, die eine weitere Spezifizierung des von uns entworfenen Domänenkonzepts in Hinblick auf das Zusammenspiel von Handlung und Struktur ermöglicht.

2 Handlung und Struktur

Der Begriff Struktur ist einerseits ein häufig verwendeter, andererseits ein unscharfer Begriff, der – salopp gesagt – oft alles meint, was als einschränkend erlebt wird. Das ist aus unserer Sicht eine verkürzende Sichtweise. Daher zunächst ein bildhafter Versuch, sich diesem Begriff differenziert(er) zu nähern und ihn in unserem Verständnis zu skizzieren:

Musik lässt sich in Noten, Notenzeichen und Anmerkungen verschriften. Die Art der Verschriftung unterliegt bestimmten Vorgaben, die von Menschen festgelegt und bereits über Jahrhunderte tradiert wurden. Noten werden aber erst dann zu akustisch hörbarer Musik, wenn sie durch Instrumente zum Klingen gebracht, wenn sie also interpretiert werden. Selbst wenn ein Musikstück viele Male wiederholt wird, gleicht keine Wiederholung einer anderen, eine identische Wiederholung ist ein Grenzfall und kaum vorstellbar. So wird mit jeder Wiederholung Bestehendes reproduziert, aber eben nicht ganz, denn es entsteht gleichzeitig immer etwas Neues. Metaphorisch lassen sich die verschrifteten Noten und Vorgaben als Strukturen fassen, die von Musikern und Musikerinnen erst *in actu* aktiviert werden müssen, denn nur dann sind sie faktisch erlebbar, bemerkbar, hörbar.

Wie lassen sich Strukturen nun theoretisch fassen?

Anthony Giddens meint mit *Struktur* jene Regeln und Ressourcen, die an der sozialen Reproduktion von Vorhandenem mitwirken – mitwirken deshalb, weil keine deterministische und gleichsam programmierende Wirkung unterstellt wird. Struktur ist etwas Dauerhaftes („the more enduring aspects of social systems", Giddens 1984/2009, S. 23f.), und auf diese Struktur greifen die handelnden Personen *rekursiv* zurück (siehe dazu weiter unten). Unter *Strukturen* hingegen versteht Giddens jene Transformations- und Vermittlungsbeziehungen, die den Bedingungen der Systemreproduktion zugrunde liegen (vgl. Giddens 1997, S. 76f.). Struktur(en)[6] beziehen sich auf „eine virtuelle Ordnung von Beziehungen außerhalb von Raum und Zeit" (Giddens 1997, S. 359) und sind durch die „Abwesenheit des Subjekts" charakterisiert. Struktur(en) sind aber gleichzeitig

---

[6] Die Unterscheidung zwischen Struktur und Strukturen zieht sich jedoch nicht durch das gesamte Werk und beide Begriffe werden auch von Giddens an vielen Stellen in einem gedacht und beschrieben (siehe Definition in Giddens 1997, S. 77 bzw. 2009, S. 25). Um dieser nicht eindeutigen Haltung gerecht zu werden und diese doppelte Bedeutung auch sprachlich sichtbar zu machen, verwenden wir daher in den weiteren Ausführungen den Ausdruck „Struktur(en)".

den Individuen nicht äußerlich gegeben, sondern „inwendig", und zwar in Form von „Erinnerungsspuren" (ebd., S. 77). Sie sind Voraussetzung für das Handeln in einem sozialen System und dienen der (Selbst-)Darstellung als anerkannter Akteur. Sie erhalten „Faktizität", wenn sie in den bewussten Aktivitäten von menschlichen Subjekten realisiert werden. In solchen „realen", d. h. strukturell stabilen Ordnungen, werden dann die je eigenen Interaktionen situiert und erhalten ihre Sinnhaftigkeit.

Ähnlich argumentiert Ulrich Oevermann: Für ihn sind Strukturen Regeln, die Ordnung in die Welt bringen und Sicherheit schaffen. Regeln existieren daher in großer Zahl und für alle Lebensbereiche. Der Sprache kommt dabei als „Transporteur" dieser Regeln ein zentraler Stellenwert zu. Manche dieser Regeln haben eine große Reichweite, andere sind kontextabhängig bzw. an bestimmte Rollen gebunden (z. B. milieuspezifische Normen), manche sind langlebig, andere existieren nur für kurze Zeit (vgl. Oevermann u. a. 1979, S. 387). Strukturen sind im Sinne von Oevermann *objektiv*, d. h. sie existieren autonom und unabhängig vom Bewusstsein der Subjekte, auch wenn sie auf Aktionen von Subjekten zurückgehen (siehe weiter oben und Oevermann 1996, S. 72). Handlungen und deren nicht antizipierte Handlungsfolgen erzeugen eine eigengesetzliche, sinnstrukturierte Realität, die von den Subjekten gedeutet und rekonstruiert werden kann – bei Oevermann konkret mit dem Verfahren der Sequenzanalyse der Objektiven Hermeneutik. Die dem Handeln zugrunde liegenden Strukturen bilden einen Rahmen, auf den sich die Individuen stützen und verlassen können; sie spannen einen Möglichkeitsraum auf. Handeln bekommt erst durch solche Strukturen *Bedeutung* und *Sinn*.

2.1 Strukturen und ihre Dualität

Struktur(en) lassen sich nach dem beschriebenen Verständnis wie folgt kennzeichnen: Sie sind kontingent, lassen Offenheit zu und ermöglichen damit ein variables Handeln bzw. fordern dieses geradezu heraus. Sie entziehen sich zwar über weite Strecken der Kontrolle jedes einzelnen Akteurs und jeder einzelnen Akteurin, dennoch können diese gestalterisch auf sie einwirken, d. h. Struktur(en) schränken Handeln nicht nur ein, sondern ermöglichen es auch; sie inkludieren Zwänge, aber auch Freiheit(en). Nach Oevermann besteht damit eine Gleichzeitigkeit von Determination und Emergenz.

Wie kann man sich das vorstellen?

Allgemeine Regeln „entwerfen den Spielraum *möglicher* sinnstrukturierter sozialer Verläufe. Der *konkrete*, praktische Verlauf innerhalb dieses Spielraums ist eine Funktion der besonderen Fallstruktur." (Oevermann 1991, S. 271, Hervorh. im Original) Das bedeutet: Aus einer Vielzahl von Optionen, die sich aus den existierenden Regeln, also den Strukturen, ergeben, wird in der konkreten Lebenspraxis ausgewählt. Im Handlungsfluss wird eine Selektionsentscheidung getroffen, das strukturelle Potenzial ist vorhanden, dieses inkludiert gleichzeitig die Entscheidungsautonomie des Individuums. Darin zeigt sich die „Dialektik von Allgemeinheit und Besonderung" (ebd., S. 272). Dialektisch lässt sich auch das Verhältnis von Struktur(en) und handelnden Subjekten bei Giddens deuten. Struktur(en) haben nach Giddens einen doppelten Charakter: Sie ermöglichen und restringieren Handeln, sind Medium und Resultat von Praxis. Die Erklärung ergibt sich aus Giddens' Verständnis von *structure* und *agency*: So sind – wie oben ausgeführt – Struktur(en) nicht deterministisch zu denken, sondern kontingent und ermöglichen den Individuen auch „anders zu handeln", also aktiv in den Handlungsfluss einzugreifen. Ein solches „anders Handeln" lässt sich aus dem Vermögen des Individuums herleiten, reflexiv zu (re)agieren. Dieses Vermögen ist dem Subjekt inhärent und entfaltet sich in der konkreten Handlung, in der Auseinandersetzung mit der jeweiligen Situation. Genau das soll mit dem Begriff *agency* ausgedrückt werden. Aus diesen Überlegungen leitet sich nach Giddens die *Dualität von Struktur* ab. „Jede Reproduktion ist jedoch notwendig Produktion." Daraus ergibt sich in Analogie zu dem eingangs entwickelten Handlungsbegriff und dessen kreativer Dimension: „In jeder Handlung [...] liegt der Keim des Wandels." (Giddens 1976/1984, S. 124) Selbst eine Wiederholung ist immer – aufgrund der dem Subjekt eigenen Reflexivität – „ein ‚bißchen' neu, ein ‚bißchen' Veränderung" (Oevermann 1991, S. 275). Gleichzeitig steckt in jeder solchen Transformation immer auch ein Stück Reproduktion und damit Kontinuität.

Der *link* zwischen Transformation und Reproduktion ergibt sich aus dem Begriff *rekursiv* (lat. recurrere: zurücklaufen), der sich umschreiben lässt mit „durch sich selbst definierend, sich selbst aufrufend, immer wieder sich selbst schaffend, rückkoppelnd." „In und durch Handlungen reproduzieren die Handelnden die Bedingungen, die ihr Handeln ermöglichen." (Giddens 1997, S. 52) Sie greifen auf strukturelle Vorgaben und ihr Wissen über die institutionelle Ordnung, in die sie eingebunden sind, zurück. Die Faktizität des Handelns wird dadurch zu einer „Quelle strukturellen Zwangs auf sich und andere" (ebd., S. 388), was aber nicht heißt, dass damit auch die Legitimität der vorhandenen Ordnung diskursiv anerkannt werden muss.

Das rekursive Zurückgreifen auf vorhandene Strukturen ermöglicht es den Handelnden einerseits, jeweils „sinnhaft" zu handeln, und gewährleistet andererseits, dass sie *als* Akteurinnen und Akteure in dem jeweiligen spezifischen Kontext anerkannt werden, d. h. dass ihr Handeln auch aus der Sicht der jeweils anderen als verständlich und kohärent wahrgenommen wird. Nur unter dieser Voraussetzung können sie sich in diesem Kontext behaupten. „Human social activities, like some self-reproducing items in nature, are recursive. That is to say, they are not brought into being by social actors but continually recreated by them via the very means whereby they express themselves *as* actors. In and through their activities agents reproduce the conditions that make these activities possible." (Giddens 1984/2009, S. 2) Im aktuellen Vollzug einer Handlung werden dadurch Strukturen und die Bedingungen, die sie konstituieren, immer wieder neu geschaffen – das kreative Moment menschlichen Handelns wird hier deutlich – und damit reproduziert („doing structure"). Gleichzeitig ermöglichen die Strukturen erst das Handeln und wirken sinnstrukturierend („structuring action"). Veränderungen beginnen also immer im Tun, in der konkreten Handlungspraxis, entstehen dort „keimhaft" (Oevermann 1991, S. 295) und weisen auf die Möglichkeit der Subjekte hin, kreativ mit Bestehendem umzugehen und es zu transformieren.

Hier kann an die eingangs formulierte Musikmetapher angeknüpft werden. Die Gleichzeitigkeit von Freiheiten und Zwängen zeigt sich dabei an der Notensprache, die als „abstraktes Regelwerk" (Giddens 1976/1984, S. 125) und damit als Struktur zu verstehen ist. Die Aktivierung der Noten findet „situativ" in Raum und Zeit statt und setzt ein Subjekt voraus, das in der Lage ist, die Noten immer wieder neu zu deuten und mit schöpferischer Kraft zu interpretieren, verlangt also *agency* und setzt Gestaltungswillen voraus, während das Spezifische der Notensprache kein Subjekt benötigt. Indem Noten jedoch durch die Subjekte mit Hilfe von Instrumenten zum Klingen gebracht werden, reproduzieren sich die Notensprache und die ihr zugrunde liegenden Regeln; sie werden dabei aber nicht mechanisch umgesetzt, sondern „generativ" (ebd.) bzw. „kreativ": d. h. ein Interpretationsspielraum ist ihnen inhärent, sie lassen Gestaltung zu und sind damit als kontingent zu bezeichnen.

Notenzeichen und die dazugehörigen Vernetzungsregeln ermöglichen den Austausch zwischen sozialen Akteuren, weil sie ein gemeinsames Regelsystem darstellen, sie engen jedoch auch ein, weil nur auf jene Elemente zurückgegriffen werden kann, die verfügbar sind. Ähnlich argumentiert Giddens in Bezug auf die Sprache: „Since any language constrains thought (and action) in the sense that it presumes a range of framed, rule-governed properties, the process of language learning sets certain limits to cognition and activity. But by the very same token the learning of a language greatly expands the cognitive and practical capacities of the individual." (Giddens 1984/2009, S. 170) Sprache und Notensprache wirken strukturierend, werden aber von denjenigen, die auf sie zurückgreifen, gleichzeitig ständig neu produziert und ermöglichen einen jeweils eigenen, individuell geprägten Ausdruck, ja fordern diesen geradezu heraus. Strukturen sind damit veränderbar. Allerdings gehen diese Veränderungen aufgrund der relativen Stabilität von Strukturen in den meisten Fällen nur langsam und graduell vor sich (vgl. Berger/Berger 1972/1985, S. 58ff.).

Vor diesem Hintergrund entfaltet sich das vorliegende Konzept von Kompetenz, das die sonst mit diesem Begriff verbundene Fokussierung auf individuelle Fähigkeiten, Fertigkeiten, Dispositionen und Zuständigkeiten insofern zu überschreiten sucht, als Kompetenz zum Kompetenz*feld*, zur Domäne erweitert wird. Sie ergibt sich aus dem dialektischen Zusammenwirken von individuellem Handeln und Struktur, von *agency* und *structure* im Sinne Giddens'. Die im eingangs dargestellten Handlungsbegriff und im Anschluss an Joas als konstitutiv behauptete kreative Dimension konstituiert somit auch kompetentes Handeln und spielt in der Folge eine zentrale Rolle in dem hier verfolgten Ansatz von Professionalität.

2.2 Zum Verhältnis von Strukturen und Profession

Was lässt sich über Struktur(en) im Zusammenhang mit der Profession Lehrer/Lehrerin und der Organisation Schule sagen? Es gilt zwei Arten von Strukturen und die ihnen zugrunde liegenden Logiken zu unterscheiden: zum einen jene, die sich historisch entwickelt haben, die *Organisation* Schule bestimmen und einer Funktionslogik folgen (vgl. Fend 2006, S. 49ff.); zum anderen jene Strukturlogiken, die für die *Profession* bestimmend sind und unabhängig von der historischen Verfasstheit der Organisation das professionelle Handeln grundlegen.[7]

---

[7] Zu den Widersprüchlichkeiten zwischen diesen beiden Logiken siehe u. a. Vanderstraeten 2008, Oevermann 2008.

Die Schule bestimmende *Organisationsstrukturen* zeigen sich – in Anlehnung an Giddens (1997, S. 316) – in drei Ausprägungsformen:
- *Legitimierungen und Normierungen*, d. h. in gesetzlichen Vorgaben (Muss-Normen) bzw. in durch Verhandlungen und/oder top-down-Prozessen entstandenen Vereinbarungen, die einen hohen Verbindlichkeitscharakter haben (Soll-Normen). Beispiele sind: Schulorganisationsgesetze; Schulunterrichtsgesetze, die Rechte und Pflichten von Lehrpersonen, Eltern und Schülern bzw. Schülerinnen festlegen; Lehrpläne; Bildungsstandards; Schulleitbilder; Schulprogramme; Stundentafeln; Dienstverträge und Regelungen betreffend Lehrverpflichtung; Dienstrecht (inkl. Arbeitszeitbestimmungen).
- *Macht- und Hierarchiestrukturen*, d. h. vertikale und horizontale Ausdifferenzierungen von Funktionsbereichen, die mit unterschiedlichen Ressourcen und Handlungsoptionen ausgestattet sind. Beispiele sind: Leitungsstrukturen; Hierarchieebenen; Managementstrukturen; operative Unterstützungsstrukturen (wie Sekretariat, Hilfspersonal). Virulent werden diese, wenn Neues etabliert werden soll, wenn beispielsweise Steuergruppen im Rahmen von Schulentwicklungsprozessen installiert werden sollen, die bisher nicht vorgesehen waren.
- *Codes und Bedeutungsmuster*, die den Beruf, den Arbeitsplatz, die Denk- und Handlungsmuster der Akteure stark bestimmen und prägen. Hierzu gibt es zahlreiche Beispiele, die in kritischen Analysen immer wieder thematisiert werden: So verweist Lortie (1975/2002, S. 42) auf zwei zentrale Normen, die die Arbeit an Schulen bestimmen: Die „Gleichheitsnorm" besagt, dass alle Lehrpersonen als gleichberechtigt anzusehen sind, und die „Hände-weg-Norm" meint, dass kein anderer Erwachsener sich in den Unterricht einer Lehrperson einmischen soll. Die Normen verstärken sich gegenseitig und wirken als Autonomie-Paritätsmuster in einem Schulkollegium verhaltensregulierend. So werden die Kooperationsmöglichkeiten am jeweiligen Schulstandort durch dieses Muster stark bestimmt. Sie manifestieren sich außerdem in der zellulären Struktur von Schule: in der räumlichen Anordnung von Klassenzimmern entlang von Gängen oder auch in der versperrten Tür des Konferenzzimmers, das nur für bestimmte Personen zugänglich ist. Die Schulglocke demonstriert täglich alle 45 bzw. 50 Minuten die fragmentierte Zeitstruktur, die Lehr- und Lernprozesse zerlegt und zerstückelt. Aber auch die Gestaltung von Unterricht unterliegt Denk- und Gestaltungsmus-

tern, die seit vielen Jahrzehnten tradiert werden. Hier sei beispielhaft auf den fragend-entwickelnden Unterricht verwiesen, der sich nicht nur in fast allen Unterrichtsgegenständen, sondern auch weltweit in Schulen finden lässt (vgl. Mehan/Schratz 1993).

Neben diesen organisationalen Rahmenbedingungen gibt es jedoch auch noch eine grundlegende Logik, die für *Professionen* bestimmend ist: Professionen beschäftigen sich mit *lebenspraktischen, krisenhaften Problemen* von Klienten und Klientinnen, wobei diese Probleme zentrale gesellschaftliche Werte abdecken: Gerechtigkeit, Gesundheit, Erziehung. Ziel ist es, Autonomie der Lebenspraxis für die Betroffenen zu ermöglichen oder wiederherzustellen. Professionelle arbeiten nicht im Sinne einer technischen Rationalität, d. h. unter Anwendung von Routinen und klaren Wenn-Dann-Gesetzmäßigkeiten, sondern sie müssen *fallorientiert* vorgehen, d. h. unter Bewältigung von Unberechenbarkeiten und Ungewissheiten, die sich aus dem jeweils besonderen Fall ergeben. Zunächst muss das Problem – in Zusammenarbeit mit den Klientinnen und Klienten – bestimmt werden, bevor es einer Deutung unterzogen und an einer Lösung gearbeitet werden kann. Dazu gibt es einen Kanon an Wissen und Theorien, der genutzt wird, um den Fall einzuordnen, zu diagnostizieren, Schlüsse zu ziehen und die Vorgehensweise begründen zu können (vgl. Schön 1983, Oevermann 1996, Kurtz 2009).

Ein weiteres Kennzeichen von Professionen ist die zu bewältigende *widersprüchliche Einheit* von Rollenhandeln und Handeln als ganze Person. Die dahinter stehende Strukturlogik lässt sich folgendermaßen darstellen: Professionalisierte Tätigkeiten lassen sich nicht auf die Ausübung einer monologischen technischen Problemlösung beschränken, sondern sind Beziehungspraxis, die auf einem *Arbeitsbündnis* zwischen Professionellen und deren Klientinnen und Klienten beruht. Ein solches Arbeitsbündnis inkludiert zugleich eine diffuse und eine spezifische Beziehung zu ihnen. Während für die Klientinnen bzw. Klienten uneingeschränkt gilt, alles mit ihrer Problemlage in Zusammenhang Stehende zu thematisieren (im Sinne einer diffusen Sozialbeziehung), gilt für die Professionellen, dass sie sich auf ihre spezifische, berufsförmig ausgeübte Rollenbeziehung besinnen, zwar auf diffuser Ebene ihre Gefühle durchaus einsetzen, um zu verstehen und zu deuten, gleichzeitig aber auch ihre Betroffenheit zurücknehmen. Eine solche Asymmetrie ist konstitutiv für die Arbeit von Professionellen und lässt sich auch nicht aufheben.

Um ein solches Spannungsverhältnis zu bewältigen, benötigen Professionelle die subjektive Fähigkeit und Bereitschaft, die Ungewissheit des Handelns nicht nur zu ertragen, sondern sie aktiv als konstitutives Moment ihres Handelns anzuerkennen und damit zu arbeiten. Das bedeutet, das eigene Handeln zu reflektieren und die Verantwortung dafür zu übernehmen (vgl. Rabe-Kleberg 1996, S. 295ff.). Als Unterstützung sind jedoch dafür soziale Räume für den Disput über den „Eigensinn" der Arbeit zu schaffen, d. h. Strukturen vor Ort bereitzustellen, um in „Professional Communities" (Schrittesser 2004) solche Widersprüchlichkeiten diskursiv und in einem kollegialen Setting bearbeiten zu können. Als Voraussetzung für die Bewältigung leitet sich die Notwendigkeit einer „doppelten Professionalisierung" ab, als Einübung in den wissenschaftlichen Diskurs *und* die Anwendung in der konkreten Praxis, in die Fähigkeit, distanziert-analytisch argumentieren und Entscheidungen aus allgemeinen Gesetzen ableiten *und* in die konkrete Beziehungsarbeit mit den Klientinnen und Klienten einbringen zu können. Im Sinne der Professionslogik zu agieren bedeutet auch in der Lage zu sein, die jeweils getroffene Entscheidung zu begründen – es geht immer auch um Geltungsansprüche. Ohne eine solche *Begründungsverpflichtung* bliebe die Praxis eine vor-professionalisierte. Für Professionalisierung ist daher die Einübung in die Begründungsverpflichtung unabdingbar. Das kann gelingen durch die Aneignung von erfahrungswissenschaftlichen Erkenntnissen und Methoden. Und das heißt, dass bereits in der Ausbildung Theorie *und* verschiedene Formen von Praxis vermittelt werden müssen (vgl. Oevermann 1996, S. 124ff.).

Wie weiter oben schon argumentiert, reicht es daher nicht aus, wenn Subjekte Kompetenzen entwickelt haben; es bedarf auch entsprechender Strukturen, die diese Kompetenzen zur Umsetzung und Anwendung gelangen lassen, die den Subjekten Gestaltungsmöglichkeiten eröffnen und damit Strukturentwicklung anregen. Umgekehrt genügt es nicht, wenn zwar für professionelles Handeln förderliche Strukturen vorhanden sind, aber diese von den handelnden Akteurinnen und Akteuren nicht wahrgenommen und mitgestaltet werden.

3 Das mehrperspektivische Konzept der fünf Domänen von Professionalität: Fünf Domänen als Bausteine einer professionellen Praxis[8]

Nach diesen für uns zentralen Ausführungen ergibt sich: Professionalität ist nicht isoliert subjektbezogen zu interpretieren, sondern die Perspektiven von Person und Struktur sind gleichermaßen zu berücksichtigen. Vor allem wenn sich professionelles Handeln in einem institutionellen Kontext realisiert, stehen Struktur und Handlung in einem Prozess der Wechselwirkung und sind daher als dialektisch aufeinander bezogene Aspekte zu denken. Um die Verschränkung der beiden Perspektiven zu ermöglichen, fokussiert der EPIK-Ansatz auf Kompetenz*felder*, sogenannte *Domänen* von Professionalität:

- Domänen beschreiben zum einen individuelle Kompetenzen, verlangen entsprechendes Wissen, Können und Haltungen von den Lehrerinnen und Lehrern, sie setzen aber gleichzeitig Strukturen voraus, in denen diese Kompetenzen entstehen, wachsen und sich weiter entwickeln können. Diese Strukturen sind nicht einfach vorgegebene Rahmenbedingungen, sondern werden von Lehrerinnen und Lehrern laufend mitgestaltet.
- Domänen sind Ausdruck eines „professionellen Habitus" von Lehrerinnen und Lehrern, unabhängig davon, in welchem Bildungsbereich sie tätig sind. Sie stellen damit eine Art „verbindende Klammer" dar, die über alle Schultypen hinweg die Professionalität von Lehrerinnen und Lehrern ausmacht.
- Die Domänen müssen zwar von den Subjekten erarbeitet und entwickelt werden, können sich jedoch nur dann voll entfalten, wenn neben individuellen Lernprozessen auch höherstufige Prozesse und Entwicklungsschübe im Sinne von „next practice" des gesamten Systems stattfinden.
- Die Domänen eröffnen zahlreiche Anknüpfungspunkte für Überlegungen zur Schulentwicklung, zur Weiterentwicklung der Aus- und Fortbildung der Lehrerinnen und Lehrer und für solche pädagogischen Konzepte, die die Vielfalt der Kinder und Jugendlichen in den Mittelpunkt stellen.

---

[8] Diesem Abschnitt liegen Teile aus Schratz u. a. 2007 und 2008 zugrunde.

Der EPIK-Ansatz folgt nicht dem „Konstrukt der domänenspezifischen Professionalität", nach der Domänen in der Regel mit den Lerninhalten bzw. den Schulfächern gleichgesetzt werden (vgl. Seifried/Ziegler 2009, S. 83), und bezieht sich auch nicht auf den Begriff der Domäne in der Berufs- und Wirtschaftspädagogik, wo er auf Aufgaben und Probleme bezogen wird, die in der beruflichen Praxis zu bewältigen sind (vgl. u. a. Achtenhagen 2007, S. 485). Vielmehr dienen die Domänen hier in einem mehrperspektivischen Konzept der höchsten Klassifizierungskategorie von Kompetenzfeldern, die wir für die Lehrerprofession – unabhängig von ihren Fächern bzw. Schul(typ)en – zum gegenwärtigen Forschungsstand als essenziell ansehen. Die Domänen verweisen auf jene Querschnittthemen in der wissenschaftlichen Diskussion um die Professionalität von Lehrpersonen, die die professionelle Haltung und das berufliche Verhalten in hohem Maß charakterisieren. In der professionellen Praxis stehen sie aber immer in Beziehung zur inhaltlichen Orientierung des Schultyps, zum jeweiligen Unterrichtsfach bzw. zur (fach)didaktischen Umsetzung im Vermittlungsprozess. Sie scheinen in den Curricula der Lehrerbildung zwar mehr oder weniger explizit auf, die aktuelle Forschung weist jedoch relativ einstimmig darauf hin, dass sie in der Praxis insgesamt wenig ausgeprägt sind.

Wir fassen im EPIK-Domänenmodell diese professionelle Einbettung in den inhaltlichen Kontext der Lehrerarbeit unter dem Begriff „Sechste Disziplin" zusammen und symbolisieren ihn in Form einer Spirale (Abb. 1). Die Spirale steht für die kontextspezifischen Aspekte der unterrichtlichen Tätigkeit (Schultyp, Fach, Fachdidaktik etc.), für die die fünf Domänen auf unterschiedlichen Ebenen relevant sind. Daher weisen wir sie nicht als eigene Domäne aus, sondern bezeichnen sie – in Anlehnung an Peter Senges *Fünfte Disziplin* – als „Sechste Disziplin": „Sie ist die integrative Disziplin, die alle miteinander verknüpft und sie zu einer ganzheitlichen Theorie und Praxis zusammenfügt." (Senge 1996, S. 21) Die fünf Domänen, die in Abbildung 1 in Form von Puzzle-Teilen abgebildet werden, umfassen die kritische Masse von professionellem Handeln (nicht nur im Lehrerberuf). Sie machen den Aufbau von Professionalität zu einem systematischen Unterfangen und nicht zu einem reinen Zufallsprodukt (ebd., 1996, S. 439).

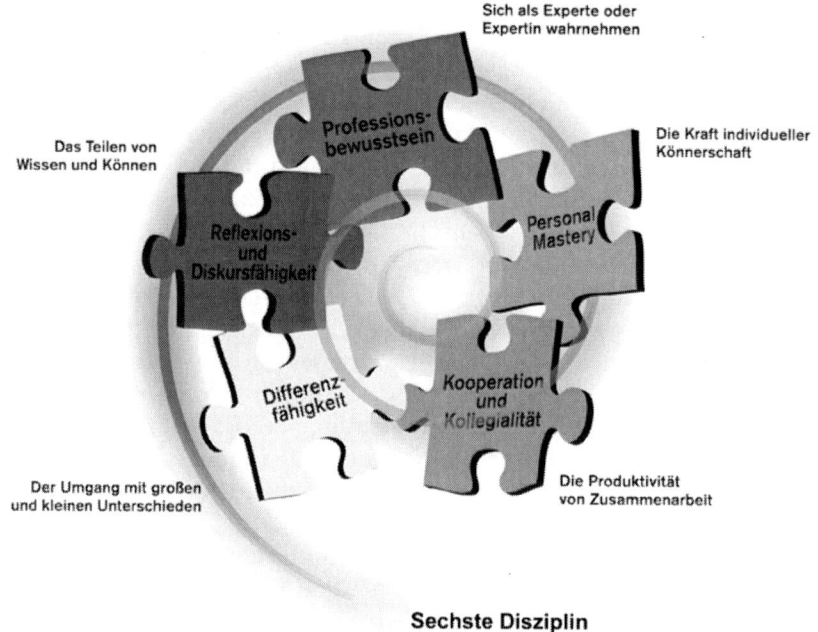

Abbildung 1: Die fünf Domänen der Professionalität von Lehrerinnen und Lehrern und die Sechste Disziplin

Die Darstellung in Puzzle-Teilen weist darauf hin, dass keine Domäne für sich alleine steht, sondern diese sich aufeinander beziehen und zum Teil überschneiden, was ihre Mehrperspektivität ausmacht. Ebenso ist keine Domäne bloß auf Strukturveränderung oder bloß auf persönliche Weiterentwicklung fokussiert, sondern verlangt immer nach beiden Perspektiven (Struktur und Person). Die im Folgenden vorgestellten fünf Domänen bestehen aus komplexen Bündeln von Fähigkeiten, Fertigkeiten und Haltungen, wodurch sie nicht einfach voneinander abgrenzbar sind.

3.1 REFLEXIONS- & DISKURSFÄHIGKEIT: Das Teilen von Wissen und Können

Kompetente Lehrpersonen zeigen die Fähigkeit, sich von ihrem eigenen Tun zu distanzieren, und werden dadurch überhaupt erst fähig, über ihren eigenen Unterricht ein Urteil zu fällen. Eine solche Distanzierung verlangt Wissen über unterschiedliche Perspektiven, aus denen man sich selbst, den eigenen Unterricht sowie das Praxisfeld betrachten kann, und eine (selbst) kritische Haltung, als wesentliche Aspekte von Professionalität. Eine Perspektive ist die Fachwissenschaft, eine andere die (Fach-)Didaktik, eine weitere die pädagogischen bzw. gesellschaftlichen Anforderungen an Schule und die Profession. Erst mit dieser Distanzierungsfähigkeit wird es möglich, Strategien zur Selbstbeobachtung im Unterricht zu entwickeln. Diese aus der Distanzierungsfähigkeit folgende Reflexionsfähigkeit erlaubt es erst, sowohl das Spezifische einer Situation (die Ausnahme von der Regel) als auch das hinter dem konkreten Fall liegende Allgemeine (das potenziell Generalisierbare) zu erkennen. Ergebnissicherndes Unterrichten erfolgt auf der Basis von *Reflexion* der Prozesse und Produkte, um die es jeweils geht. Reflexion erfolgt zum einen ständig im Handlungsfluss als „reflection in action", zum anderen gehört zu einer professionellen Praxis auch Reflexion im Nachhinein, als „reflection on action" (vgl. Schön 1983). Dadurch werden neue Erkenntnisse gewonnen, die für künftiges Handeln bestimmend sind. Über bisherige Erfahrungen nachzudenken und daraus Schlüsse zu ziehen führt zum Vordenken für die nächste Situation mit dem Ziel, ein größeres Repertoire an Alternativen zur Verfügung zu haben.

Bei aller Heterogenität der Begriffsbestimmung findet sich daher in der erziehungswissenschaftlichen Diskussion nahezu durchgehend die Argumentation, dass Professionalität und Reflexivität bzw. Reflexionsfähigkeit in einen Zusammenhang und damit auf die folgende Kurzformel zu bringen seien: „Professionalität durch Reflexivität" (Reh 2004, S. 360). Reflexivität erhält in diesem Kontext vielfältige Zuschreibungen. So wird sowohl der ganze Berufsstand zur Selbstthematisierung aufgerufen (ebd., S. 363f.; Stichweh 1996, S. 51) als auch die individuelle Selbstreflexion der einzelnen Lehrperson gemeint (u.a. Oevermann 1996, S. 156). Nun erscheint uns eine Differenzierung der oben beschriebenen Konzeption von Reflexivität insofern erforderlich, als sowohl die Systemperspektive als auch die individuelle Schwerpunktsetzung nur dann entwickelbar werden, wenn sie an weiterführende Kompetenzfelder gebunden sind.

Ein erstes und vorrangig erforderliches Kompetenzfeld, das in unmittelbarem Bezug zu jeder Form von Reflexionsfähigkeit steht, ist die Fähigkeit, einen Fachdiskurs unter Kollegen zu führen – wir nennen dieses Kompetenzfeld „Diskursfähigkeit" und rechnen es der Domäne Reflexionsfähigkeit zu. Sprache als gesellschaftliche Institution schafft Wirklichkeit, durch Sprache werden (Gestaltungs-)Räume eröffnet und Grenzen gezogen (vgl. Giddens 1984/2009, S. 22). Eine Fachsprache mit ihrer jeweiligen Art der wissenschaftlichen Fundierung (etwa gesammeltes Erfahrungswissen in empirischen Wissensbeständen) sei – darauf verweisen u. a. Bastian und Helsper – ein wesentlicher „Schutz" für Lehrkräfte gegenüber „beliebiger Laienkritik", da aus laienhafter Sicht auf pädagogische Phänomene der Eindruck entstehe, „dass jeder etwas Kompetentes zu Erziehen, Unterrichten oder den Wegen der Vermittlung beitragen kann". Darin sei die „zentrale Schwäche des Lehrberufs" zu suchen, „der weniger ‚Schutz' vor äußeren Ein- und Übergriffen, vor beliebigen Einmischungen bietet als etwa die klassischen Professionen, die in der deutlicheren Ausbildung einer eigenen elaborierten Disziplin- und Professionssprache mit theoretischem Hintergrund eine deutliche Grenzziehung gegenüber ‚Laien' vornehmen können." (Bastian/Helsper 2000, S. 170)

Die Fähigkeiten, sich selbst und sein Umfeld kritisch und distanziert zu betrachten, Selbstkritik zu entwickeln und sich in den Diskurs einzubringen bzw. ihn zu gestalten, sind somit Kennzeichen professionellen Handelns im Lehrerberuf. Diskursfähigkeit als Entwicklungsmoment pädagogischer Professionalität entsteht auf der Basis einer entfalteten Fachsprache, die ein differenziertes Verständnis berufsbezogener Fragestellungen und Herausforderungen erst ermöglicht. Diskursfähigkeit wird von Lehrenden auf unterschiedlichen Ebenen gefordert: in der Kommunikation mit Lernenden, damit sie sich als Beteiligte von Wissen einbringen können; im Austausch mit Kolleginnen und Kollegen als professionelle Lerngemeinschaft (über die Fachgrenzen hinaus); durch Inanspruchnahme von Supervisionsmöglichkeiten; in der Diskussion mit Vorgesetzten bzw. der Schulaufsicht; in der Beratung von Erziehungsberechtigten und – als Teil der gesamten Profession – im öffentlichen Diskurs.

Die Professionalität des Lehrerberufs lässt sich nicht zuletzt daran messen, wie es Lehrkräften gelingt, ihre Arbeit vor sich selbst, gegenüber der Kollegenschaft, gegenüber Schülerinnen und Schülern, deren Eltern und der Öffentlichkeit zu begründen. Eine (selbst-)kritische Reflexion, die eigene Erfahrung ebenso nutzt wie wissenschaftliche Erkenntnisse, und der Austausch im beruflichen Diskurs bilden – gemeinsam mit den anderen Dimensionen – den Kern pädagogischer Professionalität.

3.2 PROFESSIONSBEWUSSTSEIN: Sich als Experte/Expertin wahrnehmen

Als ein zweites, neben der Diskursfähigkeit maßgebliches Kompetenzfeld erachten wir das bereits genannte Erfordernis, nicht bloß in individueller Selbstreflexion zu verharren, sondern auf Systemebene und damit als *Berufsstand* zur Selbstthematisierung fähig zu sein. Diese Domäne nennen wir „Professionsbewusstsein". Zunächst bezeichnet dies die Fähigkeit, zwischen „ganzer Person" und „Rolle" zu unterscheiden – Oevermann spricht vom Zusammenspiel eines „diffusen" und eines „spezifischen" Beziehungsaspekts zwischen Professionellen und Klientinnen bzw. Klienten. Während sich der diffuse Aspekt als naturwüchsige, „nicht-rollenförmige" Beziehung zwischen „ganzen Personen" umschreiben lässt, bezieht sich der spezifische Aspekt auf normative Rollendefinitionen, „in denen die möglichen Themen dieser Beziehung bindend festgelegt sind." (Oevermann 1996, S. 110) Die Unterscheidung der beiden genannten Aspekte sei für die Professionalisierungstheorie deshalb von Bedeutung, da sich gerade für professionalisiertes Handeln ein Aufeinanderbezogensein der beiden Typen als zentrales Merkmal herausgestellt habe und als „Arbeitsbündnis" aufzufassen sei (ebd., S. 115). Der professionelle Habitus erfordere es demnach, diffuse Anteile in der Beziehung zu den Klientinnen und Klienten aufrechtzuerhalten – um etwa den jeweiligen „Fall" in seiner ganzen Tragweite verstehen zu können, jedoch nur in der Funktion der professionellen Rolle zu handeln. Der Begriff „Professionsbewusstsein" bezieht sich auf diese Fähigkeit. Sie soll Professionelle daran hindern, im wahrsten Sinne des Wortes „aus der Rolle zu fallen", wenn im Rahmen des Arbeitsbündnisses diffuse Anteile der Klientenbeziehung aktiviert werden müssen.

Ebenso ist die Fähigkeit, professionelle Autonomie in Anspruch zu nehmen, ein Merkmal von Professionsbewusstsein. Dabei handelt es sich um die Möglichkeit, unabhängig von Außenansprüchen und -abhängigkeiten ausschließlich vom Wohle der Klientinnen und Klienten geleitet – und damit einem eindeutigen Berufsethos verpflichtet – zu entscheiden (vgl. dazu u. a. Stichweh 1996; Buchberger u. a. 2000, S. 39). Karl-Oswald Bauer spricht in diesem Zusammenhang von der Entwicklung eines „professionellen Selbst". Das professionelle Selbst greift „auf eine besondere Berufssprache zurück, sucht oder erfährt soziale Unterstützung in der Kooperation mit Kollegen und orientiert sich an pädagogischen Werten." (Bauer 2000, S. 64f.)

Professionsbewusstsein zu haben heißt zu erkennen, was den Lehrerberuf zu einem eigenen Beruf macht, und sich aufgrund dieses Bewusstseins von anderen (sozialen) Berufen *abzugrenzen*. Gleichzeitig verstehen sich professionsbewusste Lehrerinnen und Lehrer als Teil einer nationalen und regionalen Bildungslandschaft, die sie prägen und durch die sie geprägt werden, aber auch als Teil einer internationalen Profession. Sie sind aufgeschlossen gegenüber Veränderungen. Diese werden als Herausforderung für die Schule als Organisation sowie für die Arbeit als Lehrerin oder Lehrer gesehen. Dazu bilden sich professionsbewusste Lehrerinnen und Lehrer kontinuierlich fort, erweitern so ihr professionelles Wissen und setzen dieses in ihrem pädagogischen Handeln situationsadäquat um. In Kooperation mit anderen Lehrpersonen setzen sie sich mit neuen Modellen ihrer beruflichen Tätigkeit auseinander und gestalten die institutionellen Rahmenbedingungen ihrer Arbeit mit.

Um diese Form von professionellem Habitus herauszubilden, bedarf es – wir haben es weiter oben schon angedeutet – mehr als nur individueller Lernprozesse. Darauf weisen u. a. auch Bastian und Helsper hin: „Vor allem bedarf es der Institutionalisierung – auf der Ebene der einzelnen Schule – von reflexiven, kommunikativen Räumen [...], in denen kollegiale Beratung, Auseinandersetzung und Reflexion fest in den Arbeitsrhythmus von Lehrkräften ‚eingebaut' wird – ein Aspekt, der bislang weitgehend fehlt und ein Defizit der Lehrerprofessionalisierung darstellt." (Bastian/Helsper 2000, S. 184)

Professionsbewusste Lehrkräfte besitzen die Fähigkeit, von sich und der unmittelbaren Realität zu abstrahieren, von einer Außenperspektive auf sich und ihre berufliche Position zu blicken. Die Rahmenbedingungen des Berufes werden als etwas historisch Gewachsenes wahrgenommen und aus dieser Perspektive kritisch beleuchtet. Sie sehen *selbstbewusst* die Freiheiten dieses Berufes, aber auch dessen Zwänge und Gefahren der Selbstausbeutung. Sie grenzen sich gegenüber ausufernden Ansprüchen ab – nach außen ebenso wie nach innen. Die eigene Betroffenheit durch die berufliche Arbeit wird *selbstkritisch* wahrgenommen, und eine Abgrenzung zwischen den beruflichen Anforderungen und sich selbst als Person wird vorgenommen.

Schließlich meint Professionsbewusstsein, das eigene Wissen und Können für einen genau definierten Bereich zu kennen und sich in diesem Bereich als Expertin bzw. Experte zu verstehen. Das verschafft *Selbstvertrauen* und das Gefühl, zum Wohl von Schülerinnen und Schülern, Eltern und anderer betroffener Personen handeln zu können.

3.3 KOOPERATION UND KOLLEGIALITÄT:
Die Produktivität von Zusammenarbeit

Kooperationsfähigkeit wird in Zeiten zunehmender Komplexität zu einer relevanten Kompetenz von Lehrerinnen und Lehrern, um den anspruchsvoller werdenden Anforderungen an Schule und Unterricht professionell zu begegnen. Je mehr autonome Entscheidungen den Schulen zugestanden werden, desto mehr Kooperationsleistung ist innerhalb der Schule gefordert. Sie ist eine Form der Zusammenarbeit, in der die kollektiven Fähigkeiten und Kräfte, die in Einzelpersonen vorhanden sind, für ein gemeinsames Anliegen genutzt werden können. Die Begründungen für die Notwendigkeit der Kooperation stützen sich „auf Ergebnisse der empirischen Forschung zur Schul- und Unterrichtsqualität." (Terhart/Klieme 2005, S. 163) Jene Schulen, die in der empirischen Forschung gemessen an Schülerleistungen als „erfolgreich" charakterisiert werden, zeichnen sich durchwegs durch die hohe Kooperationsbereitschaft ihres Kollegiums aus. Auch in der Lehrerbelastungsforschung wird festgestellt, dass produktiv erlebte Formen der Zusammenarbeit Schutz gegen hohe Belastungen und Burnout bieten (vgl. Gräsel/Fußangel/Pröbstel 2005, S. 205).

Kollegiale Zusammenarbeit stellt das wichtige – wenn nicht das wichtigste – Verbindungsglied zwischen den Einzelaktivitäten der Lehrerinnen und Lehrer im Klassenzimmer und den Bemühungen um die Entwicklung der gesamten Schule dar. Daher ist der Schritt vom *„Ich und mein Fach"* zu *„Wir und unsere Klasse"* bzw. *„Wir und unsere Schule"* erst über entsprechende Formen kollegialer Zusammenarbeit möglich. Bleibt diese Form der Kooperation auf einige wenige Engagierte im Kollegium beschränkt, wird die Lebendigkeit der Organisation als Organismus ebenso beschränkt bleiben. Zusammenarbeit stellt keinen Luxus dar, den sich nur diejenigen leisten können, die dafür Zeit haben. Vielmehr ist sie ein unverzichtbares Element einer lernenden Schule, „in der die Menschen kontinuierlich die Fähigkeiten entwickeln, ihre wahren Ziele zu verwirklichen, in denen neue Denkformen gefördert und gemeinsame Hoffnungen freigesetzt werden und in denen Menschen lernen, miteinander zu lernen" (Senge 1996, S. 11).

Dieses visionäre Zielbild unterscheidet sich in hohem Maße von den schulalltäglichen Erfahrungen kollegialer Zusammenarbeit. So berichten Terhart und Klieme vom Auseinanderklaffen von Anspruch und Wirklichkeit: „Zwar wird vielfach und immer wieder mehr oder weniger normativfordernd auf die Notwendigkeit von Kooperation hingewiesen, und ebenso werden ihre Vorteile und positiven Wirkungen mit empirischen Mitteln durchaus eindrucksvoll demonstriert; die gelebte Erfahrung in Schulen, die internen Berichte aus der Schulverwaltung wie auch die früheren wie aktuellen empirischen Untersuchungen zeigen aber sehr deutlich, dass diese Kooperation entweder gar nicht oder nicht im notwendigen Maße bzw. nicht in anspruchs- und wirkungsvollen Formen stattfindet." (Terhart/ Klieme 2005, S. 163f.) Brinkmann-Hein und Reh (2005) zeigen in einer Studie zur Rolle von Kooperation und professioneller Reflexion auf, wie gering Kooperationsfähigkeit und kollegiale Zusammenarbeit von Lehrerinnen und Lehrern im Schulalltag ausgeprägt sind und wie wenig Teamarbeit auf die Reflexion des erteilten Unterrichts ausgerichtet ist. Mehr noch, sie konnten sogar „in einzelnen Fällen in Teams durch die Teamsituation eine problematische Verfestigung etikettierender und abwertender Diagnosen einzelner Schüler/innen rekonstruieren" (ebd., S. 36).

Als Ursachen werden von Terhart und Klieme (2005, S. 164) vor allem die Schule als „zellulare" Struktur, ein mangelndes Verständnis des Arbeitsplatzes Klassenzimmer als von der individuellen Lehrerpersönlichkeit zu gestaltende Wirklichkeit sowie insgesamt die Berufskultur der Lehrerschaft genannt. Dass die genannten Ursachen in den Forschungsergebnissen aber relativ übereinstimmend zu finden sind, zeige auch recht deutlich Auswege aus dem Dilemma: Es gehe darum, „andere organisatorische Strukturen" zu entwickeln, um Kooperationen zu begünstigen; Unterricht müsste in höherem Maße zur „öffentlich verantwortbaren Arbeit" werden und damit seinen quasi privaten Charakter verlieren (ebd., S. 165). Schratz (2010) zeigt auf, dass ständiges Lernen und selbstkritisches, praktisches Hinterfragen zentrale Bedingungen einer kollegialen Zusammenarbeit darstellen, wozu aber entsprechende (Zeit-)Räume erforderlich sind.

Wir stellen uns als Ort des Dialogs eine „Professional Community" vor (vgl. Schrittesser 2004), die sich zu einer Lerngemeinschaft von Expertinnen und Experten mit spezifischen Merkmalen zusammentut: Die Mitglieder dieser Lerngemeinschaft schließen eine Art Arbeitsbündnis und werden dadurch Teil der professionellen Gemeinschaft. Sie sind bereit, eigene Fragen und Unsicherheiten offenzulegen und füreinander kritische Partnerinnen und Partner („critical friends") zu sein. Gemeinsam orientieren sie ihre Analysen, Entwürfe, Begründungen und Beratungen am aktuellen Kenntnis- und Theoriestand ihres Berufs. Für die Etablierung von solchen „Professional Communities" sind unterschiedliche Settings denkbar: über das eigene Fach oder über Fachgrenzen hinweg, über Klassen- oder Jahrgangsteams oder aufgrund von themenspezifischen Schwerpunktsetzungen an einem Schulstandort.

Die auf diese Weise mit- und voneinander lernende „Professionelle Lerngemeinschaft" wird zu einer Gruppe von Expertinnen und Experten, die nicht nur dringliche Probleme bearbeiten, sondern in der Folge auch die aktuellen Themen der Berufspraxis diskutieren und neues, lösungsorientiertes Wissen entwickeln. Für Stoll und Louis (2007, S. 3) legt der Begriff „Professionelle Lerngemeinschaft" daher nahe, dass der Fokus nicht auf dem individuellen Lernen von Lehrpersonen liegt, sondern auf Lernen innerhalb einer kohärenten Gruppe von Professionellen, das auf gemeinsames Wissen fokussiert ist und auf geteilten Werten und Normen basiert, die das Leben der Lehrenden, der Lernenden und der Schulleitung durchdringen.

Um eine solche Kultur der Offenheit pflegen zu können, braucht die „Professionelle Lerngemeinschaft" allerdings Raum und Zeit, muss auf ausreichende Verbindlichkeit und Kontinuität ihrer Zusammenkünfte achten und sich damit in gewisser Weise selbst institutionalisieren (vgl. Bastian/ Seydel 2010). Im besten Fall wird dann gelegentlich die Betrachtung der für Einzelne gerade relevanten Sachthemen in eine Selbst-Betrachtung der „Community" übergehen und es wird zunehmend jene Fähigkeit und Bereitschaft zur *Selbstdistanz* entstehen, die als ein zentrales Merkmal von Professionalität gilt: Es ist dieses Merkmal der Selbstdistanz, das es den handelnden Personen ermöglicht, aus der unmittelbaren Intensität der Situation auszusteigen und diese (und damit sich selbst) mit einem unvoreingenommenen Blick wahrnehmen und verstehen zu können.

3.4 DIFFERENZFÄHIGKEIT:
Der Umgang mit großen und kleinen Unterschieden

Lehrerinnen und Lehrer stehen täglich vor Herausforderungen, die sich durch unterschiedliche Lernvoraussetzungen der Schülerinnen und Schüler ergeben. Was die einen schon bei Schulbeginn können, müssen sich andere erst mühevoll aneignen. Was manche interessant finden, langweilt andere. Lehrerinnen und Lehrer erleben dabei nicht nur *ein* Dilemma: Sollen sie Anpassungsleistungen fordern oder auf die Individualität der Einzelnen eingehen, Unterschiede bewusst fördern oder versuchen Unterschiede auszugleichen, an den Defiziten der Schülerinnen und Schüler arbeiten oder bei Stärken ansetzen, um vorhandene Potenziale zu nützen mit dem Ziel, ein positives Selbstkonzept als Voraussetzung für weitere Lernprozesse zu erhalten oder aufzubauen?

Differenzfähigkeit meint Differenzen in mehreren Dimensionen zu denken: zum einen Differenzen zwischen verschiedenen Gruppen (z. B. zwischen Kindern mit unterschiedlichen Erstsprachen), zum zweiten Differenzen innerhalb der Gruppen, die sich aus der Verwobenheit mit anderen Differenzkategorien ergeben, zum dritten aber auch das „Unabgeschlossene" und „Uneinheitliche des Einen in den Blick zu nehmen" (Rendtorff/Moser 1999, S. 36), also die individuellen Besonderheiten, die je nach Kontext variieren können.

Vielfalt in Lerngruppen ermöglicht es voneinander zu lernen, sich aneinander zu reiben, Konflikte auszutragen, sich gemeinsam weiterzuentwickeln, aber auch sich bewusst abzugrenzen. Vieles davon passiert ohne das Zutun der Lehrperson in Pausen, auf dem Schulhof oder auf dem Schulweg, manches braucht Moderation, manches pädagogische Intervention vor allem dann, wenn es die Arbeit in der Klasse beeinträchtigt. Solche „Moderation der Heterogenität" ist in der Schule vielfach institutionell begrenzt: durch Jahrgangsgruppen, starre Zeiteinteilung, Lehrpläne etc. Dadurch geraten aber häufig Möglichkeiten aus dem Blick, die jenseits institutioneller Begrenzungen existieren. Diese Möglichkeiten scheinen aber erst auf, wenn die Lehrperson dazu fähig ist, das Differente auch *als* Differentes wahrzunehmen. „Differenzfähige" Lehrerinnen und Lehrer gehen nicht von ihrem eigenen Bild des Idealschülers oder der Standardschülerin aus, sondern bemühen sich im Sinne individueller „Falldeutungen" um persönliche Lernförderung. Sie vertrauen darauf, dass *alle* Kinder und Jugendlichen fähig und bereit sind zu lernen, und planen und gestalten ihren Unterricht auf diese Vielfalt hin.

„Differenzfähigkeit" erfordert *Wissen*, wie man mit unterschiedlichen Lern-, Kommunikations- und Integrationsschwierigkeiten umgeht, und die Fähigkeit – wo sinnvoll und notwendig – differenzierende Unterrichtsmaßnahmen anzubieten und selbstorganisierte Lernprozesse zu initiieren, die es ermöglichen, individuelle Lernwege zu gehen oder inhaltliche Schwerpunkte zu setzen. Beobachtungs- und Einfühlungsvermögen sind dabei wesentliche Voraussetzungen für den Umgang mit Unterschieden, der auch darin besteht, Differenzen stehen lassen zu können und zu erkennen, wo Schülerinnen und Schüler nicht unterschiedlich behandelt werden wollen oder wo zu starke Differenzierung mit Blick auf die Gruppe eher kontraproduktiv ist. „Differenzfähig" sein heißt demzufolge: Chancen einer heterogenen Lerngruppe nutzen, ihre Herausforderungen annehmen, Grenzen des Erwünschten akzeptieren und Grenzen des Möglichen im Individualisierungsdilemma erkennen (vgl. Schratz/Westfall-Greiter 2010). Um dieses Spannungsfeld konstruktiv zu bearbeiten, braucht es neben genauen Kenntnissen der Lerngruppe und ihrer Individuen auch Wissen um institutionelle Rahmenbedingungen und um eigene Potenziale und Grenzen als Lehrperson.

In diesem Sinne ist auch Differenzfähigkeit zwar eine zunächst vorrangig am individuellen Handeln der Lehrperson wahrgenommene Fähigkeit, bezieht aber ihre Motivation aus gesellschaftlichen Veränderungsprozessen (Globalisierung, der Trend zur Multikulturalität, verstärkte Sensibilität für Gender-Fragen usw.) und ist in ihrer Ausübung auf entsprechende Rahmenbedingungen angewiesen. Für Arens und Mecheril (2010, S. 11) ist hierzu die Entwicklung einer reflexiven Haltung von entscheidender Bedeutung, „die einerseits sowohl um die Vielfältigkeit ihrer Schüler und Schülerinnen weiß, ohne diese aber allzu schnell auf ‚Eindeutigkeit' festzuschreiben. Dies beinhaltet für Lehrerinnen und Lehrer in entscheidendem Maß auch die Beobachtung und Veränderung eigener Deutungs-, Erklärungs- und Behandlungsmuster von *Differenz*. Vielfalt als Grundverfassung (eigener) schulischer Wirklichkeit zu verstehen, heißt dann nicht, die ‚Anderen' als von uns unterschieden anzuerkennen, sondern zu begreifen, dass wir (als Schule oder Klassenzusammenhang) verschieden sind. Die von den Schülerinnen und Schülern eingebrachten Unterschiede – etwa der Sprache, des Wissens, des Verhältnisses zur Bildungsinstitution – sind konstitutiv für unseren Schul- und Klassenzusammenhang: Wir sind different."

Der sensible Umgang mit Unterschieden setzt die Erkenntnis „Jede/r ist anders anders" (ebd.) voraus, um den Umgang mit Heterogenität und damit Differenz in einer theoriegeleiteten Pädagogik und Schulentwicklung konstruktiv aus einem demokratischen Bildungsbegriff heraus zu gestalten: „Wenn schulisches Handeln in pluralen Gesellschaften sich an einem demokratischen Bildungsbegriff orientiert, der Bildung als einen Prozess denkt, der einen Beitrag zu (gerechteren) Teilhabemöglichkeiten an gesellschaftlichen Strukturen und Prozessen – und in diesem Sinne an der Herstellung von Handlungsfähigkeit Einzelner – leisten soll, dann scheint es notwendig und sinnvoll, das Verhältnis von Schule, Vielfalt und Differenz zu überdenken und neu auszurichten." (Ebd., S. 9) In der Umsetzung dieses Anspruchs wird deutlich, wie die einzelnen Domänen mehrperspektivisch ineinander verwoben sind, denn ohne reflexive Haltung, Kooperationsbereitschaft und Diskursfähigkeit kann dieser hohe Anspruch nicht erfüllt werden.

3.5 PERSONAL MASTERY[9]: Die Kraft individueller Könnerschaft

Für Lehrerinnen und Lehrer zeigt sich Professionalität nicht nur im Wissen (*know what*) und Können (*know how*), sondern vor allem darin, Wissen und Können in der jeweiligen Situation wirksam einzusetzen. Wissen ohne Anwendung bleibt träge, bloßes (Re-)Agieren macht blind für übergeordnete Zusammenhänge. Auch die Begründungsverpflichtung (*know why*) ist ein wesentlicher Aspekt von Professionalität, aus der Notwendigkeit heraus, fallorientiert auf Basis von theoretischen Erkenntnissen zu arbeiten (vgl. Oevermann 1996). Wie Wissen und Können miteinander verknüpft und systemisch wirksam werden, hängt von „Personal Mastery" ab.

„Persönliche Meisterschaft" umfasst neben der Fähigkeit, Professionswissen erfolgreich umzusetzen, den entsprechenden Umgang mit sich selbst. Dazu gehört es, die eigene Persönlichkeit als Lernaufgabe zu verstehen, aus Fehlern zu lernen und Neues zu (er)finden. Die individuelle Könnerschaft ergibt sich daher auch nicht aus einer – mechanisch gedachten – „guten Ausbildung". Sie ist vielmehr das Resultat eines individuellen Bildungsprozesses, innerhalb dessen der Wille wirksam ist, einen eigenen Weg zu finden, um in unterschiedlichen Situationen die Bildungsprozesse der Schülerinnen und Schüler wirksam zu verbessern. Soll pädagogisches Wissen nicht „träges Wissen" bleiben, sondern in Können überführt werden, muss es einen jeweils spezifischen Aneignungsprozess bei den Lehrerinnen und Lehrern durchlaufen.

Bastian und Helsper schließen aus den empirischen Befunden zur Lehrerforschung, aus denen sich unter anderem der Trend ablesen lässt, dass Lehrkräfte den an der Universität erworbenen pädagogischen Wissensbeständen kaum Bedeutung für ihre Tätigkeit in der Schulpraxis zuschreiben, dass die Mehrzahl der Lehrkräfte „über kein fundiertes, konturiertes und gesichertes ‚professionelles Selbst' [...] als Pädagogin oder Pädagoge verfügen." (Bastian/Helsper 2000, S. 169f.) Dieses „professionelle Selbst" betrachten wir als eine Grundvoraussetzung dafür, dass die zuvor genann-

---

[9] Der englische Begriff stammt aus Senge (1996).

ten Kompetenzen – Reflexions- und Diskursfähigkeit, die Fähigkeit Professionsbewusstsein zu entfalten und für die eigene Tätigkeit individuell und als Berufsstand zu nutzen, die Fähigkeit zur Kooperation sowie die Fähigkeit, mit Heterogenität und Pluralität umgehen zu können – sich in einem angemessenen Ausmaß entwickeln können.

Wir nennen diese letzte der fünf Domänen im Anschluss an Peter Senge „Personal Mastery" und meinen damit zunächst eine Form biografischer Reflexivität, die „den Zusammenhang zwischen einem identifizierbaren Persönlichkeitskern des Professionellen, der Fähigkeit eine Berufsgeschichte als Durchsetzung akzeptierter pädagogischer Motivationslagen zu gestalten und Authentizität einzig wirksamen pädagogischen Handelns" (Reh 2004, S. 364) herstellt. Peter Senge beschreibt „Personal Mastery" als eine der Kerndisziplinen für den Aufbau einer lernenden Organisation. Da Organisationen nur lernen, wenn die einzelnen Mitglieder etwas lernen, ist es für ihn wichtig, dass das menschliche Potenzial der in einer Organisation arbeitenden Individuen optimal gefördert wird. Für ihn geht „Personal Mastery" über Kompetenz und Fachwissen hinaus, sie bedeutet für ihn, dass „man an das Leben herangeht wie an ein schöpferisches Werk und dass man eine kreative im Gegensatz zu einer reaktiven Lebensauffassung vertritt." (Senge 1996, S. 173) Wir erfassen die Vorstellung eines „professionellen Selbst" deshalb im Konzept von „Personal Mastery", da wir auch im Hinblick auf die Lehrerpersönlichkeit die Systemebene nicht aus den Augen verlieren wollen. Auch die Lehrerpersönlichkeit agiert im Rahmen der Strukturen, die sie vorfindet, die sie jedoch nicht als gegeben hinnimmt, sondern im Sinne professioneller Verantwortung mitgestaltet und weiterentwickeln hilft.

Professionelle Verantwortung ist einer Berufsethik verpflichtet, die dem Lehrerberuf einen hohen Anspruch abverlangt. Fritz Oser spricht von einer neuen professionellen Moralität, „nämlich zu versuchen, ökologisch zu sein in einer unökologischen Welt, Schuldentoleranz zu praktizieren in einer verschuldeten Welt, Mehrarbeit zu leisten in einer Stechuhr-Welt, Hilfsbereitschaft Armen zu gewähren, die selbst verschuldet sind, zur Verfügung zu stehen für Beratung, die unbezahlt ist etc. Diese Art von Kompetenz postuliert einen inneren Kompass für Sensibilitäten, die das klassische ethische Wissen und die klassische moralische Reflexion ergänzen." (Oser 2009, S. 399) Individuelle Könnerschaft braucht Kreativität, Querdenken und Professionalität, Mut zum Erproben von Neuem, Gelassenheit und Zeit zur Reflexion.

4 Zu diesem Band

Vor dem Hintergrund dieser einleitenden Überlegungen kreisen die Beiträge im vorliegenden Band um unterschiedliche Facetten pädagogischer Professionalität und eröffnen erweiternde und/oder vertiefende Perspektiven für das Domänenkonzept.

Michael Schratz beleuchtet Professionalität und Professionalisierung von Lehrerinnen und Lehrern aus einer globalen Perspektive, um das EPIK-Konzept mit aktuellen Tendenzen der internationalen Programme und Maßnahmen in Verbindung zu bringen. Dazu stellt er exemplarisch nationale Initiativen zur (Qualitäts-)Entwicklung der Profession in zwei gegensätzlichen Kulturen (Deutschland, USA) gegenüber, zeigt auf, wie sich die Profession stellvertretend durch ihre Berufsorganisation von innen heraus um Qualitätssorge kümmert (Schweiz, Kanada), und weist auf Initiativen und Aktivitäten von zwei globalen Spielern (EU und OECD) hin, die verstärkt Einfluss auf die Professionalisierung der Lehrerbildung nehmen. Aus diesen internationalen Entwicklungen leitet er weiterführende Überlegungen, Schwerpunkte und Schritte ab, um aus der vergleichenden Auseinandersetzung Anregungen und Impulse für die zukünftige Professionalisierung von Lehrerinnen und Lehrern zu setzen.

In Ilse Schrittessers Beitrag geht es um den Versuch einer systematischen Herleitung professioneller pädagogischer Kompetenzen aus der Anforderungsstruktur pädagogischen Handelns. Die EPIK-Domänen – so wird argumentiert – firmieren nicht einfach als ein weiterer Kompetenzkatalog, der im breiten Spektrum pädagogischer Tätigkeiten mehr oder minder beliebig erweiterbare Fähigkeiten und Fertigkeiten auflistet, sondern ergeben sich aus den von Professionen zu lösenden spezifischen Handlungsproblemen und der daraus geradezu zwingend folgenden inneren Struktur professionalisierten Handelns. Versteht man Professionen als kollektive Antwortversuche auf eine sich krisenhaft darstellende Wirklichkeit und stellt man einen Bezug zwischen pädagogischem und professionalisiertem Handeln her, so lassen sich Strukturanalogien, aber auch Differenzen aufzeigen, die den Eigensinn des Pädagogischen verdeutlichen. Diese besondere Konstellation findet in der Konzeption der Domänen und dem dort entfalteten Begriff von Kompetenz ihre Entsprechung. Vor dem Hintergrund dieser Überlegungen werden Möglichkeiten und Grenzen erörtert, Kompetenzen von Lehrerinnen und Lehrern nicht nur idealtypisch zu bestimmen, sondern auch empirisch zu erfassen.

Professionstheoretische Grundlagen und thematische Annäherung

Angelika Paseka beschäftigt sich mit einem zentralen Kennzeichen von Professionalität: dem Umgang mit Ungewissheiten und Unsicherheiten. Zunächst werden die Charakteristika von pädagogischer Praxis beschrieben und es wird danach gefragt, wo und wobei sich Ungewissheiten zeigen. Unter Sichtung von unterschiedlichen professionstheoretischen Ansätzen werden mögliche Ursachen herausgearbeitet und die jeweils zugrunde liegende Professionslogik analysiert. Für eine gelingende Praxis stellt sich die Frage: Wie greifen Lehrerinnen und Lehrer gegebene Strukturen bzw. Strukturlogiken auf, be- und verarbeiten diese, um in der alltäglichen Praxis handlungsfähig zu sein? Zu einer vorläufigen Beantwortung dieser Frage werden Interviews mit Lehrpersonen herangezogen, mit Hilfe der dokumentarischen Methode ausgewertet und die sich ergebenden handlungsleitenden Orientierungsschemata rekonstruiert. Auf Basis der Theorie von Anthony Giddens wird so die Dialektik von Handlung und Struktur(logiken) sichtbar und am Beispiel von Personal Mastery dargestellt.

Der Beitrag von Erna Nairz-Wirth nähert sich dem Thema Profession und pädagogische Professionalität auf der Basis von Pierre Bourdieus Habitustheorie an. Bourdieus Position zum gesellschaftlichen Verständnis von Profession ist ambivalent. Nairz-Wirth versucht daher zunächst den Professionsbegriff bei Bourdieu darzustellen, um anschließend die Gestaltung des sozialen Feldes, in dem sich Professionen bewegen, aus Bourdieu'scher Perspektive in den Blick zu nehmen bzw. zu „dekonstruieren". In Bourdieus Konzept wird Habitus als System von Dispositionen beschrieben, das ganz bestimmte Kompetenzen hervorbringt. Diese kommen im Feld nur zur Geltung, wenn das Feld in entsprechender Weise auf diese Kompetenzen antwortet. Für das Bildungssystem würde das etwa bedeuten, dass nicht nur die Akteurinnen und Akteure professionalisiert werden, sondern auch das sie umgebende Feld adäquat zu gestalten wäre, damit ein reflexiv-pädagogischer Habitus überhaupt greifen kann. Diese Position wird am Beispiel des Umgangs mit sozialen Ungleichheiten im Bildungssystem konkretisiert.

Christina Schenz unternimmt den Versuch, pädagogische Professionalität aus bildungstheoretischer – genauer: praxeologischer – Position heraus zu beleuchten und die Frage nach dem verbindenden Kern des pädagogischen Handelns in den vielfältigen pädagogischen Berufspraxen zu stellen. Es wird versucht zu zeigen, dass im Kontext der Unbestimmtheit des Pädagogischen die Auseinandersetzung um notwendige Kompetenzen in pädagogischen Handlungsfeldern und die Reflexion über die strukturfunktionalistischen Vorgaben, in denen dieses Handeln stattfindet, eine bildungstheoretisch begründete Systematik von Entscheidungsmöglichkeiten in der Lehrerbildung unerlässlich macht. Nur so verliert die professionelle Lehrkraft im „Pluralismus der Ansprüche" nicht die Orientierung. Die Lehrerin bzw. der Lehrer, so lautet die Argumentation, kann im Grunde nur pädagogisch professionell handeln, wenn sie bzw. er ein handlungsleitendes Verständnis dessen entwickelt hat, was unter Erziehung und Bildung zu verstehen ist, und dieses Verständnis als unhintergehbaren Bezugsrahmen ihres bzw. seines Handelns heranzieht. Diese These wird exemplarisch in einer Analyse des in der Domäne „Differenzfähigkeit" konkret eingelassenen pädagogischen Handlungsrepertoires durchgespielt.

Auch Andrea Fraundorfers Beitrag widmet sich dem Thema der Differenz, das als zentrales Bewährungsmoment pädagogischer Professionalität dargestellt wird. Die Autorin zeigt auf, dass trotz zunehmender Heterogenität und fortschreitender gesellschaftlicher Differenzierungsprozesse in vielen Schulen an einem Unterrichtsmodell festgehalten wird, das auf eine Standardschülerin bzw. einen Standardschüler zugeschnitten ist und die differenten Lebens- und Lernbiografien der Schülerinnen und Schüler außer Acht lässt. Im Zentrum steht für Fraundorfer die Frage, wie Gleichheit und Differenz in einem Schulsystem, das den Auftrag zu Qualifikation, Selektion und Allokation hat, dennoch differenzsensibel verhandelt werden können. Differenzsensible Pädagoginnen und Pädagogen gestalten – so die These der Autorin – didaktische Settings in einer Art und Weise, dass die Anerkennung des jeweils Anderen, Fremden, Unvertrauten möglich wird. Sie regen Schülerinnen und Schüler an, den Umgang mit Vielfalt und auch mit dem eigenen Anderssein zu erproben und schließlich als Ressource zu erleben. In der Anerkennung des Eigenrechts auf Anderssein und in der sorgfältigen Wahrnehmung jedes besonderen Einzelfalls zeigt sich pädagogische Professionalität. Ziel dieser Anregung ist es, Heranwachsende zu ermutigen, ihre Lernproblematiken als ihren je individuellen Weltzugang wahrzunehmen, zunehmend eigenständig zu bearbeiten und auf diese Weise ihre eigene Bildungsbiografie zu gestalten. Am Beispiel sprachlicher und kultureller Vielfalt wird abschließend konkret aufgezeigt, welche Momente und Rahmenbedingungen ein solcher Prozess aufweisen müsste, um zu gelingen.

Der Sammelband schließt mit der Darstellung einer Schülerbefragung zum Thema Pädagogische Professionalität. Julia Köhler zeigt mit Hilfe der Aussagen von knapp 500 befragten Schülerinnen und Schülern im Alter von zehn bis achtzehn Jahren exemplarisch auf, wie diese zu Fragen der Professionalität ihrer Lehrerinnen und Lehrer Stellung nehmen, wie sie ihre Lehrkräfte in ihrem täglichen Agieren wahrnehmen und wie sich Lehrerhandeln aus dem Blickwinkel der Domänen, die den Schülerinnen und Schülern im Vorfeld vorgestellt wurden, in deren Beobachtung abzeichnet. In den ersten Ergebnissen der Befragung zeigt sich ein recht deutliches Profil der Handlungsmuster von Lehrpersonen und schulischen Strukturen, die sich in die Lernerfahrungen der Heranwachsenden einschreiben. Quasi als Nebenprodukt hat die Qualität der Antworten gezeigt, wie ergiebig und fruchtbar es sein könnte, Schülerinnen und Schüler – auch schon Zehnjährige – als Expertinnen und Experten ihres eigenen Tuns in Fragen der Gestaltung von Schule einzubeziehen.

Literatur

Achtenhagen, Frank (2007): Wirtschaftspädagogische Forschung zur beruflichen Kompetenzentwicklung. In: Buer, Jürgen v./Wagner, Cornelia (Hrsg.): Qualität von Schule. Ein kritisches Handbuch. Frankfurt/Main: Lang, S. 481–494.
Arens, Susanne/Mecheril, Paul (2010): Schule – Vielfalt – Gerechtigkeit. Schlaglichter auf ein Spannungsverhältnis, das die politische und erziehungswissenschaftliche Diskussion in Bewegung gebracht hat. In: Lernende Schule 13, H. 49, S. 9–11.
Bastian, Johannes/Helsper, Werner (2000): Professionalisierung im Lehrberuf – Bilanzierung und Perspektiven. In: Bastian, Johannes/Helsper, Werner/Reh, Sabine/Schelle, Carla (Hrsg.): Professionalisierung im Lehrberuf. Von der Kritik der Lehrerrolle zur pädagogischen Professionalität. Opladen: Leske + Budrich, S. 167–192.
Bastian, Johannes/Seydel, Otto (2010): Teamarbeit und Unterrichtsentwicklung. Klärungen der Grundlagen und Hilfen für die Praxis. In: Pädagogik 62, H. 1, S. 6–9.
Bauer, Karl-Oswald (2000): Konzepte pädagogischer Professionalität und ihre Bedeutung für die Lehrerarbeit. In: Bastian, Johannes/Helsper, Wer-

ner/Reh, Sabine/Schelle, Carla (Hrsg.): Professionalisierung im Lehrberuf. Von der Kritik der Lehrerrolle zur pädagogischen Professionalität. Opladen: Leske + Budrich, S. 55–72.

Berger, Peter L./Berger, Brigitte (1972/1985): Wir und die Gesellschaft. Eine Einführung in die Soziologie – entwickelt an der Alltagserfahrung. Reinbek bei Hamburg: Rowohlt.

Brinkmann-Hein, Dirk/Reh, Sabine (2005): Der Arbeitsplatz von LehrerInnen. Welche Rolle spielen Kooperation und professionelle Reflexion? In: Journal für Schulentwicklung 7, H. 2, S. 30–36.

Buchberger, Friedrich/Campos, Bártolo Paiva/Kallòs, Daniel/Stephenson, Joan (2000): Green Paper on Teacher Education in Europe. High Quality Teacher Education for High Quality Education and Training. Thematic Network Teacher Education in Europe. Umea: Peter Eriksson, LITU.

Dewey, John (1934/1988): Kunst als Erfahrung. Frankfurt/Main: Suhrkamp.

Fend, Helmut (2006): Neue Theorie der Schule. Wiesbaden: VS-Verlag.

Gehlen, Arnold (1940/1993): Der Mensch: Seine Natur und seine Stellung in der Welt. Textkritische Edition unter Einbeziehung des gesamten Textes der 1. Aufl. von 1940, Bd. 3.1 und 3.2, hrsg. von Karl-Siegbert Rehberg. Frankfurt/Main: Klostermann.

Giddens, Anthony (1976/1984): Interpretative Soziologie. Eine kritische Einführung. Frankfurt/Main + New York: Campus.

Giddens, Anthony (^{3}1997): Die Konstitution der Gesellschaft. Grundzüge einer Theorie der Strukturierung. Frankfurt/Main + New York: Campus.

Giddens, Anthony (1984/2009): The Constitution of Society. Outline of the Theory of Structuration. Cambridge + Malden: Polity Press.

Gräsel, Cornelia/Fußangel, Kathrin/Pröbstel, Christian (2005): Lehrkräfte zur Kooperation anregen – eine Aufgabe für Sisyphos? In: Zeitschrift für Pädagogik 51, S. 205–219.

Herder, Johann Gottfried (1770/1966): Abhandlung über den Ursprung der Sprache. Stuttgart: Reclam.

Joas, Hans (1992/1996): Die Kreativität des Handelns. Frankfurt/Main: Suhrkamp.

Joas, Hans (1999): Pragmatismus und Gesellschaftstheorie. Frankfurt/Main: Suhrkamp.

Kant, Immanuel (1803/^{2}1982): Über Pädagogik. Hrsg. von Friedrich Theodor Rink. In: Kant, Immanuel: Ausgewählte Schriften zur Pädagogik und ihrer Begründung. Paderborn: Schöningh, S. 5–9.

Kurtz, Thomas (2009): Professionalität aus soziologischer Sicht. In: Zlatkin-Troitschanskaia, Olga/Beck, Klaus/Sembill, Detlef/Nickolaus, Reinhold/Mulder, Regina (Hrsg.): Lehrprofessionalität. Bedingungen, Genese, Wirkungen und ihre Messung. Weinheim + Basel: Beltz, S. 45–58.

Lortie, Dan C. (1975/2002): Schoolteacher. London + Chicago: University Press of Chicago.

Mead, George Herbert (1973): Geist, Identität und Gesellschaft. Frankfurt/Main: Suhrkamp.

Mead, George Herbert (1980/83): Gesammelte Aufsätze, 2 Bände, hrsg. von Hans Joas. Frankfurt/Main: Suhrkamp.

Mehan, Hugh/Schratz, Michael (1993): Gulliver Travels into a Math Class. In Search of Alternative Discourse in Teaching and Learning. In: International Journal for Educational Research 19, S. 247–264.

Oevermann, Ulrich/Allert, Tilman/Konau, Elisabeth/Krambeck, Jürgen (1979): Die Methodologie der „objektiven Hermeneutik" und ihre allgemeine forschungslogische Bedeutung in den Sozialwissenschaften. In: Soeffner, Hans-Georg (Hrsg.): Interpretative Verfahren in den Sozial- und Textwissenschaften. Stuttgart: Verlag Metzler, S. 352–434.

Oevermann, Ulrich (1991): Genetischer Strukturalismus und das sozialwissenschaftliche Problem der Erklärung der Entstehung des Neuen. In: Müller-Doohm, Stefan (Hrsg.): Jenseits der Utopie. Theoriekritik der Gegenwart. Frankfurt/Main: Suhrkamp, S. 267–336.

Oevermann, Ulrich (1996): Theoretische Skizze einer revidierten Theorie professionalisierten Handelns. In: Combe, Arno/Helsper, Werner (Hrsg.): Pädagogische Professionalität. Untersuchungen zum Typus pädagogischen Handelns. Frankfurt/Main: Suhrkamp, S. 70–182.

Oevermann, Ulrich (2000): Die Methode der Fallrekonstruktion in der Grundlagenforschung sowie der klinischen und pädagogischen Praxis. In: Kraimer, Klaus (Hrsg.): Die Fallrekonstruktion. Sinnverstehen in der sozialwissenschaftlichen Forschung. Frankfurt/Main: Suhrkamp, S. 209–246.

Oevermann, Ulrich (2001): Die Philosophie von Charles Sanders Peirce als Philosophie der Krise. In: Wagner, Hans-Josef (Hrsg.): Objektive Hermeneutik und Bildung des Subjekts. Weilerswist: Velbrück Wissenschaft, S. 209–254.

Oevermann, Ulrich (2008): Profession contra Organisation? Strukturtheoretische Perspektiven zum Verhältnis von Organisation und Profession in der Schule. In: Helsper, Werner/Busse, Susann/Hummrich, Merle/

Kramer, Rolf-Torsten (Hrsg.): Pädagogische Professionalität in Organisationen. Wiesbaden: VS-Verlag, S. 55–78.

Oser, Fritz (2009): Moral jenseits von organisierter Erlaubtheit. In: Zlatkin-Troitschanskaia, Olga/Beck, Klaus/Sembill, Detlef/Nickolaus, Reinhold/Mulder, Regina (Hrsg.): Lehrprofessionalität. Bedingungen, Genese, Wirkungen und ihre Messung. Weinheim: Beltz, S. 389–409.

Plessner, Helmut (1928/1975): Die Stufen des Organischen und der Mensch, Einleitung in die philosophische Anthropologie. Berlin: de Gruyter.

Rabe-Kleberg, Ursula (1996): Professionalität und Geschlechterverhältnis. Oder: Was ist „semi" an traditionellen Frauenberufen? In: Combe, Arno/Helsper, Werner (Hrsg.): Pädagogische Professionalität. Untersuchungen zum Typus pädagogischen Handelns. Frankfurt/Main: Suhrkamp, S. 276–302.

Reh, Sabine (2004): Abschied von der Profession, von Professionalität oder vom Professionellen? Theorien und Forschungen zur Lehrerprofessionalität. In: Zeitschrift für Pädagogik 50, S. 358–372.

Rendtorff, Barbara/Moser, Vera (1999): Geschlecht als Kategorie – soziale, strukturelle und historische Aspekte. In: Rendtorff, Barbara/Moser, Vera (Hrsg.): Geschlecht und Geschlechterverhältnisse in der Erziehungswissenschaft. Eine Einführung. Opladen: Leske + Budrich, S. 11–70.

Scheler, Max (1928/[13]1995): Die Stellung des Menschen im Kosmos. Bonn: Bouvier.

Schön, Donald A. (1983): The Reflective Practitioner. How Professionals Think in Action. USA: Basic Books.

Schratz, Michael (2010): Teamarbeit – ein Mythos wird entzaubert. Ein kritischer Blick auf einen Hoffnungsträger der Schulentwicklung. In: Feindt, Andreas/Klaffke, Thomas/Röbe, Edeltraud/Rothland, Martin/Terhart, Ewald/Tillmann, Klaus-Jürgen (Hrsg.): Lehrerarbeit – Lehrer sein. Seelze: Kallmeyer, S. 105–109.

Schratz, Michael/Schrittesser, Ilse/Forthuber, Peter/Pahr, Gerhard/Paseka, Angelika/Seel, Andrea (2007): Domänen von Lehrer/innen/professionalität (EPIK). In: Journal für LehrerInnenbildung 7, H. 2, S. 70–79.

Schratz, Michael/Schrittesser, Ilse/Forthuber, Peter/Pahr, Gerhard/Paseka, Angelika/Seel, Andrea (2008): Domänen von Lehrer/innen/professionalität – Rahmen einer kompetenzorientierten Lehrer/innen/bildung. In: Kraler, Christian/Schratz, Michael (Hrsg.): Wissen erwerben, Kompetenzen entwickeln – Modelle zur kompetenzorientierten Lehrerbildung. Münster: Waxmann, S. 123–137.

Schratz, Michael/Westfall-Greiter, Tanja (2010): Das Dilemma der Individualisierungsdidaktik. Plädoyer für personalisiertes Lernen in der Schule. In: Journal für Schulentwicklung 12, H. 1, S. 18–31.

Schrittesser, Ilse (2004): „Professional Communities". Beiträge der Gruppendynamik zur Entwicklung professionalisierten Handelns. In: Hackl, Bernd/Neuweg, Georg Hans (Hrsg.): Zur Professionalisierung pädagogischen Handelns. Münster: LIT, S. 131–150.

Schrittesser, Ilse (2007): Bildung: Organisierter Widerspruch? Frankfurt/Main: Lang.

Seifried, Jürgen/Ziegler, Birgit (2009): Domänenbezogene Professionalität. In: Zlatkin-Troitschanskaia, Olga/Beck, Klaus/Sembill, Detlef/Nickolaus, Reinhold/Mulder, Regina (Hrsg.): Lehrprofessionalität. Bedingungen, Genese, Wirkungen und ihre Messung. Weinheim: Beltz, S. 83–92.

Senge, Peter M. (1996): Die fünfte Disziplin. Kunst und Praxis der lernenden Organisation. Stuttgart: Klett-Cotta.

Stichweh, Rudolf (1996): Professionen in einer funktional differenzierten Gesellschaft. In Combe, Arno/Helsper, Werner (Hrsg.): Pädagogische Professionalität. Untersuchungen zum Typus pädagogischen Handelns. Frankfurt/Main: Suhrkamp, S. 49–69.

Stoll, Louise/Louis, Karen Seashore (2007): Professional Learning Communities. Divergence, Depth and Dilemmas. Maidenhead: Open University Press.

Terhart, Ewald/Klieme, Eckart (2005): Kooperation im Lehrerberuf – Forschungsprobleme und Gestaltungsaufgabe. Zur Einführung in den Thementeil. In: Zeitschrift für Pädagogik 51, S. 163–166.

Vanderstraeten, Raf (2008): Zwischen Profession und Organisation. Professionsbildung im Erziehungssystem. In: Helsper, Werner/Busse, Susanne/Hummrich, Merle/Kramer, Rolf-Torsten (Hrsg.): Pädagogische Professionalität in Organisationen. Wiesbaden: VS-Verlag, S. 99–114.

Weber, Max (1919/20/1995): Schriften zur Soziologie. Herausgegeben und eingeleitet von Michael Sukale. Stuttgart: Reclam.

Professionalität und Professionalisierung von Lehrerinnen und Lehrern in internationaler Perspektive

Michael Schratz

1 Einleitung

Zahlreiche Veränderungen in der nationalen Bildungspolitik und -praxis der letzten Jahre haben ihren Ursprung in der Globalisierung von Bildung. Dieser Beitrag beleuchtet Fragen der Professionalität in Zusammenhang mit der zunehmenden Internationalisierung von Bildung und Bildungsprozessen, denn auch das EPIK-Konzept stellt den Anspruch auf Internationalität, um die Einbindung in transnationale Entwicklungsprozesse der Profession bzw. Professionalisierung im Lehrerberuf sicherzustellen. Dabei geht es einerseits um die Positionierung eines handlungsorientierten Ansatzes in der Professionsdebatte im internationalen Kontext, andererseits um eine komparative Analyse internationaler Entwicklungen im Rahmen der Globalisierung von Bildung.

Seit langem haben Bildungswissenschafterinnen und Bildungswissenschafter aus fachlich-wissenschaftlichem Interesse heraus versucht, aus vergleichender Sicht von anderen Systemen zu lernen. In den letzten Jahren haben verstärkt ökonomische Interessen dazu beigetragen, Schulsysteme miteinander zu vergleichen, um Reformen auf globaler Ebene durch den Vergleich der „Systemleistungen" einzelner Länder öffentlich zu machen, wodurch Ländervergleiche zu einem zentralen Treiber der Bildungspolitik geworden sind. Das bekannteste Beispiel dafür ist PISA. Für Salcher (2008, S. 195) hat die PISA-Debatte den richtigen Stein ins Rollen gebracht, dieser rolle aber in die falsche Richtung:

> „Die offiziellen Reaktionen Österreichs und Deutschlands auf das schlechte Abschneiden beim PISA-Test 2003 erinnerten an einen im Prinzip sehr begabten Schüler, der sich jahrelang gut durchgeschwindelt hat, dessen mangelnde Leistungen aber auf einmal bei einer großen Prüfung doch auffliegen. Sie

reichten von Schuldzuweisungen, wilder Empörung, tiefer Zerknirschung bis zu dem Versprechen, jetzt ganz brav zu lernen, um es das nächste Mal besser zu machen. Die jeweils verantwortlichen Regierungspolitiker übernahmen die Rolle der aufgebrachten Eltern, die sich verärgert bei der Prüfungsbehörde über die für ihren Sprössling völlig ungeeigneten Aufgabenstellungen bis hin zu den Fehlern bei der Korrektur beschwerten."

Als Reaktion auf diese Vergleichsstudien zeigt sich meist ein ähnliches Muster: Aufgrund von (System-)Defiziten werden Forderungen an die Profession (hier: Lehrerbildung) aufgestellt, die die konstatierten Defizite beheben sollte. Ein Beispiel dafür aus jüngster Vergangenheit ist die von McKinsey & Company erstellte Studie mit dem Titel *How the World's Best-Performing School Systems Come Out on Top* (Barber/Mourshed 2007), die diesen Diskurs unterstützt und im internationalen Kontext wie eine Heilsbotschaft für die Modernisierung der Bildungssysteme gehandelt wird. Darin werden Daten von 25 Schulsystemen untersucht, zu denen zehn der erfolgreichsten Staaten wie Belgien, Finnland und die Niederlande aus dem Kreis der EU-27 gehören. Sieben weiteren Systemen, darunter dem englischen, wurde eine starke Aufwärtstendenz bescheinigt. Das Fazit des McKinsey-Berichts lautet, dass sich die Qualität des Lehrpersonals auf das schulische Leistungsgefälle ursächlich auswirke. Dieser Befund stellt keine neue Erkenntnis dar, offensichtlich verschafft sich aber eine renommierte Beratungsagentur in der Bildungspolitik und -verwaltung mehr Gehör für die jeweiligen Anliegen als eine wissenschaftliche Expertise, was auf den verstärkten Einfluss ökonomischen Denkens schließen lässt.

Hier in Kürze die „Befunde" der Studie: In leistungsstarken Systemen bediene man sich zur Gewinnung und festen Bindung qualifizierter Lehrkräfte jeweils ähnlicher Strategien und bewährter Verfahren. Es würden Marketing- und Personalbeschaffungs-Verfahren aus der Wirtschaft genutzt, um das Angebot an erstklassigen Bewerbern zu erhöhen, es würden Möglichkeiten für Seiteneinsteiger geschaffen, effektive Auswahlmechanismen eingesetzt (die auch eine rasche Trennung von leistungsschwachen Lehrkräften ermöglichen) und attraktive Einstiegsgehälter geboten. Leistungsstarke Systeme verfügten über Mechanismen, die bereits vor der Aufnahme einer Lehrtätigkeit erkennen ließen, ob die Bewerberinnen und Bewerber bestimmte allgemeingültige Voraussetzungen erfüllten, nämlich hohe

Michael Schratz

Schreib- und Lesekompetenz und rechnerische Fähigkeiten; eine hohe soziale Kompetenz und Kommunikationsfähigkeit; Lernbereitschaft und Motivation für den Lehrerberuf.

Zwar werden im McKinsey-Report verschiedene Fragen aufgeworfen, die weiterer Untersuchungen bedürfen, doch wird geschlussfolgert, dass eine bessere Kommunikation und die Übernahme erfolgreicher Rezepte die Aussicht auf eine höhere Qualität der Lehrerbildung eröffnen würden. Das Fazit des McKinsey-Reports lautet, dass die Qualität des Lehrpersonals für das schulische Leistungsgefälle ursächlich sei. Leistungsstarke Schulsysteme mögen sich zwar von der Gestaltung und den Rahmenbedingungen her deutlich voneinander unterscheiden, doch legten sie durchwegs den Akzent auf die Verbesserung des Unterrichts, weil sich dies unmittelbar auf die Leistung der Schüler auswirke. Es wurde empfohlen, die Studie von McKinsey & Co. überall in den EU-27 zu verbreiten und die wichtigsten Erkenntnisse zu leistungsstarken Systemen zu erörtern. Diesen Erkenntnissen zufolge gelte es,
- die geeignetsten Kandidatinnen und Kandidaten für den Lehrerberuf zu gewinnen;
- diese zu guten Pädagogen auszubilden;
- allen Kindern durch gezielte Förderung die Möglichkeit zu geben, in den Genuss eines qualitativ hochwertigen Unterrichts zu kommen.

Der Einfluss zivilgesellschaftlicher Beiträge dieser Art zur Bildungsreform ist nicht zuletzt ein Zeichen dafür, dass es nationalen Bildungspolitiken immer schwerer zu fallen scheint, eigenständige Maßnahmen zur Systemverbesserung umzusetzen. Daher werden internationale Entwicklungen und gut vermarktete Studien als Legitimationsstrategie für Policy-Maßnahmen benützt. Kritische Anmerkungen zur McKinsey-Studie (vgl. Borst 2007; Schratz 2008) und zu der dadurch ausgelösten Form von *policy borrowing* (vgl. Moos/Krejsler/Kofod 2008) legen nahe, dass es in der gegenwärtigen Globalisierung von Bildung (vgl. Schratz 2000) nicht so sehr um die Frage des Nachdenkens über eigenständige Lösungen im jeweiligen Schulsystem zu gehen scheint, sondern es werden oft Reformmaßnahmen implementiert, die möglicherweise gar nicht in die vorherrschende Kultur passen.

Daher wird die zunehmende Globalisierung von Bildung und die damit ausgelöste Veränderung der Steuerungsmacht auch kritisch gesehen: Münch (2009) sieht in PISA- und McKinsey-Studien die Vertreter eines grundlegenden Wandels der gegenwärtigen Herrschaftskultur in der (Bildungs-)Politik (vgl. auch die Ausführungen von Borst 2007). PISA verkörpert für ihn die Transformation von Bildung in Humankapital, McKinsey sieht er als verantwortlich für die Umgestaltung aller Lebensbereiche nach ökonomischen Denkmodellen. Aufgrund einer „unheiligen" Allianz globaler Berater und lokaler Eliten seien die deutschen Schulen und Universitäten in „institutionelle Hybride" verwandelt worden, in denen Anspruch und Wirklichkeit immer weiter auseinanderklafften (Münch 2009, S. 60ff.). Die Ursache verortet er in einer Verschiebung der symbolischen Macht weg von der nationalen Bildungselite und hin zu einer neuen, an der naturwissenschaftlichen Methodik geschulten, transnational organisierten Wissenselite, was der Qualität der Bildungsinstitutionen mehr schaden als nützen würde.

Vermittelnder argumentiert Fuchs (2000), für den die semantische und reale Ökonomisierung von Bildung in der deutschen Pädagogik auf ein wesentlich neohumanistisch und geisteswissenschaftlich geprägtes Diskursfeld trifft, auf dem es beiderseits keine Andockstellen zu geben scheine (ebd., S. 136). Diesem Problem geht er in drei Einschätzungen nach: Die Mystifizierung des Bildungsbegriffs verhindere eine Neukonzipierung von Bildung, die den Erfordernissen der gegenwärtigen gesellschaftlichen Wandlungsprozesse gerecht werde (ebd., S. 137ff.); der Rückgriff auf die deutsche Bildungsphilosophie reiche nicht aus, um eine bildungstheoretisch adäquate Antwort auf die Globalisierung zu finden (ebd., S. 141ff.); die Erziehungswissenschaft setze sich nicht ausreichend und offensiv mit den gesellschaftlichen Wandlungsprozessen und den damit verbundenen Wirkungen auf Erziehung und Bildung auseinander (ebd., S. 145ff.). Aufgrund dieser Defizite sieht er eine entscheidende Aufgabe darin, „die Interdependenz des Wirtschafts- und Bildungssektors erziehungswissenschaftlich zu reflektieren und nicht entgegenzusetzen" (ebd., S. 148). Die Geschichte zeige, „dass es keine Eindimensionalität im Bildungsdiskurs gibt, sondern dass gerade das Spannungsverhältnis zwischen konkurrierenden Anschauungen den entscheidenden Impulsgeber für Innovationen im Bildungsbereich darstellt" (ebd.).

Die nationale Entwicklung von Professionalität muss sich im internationalen Bildungsdiskurs dieser globalen Entwicklungen positionieren. Dazu werden in den folgenden Ausführungen unterschiedliche Ansätze aus dem internationalen Raum vorgestellt, die sich im Spannungsfeld der Globalisierung von Bildung (globale Spieler) und nationaler Wirksamkeit positionieren, um die Professionalisierung von Lehrerinnen und Lehrern voranzutreiben. Dabei geht es hier nicht um eine vollständige Erfassung der vorgestellten Initiativen bzw. Ansätze, da sie nur in ihrem jeweiligen Kontext ihre Ausprägung und Wirksamkeit erhalten, sondern um das Exemplarische, hinter dem sich auch das Typische der rahmengebenden (inter-)nationalen Kulturen verbirgt. Kultur steht hier für einen Kern von (impliziten) Annahmen, die das öffentliche Leben grundlegend bestimmen, daraus abgeleitete Normen und Werte, die das kollektive Verhalten steuern, sowie explizit wahrnehmbare Handlungen und Produkte (vgl. Trompenaars/Hamden-Turner 1997).

Ziel ist es, das von der EPIK-Gruppe entworfene Konzept in die internationale Debatte einzubetten und mit den Tendenzen der internationalen Konzepte, Programme und Maßnahmen in Verbindung zu bringen. Daraus sollen weiterführende Überlegungen, Akzentuierungen und Schritte abgeleitet werden, um aus der vergleichenden Auseinandersetzung Anregungen für die Professionalisierung im nationalen Kontext zu erhalten. Im ersten Teil geht es um nationale Initiativen zur (Qualitäts-)Entwicklung der Profession in zwei gegensätzlichen Kulturen (Deutschland, USA); anschließend darum, wie sich die Profession stellvertretend durch ihre Berufsorganisation von innen heraus um Qualitätssorge kümmert (Schweiz, Kanada); und zum Abschluss finden sich Initiativen und Aktivitäten von zwei globalen Spielern (EU und OECD), die verstärkt Einfluss auf die Professionalisierung der Lehrer- und Lehrerinnenbildung nehmen.

2 Nationale Initiativen zur (Qualitäts-)Entwicklung der Profession

2.1 Professionalisierung durch Standardisierung in der Lehrerbildung

Wenn sich Professionalität als Prozess versteht, stellt sich unweigerlich die Frage nach den Zielen, auf die dieser Prozess gerichtet sein soll, und nach deren Wirkungen. Antworten stehen bislang weitgehend aus, was zu einer kritischen Diskussion geführt hat, die sich in folgender Kernaussage zusammenfassen lässt: „[E]s gibt irgendwelche diffusen Erwartungen, aber keine klar definierten Ziele. [...] Wenn man hört, wie über die bestehenden Zielsetzungen reflektiert wird, dann findet man häufig genug Leerformeln und Floskeln, das Herunterbeten nicht erreichbarer Ziele. [...] Was mit der heutigen Ausbildung erreicht wird, weiß man nicht genau, denn es gibt keine expliziten Ziele." (Oelkers 2001, S. 64)

Um eine „Ordnung" in die vielfältige Landschaft der Lehramtsstudien zu bekommen, die in Deutschland aufgrund der föderalen Struktur des Bildungswesens immer durch die Kultusministerien der einzelnen Bundesländer geprägt waren, wurden mit dem Beschluss vom 16. 12. 2004 „Standards für die Lehrerbildung: Bildungswissenschaften" beschlossen. Die KMK (Konferenz der Kultusministerinnen und -minister) bezog sich dabei auf die in den Schulgesetzen der Länder formulierten Bildungs- und Erziehungsziele. Den dort beschriebenen Zielen von Schule entspricht das Berufsbild, das in der gemeinsamen Erklärung des Präsidenten der Kultusministerkonferenz und der Vorsitzenden der Lehrerverbände (Oktober 2000) beschrieben worden ist.

Aus diesem Berufsbild wurden fünf *Kompetenzbereiche* entwickelt, die für die Einrichtungen der Lehrerbildung im ganzen Land die Grundlage für die Professionalisierung künftiger Lehrerinnen und Lehrer bilden sollte. Zur Wirkungserfassung mussten „dazugehörige Standards für die Lehrerbildung erarbeitet und begründet werden, an denen die festgestellten Wirkungen bemessen werden können." (Terhart 2005, S. 275) Für die KMK (2004, S. 4) beschreiben Standards in der Lehrerbildung „Anforderungen an das Handeln von Lehrkräften. Sie beziehen sich auf Kompetenzen und somit auf Fähigkeiten, Fertigkeiten und Einstellungen, über die eine Lehrkraft zur Bewältigung der beruflichen Anforderungen verfügt. Aus den angestrebten Kompetenzen ergeben sich Anforderungen für die gesamte Ausbildung und die Berufspraxis."

Die folgende Übersicht listet die fünf Kompetenzbereiche des bildungswissenschaftlichen Teils des Lehramtsstudiums auf und ordnet ihnen die jeweils vorgeschriebenen Kompetenzen zu (KMK 2004). Im Detail wird eine Unterscheidung getroffen zwischen Standards, die einerseits in theoretischen und andererseits in praktischen Ausbildungsabschnitten erreicht werden sollen.

Kompetenzbereich Unterrichten: Lehrerinnen und Lehrer sind Fachleute für das Lehren und Lernen.
Kompetenz 1: Lehrerinnen und Lehrer planen Unterricht fach- und sachgerecht und führen ihn sachlich und fachlich korrekt durch.
Kompetenz 2: Lehrerinnen und Lehrer unterstützen durch die Gestaltung von Lernsituationen das Lernen von Schülerinnen und Schülern. Sie motivieren Schülerinnen und Schüler und befähigen sie, Zusammenhänge herzustellen und Gelerntes zu nutzen.
Kompetenz 3: Lehrerinnen und Lehrer fördern die Fähigkeiten von Schülerinnen und Schülern zum selbstbestimmten Lernen und Arbeiten.

Kompetenzbereich Erziehen: Lehrerinnen und Lehrer üben ihre Erziehungsaufgabe aus.
Kompetenz 4: Lehrerinnen und Lehrer kennen die sozialen und kulturellen Lebensbedingungen von Schülerinnen und Schülern und nehmen im Rahmen der Schule Einfluss auf deren individuelle Entwicklung.
Kompetenz 5: Lehrerinnen und Lehrer vermitteln Werte und Normen und unterstützen selbstbestimmtes Urteilen und Handeln von Schülerinnen und Schülern.
Kompetenz 6: Lehrerinnen und Lehrer finden Lösungsansätze für Schwierigkeiten und Konflikte in Schule und Unterricht.

Kompetenzbereich Beurteilen: Lehrerinnen und Lehrer üben ihre Beurteilungsaufgabe gerecht und verantwortungsbewusst aus.
Kompetenz 7: Lehrerinnen und Lehrer diagnostizieren Lernvoraussetzungen und Lernprozesse von Schülerinnen und Schülern; sie fördern Schülerinnen und Schüler gezielt und beraten Lernende und deren Eltern.
Kompetenz 8: Lehrerinnen und Lehrer erfassen Leistungen von Schülerinnen und Schülern auf der Grundlage transparenter Beurteilungsmaßstäbe.

> **Kompetenzbereich Innovieren: Lehrerinnen und Lehrer entwickeln ihre Kompetenzen ständig weiter.**
> *Kompetenz 9:* Lehrerinnen und Lehrer sind sich der besonderen Anforderungen des Lehrerberufs bewusst. Sie verstehen ihren Beruf als ein öffentliches Amt mit besonderer Verantwortung und Verpflichtung.
> *Kompetenz 10:* Lehrerinnen und Lehrer verstehen ihren Beruf als ständige Lernaufgabe.
> *Kompetenz 11:* Lehrerinnen und Lehrer beteiligen sich an der Planung und Umsetzung schulischer Projekte und Vorhaben.

Zur Wirkungserfassung von Lehrerbildung insgesamt wurden mit Beschluss der Kultusministerkonferenz (KMK) vom 16. 10. 2008 zusätzlich „Ländergemeinsame inhaltliche Anforderungen für die Fachwissenschaften und Fachdidaktiken in der Lehrerbildung" beschlossen. Dadurch hatte die KMK in den „Eckpunkten für die gegenseitige Anerkennung von Bachelor- und Masterabschlüssen in Studiengängen, mit denen die Bildungsvoraussetzungen für ein Lehramt vermittelt werden", verabredet, die „Standards für die Lehrerbildung: Bildungswissenschaften" (Beschluss der KMK vom 16. 12. 2004) weiterzuentwickeln. Darüber hinaus wurde die Notwendigkeit gesehen, ländergemeinsame inhaltliche Anforderungen für die Fachwissenschaften und deren Didaktik zu entwickeln. Die Standards für die Bildungswissenschaften und die Anforderungen für die Fachwissenschaften und Fachdidaktiken sollten eine *Grundlage für die Akkreditierung und Evaluierung* von lehramtsbezogenen Studiengängen bilden.

Übergreifendes Ziel des Beschlusses war es laut KMK, die *Mobilität und Durchlässigkeit* im deutschen Hochschulsystem zu sichern und im Interesse der Studierenden die wechselseitige Anerkennung der erbrachten Studienleistungen und der erreichten Studienabschlüsse, die auf den Lehrerberuf vorbereiten, zwischen den Ländern zu gewährleisten. (Eine deutschlandweite Anerkennung von Studienabschlüssen in Lehramtsstudien der einzelnen Bundesländer hätte es aufgrund der jeweiligen Kultushoheit nicht gegeben!) Mit der Vorgabe sogenannter Fachprofile verständigte sich die Kultusministerkonferenz auf einen *Rahmen* der inhaltlichen Anforderungen für das Fachstudium. Die Länder und die Universitäten können innerhalb dieses Rahmens selbst Schwerpunkte und Differenzierungen, aber auch zusätzliche Anforderungen festlegen. Die Fachprofile sind auf die Fächer der *allgemeinbildenden Lehrämter* bezogen; der Fächerkatalog ist auf diejenigen Fächer beschränkt, die in den Prüfungsordnungen (nahezu) aller Bundesländer vorkommen. Sie wurden in Zusammenarbeit mit Fachwissenschafterinnen und Fachwissenschaftern sowie Fachdidaktikerinnen und Fachdidaktikern unter Beteiligung von Fachgesellschaften, Kirchen und Lehrerorganisationen entwickelt.

> **Definition *fachbezogener* Kompetenzen von Lehrerinnen und Lehrern**
>
> Die inhaltlichen Anforderungen an das fachwissenschaftliche und fachdidaktische Studium für ein Lehramt leiteten die Autorinnen und Autoren aus den *Anforderungen im Berufsfeld von Lehrkräften* ab, die sich auf die Kompetenzen (Kenntnisse, Fähigkeiten, Fertigkeiten und Einstellungen), über die eine Lehrkraft zur Bewältigung ihrer Aufgaben im Hinblick auf das jeweilige Lehramt verfügen muss, beziehen. Die folgenden Kompetenzen sollten während der verschiedenen Phasen der Lehrerbildung und in unterschiedlichen Bildungseinrichtungen erworben werden:
> 1. *Grundlegende Kompetenzen* hinsichtlich der *Fachwissenschaften*, ihrer Erkenntnis- und Arbeitsmethoden sowie der *fachdidaktischen* Anforderungen werden weitgehend im Studium aufgebaut.
> 2. Die *Vermittlung mehr unterrichtspraktisch definierter Kompetenzen* ist hingegen vor allem Aufgabe des Vorbereitungsdienstes; zahlreiche Grundlagen dafür werden aber schon im Studium gelegt bzw. angebahnt.
> 3. Schließlich ist die weitere *Entwicklung in der beruflichen Rolle* als Lehrerin oder Lehrer Aufgabe der Fort- und Weiterbildung.

Trotz dieser phasenbezogenen Schwerpunktsetzungen sei es aber notwendig, die Anforderungen an die Lehrerbildung im *Zusammenhang*, d.h. *über den gesamten Qualifikationszeitraum hinweg* und bezogen auf die Erfordernisse der angestrebten kompetenten Berufsausübung, zu betrachten. Daraus leiteten die Autorinnen und Autoren auch die inhaltlichen Anforderungen an die fachwissenschaftliche und fachdidaktische Ausbildung im Studium ab: Sie sollte für die nachfolgenden Bildungsphasen nicht nur anschlussfähig sein, sondern auch auf den Qualifikationserwerb in diesen Phasen einschlägig vorbereiten. Folgende fachbezogene Kompetenzen künftiger Lehrerinnen und Lehrer sollten vornehmlich *im Studium* aufge-

baut bzw. entwickelt werden, damit sie Lehramtsstudierende bei Abschluss ihres Studiums vorweisen könnten:
- über anschlussfähiges Fachwissen verfügen;
- über Erkenntnis- und Arbeitsmethoden der Fächer verfügen;
- über anschlussfähiges fachdidaktisches Wissen verfügen.

Für Moegling (2007, S. 49) liegt die „Kunst kompetenzorientierter Bildung im Rahmen der Lehrerbildung [...] in der Verbindung eines niveauvollen Aufbaus von theoriegeleitetem Wissen, prinzipiengeleiteter didaktischer Modellierung und anregender problemorientierter Anwendungssituationen sowie deren Reflexion – und dies gilt sowohl für die erste als auch für die zweite Phase der Lehrerbildung." Die Wirksamkeit in der Lehrerbildung lässt sich allerdings erst dann feststellen, wenn der Ausprägungsgrad der geforderten Kompetenzen auch tatsächlich „gemessen" werden kann. Dabei stellt sich die Frage, wie weit sich der individuell sehr unterschiedliche Grad der Kompetenz einer (künftigen) Lehrperson abbilden lässt. Nach Terhart sollte daher „ein Standard, der ja ein Maßstab ist, eine ‚Gradierung' oder ‚Skalierung' erlauben. Das bedeutet, es muss definiert sein, was als ausreichend gilt, was das Minimum markiert, und was ‚darüber' liegt. Die Skalierung sollte kriterienorientiert sein, d.h. es sollte nicht einfach nur eine soziale Bezugsnorm angelegt werden (über/unter dem anzutreffenden Durchschnitt), sondern ein vorab definiertes Modell unterschiedlicher Kompetenzniveaus bildet den Ausgangspunkt." (Terhart 2005, S. 277)

Das folgende Beispiel (aus Moegling 2007, S. 54) stellt einen auf die Indikatoren bezogenen Bewertungsvorgang im Modul Einführungssemester „Politikwissenschaften" zur Diskussion.

Standards	Beispiele für Indikatoren	Nicht mehr ausreichend (4 P.)	Gut (11 P.)
	Die Lehrkräfte im Vorbereitungsdienst ...		
... beobachten Lernprozesse auf einzelne, miteinander vereinbarte Schwerpunkte bezogen (Standard 1)	beschreiben Verlauf und Inhaltsstruktur einer Stunde.	können nur in einigen Ansätzen den Verlauf der Stunde rekonstruieren und übersehen z.T. wichtige Aspekte, deren Beobachtung vereinbart war.	rekonstruieren vollständig die wichtigsten Stationen der Stunde und können die inhaltliche Struktur in Bezug auf die vereinbarten Beobachtungsschwerpunkte transparent darstellen.
	beziehen ihre Beobachtungen auf die Prinzipien Problemorientierung und Kontroversität.	erkennen nicht die der Aufgabenstellung zugrunde liegende Problemstellung und übersehen z.B. die fehlende Kontroversität in Diskussionen.	können die der Aufgabenstellung zugrundeliegende Problemstellung problemorientiert rekonstruieren und entdecken Stärken bzw. Mängel in Bezug auf die Kontroversität in der Durchführung von Diskussionen.
	stellen fest, ob der Beutelsbacher Konsens eingehalten wurde.	können nur Einzelaspekte des Beutelsbacher Konsens im Zusammenhang mit dem beobachteten Stundenverlauf thematisieren.	können die wesentlichen Aspekte (Überwältigungsverbot, Kontroversitätsgebot, Interessenorientierung) des Beutelsbacher Konsens im Zusammenhang mit dem beobachteten Stundenverlauf nachvollziehbar thematisieren.
	beschreiben Interaktions- und Kommunikationsstrukturen des Unterrichts mit Blick auf emanzipatorisches und demokratisches Lernen.	haben übersehen, dass z.B. eine ungleiche Beteiligung von Mädchen und Jungen an Unterrichtsgesprächen stattfand und haben Interaktionsverzerrungen, z.B. die Dominanz der Lehrperson, nicht wahrgenommen und in Zusammenhang mit partizipatorischen Ansprüchen thematisieren können.	entdecken, dass z.B. eine ungleiche Beteiligung von Mädchen und Jungen an Unterrichtsgesprächen stattfand, und können Interaktionsverzerrungen, z.B. die Dominanz der Lehrperson, im Zusammenhang mit partizipatorischen Ansprüchen einsichtig thematisieren.

Tabelle 1: Beispiel für einen auf die Indikatoren bezogenen Bewertungsvorgang (Moegling 2007, S. 54)

Professionalität und Professionalisierung von Lehrerinnen und Lehrern in internationaler Perspektive

Dieses Beispiel, das versucht Lehrerwissen und -können über Indikatoren auf einer kriterienorientierten (Punkte-)Skalierung überprüfbar zu machen, zeigt nicht nur die Möglichkeiten, sondern vielmehr die Grenzen der Standardisierung von Lehrerbildung bzw. deren „Messbarkeit" auf.

Seit Beginn der Debatte um die Einführung von Bildungsstandards kam es zu einer tiefgehenden Polarisierung der Standpunkte, die zwischen der Einzigartigkeit des Subjekts und der Normierungsproblematik angesiedelt werden können (vgl. etwa die Zusammenfassung der Kontroverse in Criblez u. a. 2009ff.). Andererseits zeigt sich an diesem Beispiel ein grundsätzliches Phänomen in der Wirkungserfassung von Lehrerbildung: Während in den meisten Kompetenzbereichen des bildungswissenschaftlichen Teils die Schülerinnen und Schüler als Interaktionspartner aufscheinen, geraten sie in der Beschreibung von Indikatoren für die Bewertung der Lehrerleistung aus dem Blick. Erst im letzten Bereich zur Demokratieerziehung tauchen sie als notwendige Interaktionspartner auf, da Mitgestaltung ohne sie nicht möglich wäre. Standardisierung bildungswissenschaftlicher und fachbezogener Kompetenzen von Lehrerinnen und Lehrern wirkt sich auf zwei Ebenen aus:

Zum einen kommt es zu einer stark „lehrseitigen" Betonung von Unterricht. Diese suggeriert, dass das Lernen der Schülerinnen und Schüler das „Ergebnis" des richtigen Lehr(er)verhaltens sei. Diese Annahme steht in starkem Kontrast zu aktuellen Forschungsergebnissen, die Lernen stärker interaktionistisch, kontext- und subjektbezogen sehen. Daher bergen Standard- und Bewertungskataloge für Lehrerkompetenzen die große Gefahr in sich, der angestrebten „Personalisierung" von Unterricht, d. h. dem Geschehen „lernseits" von Unterricht entgegenzuwirken (vgl. Schratz 2009; Schratz/Westfall-Greiter 2010). Zum anderen weist das auf die Indikatoren bezogene Bewertungsbeispiel im Einführungsmodul „Politikwissenschaften" eine hohe Dominanz des Fachs auf, wodurch die fachliche Sozialisation und der damit aufgebaute Habitus in der Professionalisierung von Lehrpersonen in der Ausbildung und Vorbereitung für den Beruf gefördert werden (vgl. Combe/Helsper 1996).

Um einen stärkeren pädagogischen Bezug und die Interaktionsprozesse zwischen Lehrenden und Schülerinnen und Schülern zu betonen, legte

Fritz Oser in der Schweiz bereits 1997 88 Standards in zwölf Untergruppen vor, die er als Entwurf einer Theorie kompetenzbezogener Professionalisierung weiter verfolgte (Oser 2002). Da (künftige) Lehrerinnen und Lehrer die definierten Kompetenzen beherrschen sollten, gehörten diese für ihn obligatorisch als Standards in der Lehrerbildung verankert. Sie wurden daher fast unverändert in Oser/Oelkers (2001, S. 215–342) für die Evaluation der Lehrerbildung im Projekt „Die Wirksamkeit der Lehrerbildungssysteme in der Schweiz" übernommen. Die zwölf Untergruppen der Standards daraus werden hier vorgestellt:

Untergruppen von Standards:
Kompetenzen von Lehrpersonen (Oser/Oelkers 2001)

1. Lehrer-Schüler-Beziehung und fördernde Rückmeldung
2. schülerunterstützende Beobachtung (Diagnose)
   und schülerunterstützendes Handeln
3. Bewältigung von Disziplinproblemen und Schülerrisiken
4. Aufbau und Förderung von sozialem Verhalten
5. Lernstrategien vermitteln und Lernprozesse begleiten
6. Gestaltung und Methoden des Unterrichts
7. Leistungsmessung
8. Medien des Unterrichts
9. Zusammenarbeit in der Schule
10. Schule und Öffentlichkeit
11. Selbstorganisationskompetenz der Lehrkraft
12. Fachdidaktische Standards

Für Terhart tragen die Standards für die Lehrerbildung nicht so sehr dazu bei, das Lernen im Lehrerberuf neu zu ordnen, sondern es befördere „die partizipatorische Struktur der dazugehörigen Beurteilungssysteme eine breitere Wissensentwicklung innerhalb der Profession. Generell wird dadurch die Etablierung von allgemein geteilten Normen gefördert, weil Unterrichten damit öffentlich und kollegial wird (anstatt wie bisher geheim/abgeschottet und individualisiert/vereinzelt durchgeführt zu werden). Standards für das Unterrichten in Verbindung mit Standards für die Lehrerbildung könnten schließlich eine gewisse Struktur und Kohärenz in das fragmentierte, chaotische System des gegenwärtig wohl eher zufälligen beruflichen Lernens von Lehrern bringen." (Terhart 2002, S. 75) Dieser Aspekt der Standarddebatte sollte nicht unterschätzt werden, da er den in einer EPIK-Domäne verankerten Kompetenzbereich der Diskursfähigkeit im Lehrerberuf fördert und dadurch das Professionsbewusstsein sowie die Profession insgesamt konsequent stärken könnte.

Die Einführung von Standards in der Lehrerbildung hat insgesamt eine kontrovers geführte Diskussion zur Folge, die durch den Umbau des tertiären Teils im Bildungswesen aufgrund der Bologna-Struktur weiter verstärkt wurde, wodurch eine noch stärkere „Disziplinierung" in den Studiengängen erfolgte. In fast allen deutschen Universitäten liefen die eigenständigen Lehramtsstudiengänge aus, worauf die wissenschaftliche Qualifizierung der künftigen Lehrkräfte im Rahmen von gestuften Bachelor-/Master-Studiengängen erfolgen musste, die unter dem Anspruch der „Polyvalenz" stehen. Mit diesem organisatorischen Umbau waren nicht nur bedeutende Veränderungen in der inhaltlichen Gestaltung des Studiums (z. B. über die Modularisierung), sondern auch in der Prüfungspraxis, der Anlage der Praktika und im Einbezug der Fachdidaktiken verbunden. Ob diese Entwicklung zu einer Verbesserung der Lehrerbildung führen kann, wurde bei einer Tagung des Vorstands der Deutschen Gesellschaft für Erziehungswissenschaft (DGfE) unter dem Titel „Lehrerbildung in den neuen Studienstrukturen" innerhalb der Zunft im Februar 2009 kritisch diskutiert.

Wie bereits angedeutet, lassen sich die querschnittig angelegten Kompetenzbereiche von EPIK in einzelnen Indikatoren einer „standardisierten Lehrerbildung" finden. Durch die Aufsplitterung in untergeordnete Teilaspekte geht das einer Domäne Eigene, sozusagen ihr Wesen, verloren und sie verliert damit auch die ihr zugedachte Kraft. Gerade die Bündelung in Form von „Domänen" ist ein bedeutsames Merkmal des EPIK-Konzepts. Darüber hinaus macht der Vergleich mit dem Modell der Kompetenzbereiche in der deutschen Lehrerbildung deutlich, dass die Professionalisierung über Standards auf die Person bzw. das zu qualifizierende Individuum ausgerichtet ist, dessen Wissen und Können über die Wirksamkeit entscheidet. Die strukturelle Koppelung von *agency* und *structure* (Giddens), die dem EPIK-Konzept zugrunde liegt, findet sich in klassischen Standardformulierungen nicht. (Vgl. dazu den einleitenden Beitrag in diesem Band.)

2.2 What Matters Most: Teaching for America's Future

In den USA besteht die längste Tradition von Standards in der Professionalisierung von Lehrkräften, um die Akkreditierung von Lehrpersonen einerseits und von Ausbildungsprogrammen andererseits zwischen den Bundesstaaten zu regulieren. Dazu sind die Standards für Lehrkräfte, für Programme bzw. Studiengänge und für Institutionen klar getrennt (siehe Tabelle 2).

Standards für ...		
Lehrkräfte	Programme/Studiengänge	Institutionen
NBPTS (National Board for Professional Teaching Standards, 1987ff.)	TEAC (Teacher Education Accreditation Council, 1997ff.)	NCATE (National Council for Accreditation of Teacher Education, 1954ff.)
INTASC (Interstate New Teacher Assessment and Support Consortium, 1987ff.)		

Tabelle 2: Standards für die Lehrpersonen, Studiengänge und Institutionen in den USA (Wilbers 2005, S. 7)

Das National Board for Professional Teaching Standards (NBPTS) wurde 1987 gegründet, um über die Einführung von Standards die Qualität der Kompetenzen von Lehrerinnen und Lehrern zu steigern. Bei diesen Standards werden für *Professionals* im Lehrberuf folgende fünf „Core Propositions" (nach Wilbers 2005, S. 7) unterschieden und dann ausdifferenziert:

Teachers ...
- are committed to students and their learning.
- know the subjects they teach and how to teach those subjects to students.
- are responsible for managing and monitoring student learning.
- think systematically about their practice and learn from experience.
- are members of learning communities.

Diese vier Grundvoraussetzungen für die Qualität von Lehr(er)kompetenzen unterscheiden sich von den im vorigen Abschnitt für Deutschland vorgestellten Standards dadurch, dass sie auch *Haltungen* einbeziehen („are committed"), einen stärkeren Schülerbezug aufweisen („students" und „their learning") sowie zur Weiterqualifizierung über die systematische Auseinandersetzung mit ihrer eigenen Praxis anregen („systematically ... learn from their experience").

Hinter der jeweils gewählten Herangehensweise an Kompetenzmodelle und darauf aufbauenden „Standardisierungen" stehen professionstheoretische Überlegungen, in welcher Weise die erreichten Ziele, Kompetenzen und Habitusbestandteile überprüft werden können und was die tatsächlichen Auswirkungen auf die schulische Praxis sind. Nach Schneider/Wildt (2009) fokussieren die Praxiskonzeptionen in der Tradition der geisteswissenschaftlichen Pädagogik nahezu ausschließlich auf den Unterricht als „Synonym für Praxis" und „dort wird insbesondere die performative Seite, die Herstellung von Unterrichtsfähigkeit Studierender betont." (ebd., S. 17) Sie sehen in der Erfassung der Differenz zwischen handlungsbezogener Praxisbewältigungsperspektive und einer im weitesten Sinne wissenschaftsorientierten Erkenntnishaltung die Grenzen eines Kompetenzstufenmodells vor allem darin, „dass

1. Aussagen über die didaktische Ausgestaltung von Lehr-/Lern-Prozessen nicht ableitbar sind,
2. der Zusammenhang von Wissen und Können und damit der Grad des Erwerbs von Reflexionsfähigkeit nicht hergestellt werden kann und
3. der Grad der Berufsfertigkeit oder Professionalisierung allein damit nicht abbildbar ist." (Ebd., S. 27)

In ihrem Grundsatzbeitrag „Standard Setting in Teaching" beschreibt Linda Darling-Hammond (2001) die wechselvolle Geschichte der Standards in der amerikanischen Lehrerbildung. Sie kommt zu dem Schluss, dass die Standards in den verschiedenen Lehrerbildungsprogrammen der einzelnen Bundesstaaten so unterschiedlich sind, dass man nicht von national vergleichbaren Voraussetzungen ausgehen könne. Daraus schließt sie, dass Lehrerinnen und Lehrer weniger als andere Professionen mit einem erwarteten Wissen und Können in ihren Beruf einsteigen, was sich ernsthaft auf die ungerechten Bildungschancen für die Kinder und Jugendlichen auswirken könne (vgl. ebd., S. 758).

Michael Schratz

Aufgrund dieser Ausgangssituation und wiederkehrender unbefriedigender Schülerleistungen durch Testergebnisse gab es in den USA immer wieder Versuche, die Qualität von Schule und Unterricht durch die Neubestimmung der Professionalisierung der Lehrpersonen zu verbessern. So wurde beispielsweise 1996 der Bericht *What Matters Most: Teaching for America's Future* der National Commission on Teaching & America's Future (1996) veröffentlicht, der Vorschläge zur Neugestaltung der nationalen Bildungspolitik vorlegte. Die Autorinnen und Autoren finden in einem ersten Schritt sieben Entwicklungsbarrieren (niedrige Leistungerwartung an die Schülerschaft; nicht umgesetzte Standards durch die Lehrkräfte; schwerwiegende Mängel in der Lehrerbildung; die Praxis, junge Lehrpersonen in ihrem ersten Jahr auf sich allein gestellt zu lassen; zu wenige profunde professionelle Angebote zur Lehrerfortbildung; wenige Anreize für gute Leistungen; schlecht organisierte Schulen), die öffentlich angesprochen werden müssten.

Dies scheitere oft daran, dass immer wieder Nebenthemen in den Mittelpunkt des Interesses gerieten, die in der Öffentlichkeit den Charakter von „Mythen" einnehmen und von den eigentlichen Problemen ablenken würden. Folgende fünf Mythen sah man als besonders prägend: jeder könne unterrichten; Lehrerausbildung sei unwirksam; Lehrpersonen arbeiteten nicht genug; Verbeamtung sei das Problem; Gewerkschaften blockierten die Reform. Wie immer bei Mythenbildungen seien diese Auffassungen strittig: auch wenn eine gewisse Wahrheit dahinter stehe, sei darunter vieles, was nicht stimme. Solche Mythen entwickelten ein Eigenleben und könnten den Fortschritt beschleunigen oder behindern. Daher müsse man sie mit der Realität konfrontieren, um zu den eigentlichen Reformthemen zu gelangen.

Dazu erstellten die Autorinnen und Autoren in einem zweiten Schritt einen Aktionsplan zur Neubestimmung des Lehrerberufs, der auf folgenden Grundlagen basiert:
- Heterogene Lernende nach neuen Standards unterrichten.
- Bereits heute Unterrichtskonzepte von morgen einsetzen.
- Eine kollektive Vision zur Neugestaltung von Schule entwickeln.
- Zusammenarbeit und professionelle Entwicklung pflegen.
- Die Profession in eine Vorreiterrolle führen.
- Persönliche Werte leben und einen standesgemäßen Lebenslauf führen.

Professionalität und Professionalisierung von Lehrerinnen und Lehrern in internationaler Perspektive

Diese Vorschläge für einen nationalen Aktionsplan weisen in ihrer Ausrichtung Grundannahmen von Professionalität auf, die sich in den EPIK-Domänen finden, wie Differenzfähigkeit, Professionsbewusstsein, Kooperation und Kollegialität, Personal Mastery. Dazu kommt eine starke Innovationsorientierung (Vision zur Neugestaltung von Schule, Profession in eine Vorreiterrolle führen). Daraus entwickelte die Arbeitsgruppe folgende Vorschläge für die politische Umsetzung (vgl. Abb. 1):

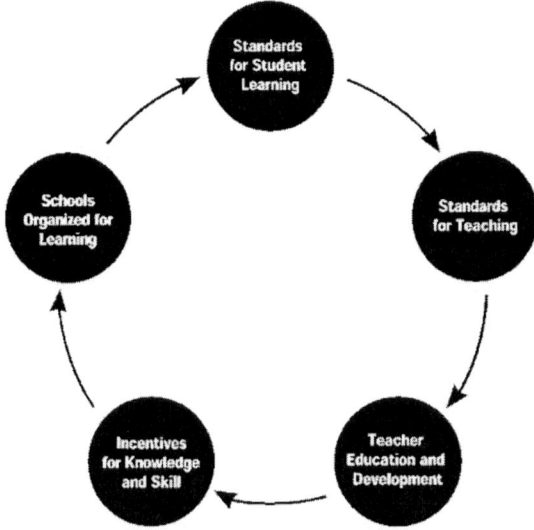

Abbildung 1: Elemente systemischer Reform (aus: National Commission on Teaching & America's Future 1996, S. 66)

I. Die Einführung von Standards für Schüler und Schülerinnen sowie Lehrer und Lehrerinnen.
II. Die Gewinnung von Nachwuchs und der Einsatz von qualifizierten Lehrpersonen in jedem Klassenzimmer.
III. Die Neugestaltung der Lehreraus- und -fortbildung im Sinne eines Kontinuums.
IV. Das Wissen und Können der Lehrer und Lehrerinnen unterstützen und honorieren.
V. Schulen so organisieren, dass sie den Erfolg für Schülerinnen und Schüler sowie von Lehrerinnen und Lehrern ermöglichen.

Ähnlich der Kultusministerkonferenz argumentieren die Autorinnen und Autoren der Standards, dass diese nicht als solche bereits einen Wandel herbeiführen würden, sondern Klarheit und Fokussierung in jenen Bereichen schaffen sollten, die derzeit sehr fragmentiert und organisational schlecht verbunden sind. Neue Standards sollten Lehrerinnen und Lehrer motivieren, ihr Wissen und ihre Fähigkeiten sowie Fertigkeiten auszuweiten. Wenn man von den Schülerinnen und Schülern erwartet, dass sie hohe Standards erfüllen sollten, müsste das nicht weniger auch von ihren Lehrpersonen zu erwarten sein.

Bransford/Darling-Hammond/LePage (2005, S. 11) erstellten auf der Basis zahlreicher Studien ein Bezugssystem, um das gesammelte Wissen, das für guten Unterricht bedeutsam ist, zu organisieren (Abb. 2).

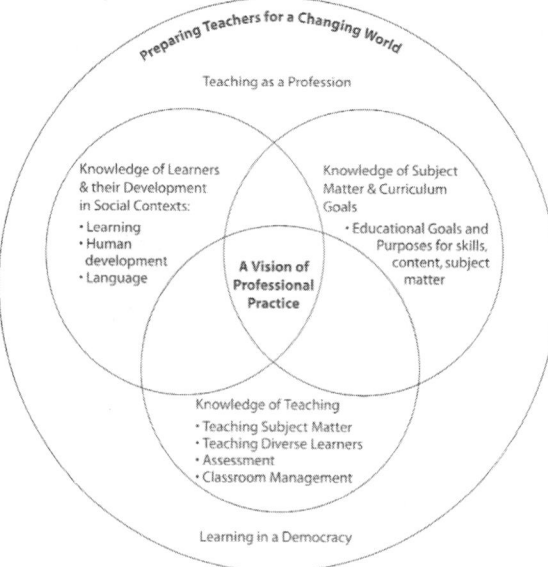

Abbildung 2: Ein Bezugssystem zum Verständnis von Lehren und Lernen (aus Bransford/Darling-Hammond/LePage 2005, S. 11)

Abbildung 2 stellt folgende drei Bereiche von Wissen, Können und Dispositionen in den Vordergrund, die für jede Lehrperson bedeutsam und daher anzueignen sind:

Professionalität und Professionalisierung von Lehrerinnen und Lehrern in internationaler Perspektive

- Wissen über die Lernenden, wie sie lernen und sich in sozialen Umgebungen entwickeln.
- Wissen über Curriculuminhalte und Ziele und ein den Unterrichtsinhalten und zu vermittelnden Fertigkeiten übergeordnetes Bildungsverständnis sowie
- ein Verständnis von Lehren im Licht der Unterrichtsinhalte und der zu unterrichtenden Lernenden, das durch formatives Assessment Rückmeldung erhält und durch eine förderliche Lernumgebung unterstützt wird.

Auch hier zeigt sich für das Professionsverständnis von Lehrpersonen eine stärkere Fokussierung auf die Lernenden bzw. deren Lernvoraussetzungen und -bedingungen. Durch den Einbezug des sozialen Kontexts wird einem vereinfachten Transferverständnis (Lehren bewirke Lernen) entgegengewirkt. Dem Bildungsverständnis wird ein größeres Augenmerk beigemessen und der formativen Kraft der Rückmeldung Raum gegeben. Die Interaktionen zwischen Lehrenden, Lernenden und Inhalten setzen sich für die Autorinnen und Autoren aus zwei wichtigen Grundbedingungen der Gestaltung von Praxis zusammen: Einmal, dass der Lehrerberuf mit bestimmten moralischen und technologischen Erwartungen verbunden ist, zum anderen, dass Erziehung einer demokratischen Absicht dienen muss. In diesem Sinne dient der professionelle Unterricht auch dem Demokratie-Lernen, d. h. dass Lehrerinnen und Lehrer ihre Rolle und Verantwortung als Professionelle in der Schule wahrnehmen, um alle Schülerinnen und Schüler gleichwertig auf die Partizipation in einer demokratischen Gesellschaft vorzubereiten.

Aus den amerikanischen Entwicklungen lassen sich für die Weiterführung der Arbeit an Professionalität strategische Überlegungen darüber ableiten, wie eine neue Form von Professionalität im System Anschluss finden kann. Dazu sind Mythenbildungen zu überwinden und neue Denk- und Handlungsformen zu (er)finden. Die „lernseitige" Ausrichtung des Unterrichts und die Innovationsorientierung regen eine weiterführende Diskussion der Professionalisierung an. In der amerikanischen Professionsdebatte stellen ethisch-moralische Einstellungen und ein aufgeklärtes Demokratieverständnis wichtige Eckpfeiler für professionelles Handeln dar, weshalb sie in der Lehrerbildung für die Zukunft konstitutiv sind (vgl. Cochran-Smith/Power 2010). Diese beiden Aspekte sind im deutschsprachigen Raum eher defizitär ausgeprägt und finden daher auch in der Professionalisierungsdebatte wenig Gehör.

3 Professionsbezogene Ansätze aus der Zunft

Unabhängig von staatlichen Vorgaben und Einflussnahmen auf die Qualität von Ausbildung und Arbeit der Lehrerinnen und Lehrer und zum Teil auch als Gegenbewegung dazu haben die Standesvertretungen in verschiedenen Ländern selbst Initiativen ergriffen, um ihre eigene Profession zu stärken und die Qualität ihrer Arbeit zu sichern. Dabei fällt auf, dass in solchen Ansätzen die Qualität in der professionellen Arbeit von Lehrpersonen nicht auf ein forschungsanalytisch begrenztes Konzept aufgebaut wird, sondern dass auf ganzheitliche Ansätze Bezug genommen wird. Beispielhaft dazu werden in diesem Abschnitt das Berufsleitbild und die Standesregeln des Dachverbands der Schweizer Lehrerinnen und Lehrer einerseits sowie die Standards für die Lehrerinnen und Lehrer des Ontario College of Teachers, einer Berufsorganisation für Lehrkräfte in Kanada andererseits, vorgestellt.

3.1 Berufsleitbild und Standesregeln

Der Dachverband Schweizer Lehrerinnen und Lehrer (LCH) hat in großer gemeinsamer Anstrengung ein überkantonales Berufsleitbild erstellt, das als „Richtschnur für die Verbandspolitik" (LCH 2008, S. 5), aber auch als „breit abgestimmter Bezugsrahmen" (ebd.) für das berufliche Handeln relevant sein soll. Ein erstes Berufsleitbild wurde bereits 1993 erstellt, die Neufassung musste den veränderten gesellschaftlichen Herausforderungen angepasst werden: „Die Grundüberzeugungen zum Wesen des Berufs haben sich zwar im Wesentlichen nicht verändert, aber die konkreten Herausforderungen und Arbeitsplatzbedingungen, auf die ein Berufsstand antworten muss, sind heute sehr anders als in der Gründungszeit des LCH. Wie dies bei den früheren Fassungen des Berufsleitbilds der Fall war, soll es über die verbandspolitische Bedeutung hinaus auch die Rekrutierung des Nachwuchses, die Grundausbildung und Weiterbildung sowie die Standortbestimmung der einzelnen Lehrerinnen und Lehrer persönlich und im Team befruchten." (Ebd.) Im Berufsleitbild (ebd.) werden die folgenden Leitsätze definiert:

Professionalität und Professionalisierung von Lehrerinnen und Lehrern in internationaler Perspektive

Lehrerinnen und Lehrer ...
- ... sind Fachleute für Lehren und Lernen;
- ... stellen sich der Herausforderung von heterogenen Lerngruppen;
- ... nehmen zur Erfüllung ihres Berufsauftrags ihre Zuständigkeiten wahr;
- ... arbeiten an einer geleiteten Schule und gestalten diese mit;
- ... verfügen über eine Hochschulausbildung, bilden sich weiter und gestalten ihre Laufbahn;
- ... erfüllen ihre anspruchsvolle Aufgabe in verlässlichen Rahmenbedingungen, mit Freiräumen, unterstützenden Strukturen und mit angemessener Besoldung.

Für den LCH (2008, S. 9) ist Lehren und Lernen im Schulalltag „ein ziemlich kleinräumiges, situatives und intimes Geschehen. Gleichzeitig ist es zunehmend in Großräume der bildungspolitischen Steuerung eingebunden. Das schafft ein Spannungsfeld zwischen dem Geschehen vor Ort und den Bürokratisierungstendenzen im Makro-System, zwischen der ‚Selbstdefinition des pädagogischen Einzelkünstlers' und dem ‚kleinen angestellten Rädchen in der Großmaschinerie'. Es ist eine Daueraufgabe der Lehrpersonen und ihrer Berufsorganisation, sich dazwischen zu positionieren und zu behaupten. Das Berufsleitbild dient als Orientierungshilfe dafür." (LCH 2008, S. 9)

Das Leitbild des LCH macht deutlich, dass der Erfolg beruflicher Arbeit im pädagogischen Feld von vielerlei Einflüssen abhängt, die zum Teil außerhalb der Schule liegen. Lehrpersonen können daher in bestimmten Bereichen nur eine Teilverantwortung übernehmen. Dabei ist zunächst von einer inneren Haltung der Verantwortung gegenüber bestimmten Werten, Menschen und Abmachungen die Rede. Verpflichtung ist hier mehr als bloße Pflicht.

Lehrpersonen stehen demnach in einer mehrfachen Verpflichtung, nämlich
- ... den ihnen anvertrauten Schülerinnen und Schülern;
- ... der Schule als Betriebsgemeinschaft;
- ... anderen Partnern;
- ... sich selbst;
- ... dem Berufsstand;
- ... dem Auftraggeber Gesellschaft und ihren Behörden.

Michael Schratz

In diesem Ausschnitt aus dem Berufsleitbild (ebd., S. 27–28) werden wichtige Komponenten dessen explizit gemacht, was im EPIK-Konzept u. a. der Domäne „Professionsbewusstsein" zugrunde liegt: Eine innere Haltung der Verantwortung gegenüber sich selbst und anderen sowie die Verbundenheit mit dem „Auftraggeber" Gesellschaft in Form ihrer Behörden. Da es für das Wirksamwerden dieses hohen Anspruchs an Haltung, Verantwortung und Werten keine Transfertheorie gibt, stellt der LCH Regeln auf, die für die ganze Profession Gültigkeit haben. Die Anwendung der Standesregeln soll auf vier Ebenen erfolgen:

- Standesregeln als individuelle Selbstregulierung im Rahmen des persönlichen Berufsethos.
- Standesregeln als normatives Bezugssystem in der Aus- und Weiterbildung der Lehrpersonen, wozu auch die kollegiale Berufseinführung im Schulhaus gehört.
- Verwendung der Standesregeln als inhaltliches Bezugssystem für die Selbstevaluation der Schulen (Feedback von Seiten der Kolleginnen und Kollegen, der Schulleitung, der Schülerinnen und Schüler, der Erziehungsberechtigten bzw. Abnehmer).
- Beiziehung der Standesregeln als normatives Bezugssystem bei Kriseninterventionen in Fällen erheblicher Kritik an einzelnen Lehrpersonen oder bei Konflikten im Kollegium.

Die Standesregeln

Standesregel 1: *Erfüllung des Bildungsauftrags*
Die Lehrperson sorgt für eine ausgewogene Förderung der Lernenden zur Sachkompetenz, Selbstverantwortung und Gemeinschaftsfähigkeit gemäß den Bildungsansprüchen des Lehrplans.

Standesregel 2: *Professionelle Unterrichtsführung*
Die Lehrperson schafft Lernsituationen, welche anregen und individuelle Fortschritte auf die Bildungsziele hin möglich machen. Sie begegnet den Lernenden mit positiver Erwartungshaltung.

Standesregel 3: *Mitwirkung im Schulteam*
Die Lehrperson wirkt mit an verbindlichen Absprachen und Regelungen im Schulteam, an gemeinsamen Entwicklungsarbeiten und Weiterbildungen.

Professionalität und Professionalisierung von Lehrerinnen und Lehrern in internationaler Perspektive

Standesregel 4: *Qualitätssicherung und -entwicklung*
Die Lehrperson bildet sich während der ganzen Dauer der Berufsausübung in beruflichen und persönlichen Bereichen weiter und engagiert sich für eine Schule, die ihre Qualität überprüft und weiterentwickelt.
Standesregel 5: *Führung und Verantwortung*
Die Lehrperson nimmt Führung und Verantwortung in der eigenen Schulklasse und in der ganzen Schule wahr.
Standesregel 6: *Zusammenarbeit mit den Partnern*
Die Lehrperson arbeitet mit Erziehungsberechtigten, Spezialdiensten, Behörden und anderen an der Schule Beteiligten zusammen.
Standesregel 7: *Vertraulichkeit*
Die Lehrperson behandelt sensible Informationen über Lernende vertraulich.
Standesregel 8: *Einhalten von Vorschriften*
Die Lehrperson handelt nach den gesetzlichen Vorschriften und setzt sich nötigenfalls für deren Veränderung und Anpassung ein.
Standesregel 9: *Respektieren der Menschenwürde*
Die Lehrperson wahrt bei ihren beruflichen Handlungen die Menschenwürde, achtet die Persönlichkeit der Beteiligten, behandelt alle mit gleicher Sorgfalt und vermeidet Diskriminierungen.
Standesregel 10: *Unbedingtes Beachten von Verboten*
Die Lehrperson hält sich strikt an das gesetzliche Verbot von körperlichen, sexuellen, kulturellen und religiösen Übergriffen und reagiert entschieden auf festgestellte Missachtungen.

Die Aktivitäten des LCH, der die ganze Berufsgruppe in einen Aushandlungsprozess zur Erstellung eines Lehrerleitbilds und dazu passenden Standesregeln involvierte, sind beispielgebend dafür, wie ein Rahmen für professionelles Handeln von unten entwickelt werden kann. Soll Entwicklung von Professionalität im internationalen Kontext als Gesamtkonzept im System wirksam werden, sind ähnliche Aktivitäten zu überlegen, wie sie im LCH praktiziert werden. Dazu gehört eine stärkere Selbstverpflichtung und -regulierung innerhalb der Profession, aber auch eine Struktur, die dafür eine institutionelle Verankerung schafft. In der Schweiz ist dies ein unabhängiger nationaler Dachverband der Lehrerverbände, in der kanadischen Provinz Toronto eine professionsbezogene Standesorganisation (siehe 3.2), über die bei uns etwa die Berufsgruppen der Mediziner, Apotheker, Juristen u.a. verfügen.

3.2 Eine Standesorganisation für die Profession: Das Ontario College of Teachers in Ontario (Kanada)

Das *Ontario College of Teachers* ist die professionelle Standesorganisation von Lehrerinnen und Lehrern in der kanadischen Provinz Ontario. Sie wurde 1997 von Regierungsseite gegründet, um Lehrkräfte in Ontario in die Lage zu versetzen, ihre eigene Profession im Interesse der Öffentlichkeit auf der Grundlage von professionellen Standards selbst zu steuern. Jede Lehrperson, die an einer staatlichen Schule in Ontario unterrichten möchte, muss Mitglied des College of Teachers werden und eine Zertifizierung durchlaufen. Das College wird von einem Gremium geleitet, das sich aus 23 von allen Lehrkräften in Ontario gewählten Lehrerinnen und Lehrern sowie 14 von der jeweiligen Regierung ernannten öffentlichen Persönlichkeiten zusammensetzt. (Vgl. Sliwka 2008, S. 46)

Als selbstregulative Standesorganisation stellt das Ontario College of Teachers sicher, dass Kinder und Jugendliche ausschließlich von Lehrenden unterrichtet werden, die ihr berufliches Handeln und Verhalten an transparenten professionellen und ethischen Standards ausrichten. Dazu entwickelte das Ontario College of Teachers zwei zentrale Dokumente, die sogenannten *Standards of Practice* (Standards der Lehrer/innenpraxis) und die *Ethical Standards of the Teaching Profession*, einen ethischen Verhaltenskodex für Lehrpersonen. Die Standards werden jeweils in einem Turnus von fünf bis sechs Jahren erneut zur Diskussion gestellt und überarbeitet, sodass sie die gesellschaftlichen Veränderungen in der Lehrerrolle widerspiegeln.

Die *Standards of Practice* beschreiben einen Kanon aus Wissen, Fertigkeiten und Werten, den alle Lehrkräfte in Ontario miteinander teilen. Ihre Zielsetzung ist die Entwicklung eines gemeinsamen Verständnisses und einer gemeinsamen Sprache aller Lehrkräfte darüber, was Professionalität im Lehrerberuf ausmacht. Darin verpflichten sich die Lehrpersonen in Ontario,
- auf der Grundlage von wissenschaftlich fundierten Erkenntnissen zu handeln (professionelles Wissen);
- Lernende jeweils als Individuen beim Lernen zu unterstützen (professionelle Praxis);
- in Schulen als professionellen Lerngemeinschaften Führungsverantwortung zu übernehmen (Leadership in professionellen Lerngemeinschaften);

- sich fortlaufend durch Wissenserwerb, professionellen Austausch und Reflexion und Erforschung der eigenen Praxis weiterzuentwickeln (fortlaufende Professionalisierung).

The Standards of Practice for the Teaching Profession[1]

The *Standards of Practice for the Teaching Profession* provide a framework of principles that describes the knowledge, skills and values inherent in Ontario's teaching profession. These standards articulate the goals and aspirations of the profession. These standards convey a collective vision of professionalism that guides the daily practice of members of the Ontario College of Teachers.

The Purposes of the Standards of Practice for the Teaching Profession are:
- to inspire a shared vision for the teaching profession
- to identify the values, knowledge and skills that are distinctive to the teaching profession
- to guide the professional judgment and actions of the teaching profession
- to promote a common language that fosters an understanding of what it means to be a member of the teaching profession.

The Standards of Practice for the Teaching Profession are:

Commitment to Students and Student Learning
Members are dedicated in their care and commitment to students. They treat students equitably and with respect and are sensitive to factors that influence individual student learning. Members facilitate the development of students as contributing citizens of Canadian society.

Professional Knowledge
Members strive to be current in their professional knowledge and recognize its relationship to practice. They understand and reflect on student

---

[1] Siehe http://www.oct.ca/standards/standards_of_practice.aspx?lang=en-CA

development, learning theory, pedagogy, curriculum, ethics, educational research and related policies and legislation to inform professional judgment in practice.

Professional Practice
Members apply professional knowledge and experience to promote student learning. They use appropriate pedagogy, assessment and evaluation, resources and technology in planning for and responding to the needs of individual students and learning communities. Members refine their professional practice through ongoing inquiry, dialogue and reflection.

Leadership in Learning Communities
Members promote and participate in the creation of collaborative, safe and supportive learning communities. They recognize their shared responsibilities and leadership roles in facilitating student success. Members maintain and uphold the principles of the ethical standards in these learning communities.

Ongoing Professional Learning
Members recognize that a commitment to ongoing professional learning is integral to effective practice and to student learning. Professional practice and self-directed learning are informed by experience, research, collaboration and knowledge.

Die *Ethical Standards of the Teaching Profession* sollen zugleich in die Profession hineinwirken als auch die Sicht der Gesellschaft auf die Profession der Lehrerinnen und Lehrer beeinflussen (Sliwka 2008, S. 48). Die vier ethischen Grundlagen sind *care*, *respect*, *trust* und *integrity*. Mithilfe der ethischen Standards sollen die Lehrpersonen Orientierung in ethischen Dilemmasituationen finden können.

The Ethical Standards for the Teaching Profession[2]

The *Ethical Standards for the Teaching Profession* represent a vision of professional practice. At the heart of a strong and effective teaching profession is a commitment to students and their learning.
Members of the Ontario College of Teachers, in their position of trust, demonstrate responsibility in their relationships with students, parents, guardians, colleagues, educational partners, other professionals, the environment and the public.

The Purposes of the Ethical Standards for the Teaching Profession are:
- to inspire members to reflect and uphold the honour and dignity of the teaching profession
- to identify the ethical responsibilities and commitments in the teaching profession
- to guide ethical decisions and actions in the teaching profession
- to promote public trust and confidence in the teaching profession.

The Ethical Standards for the Teaching Profession are:

Care
The ethical standard of *Care* includes compassion, acceptance, interest and insight for developing students' potential. Members express their commitment to students' well-being and learning through positive influence, professional judgment and empathy in practice.

Respect
Intrinsic to the ethical standard of *Respect* is trust and fair-mindedness. Members honour human dignity, emotional wellness and cognitive development. In their professional practice, they model respect for spiritual and cultural values, social justice, confidentiality, freedom, democracy and the environment.

---

[2] Siehe http://www.oct.ca/standards/ethical_standards.aspx?lang=en-CA

Michael Schratz

> *Trust*
> The ethical standard of *Trust* embodies fairness, openness and honesty. Members' professional relationships with students, colleagues, parents, guardians and the public are based on trust.
>
> *Integrity*
> Honesty, reliability and moral action are embodied in the ethical standard of *Integrity*. Continual reflection assists members in exercising integrity in their professional commitments and responsibilities.

Damit diese Vorlagen nicht nur Worte auf Papier darstellen, werden die Lehrpersonen durch das Ontario College of Teachers angeregt, in unterschiedlichen Arbeitsformen „probehandelnd" mit den Standards sowie mit dem Verhaltenskodex zu arbeiten. Dazu dienen vorbereitete Fallbeispiele und Arbeitsanweisungen, die sie in Gesprächszirkeln mit ethischen Dilemma-Situationen konfrontieren. Durch das Bearbeiten der Fälle (z. B. in Form von Rollenspielen, Gruppenanalysen etc.) soll den Teilnehmerinnen und Teilnehmern bewusst werden, dass es keine vorgefertigten Antworten auf praktische Probleme gibt, weshalb das erforderliche Wissen sowie entsprechende Reflexionsfähigkeit erforderlich sind.

Das Ontario College of Teachers ist ein gutes Beispiel dafür, wie die Profession an Profil und Anerkennung gewinnen kann, wenn es eine professionelle Standesorganisation gibt, die im Sinne der Qualitätssorge Verantwortung für die Professionalität des Berufsstands nach innen und außen übernimmt. Eine solche Berufsorganisation setzt nicht nur Standards für die Aus- und Weiterbildung, sondern dient auch der Karriereentwicklung und Einflussnahme auf die Bildungspolitik. Als unabhängige Einrichtung ist sie nicht direkt dem staatlichen bzw. politischen Einfluss ausgesetzt, wodurch sie die berufliche Autonomie und Selbstregulierung ermöglicht. Die Schaffung einer derartigen Einrichtung könnte auch in den deutschsprachigen Ländern neue Impulse auf die Professionalisierung im und die Qualitätsentwicklung des Lehrerberufs ausüben.

Die Auseinandersetzung mit den Berufsleitbildern, Standesregeln und ethischen Standards im internationalen Vergleich legt nahe, dass die Wirksamkeit von Vereinbarungen, die für die gesamte Lehrerprofession gelten sollen, nicht verordnet werden können, sondern einen breit abgestimmten Bezugsrahmen erfordern, der auf hohe Akzeptanz bei allen Mitgliedern der Profession stößt und über eine starke Selbstverpflichtung und -regulierung gesteuert wird. Dazu gehört aber auch das Commitment, sich konsequent zur Steigerung der Bildungsprozesse aller Schülerinnen und Schüler und einer innovativen Entwicklungshaltung zu verpflichten. Dahinter steht ein Qualitätsverständnis, das über ein quantitatives Erfassen von Schülerleistungen hinausgeht und Zuwendung sowie Gerechtigkeit anstrebt (vgl. Cochran-Smith/Power 2010, S. 12).

4 Globale Spieler im internationalen Kontext

Die zunehmende Internationalisierung und Globalisierung wirtschaftlicher Beziehungen hat nicht nur zu erhöhter Mobilität und damit verbundenen Anpassungen geführt, sondern auch eine transnationale Auseinandersetzung über Professionalität und Professionalisierung von Lehrerinnen und Lehrern in Gang gesetzt. Dafür sind v. a. diesbezügliche Entwicklungen der EU auf europäischer Ebene sowie jene der OECD im weltweiten (Wirtschafts-)Verbund verantwortlich.

4.1 Vereinigte Bildung von Europa? Die Europäische Union

Der Lebens- und Wirtschaftsraum Europa ist in den letzten Jahren durch die Erweiterung der Europäischen Union zu einem wichtigen Bezugspunkt für die Bildungspolitik und -praxis geworden. Hinter dem Konzept der Europäischen Union steht nicht nur ein ökonomisches, sondern ein politisches, demokratisches und gesellschaftliches Modell der Einheit und des Zusammenschlusses der Vielheit der Sprachen, Kulturen, Traditionen, Religionen und Wertebilder, aus deren Vielfalt jedes einzelne Mitgliedsland einen Gewinn bzw. Mehrwert erleben sollte.

Die Lehrerprofession ist insofern von der Europäisierung betroffen, als die Lehrerinnen und Lehrer zunehmend damit konfrontiert sind, die künftigen Generationen auf ihre europäische (Mit-)Bürgerschaft vorzubereiten. Die Einflussnahme der EU in Bildungsagenden ist im Gegensatz zur Neuordnung des wirtschaftlichen Binnenmarktes nicht so offensichtlich (außer es wird die Gleichstellung der EU-Bürger verletzt, wie z. B. beim

Hochschulzugang), da die Mitgliedsländer auf Basis der eigenstaatlichen Gesetze und nationalen Interessen auf die eigene Hoheit von Bildung und Kultur Wert legen. Allerdings erfolgt aufgrund gemeinsamer europäischer Strategien ein starker Druck auf die nationalen Bildungspolitiken, nationale Entwicklungen in den Bereichen Schule und Universität subsidiär mit gemeinschaftlicher Reformpolitik abzustimmen. Herausragende Beispiele dafür sind die *Lissabon-Strategie* zur Stärkung eines wettbewerbsfähigen Wirtschaftsraums und die *Bologna-Deklaration* zur Schaffung eines „Europäischen Hochschulraums" (vgl. Schratz 2006).

Im Einklang mit dem hohen Stellenwert, den die Europäische Kommission der Erhöhung von Qualität und Effektivität der europäischen Systeme für die allgemeine und berufliche Bildung im Rahmen des Lissabon-Prozesses beimisst, betont sie immer wieder, dass ein qualitativ hochwertiger Unterricht eine Voraussetzung für qualitätsvolle allgemeine und berufliche Bildung darstelle, die wiederum ein entscheidender Faktor für die langfristige Wettbewerbsfähigkeit und die Fähigkeit Europas zur Schaffung von mehr Arbeitsplätzen und Wachstum sei. Unter Hinweis auf Herausforderungen, denen sich Lehrerinnen und Lehrer im 21. Jahrhundert gegenübersehen, darunter Schulklassen mit Kindern, die verschiedenen Kulturkreisen entstammen und deren Erstsprache, Leistungsniveau und Förderbedarf unterschiedlich sind, äußerte sich die Kommission besorgt darüber, dass von einer systematischen Koordinierung einzelner Elemente der Lehrerausbildung in und zwischen den Mitgliedstaaten kaum die Rede sein könne.

Daher gab der Ausschuss für Kultur und Bildung des Europäischen Parlaments eine Studie über *Inhalt und Qualität der Lehrerausbildung in der Europäischen Union* in Auftrag. Sie gibt einen Überblick über die in der EU bestehenden Systeme zur Ausbildung von Grundschullehrerinnen und -lehrern, wobei die Gemeinsamkeiten und Unterschiede herausgestellt werden, und liefert Informationen zu sämtlichen Mitgliedstaaten. Die Autoren benennen Ausbildungsmethoden, die sich in einigen Mitgliedstaaten als erfolgreich erwiesen haben und als nachahmenswert gelten können, und richten politische Empfehlungen an die Minister des Europäischen Parlaments, so etwa zur Berufseinführung und Fortbildung der Lehrerinnen und Lehrer.

Professionalität und Professionalisierung von Lehrerinnen und Lehrern in internationaler Perspektive

Da die Phase der Grundschulbildung von den Regierungen der Mitgliedstaaten und den Arbeitgebern als besonders kritisch angesehen wird, misst man einer verbesserten Ausbildung der Grundschullehrkräfte große Bedeutung bei. In nahezu allen 27 EU-Staaten traten laut Studie Defizite in der Qualifikation und beruflichen Entwicklung von Grundschullehrerinnen und -lehrern zutage. Das Team des Institute of Education an der Universität London, das mit der Studie beauftragt worden war, fand auch keine systematische Koordinierung einzelner Elemente der Lehrerausbildung in und zwischen den Mitgliedstaaten. Die Konzepte, die in den Bereichen Lehrernachwuchs, Lehrerausbildung, Besoldung, Beschäftigungs- und Arbeitsbedingungen, Leistungsbewertung und Laufbahngestaltung verfolgt werden, differieren von Land zu Land erheblich. Die Förderung der Mobilität und der Abbau unnötiger Hemmnisse könnten insgesamt eine höhere Qualität der Lehrtätigkeit in Europa und darüber hinaus bewirken. Die Gesamtdauer der Erstausbildung (einschließlich Berufseinführung und Probezeit) liegt zwischen drei und fünf Jahren. Auch die Zulassungsvoraussetzungen, das Qualifikationsniveau, die Berufseinführung und die Fortbildung weisen laut Studie erhebliche Unterschiede auf.

Nicht zuletzt aufgrund von konstatierten Defiziten im Vergleich der unterschiedlichen Bildungssysteme wurde von der Europäischen Kommission zur Umsetzung des Aufgabenfelds *Verbesserung der allgemeinen und beruflichen Bildung von Lehrkräften und Ausbildnerinnen und Ausbildnern* die Expertengruppe „Teacher and Trainer Education" eingerichtet. Diese erstellte ein Grundsatzpapier zu *Common European Principles for Teacher and Trainer Competences and Qualifications* (Gemeinsame Europäische Grundsätze für Kompetenzen und Qualifikationen von Lehrkräften)[3]. Es enthält die gemeinsamen europäischen Grundsätze für Kompetenzen und Qualifikationen von Lehrkräften, welche die Entwicklung neuer politischer Initiativen auf nationaler oder regionaler Ebene unterstützen sollen. Sie gehen von den aktuellen Anforderungen an die Rolle von Lehrerinnen und Lehrern in den einzelnen Mitgliedsländern aus und lassen sich in folgenden drei Punkten zusammenfassen:

---

[3] Siehe http://ec.europa.eu/education/policies/2010/doc/principles_de.pdf

Michael Schratz

1. Neue Aufgaben für Lehrerinnen und Lehrer als Antwort auf die Auswirkungen sozialer Veränderungen:

1.1 Beitrag zur politischen Bildung von Schülerinnen und Schülern bzw. Auszubildenden, wie beispielsweise
- Leben in einer multikulturellen, inklusiven und toleranten Gesellschaft;
- Leben in nachhaltig tragfähigen Lebensstilen im Hinblick auf Umweltfragen;
- Umgang mit Chancengleichheit in Familie, Arbeit und gesellschaftlichem Leben;
- Leben als europäische Bürgerin bzw. als europäischer Bürger;
- Management der eigenen Karriereentwicklung;
- etc.

1.2 Die Förderung der Entwicklung der Kompetenzen von Schülerinnen und Schülern bzw. Auszubildenden für die von neuem Wissen und lebenslangem Lernen geprägte Gesellschaft, wie beispielsweise
- Motivation, über die Pflichtschulbildung hinaus zu lernen;
- Lernen zu lernen, autonomes Lernen;
- intelligente Informationsverarbeitung;
- digitale Alphabetisierung;
- Kreativität und Innovation;
- Problemlösung;
- Unternehmergeist;
- (interkulturelle) Kommunikation;
- Visuelle Kultur;
- etc.

1.3 Die Verbindung der Entwicklung von neuen Curriculumkompetenzen mit den Schulfächern

2. Veränderungen im Umfeld des Unterrichts
- Befassung mit der sozialen, kulturellen und ethnischen Vielfalt der Schülerinnen und Schüler;
- Organisation des Lernumfeldes und Erleichterung der Lernprozesse;

- Teamarbeit mit Lehrerinnen und Lehrern und mit anderen Beteiligten am Lernprozess dieser Schülerinnen und Schüler;
- Arbeit über das Klassenzimmer hinaus: in der Schule/im Ausbildungszentrum und mit Sozialpartnern;
- Arbeit am Schulcurriculum, Organisationsentwicklung und Evaluation
- Zusammenarbeit mit Eltern und anderen sozialen Partnern;
- Integration der IKT in formale Lernsituationen und in die gesamte berufliche Praxis;

3. Steigerung der Professionalisierung im Unterricht
- Investigatives oder problemlösendes Handeln;
- Übernahme größerer Verantwortung für die eigene berufliche Entwicklung in einer Perspektive des lebenslangen Lernens.

Diese – erweiterbare – Liste verweist auf die allgemeinen (neuen) Kompetenzen und kann als Grundlage für die Diskussion um die Aus- und Weiterbildung künftiger Lehrerinnen und Lehrer angesehen werden. Um diese erforderlichen Kompetenzen EU-weit umzusetzen, wurden von der Expertengruppe gemeinsame Europäische Grundsätze für Kompetenzen und Qualifikationen von Lehrpersonen entwickelt, die im folgenden Abschnitt vorgestellt werden. Als Reaktion auf die im gemeinsamen Zwischenbericht des Europäischen Rates und der Europäischen Kommission *Allgemeine und berufliche Bildung 2010*[4] oben genannten Herausforderungen wurden die folgenden gemeinsamen europäischen *Grundsätze für Kompetenzen und Qualifikationen von Lehrkräften* entwickelt, welche die Entwicklung neuer politischer Initiativen auf nationaler oder regionaler Ebene unterstützen sollen.

Lehrkräfte sollten daher gut gerüstet sein, um auf die wandelnden Herausforderungen der Wissensgesellschaft reagieren zu können, aber auch eine aktive Rolle in dieser Wissensgesellschaft zu übernehmen und die Lernen-

---

[4] *Allgemeine und berufliche Bildung 2010 – Die Dringlichkeit von Reformen für den Erfolg der Lissabon-Strategie,* von Rat und Kommission gemeinsam am 26. Februar 2004 angenommen. In diesem Bericht wird empfohlen, der Entwicklung gemeinsamer europäischer Grundsätze und Bezugspunkte in einigen Bereichen, wie den Kompetenzen und Qualifikationen von Lehrerinnen bzw. Lehrern und Ausbilderinnen bzw. Ausbildern, Priorität einzuräumen (S. 28).

den darauf vorzubereiten, lebenslang selbstständig weiter zu lernen. Sie sollten daher in der Lage sein, den Lern- und Lehrprozess zu reflektieren, indem sie sich fortlaufend mit Fachkenntnissen, Lehrplaninhalten, Pädagogik, Innovation, Forschung sowie der sozialen und kulturellen Dimension von Bildung auseinandersetzen. Lehrerinnen und Lehrer sind aber auch von großer Bedeutung für die Vorbereitung der Lernenden auf ihre Rolle als EU-Staatsbürgerinnen und -bürger. Aus diesem Grund sollte ihre Ausbildung es ihnen ermöglichen, unterschiedliche Kulturen kennenzulernen und zu respektieren und ein Bewusstsein für die gemeinsamen kulturellen Grundlagen und die reiche nationale und regionale Vielfalt zu entwickeln.

Gemeinsame europäische Grundsätze[5]
- *Ein Beruf mit Hochschulabschluss:* Alle Lehrkräfte sollten die Möglichkeit haben, ihre Ausbildung bis zum höchsten Niveau fortzusetzen, um ihre Lehrkompetenzen zu entwickeln und ihre Aufstiegsmöglichkeiten innerhalb ihres Berufes zu verbessern. Die Ausbildung von Lehrkräften und Ausbildern ist fächerübergreifend. Dadurch wird sichergestellt, dass Lehrkräfte und Ausbilder 1) über Kenntnisse in ihrem jeweiligen Unterrichtsfach, 2) über pädagogische Kenntnisse, 3) über Fähigkeiten und Kompetenzen zur Anleitung und Unterstützung von Lernenden und 4) über ein Verständnis der sozialen und kulturellen Dimension der Bildung verfügen. Durch den Praxisbezug und die akademischen und wissenschaftlichen Grundlagen ihrer Ausbildung erwerben sie die Fähigkeit und das Selbstvertrauen, ihre eigene Arbeit zu reflektieren und Urteilsvermögen beim Umgang mit Informationen und Wissen unter Beweis zu stellen.
- Ein Beruf im Umfeld des lebenslangen Lernens: Die berufliche Entwicklung von Lehrkräften sollte sich über die gesamte Berufslaufbahn erstrecken und sie sollten durch kohärente Systeme je nach Bedarf auf nationaler, regionaler und lokaler Ebene unterstützt werden. Lehrkräfte sollten in der Lage sein, dazu beizutragen, Jugendliche und Erwachsene zu selbstständig Lernenden zu machen. Lehrkräfte wissen, wie wichtig es ist neue Kenntnisse zu erwerben, und sie sind in der Lage, innovativ zu agieren und ihre Kenntnisse in ihre Arbeit einfließen zu lassen. Sie sind voll und ganz in den Prozess des lebens-

---

[5] Siehe http://www.see-educoop.net/education_in/pdf/01-de_principles_de.pdf

Professionalität und Professionalisierung von Lehrerinnen und Lehrern in internationaler Perspektive

langen Lernens eingebunden und in der Lage, sich während ihrer gesamten beruflichen Laufbahn weiterzuentwickeln und anzupassen. Sie beteiligen sich aktiv an der beruflichen Entwicklung, und dies ist innerhalb ihrer eigenen Systeme anerkannt.
- Ein mobiler Beruf: Mobilität ist ein zentraler Bestandteil der Programme für die berufliche Erstausbildung und Weiterbildung von Lehrkräften. Sie sollten darüber hinaus angeregt werden, während eines Zeitraums im Hinblick auf ihre berufliche Weiterentwicklung in anderen europäischen Ländern zu arbeiten. Wer einen solchen Auslandsaufenthalt absolviert, sollte seinen Status im Gastland anerkannt bekommen, und die Teilnahme sollte im Heimatland anerkannt und geschätzt werden. Darüber hinaus sollten Mobilitätsmaßnahmen zwischen verschiedenen Bildungsstufen und verschiedenen Berufen innerhalb des Bereichs der allgemeinen und beruflichen Bildung möglich sein.
- Ein Beruf, der auf Partnerschaften basiert: Die Ausbildungseinrichtungen für Lehrkräfte sollten mit Schulen, Wirtschaft und beruflichen Fortbildungseinrichtungen zusammenarbeiten. Lehrkräften wird empfohlen, sich über wirksame Verfahren, Innovationen und Forschung zu informieren, um mit den Entwicklungen der Wissensgesellschaft Schritt zu halten. Sie sollten in Lernorganisationen arbeiten, die ihre eigenen vorbildlichen Verfahren und die anderer reflektieren und mit einer breiten Palette von gemeinschaftlichen Gruppierungen und lokalen Akteuren zusammenarbeiten. Hochschuleinrichtungen sollten sicherstellen, dass die Kenntnis aktueller Verfahren in ihren Unterricht einfließt. Die Ausbildung von Lehrkräften ist selbst Gegenstand von Studien und Forschungsarbeiten.

Diese gemeinsamen Grundsätze sollen sicherstellen, dass der Beruf „Lehrerin/Lehrer" attraktiv und mit einem hohen Status verbunden ist. Lehrpersonen werden als wichtige Akteurinnen und Akteure für die Entwicklung integrativer Werte auf persönlicher und auf Gesellschaftsebene anerkannt. Sie sollten deshalb über eine hochwertige Ausbildung verfügen, sollten sich ständig weiterbilden und sollten ihre Kompetenzen reflektieren; darüber hinaus sollten sie angemessen entlohnt werden. Um diese Ziele zu erreichen, wurden folgende Schlüsselkompetenzen formuliert (ebd., S. 4–5):

Schlüsselkompetenzen, um diese Ziele zu erreichen

Die Lehrpersonen sollten in der Lage sein, effizient in folgenden drei zusammenhängenden Bereichen zu arbeiten:
- *mit Information, Technologie und Wissen umzugehen:* Sie sollten mit verschiedenen Arten von Kenntnissen umgehen können. Aufgrund ihrer Ausbildung sollten sie auf Wissen zugreifen, es analysieren, validieren, reflektieren und weitergeben können, wobei sie Technologien wirkungsvoll einsetzen. Ihre pädagogischen Fähigkeiten sollten es ihnen ermöglichen, Lernumgebungen aufzubauen und zu verwalten, wobei sie sich die intellektuelle Freiheit erhalten, über die Art der Vermittlung der Bildung zu entscheiden. Dies schließt auch Innovation und Kreativität mit ein. Da sie mit den IKT vertraut sind, sollten sie diese effizient in den Lern- und Lehrprozess einbeziehen. Sie sollten in der Lage sein, Lernende in Netzen, in denen Informationen gefunden und erschlossen werden können, anzuleiten und zu unterstützen. Sie sollten über sehr gute Kenntnisse ihrer Unterrichtsfächer verfügen und sollten Lernen als lebenslanges Unterfangen verstehen. Ihre praktischen und theoretischen Kompetenzen sollten es ihnen ermöglichen, aus ihren eigenen Erfahrungen zu lernen und eine breite Palette an Lehr- und Lernstrategien auf die Bedürfnisse der Lernenden abzustimmen.
- *Mit anderen Menschen zu arbeiten*: Sie arbeiten in einem Beruf, dem Werte wie soziale Integration und Förderung des Potenzials aller Lernenden zugrunde liegen. Sie müssen über Kenntnisse im Bereich der menschlichen Entwicklung verfügen und sollten selbstbewusst mit anderen kommunizieren. Sie sollten mit Lernenden als Individuen arbeiten können und sollten diese dabei unterstützen, sich zu vollwertigen und aktiven Mitgliedern der Gesellschaft zu entwickeln. Sie sollten kooperative Aktivitäten erarbeiten und entwickeln, die die kollektive Intelligenz der Lernenden verbessern, und sollten mit Kollegen kooperieren, um ihr eigenes Lernen und Lehren zu verbessern.
- *Mit und in der Gesellschaft tätig zu werden*: Sie tragen dazu bei, Lernende auf ihre Rolle als EU-Staatsbürger vorzubereiten und sicherzustellen, dass Lernenden die Bedeutung des lebenslangen Lernens bewusst wird. Sie sollten die Mobilität und Zusammenarbeit in Europa fördern und Respekt und Verständnis zwischen den Kulturen

unterstützen. Sie sollten wissen, welchen Beitrag die allgemeine und berufliche Bildung zur Entwicklung kohäsiver Gesellschaften spielen [sic]. Sie sollten ein Gespür haben für das Gleichgewicht zwischen der Achtung der Vielfalt der Kulturen der Lernenden einerseits und der Ermittlung gemeinsamer Werte andererseits. Sie sollten ferner die Faktoren kennen, die in einer Gesellschaft für sozialen Zusammenhalt oder soziale Ausgrenzung verantwortlich sind, und sollten sich der ethischen Dimension der Wissensgesellschaft bewusst sein. Sie sollten effizient mit der lokalen Gemeinschaft, Bildungspartnern und -akteuren – Eltern, Ausbildungseinrichtungen für Lehrkräfte und Interessengruppen – zusammenarbeiten können. Sie sollten wissen, dass eine gute allgemeine und berufliche Bildung Lernenden mehr und bessere Beschäftigungsmöglichkeiten verschafft. Ihre Erfahrung und ihr Fachwissen sollte es ihnen ermöglichen, einen Beitrag zu Qualitätssicherungssystemen zu leisten.

Wenn man sich mit den Kompetenzen von Lehrerinnen und Lehrern in Europa über die Staatsgrenzen hinweg befasst, stellt sich die Frage, ob es nicht generell Kompetenzen gibt, die für die Bewältigung der Herausforderungen des 21. Jahrhunderts bedeutsam sind. In einer Veröffentlichung aus dem Jahr 2007 mit dem Titel *Improving the Quality of Teacher Education* äußert sich die Europäische Kommission zu den sich wandelnden Anforderungen wie folgt:

„Changes in education and society place new demands on the teaching profession. For example, as well as imparting basic knowledge, teachers are also increasingly called upon to help young people become fully autonomous learners by acquiring key skills, rather than memorising information; they are asked to develop more collaborative and constructive approaches to learning and expected to be facilitators and classroom managers rather than excathedra trainers. These new roles require education in a range of teaching approaches and styles. Furthermore, classrooms now contain a more heterogeneous mix of young people from different backgrounds and with different levels of ability and disability. They are required to use the opportunities offered by new technologies and to respond to the demand for individualised learning; and they may also have to take on additional decision-taking or managerial tasks consequent upon increased school autonomy." (European Commission 2007, S. 4)

Michael Schratz

Mit den Anforderungen ändern sich die Handlungspraxis und die damit verbundene Rollenzuschreibung – ein neues Rollenbild kristallisiert sich heraus. Daraus resultiert laut dieser Unterlage eine Verantwortung, das professionelle Wissen durch eine reflexive Praxis, durch Forschung und durch kontinuierliche Weiterbildung auf dem neuesten Stand zu halten bzw. laufend weiterzuentwickeln (ebd., S. 5). Aus einschlägigen Studien seien jedoch, darauf wird in der Aussendung hingewiesen, angesichts der vielfältigen neuen Herausforderungen Defizite im Wissen und Können von Lehrerinnen und Lehrern in vielen europäischen Ländern festzustellen. Darauf müssten die europäischen Staaten umgehend reagieren und entsprechende Initiativen ergreifen, die ihrerseits wieder von der Europäischen Kommission unterstützt würden.

Ausgehend von diesen Überlegungen werden einige Eckpunkte einer neuen Lehrerrolle im Kontext des europäischen Bildungsraums definiert: „[The teaching profession] is a well qualified profession: all teachers are graduates from higher education institutions (and those working in the field of initial vocational education are highly qualified in their professional area and have suitable pedagogical qualification). Every teacher has extensive subject knowledge, a good knowledge of pedagogy, the skills and competences required to guide and support learners, and an understanding of the social and cultural dimension of education." (Ebd.)

Darüber hinaus befinden sich, so wird in der genannten Unterlage weiter ausgeführt, Lehrerinnen und Lehrer in einem Professionalisierungskontinuum, das kontinuierliche Fort- und Weiterbildung erfordere („lifelong learning"). Ebenso sollten sie in der Lage sein, ihr Berufsfeld auf der Basis empirischer Wissensbestände („evidence-based") zu beleuchten und weiterzuentwickeln. Darüber hinaus wird die Bereitschaft zur Mobilität und zur Kooperation als aufgabenbezogenes Erfordernis einer solcherart neu zu konzipierenden Lehrerrolle unterstrichen. Wir stehen demnach vor einer weiteren Zäsur in der Konzeption der Lehrerrolle, die sich durch die Entstehung eines gemeinsamen europäischen Bildungsraumes, durch Globalisierung und die fortschreitende Entstehung einer Wissensgesellschaft ergibt. Einmal mehr wandeln sich die gesellschaftlichen Bedingungen und ziehen ein verändertes Verständnis von Lehrerrolle und Lehrerhandeln nach sich.

Professionalität und Professionalisierung von Lehrerinnen und Lehrern in internationaler Perspektive

Die Expertengruppe hat nicht nur theoretische Vorarbeiten geliefert, sondern auch thematische Analysen politikrelevanter Themen in einzelnen Mitgliedsländern „vor Ort" durchgeführt, um im transnationalen Austausch in Form sogenannter *Peer Learning Activities* innovative Modelle zu erkunden und entwickeln, so etwa in den Bereichen *Continuous Professional Development for Teachers and Trainers* (Irland), *Schools as Learning Communities for their Teachers* (Niederlande), *Partnership between Schools for Vocational Education and Training (VET) and Companies* (Österreich), *Preparing Teachers to Teach Effectively in Culturally Diverse Settings* (Norwegen) und *Relationships between Teacher Education Institutes and schools* (Dänemark und Schweden) (vgl. Snoek/Uzerli/Schratz 2009). Außerdem hat sie ein Policy-Handbuch zum Thema *Developing Coherent and System-wide Induction Programmes for Beginning Teachers* erstellt (vgl. Snoek u. a. 2010), um dem Anliegen der Berufseingangsphase vermehrt Rechnung zu tragen, die im Kontinuum des Lehrerberufs eine zentrale Rolle spielen dürfte.

In der europäischen Lehrerbildung geht es nicht zuletzt auch um die Frage, was das „Europäische" („the *Europeanness*") für den Beruf der Lehrerin und des Lehrers bedeutet. Aus diesem Blickwinkel setzt sich die europäische Dimension aus zahlreichen unterschiedlichen Facetten zusammen, die tief im soziopolitischen und kulturellen Konzept einer wachsenden europäischen Gemeinschaft verwurzelt sind. Diese Themen sind die Europäische Identität; Kenntnisse über Europa; Europäischer Multikulturalismus; Europäische Sprachkompetenz; Europäische Professionalität und Europäische Bürgerschaft; Europäische Qualitätsmaßnahmen. (ENTEP/Schratz 2010)

Diese abschließende Übersicht macht deutlich, dass es in Europa auf der programmatischen Ebene viel Übereinstimmung zwischen den einzelnen EU-Ländern gibt, in der Ausführung bzw. Umsetzung jedoch großteils individuelle bzw. nationale Ansätze auf unterschiedlichen Ebenen anzutreffen sind. Dies ist aufgrund der Kultur- und Bildungshoheit der EU-Staaten verständlich, lässt aber die Frage offen, welche Wirkungen Erziehungs- und Bildungsprogramme im schulischen Kontext haben können. Erziehung und Bildung scheinen wie kaum ein anderes Gut die Identität eines Landes zu bestimmen. Daher wird weiterhin eher von österreichischen, finnischen, slowenischen, portugiesischen u. a. Lehrerinnen und Lehrern die Rede sein als von einer europäischen Lehrperson.

Michael Schratz

Trotz aller Bemühungen ist es nur wenigen Ländern Europas gelungen, den Lehrerberuf attraktiv zu machen, um die Besten für die Profession zu qualifizieren und genügend Nachwuchs für den anstehenden Generationswechsel in der Lehrerschaft zu qualifizieren (siehe 4.2). Lehrpersonen besitzen in vielen Ländern keine hohe soziale Autorität, eine kaum wettbewerbsfähige Bezahlung und geringe soziale Wertschätzung (vgl. Akademien der Wissenschaften Schweiz 2009, S. 17). Das Fehlen dieser Voraussetzungen verhindert vielfach die Entstehung und Ausdifferenzierung eines Professionsverständnisses, das Berufsgruppen wie zum Beispiel Ärzte und Ärztinnen bzw. Juristinnen und Juristen kennzeichnet.

4.2 Die OECD als wirtschaftlicher Professionalisierungs-Treiber

In vielen Ländern werden in den kommenden fünf bis zehn Jahren sehr viel mehr neue Lehrkräfte in den Berufsstand eintreten als in den vergangenen 20 Jahren. In diesem Zusammenhang kommt es zu (nicht überprüfbaren) Grundannahmen, von denen folgende immer wieder auftauchen: Wenn der Lehrerberuf nicht als attraktiv betrachtet wird und sich das Berufsprofil nicht grundlegend verändert, besteht die Gefahr, dass die Qualität der Schule nachlässt und sich eine Abwärtsspirale in der Professionalität von Lehrkräften nur schwer wieder umkehren lässt. Als wichtigste Gegensteuerungsstrategien haben sich in der Bildungspolitik folgende vier Anliegen herausgestellt:

- die Steigerung der Attraktivität des Lehrerberufs
- die Entwicklung von Wissen und Qualifikationen der Lehrkräfte
- die Einstellung, Auswahl und Beschäftigung von Lehrkräften
- der Verbleib qualifizierter Lehrkräfte im Schuldienst

In der OECD-Initiative *Teachers Matter: Attracting, Developing and Retaining Effective Teachers*[6] wird der Frage nachgegangen, welche Politikinitiativen erforderlich sind, um sowohl das gesellschaftliche Ansehen der Lehrkräfte und die Wettbewerbsfähigkeit des Berufs am Arbeitsmarkt als auch die berufliche Entwicklung der Lehrkräfte und das Arbeitsumfeld in der Schule zu verbessern. Darüber hinaus bedarf es zielorientierter Strategien, die sich auf die Anwerbung und den Verbleib bestimmter Kategorien von Lehrkräften sowie die Anwerbung von Lehrkräften für bestimmte Schulen konzen-

---

[6] Siehe http://www.oecd.org/document/9/0,3343,en_2649_39263231_11969545_1_1_1_1,00.html

Professionalität und Professionalisierung von Lehrerinnen und Lehrern in internationaler Perspektive

trieren. Tabelle 3 (OECD 2007, S. 4) enthält eine Zusammenfassung der wichtigsten Orientierungen für bildungspolitische Maßnahmen zur Auseinandersetzung mit den vier Anliegen sowie zur Umsetzung dieser Maßnahmen.

Politikziel	für den Lehrerberuf insgesamt	für bestimmte Lehrer- bzw. Schulkategorien
Den Lehrerberuf zu einer attraktiven Berufswahl machen	– Verbesserung von Image und gesellschaftlichem Ansehen des Lehrerberufs – Verbesserung der Wettbewerbsfähigkeit des Lehrergehalts – Verbesserung der Arbeitsbedingungen – Nutzung des Überangebots an Lehrkräften	– Expansion des Angebotspools potenzieller Lehrkräfte – Flexiblere Gestaltung von Anreizmechanismen – Verbesserung der Zugangsbedingungen für neue Lehrkräfte – Überdenken der Trade-offs zwischen dem Schüler/Lehrer-Verhältnis und dem durchschnittlichen Lehrergehalt
Weiterentwicklung von Wissen und Kompetenzen der Lehrkräfte	– Entwicklung von Lehrerprofilen – Betrachtung der Lehrerentwicklung als Kontinuum – Flexiblere und anpassungsfähigere Gestaltung der Lehrerausbildung – Akkreditierung von Lehreraus- und -fortbildungsprogrammen – Integration der beruflichen Fort- und Weiterbildung in die Berufslaufbahn	– Verbesserung der Auswahl für die Lehrerausbildung – Verbesserung praktischer Erfahrungen – Zertifizierung neuer Lehrkräfte – Verstärkung der Vorbereitungsprogramme

Einstellung, Auswahl und Beschäftigung von Lehrkräften	– Verwendung flexiblerer Beschäftigungsformen – Ausstattung der Schulen mit mehr Verantwortung für das Lehrpersonalmanagement – Deckung von kurzfristigem Lehrkräftebedarf – Verbesserung des Informationsflusses und der Beobachtung des Lehrerarbeitsmarkts	– Ausweitung der Kriterien für die Lehrerauswahl – Einführung einer Pflichtprobezeit – Förderung einer stärkeren Lehrermobilität
Verbleib effektiver Lehrkräfte in Schulen	– Evaluierung und Belohnung von effektivem Unterricht – Schaffung von mehr Möglichkeiten für Karrierevielfalt und Diversifizierung – Verbesserung der Schulleitung und des Schulklimas – Verbesserung der Arbeitsbedingungen	– Vorgehen gegen ineffiziente Lehrkräfte – Mehr Unterstützung für neue Lehrkräfte – Einführung flexibler Arbeitszeiten und -bedingungen
Entwicklung und Umsetzung der Lehrerpolitik	– Beteiligung der Lehrkräfte an der Entwicklung und Umsetzung von Politikmaßnahmen – Entwicklung beruflicher Lerngemeinschaften – Verbesserung der Wissensbasis zur Förderung der Lehrerpolitik	

Tabelle 3: Bildungspolitische Ziele für die Entwicklung der Professionalität von Lehrerinnen und Lehrern (OECD 2007, S. 4)

Solange die Lehrkräfte nicht aktiv an der Politikformulierung beteiligt sind und sich für Reformen mitverantwortlich fühlen bzw. sich mit diesen identifizieren, ist es unwahrscheinlich, dass wesentliche Veränderungen erfolgreich umgesetzt werden. Auf der anderen Seite sollte die weitere Entwicklung aber auch nicht Interessengruppen in die Lage versetzen, Bildungsreformen, die in demokratischen Politikprozessen verabschiedet worden sind, mit einem Veto zu verhindern. Bei einem derartigen Verhalten bestünde die Gefahr, die Unterstützung der Öffentlichkeit zu verlieren, von der die Bildungspolitik so entscheidend abhängt. Es ist schwierig, das richtige Gleichgewicht zu finden, doch sind ein offener und fortdauernder systematischer Dialog und Konsultationsprozess für diese Entwicklung von grundlegender Bedeutung.

5 Resümee und Ausblick

Die bisherigen Ausführungen dieses Beitrags haben aufgezeigt, dass Bildungsfragen zunehmend aus internationaler Sicht diskutiert werden, was sich auch in der Professionalisierung der Lehrerinnen und Lehrer widerspiegelt. Bildungssysteme und ihre Entwicklung sind Teil gesellschaftlicher und darin ökonomischer Prozesse und tief in diese eingebettet. Durch die Globalisierung in vielen Lebensbereichen haben die „Ergebnisse" des Schul- bzw. Bildungssystems wesentlichen Einfluss auf die gesellschaftliche Entwicklung (Wirtschaft, Politik, Kultur…). So wird etwa im deutschsprachigen Raum immer wieder auf die Erfolge der skandinavischen Länder verwiesen mit dem Hinweis, „dass Wohlfahrtsstaaten so reformiert werden können, dass sie flexibler werden und in der globalisierten Welt wettbewerbsfähig sind. Das neue europäische Modell ist nicht das alte, es hat drei Adjektive: effizient, sozial und ökologisch. Wer das erste Adjektiv vergisst, erschwert das zweite und das dritte." (Aiginger 2006, S. 25)

Es genügt nicht mehr, Lehrpersonen über Aus- und Fortbildung zu qualifizieren. Das Bildungssystem als Ganzes ist gefordert, zu einem *Lernenden System* zu werden, dessen Akteurinnen und Akteure bereit sind, Strukturen so zu gestalten, dass sie den jeweils laufenden Anforderungen entsprechen. Die hier dargestellten verschiedenen internationalen Initiativen und Maßnahmen lassen diesbezüglich globale Trends erkennen, die sich in allen vorgestellten Bildungssystemen abbilden. Diese sind etwa an einer zunehmenden Verschiebung der Steuerungsoptionen hin zu einer Qualitätssicherung über Ergebnisse („output") bzw. Wirkungen („outcome") zu erkennen, die in den weltumspannenden Schulleistungstests („large scale assessments") ihren Ausgangspunkt nahmen und in den Auswirkungen – aufgrund unzufrieden stellender Schülerleistungen – das gesamte Bildungssystem durchdrungen haben (vgl. etwa die Einführung von Bildungsstandards in Schule und Lehrerbildung, Vergleichsarbeiten, Zentralabschlüsse u.ä.).

Die Qualitätsdebatte hat aber auch dazu geführt, dass Lehrkräfte als Schlüsselpersonen stärker ins Blickfeld kommen. Die Gewinnung von qualifiziertem Nachwuchs, der Einsatz und die (Nach-)Qualifizierung von Quer- und Seiteneinsteigern und -einsteigerinnen machen deutlich, dass die Systemqualität nur dann sichergestellt werden kann, wenn Lehrerbildung im Sinne eines Kontinuums gedacht, konzipiert und organisiert wird. Dabei geht es allerdings nicht nur um die Abstimmung einzelner Professionalisierungsphasen untereinander (Aus-, Fort- und Weiterbildung) bzw. die Öffnung für Quereinsteiger, sondern um eine übergreifende berufsethische Haltung, die sich in einem professionsbewussten Selbstverständnis äußert, in dem die Sorge um die Verbesserung der Bildungsprozesse von Schülerinnen und Schülern steht. Eine solche Haltung ist nicht über den „Verordnungsweg" einlösbar, sondern vielmehr aus einem entsprechenden Professionsverständnis heraus (be)lebbar.

Die oben skizzierten internationalen Beispiele stammen aus unterschiedlichen Traditionen, machen aber insgesamt deutlich, dass Leitbilder, Standesregeln und ethische Berufsstandards am ehesten dann gelebt werden, wenn es dazu unter den Lehrpersonen einen breit abgestimmten Bezugsrahmen gibt, der von einer inneren Haltung gegenüber berufsethischen Werten, Menschen und Vereinbarungen getragen wird, in der Verpflichtung mehr ist als bloße Pflicht. Dafür scheint sich eine selbstregulative Standesorganisation zu eignen, die mehr sein muss als eine gewerkschaftlich organisierte Verhandlungspartnerin zur Absicherung erworbener Rechte, nämlich die Möglichkeit, die eigene Profession im Interesse der Öffentlichkeit auf der Grundlage von professionellen Standards selbst zu steuern. Damit verbindet sich neben der Verpflichtung zu einem professionellen Handeln in Schule und Unterricht auch die, sich fortlaufend durch Wissenserwerb, professionellen Austausch und Reflexion bisheriger Erfahrungen weiterzuentwickeln.

Vor dem Hintergrund dieses Resümees stellt sich ausblickend die Frage, in welcher Beziehung die bisherigen professionstheoretischen Erkenntnisse und berufspraktischen Aktivitäten von EPIK mit den vorgestellten internationalen Konzepten und Programmen stehen, zumal die österreichische Initiative die Entwicklung von Professionalität im internationalen Kontext programmatisch im Titel trägt. Dieser übernationale Bezug spiegelt sich nicht nur in den bisherigen EPIK-Aktivitäten über den Einbezug von internationaler Expertise wider, sondern trifft sich auf prinzipieller Ebene in den Kerntendenzen der dargestellten internationalen Entwicklungen: Die Domänenstruktur bietet ein robustes, international abgebildetes Professionskonzept, das sich zunächst an Schlüsselkompetenzen über die gesamte Profession – auf allen Ebenen und im berufsbiografischen Kontinuum – orientiert, diese aber nicht – etwa über eine verhaltensgeleitete Standardisierung – auf den Handlungsaspekt reduziert. Vielmehr umfasst das Professionskonzept auch strukturelle Aspekte beruflichen Handelns im verlässlichen Rahmen bildungspolitischer Steuerung, in der sich Lehrpersonen positionieren und behaupten müssen. Die Erfüllung der beruflichen Verpflichtung ist einerseits den ihnen anvertrauten Schülerinnen und Schülern, aber auch der Schule (inkl. Schulsystem) und ihrem Umfeld verpflichtet, nicht zuletzt auch sich selbst (vgl. Professionsbewusstsein). Damit hängt die Verbundenheit mit der „Auftraggeberin", der Gesellschaft in Form ihrer Behörden, zusammen.

Das EPIK-Konzept ist dem Anspruch verpflichtet, dass Kinder und Jugendliche von Lehrpersonen unterrichtet werden, die sie als jeweils eigene Personen und Persönlichkeiten auf der Basis eines fundierten wissenschaftlichen Berufswissens in ihren Bildungsprozessen unterstützen, Führungsverantwortung teilen und sich durch Wissenserwerb, professionellen Austausch und Reflexion der eigenen Praxis fortlaufend weiter professionalisieren. Die fünf Domänen bilden eine verlässliche Grundlage für die Entwicklung eines gemeinsamen Verständnisses und einer gemeinsamen Sprache aller Lehrpersonen darüber, was Professionalität im Lehrerberuf ausmacht. Um EPIK in dieser Rolle strukturell stärker zu verankern, könnten die bisherigen Vorarbeiten aufgrund internationaler Erfahrungen eine tragfähige Basis für die Einrichtung einer Art Standesorganisation bilden, die im Sinne der Qualitätssorge Verantwortung für die Professionalität des Berufsstands nach innen und außen übernimmt – allerdings in einem Qualitätsverständnis, das über ein quantitatives Erfassen von Schülerleistungen hinausgeht und Zuwendung sowie Gerechtigkeit anstrebt.

Literatur

Aiginger, Kurt (2006): Die Zukunft Europas. In: Androsch, Hannes/Krejci, Herbert/Weiser, Peter (Hrsg.): Das Neue Österreich. Denkanstöße. Wien: Carl Gerold's Sohn Verlagsbuchhandlung, S. 25–60.

Akademien der Wissenschaften Schweiz (2009): Zukunft Bildung Schweiz. Anforderungen an das schweizerische Bildungssystem 2030. Bern: mimeo.

Barber, Michael/Mourshed, Mona (2007): How the World's Best-Performing School Systems Come Out on Top. London: McKinsey & Company.

Borst, Eva (2007): Ideologien und andere Scheintote: McKinsey bildet. In: Pongratz, Ludwig A./Reichenbach, Roland/Wimmer, Michael (Hrsg.): Bildung – Wissen – Kompetenz. Bielefeld: Janus-Software-Projekte, S. 82–97.

Bransford, John/Darling-Hammond, Linda/LePage, Pamela (2005): Introduction. In: Darling-Hammond, Linda/Bransford, John (Hrsg.): Preparing teachers for a changing world. What teachers should learn and be able to do. San Francisco CA: Jossey-Bass, S. 1–39.

Cochran-Smith, Marilyn/Power, Christine (2010): New Directions for Teacher Preparation. Ten trends spell out where teacher preparation is heading. In: Educational Leadership 67, H. 8, S. 7–13.

Combe, Arno/Helsper, Werner (Hrsg.) (1996): Pädagogische Professionalität. Untersuchungen zum Typus pädagogischen Handelns. Frankfurt/Main: Suhrkamp.

Criblez, Lucien/Oelkers, Jürgen/Reusser, Kurt/Berner, Esther/Halbheer, Ueli/Huber, Christina (2009): Bildungsstandards. Zug: Klett und Balmer Verlag.

Darling-Hammond, Linda (^{4}2001): Standard Setting in Teaching: Changes in Licensing, Certification, and Assessment. In: Richardson, Virginia (Hrsg.): Handbook of research on teaching. Washington DC: American Educational Research Association, S. 751–776.

European Commission (2007): Recommendation of the European Parliament and of the Council on the Quality of Teacher Education. Brussels: European Commission.

Fuchs, Eckhardt (2007): Entmystifizierung und Internationalisierung: Anmerkungen zur gegenwärtigen Bildungsdebatte. In: Pongratz, Ludwig A./Reichenbach, Roland/Wimmer, Michael (Hrsg.): Bildung – Wissen – Kompetenz. Bielefeld: Janus-Software-Projekte, S. 136–154.

KMK (Konferenz der Kultusminister) (2004): Standards für die Lehrerbildung: Bildungswissenschaften. Berlin: mimeo.

LCH (Dachverband Schweizer Lehrerinnen und Lehrer) (2008): LCH-Berufsleitbild – LCH-Standesregeln. Zürich: Eigenverlag.
Moegling, Klaus (2007): Kompetenzen, Standards und Indikatoren in der zweiten Phase der Lehrerbildung. Definitorische und konzeptionelle Grundlagen. In: Seminar, H. 2, S. 49–56.
Moos, Lejf/Krejsler, John/Kofod, Klaus Kasper (2008): Successful principals: telling or selling? On the importance of context for school leadership. In: International Journal of Leadership in Education: Theory and Practice 11, H. 4, S. 341–352.
Münch, Richard (2009): Globale Eliten, lokale Autoritäten. Bildung und Wissenschaft unter dem Regime von PISA, McKinsey & Co. Frankfurt/Main: Suhrkamp.
National Commission on Teaching & America's Future (1996): What matters most. Teaching for America's future report of the National Commission on Teaching & America's Future. New York N.Y., Woodbridge VA.: National Commission on Teaching & America's Future.
OECD (2007): Teachers Matter: Attracting, Developing and Retaining Effective Teachers. Zentrale Bedeutung der Lehrkräfte: Anwerbung, berufliche Entwicklung und Verbleib von qualifizierten Lehrerinnen und Lehrern. Paris: OECD.
Oelkers, Jürgen (2001): Welche Zukunft hat die Lehrerbildung? In: Institut für Bildungsmedien (Hrsg.): „Mega-Thema" Bildung: Konturen neuer Wege und Modelle. Frankfurt/Main: Institut für Bildungsmedien, S. 63–66.
Oser, Fritz (2002): Standards in der Lehrerbildung. Entwurf einer Theorie kompetenzbezogener Professionalisierung. In: Journal für LehrerInnenbildung 2, H. 1, S. 8–19.
Salcher, Andreas (2008): Der talentierte Schüler und seine Feinde. Salzburg: Ecowin Verlag.
Schneider, Ralf/Wildt, Johannes (2009): Forschendes Lernen in Praxisstudien – Wechsel eines Leitmotivs. In: Roters, Bianca/Schneider, Ralf/Koch-Priewe, Barbara/Thiele, Jörg/Wildt, Johannes (Hrsg.): Forschendes Lernen im Lehramtsstudium. Hochschuldidaktik, Professionalisierung, Kompetenzentwicklung. Bad Heilbrunn: Klinkhardt, S. 8–36.
Schratz, Michael (2000): Qualitätssicherung und -entwicklung im schulischen Bildungsbereich. In: Dr.-Karl-Renner-Institut (Hrsg.): Meister, die vom Himmel fallen. Beiträge zu Qualität und Chancengleichheit im Bildungssystem. Baden: Gutenberg, S. 37–62.

Schratz, Michael (2006): Bolognesisch für Anfänger und Fortgeschrittene. In: Journal für LehrerInnenbildung 6, H. 4, S. 57–61.

Schratz, Michael (2008): Commenting the McKinsey report. In: Journal of Educational Change 9, S. 321–324.

Schratz, Michael (2009): „Lernseits" von Unterricht. Alte Muster, neue Lebenswelten – was für Schulen? In: Lernende Schule 12, H. 46-47, S. 16–21.

Schratz, Michael/Westfall-Greiter, Tanja (2010): Das Dilemma der Individualisierungsdidaktik. Plädoyer für personalisiertes Lernen in der Schule. In: Journal für Schulentwicklung 12, H. 1, S. 18–31.

Sliwka, Anne (2008): Professionalisierung durch Selbstregulierung: Teaching Councils in Irland, Kanada und Australien. In: Journal für LehrerInnenbildung 8, H. 3, S. 45–51.

Snoek, Marco/Eisenschmidt, Eve/Forsthuber, Bernadette/Holdsworth, Paul/Michaelidou, Athena/Dahl Norgaard, Jorunn/Pachler, Norbert (2010): Developing Coherent and System-wide Induction Programmes for Beginning Teachers – A Handbook for Policymakers. Brussels: European Commission.

Terhart, Erhart (August 2002): Standards für die Lehrerbildung. Eine Expertise für die Kultusministerkonferenz. Herausgegeben vom Institut für Schulpädagogik und Allgemeine Didaktik. Westfälische Wilhelms-Universität Münster. Münster.

Terhart, Erhart (2005): Standards in der Lehrerbildung. Ein Kommentar. In: Zeitschrift für Pädagogik 51, S. 275–279.

Trompenaars, Fons/Hampden-Turner, Charles (1998): Riding the waves of culture. Understanding cultural diversity in business. London: Brealey.

Wilbers, Karl. Standards für die Bildung von Lehrkräften. http://www.sowi-online.de/reader/lehrerausbildung/wilbers_standards.htm [Letzter Zugriff: 09.05.2010].

Professionelle Kompetenzen: Systematische und empirische Annäherungen

Ilse Schrittesser

1 Strukturkerne professionalisierten Handelns

Zum Thema professionelle Kompetenzen von Pädagoginnen und Pädagogen ebenso wie zum Thema Professionalität wurden im letzten Jahrzehnt zahlreiche mehr oder weniger ausdeklinierte Konzepte und Kataloge vorgelegt. Die aktuell diskutierten Kompetenzaufstellungen weisen meist einen topischen Charakter auf, d. h. sie bestehen aus zwar durchaus treffenden, jedoch beliebig erweiterbaren Auflistungen beispielhafter Vorstellungsbilder oder Tätigkeitsfelder pädagogischen Handelns (vgl. zu dieser Beobachtung auch Prange/Strobel-Eisele 2006, S. 31ff.). Einen solchen Katalog stellen die 88 Standards von Oser und Oelkers (2001) ebenso dar wie die Kompetenzempfehlungen von Terhart (2002) für die deutsche Kultusministerkonferenz oder die in letzter Zeit auch in der europäischen Debatte immer häufiger herangezogenen INTASC-Standards, die für den US-amerikanischen Raum formuliert wurden.[1] Gemeinsam haben diese Kompetenzkataloge und Standards die Tendenz, Fähigkeitsbereiche in Hinblick auf die gegebenen Anforderungen des Berufsfeldes in kleinteilige Tätigkeitsstrukturen herunterzubrechen – zu „operationalisieren" –, um auf diese Weise eine möglichst stringente Überprüfung der jeweiligen Ausprägung der genannten Kompetenzen zu gewährleisten. Offen bleiben in allen bislang angeführten Kompetenzkonzepten jene Bereiche, die sich nicht auf unmittelbare und performativ sichtbare Problemlösungsfähigkeiten beschränken lassen. Diese Einschränkung stellt ein Problemfeld des Mainstreams von Kompetenzerfassung dar. Ein systematisch begründeter, professionstheoretisch gerahmter Entwurf mit phänomenerschließender Kraft steht damit bislang noch aus.

---

[1] INTASC: Interstate New Teacher Assessment and Support Consortium. Näheres dazu unter: http://www.ccsso.org/Projects/interstate_new_teacher_assessment_and_support_consortium/
Vgl. auch den Artikel von Michael Schratz im vorliegenden Band.

Ilse Schrittesser

Soziologische Professionstheorien und deren Übersetzung in bildungs- bzw. erziehungswissenschaftliche Denkfiguren befassen sich mit Fragen der Bestimmung von Professionalität bzw. im engeren Sinne von pädagogischer Professionalität, weniger mit daran anschließenden Kompetenzvorstellungen, die ihrerseits an die Bestimmung eines Proprium von Professionalität anschlussfähig wären. Die Diskussion um die Frage, was eine Profession im Kern ausmacht und ob pädagogische Berufe als Professionen zu betrachten sind, hat jedenfalls nach wie vor Konjunktur. Allerdings ist man in letzter Zeit mehr und mehr davon abgegangen von „Semi-Professionen" zu sprechen, sondern argumentiert entweder, dass die Professionalisierung in pädagogischen Bereichen noch nicht abgeschlossen bzw. dass sie auch aufgrund bestimmter Rahmenbedingungen nicht abschließbar sei, oder dass es sich im Fall der pädagogischen Berufe zwar um eine von den klassischen Professionen differierende, dennoch aber um eine Profession handle.

In ihrer frühmodernen Ausformung wurde von Angehörigen einer Profession erwartet, im Besitz eines Korpus gelehrten Wissens und dadurch befähigt zu sein, zentrale Sachthematiken zu bearbeiten, die eine herausragende gesellschaftliche Bedeutung hatten. So spiegelte sich die mehr oder minder exklusive Zuständigkeit für die Bearbeitung des menschlichen Verhältnisses zu Gott, zu anderen Menschen und zu sich selbst in der Konturierung der sogenannten klassischen Professionen, der Theologie, der Rechtswissenschaft und der Medizin wider, denen auch heute noch weitgehend unbestritten professioneller Status zugeschrieben wird (vgl. dazu Stichweh 1992, S. 37, 1994, S. 363 und 1996, S. 53f., sowie Combe/ Helsper 1996, S. 15). Der Gelehrtenstatus sicherte der Profession in ihrer ständisch strukturierten Umwelt über ihre spezifische Zuständigkeit hinaus eine Sonderstellung und führte zur Zuschreibung einer gewissen „Generalzuständigkeit selbst für sachgebietsferne Tätigkeitsfelder" (Combe/ Helsper 1996, S. 15). Diese Vorrangstellung der Profession im System der Gelehrsamkeit wird spätestens im 19. Jahrhundert angesichts eines sich zunehmend funktional ausdifferenzierenden Gesellschaftssystems neutralisiert und in eine funktionale Spezialisierung übergeführt: Professionen lassen im Zuge dieser Entwicklung den Status einer gelehrten Korporation hinter sich und werden zu funktionalen Handlungssystemen. Bei Talcott Parsons – jenem Theoretiker, der den Funktionscharakter moderner Professionen analysierte und auf den (neben Max Weber) mehr oder minder alle jüngeren professionstheoretischen Ansätze Bezug nehmen – werden die

Merkmale professionalisierter Handlungsmuster folgendermaßen beschrieben: Professionelle folgen einer universalistischen statt einer partikularen Interessen verpflichteten, einer (rollen)spezifischen statt einer diffusen, einer neutralen und nicht affektiv aufgeladenen und einer leistungs- statt statusbezogenen Handlungslogik (vgl. u. a. Parsons 1964, S. 39). Stichweh bringt das Programm der Professionalisierung, wie es sich im Zuge der Entstehung und Ausweitung der modernen bürgerlichen Gesellschaft durchsetzt, wie folgt auf den Punkt:

Von Professionalisierung sei überall dort die Rede, wo eine bedeutende kulturelle Tradition, ein signifikanter Wissenszusammenhang, der in der Moderne funktional ausdifferenziert wurde, in *Interaktionssystemen* behandelt und interpretativ durch eine auf diese Aufgabe spezialisierte Berufsgruppe bearbeitet wird. Es handle sich dabei immer um die Bearbeitung von *„Problemen der Strukturänderung, des Strukturaufbaus und der Identitätserhaltung von Personen"* (Hervorh. im Original), und zwar vor dem Hintergrund, dass „Professionen mit kulturellen Sachthematiken befasst sind, von denen ihre Klientel strukturell (im Sinne mangelnden Involviertseins oder mangelnder Kenntnis) und/oder situativ (im Sinne des Gegebenseins einer Notlage) durch eine erhebliche Distanz getrennt wird und [...] die jeweilige Profession, außer dass sie eine konkrete Problemlösung zu erarbeiten versucht, immer zusätzlich auch *Distanzüberbrückung* (Hervorh. im Original) intendiert." (Stichweh 1992, S. 43) Die zentrale Aufgabe der Profession sei demnach nicht bloß der Versuch einer (stellvertretenden) Problemlösung, sondern immer auch die Vermittlung der das Problem rahmenden Sinnperspektive, die der Klientin bzw. dem Klienten deutlich machen soll, wie ähnliche krisenhafte Situationen in Zukunft vermieden oder eigenständig bewältigbar werden können (ebd.; ebenso Stichweh 1994, S. 369).

Aus diesem Bestimmungsversuch ergeben sich zentrale Strukturmomente professionalisierten Handelns, die für die hier verfolgte Argumentation von Relevanz sind: erstens die *Signifikanz* der jeweiligen Sachthematik (also etwa Fragen des Rechts oder der Gesundheit), für welche die jeweilige Profession zuständig ist; zweitens die interpretative und interaktive Komponente – es geht nicht um technische Fragen, nicht um bloße Anwendungen von Wissen, sondern darum, einen Bezug zum jeweiligen besonderen und immer einzigartigen *Fall* herzustellen; drittens soll im Vollzug immer auch die Klientin, der Klient ein Stück ihres bzw. seines durch die Problemlage verloren gegangenen oder beeinträchtigten *Autonomiepotenzials* zurückgewinnen.

Der Versuch einer systematischen Entfaltung eines *Idealtypus* professionalisierten Handelns findet sich bei Ulrich Oevermann (1996), der Professionen als den für die Bewältigung potenzieller und realer individueller und gesellschaftlicher Krisen zuständigen Ort bestimmt und daraus Folgerungen für die Struktur professionellen Handelns und für die damit in Verbindung stehenden Erfordernisse in Hinblick auf den Prozess der Professionalisierung zieht. In diesem Zusammenhang spricht Oevermann von drei Aspekten, die maßgeblich für einen gelungenen Professionalisierungsprozess seien: erstens (analog zu den bereits genannten Bestimmungen) die Fundierung in wissenschaftlicher Rationalität und den damit verbundenen methodologisch und methodisch gerahmten Wissensbeständen, zweitens die kunstlehreartige Einübung in die professionelle Handlungslogik und drittens die Berücksichtigung von Rahmenbedingungen. In Bezug auf pädagogische Handlungsfelder wäre laut Oevermann etwa die Schulpflicht als problematische Rahmenbedingung anzusprechen, die er als zentrales Hindernis für ein gelungenes Arbeitsbündnis, das Kernstück professioneller Arbeit, erachtet. Die professionelle Handlungslogik leitet sich für Oevermann einerseits aus der gemeinwohlbezogenen Aufgabe der stellvertretenden Bewältigung realer oder antizipierter Krisen und andererseits der strikten Fallorientierung professionalisierten Handelns ab, die sich in dem bereits erwähnten, zwischen dem bzw. der Professionellen und dem Klienten bzw. der Klientin geschlossenen Arbeitsbündnis niederschlägt.

In dem bereits erwähnten Aufsatz *Skizze einer revidierten Theorie professionalisierten Handelns* (1996) legt Oevermann damit ein Konzept professioneller Handlungslogik vor, mit dem versucht wird, diese – wie oben schon angedeutet – systematisch, und zwar auf der Basis eines anthropologisch gerahmten Handlungsbegriffs und einer daraus abgeleiteten Bestimmung der gesellschaftlichen Aufgabe von Professionen, zu erfassen. Es wird der Versuch unternommen – die klassischen Professionstheorien, in denen funktionalistische Aspekte bzw. institutionelle Ausprägungen von Professionen im Mittelpunkt stehen, überschreitend –, die „innere auf die von [Professionen] typischerweise zu lösenden Handlungsprobleme zurückzuführende handlungslogische Notwendigkeit" (Oevermann 1996, S. 70) ins Zentrum der Überlegungen zu rücken und diese erkenntnistheoretisch zu begründen. Diese innere, sich aus der Handlungslogik professioneller Aufgaben ergebende Struktur soll im Folgenden näher betrachtet werden.

2 Professionen als kollektive Antwortversuche auf die Krisenhaftigkeit der Wirklichkeit

Die Auseinandersetzung mit der Welt vollziehe sich, so Oevermann im Anschluss an Charles S. Peirce (Oevermann 1996, S. 74), vor dem Hintergrund einer Sozialität, die sich ihrerseits als Bündel von generativen, Bedeutung erzeugenden und die Deutung und Auseinandersetzung mit der Welt ordnenden Strukturregeln darstellt. Durch die Bandbreite an Optionen, die sich im Dialog mit der Welt in jeder neuen Konfrontation mit der Vielfalt der Welt eröffnet, und die Frage, welche Option gewählt wird, wird eine potenzielle Krise erzeugt und den handelnden Subjekten ein Entscheidungsdruck auferlegt, der jedoch gleichzeitig im Vollzug jeder konkreten Entscheidung das Einlösen des Autonomiepotenzials der konkreten und subjektiven Lebenspraxis ermöglicht (ebd., S. 77f.), wobei die Einlösung des Autonomiepotenzials niemals an ihr Ende gelangt – denn: „[J]eder Schritt in der Sukzession der lebenspraktischen Autonomisierung entbindet neue, bisher unbekannte Krisenmöglichkeiten." (Ebd., S. 78)

Im Kontext der Widerständigkeit der Welt, der die handelnden Subjekte stetig ausgeliefert sind, bedeutet der Begriff der Krise nichts anderes als die „nach ihrer Schließung rufende Öffnung der Zukunft." (Ebd., S. 75)[2] Unter Krise sei demnach, so Oevermann in einer jüngeren Publikation, „das je Überraschende und Unerwartete zu verstehen, das sich aus der Zukunftsoffenheit des Ablaufs von Praxis und der damit verbundenen Ungewissheit" ergibt. (Oevermann 2008, S. 57)

Ähnlich entwickelt Hans Joas seine Anthropologie menschlichen Handelns, wenn er Kreativität als Dimension allen menschlichen Handelns und Routine als Resultat von Kreativität bestimmt (Joas 1996, S. 287). Er argumentiert mit Dewey, Heidegger und Merleau-Ponty gegen die in der Handlungstheorie vielfach vorherrschende Vorstellung, dass sich das menschliche Handeln in einem Zweck/Mittel-Schema verorten lässt (Joas 1996, S. 218ff.). Nicht das intentionale und autonome Subjekt greife

---

[2] Die Methode der Sequenzanalyse im Rahmen des von Oevermann entwickelten Interpretationsverfahrens der Objektiven Hermeneutik bildet diese Prozesse methodisch ab: auch hier geht es um die Eröffnung eines Spektrums an Fortsetzungsmöglichkeiten nach jeder Textsequenz. Die in den „Protokollen der Wirklichkeit" dann jeweils vorgefundene konkret gewählte Option gewinnt ihre spezifische Bedeutung vor dem Hintergrund an nicht gewählten, jedoch ebenso als Möglichkeit aufgetretenen Varianten. (Vgl. u. a. Oevermann 2000, S. 58–156)

zweckorientiert auf die Welt zu, sondern diese dränge sich ihm vielmehr auf. Allerdings sei damit nicht eine Umkehrung der Logik gemeint, die das Subjekt in eine gleichsam deterministische und unterlegene Position rücken würde. Die Welt trete vielmehr mit dem Subjekt in einen „quasidialogischen" Prozess und verlange nach Antwort, während die Antwortversuche des Subjekts wiederum als schöpferische Repliken auf die Welt zu betrachten seien. Als konstitutiv erweist sich dabei der Situationsbezug menschlichen Handelns (Joas 1996, S. 235).

„Unter ‚Situation' verstehen wir – ‚wir' als handelnde und vom Handeln wissende Menschen – ein Verhältnis von Menschen untereinander und zu Sachen oder von einem Menschen zu Sachen, das der jeweils erörterten Handlung schon vorausgeht und daher von den betroffen bzw. dem betroffenen Menschen als Herausforderung, etwas zu tun oder aber nicht zu tun, je schon verstanden ist. Umgangssprachlich sagt man, man ‚gerate' in eine Situation, sie ‚widerfahre' uns, sie ‚stoße uns zu' und wir sähen uns ‚vor sie gestellt'. Damit drücken wir aus, dass die Situation etwas ist, das unserem Handeln (oder Lassen) vorausgeht, dieses aber auch herausfordert, weil sie uns ‚angeht', uns ‚interessiert' oder ‚betrifft'." (Joas 1996, S. 235f.) Die Wirklichkeit präsentiert sich in einer Sequenz von Situationen, die nicht stumm sind, sondern zum Handeln auffordern bzw. den Handelnden unter Druck bringen. Jeder Lösungsversuch eröffnet den Blick auf neue Formen und Möglichkeiten der Situationsbewältigung und trägt daher ein kreatives, ein schöpferisch gestaltendes Moment in sich.

An dieser Stelle ergibt sich ein Brückenschlag zu Oevermanns Theorie. In der Auseinandersetzung mit der Widerständigkeit der Welt, die gleichsam als die grundlegende Struktur der Mensch-Welt-Beziehung betrachtet wird, hat der Mensch Potenziale entfaltet, die es ihm ermöglichen krisenhaft anmutende Situationen, die jede in der Vergangenheit bewährte Lösung außer Kraft setzen, zum Grenz- und Sonderfall zu machen. Anders wäre die tägliche Lebenspraxis nicht zu bewältigen. Die Bearbeitung jeder Krise hinterlässt jedoch Erfahrung und Routine als Ergebnis nun bewährter Lösungen und schafft so eine „zweite Natur", die das Gesamt der Dispositionen der Subjekte, „also ihre bewussten und unbewussten Wünsche, Erwartungen, Absichten, Zielvorstellungen, Wertorientierungen, Motive, Vorlieben" (Oevermann 1996, S. 77) in sich trägt. Oevermann bezeichnet die je individuell einzigartigen Konstellationen und Lösungsversuche mit „Fallstruktur". Diese stellt die jedem Menschen aufgrund seiner Biografie eigene Art und Weise mit der Wirklichkeit umzugehen dar, indem sie auf bislang gemachte Erfahrungen und daraus entstandene Routinen verweist, die hinlänglich Sicherheit geben. Im Normalfall ist sie das Sicherheitsnetz, das hilft, die Wirklichkeit Augenblick für Augenblick mehr oder weniger reibungslos zu bewältigen.

Jeder der Grenzfälle hingegen, in denen die erworbenen Erfahrungen und Routinen nicht greifen, ist höchst riskant und bedroht die bereits konstituierten Ordnungen des Verhältnisses von Mensch und Welt.

Schon früh bilden daher Gesellschaften eigene, mit zunehmender Differenzierung komplexere Strukturorte „der systematischen, das heißt *nicht-zufälligen Erzeugung des Neuen durch Krisenbewältigung*" aus (Oevermann 1996, S. 81, Hervorh. im Original). Aus diesen gehen die Professionen als Instanzen hervor, die neben der akuten Krisenbewältigung die mit den getroffenen Entscheidungen einhergehenden Geltungsfragen zu bearbeiten haben, da in jedem Fall einer Entscheidung und den daraus resultierenden neuen Sachlagen Bedarf gegeben ist, Krisenlösungen nachhaltig zu sichern. Aufgrund der Riskanz des Einsatzgebietes wird Angehöriger einer Profession nur, wer eine fundierte Ausbildung durchlaufen und in der Folge über eine erweiterte Wissensbasis, über weitgehend gesichertes, methodisiertes Wissen und interventionspraktisch wirksames Können verfügt.

Vor dem Hintergrund dieser Überlegungen bleibt zu resümieren: Die besondere Strukturlogik professionalisierten Handelns ist – grob gefasst – als Bewältigungsversuch aus der exponierten Stellung des Menschen in der Welt abzuleiten. Die zentralen Momente der beschriebenen Strukturlogik ergeben sich erstens aus dem Verständnis der *Positionierung der handelnden Subjekte* in einer Welt, die laufend krisenhafte Momente produziert, denen man zwar immer wieder sich bewährt habende Routinen entgegenhalten kann, deren Bewährung aber nicht auf Dauer gestellt ist; zweitens aus der Konzeption einer insofern *autonomen Lebenspraxis*, als sich das Subjekt in jeder gegebenen Situation mit einer offenen Bandbreite an Optionen konfrontiert sieht, die zwar durch ein Regelsystem gerahmt sind, welches aber keine ultimative Sicherheit bietet – die Wahl der jeweils situationsadäquaten Lösung bleibt dem subjektiven Entscheidungsvermögen überlassen; drittens durch die daraus resultierende spezifische *Bewährungsdynamik* des menschlichen Lebens und die aus ihr abzuleitenden *Vermittlungsversuche zwischen Subjekt und Welt*.

Für die Formulierung eines systematisch aus der spezifischen professionellen Handlungslogik abgeleiteten Kompetenzbegriffs ist hervorzuheben, dass demnach ein *Strukturkern professionalisierten Handelns* in der *stellvertretenden Krisenbewältigung* besteht.

3 Sonderfall Pädagogische Professionalität

Im Kontext des Bestimmungsversuchs einer aus anthropologischen Voraussetzungen und gesellschaftlichen Bedingungen abgeleiteten Handlungslogik von Professionen wird in der Folge versucht, relevante Momente pädagogischer Professionalität näher zu betrachten und nach dem Verbindungsmodus der spezifischen Handlungsgrammatik pädagogischen Handelns mit der Strukturlogik professionalisierten Handelns zu suchen.

„Die Beantwortung der Frage nach der *Professionalisierbarkeit* der Erziehung oder nach ihrer *Professionalisierungsbedürftigkeit* hängt davon ab" – so Dewe u. a. im Zuge ihres Versuchs, nach der Vereinbarkeit pädagogischen und professionellen Handelns zu fragen – „wie das ‚Pädagogische' und das ‚Professionelle' bestimmt und zueinander ins Verhältnis gesetzt werden." (Dewe/Ferchhoff/Radtke 1992, S. 12)

Betrachten wir Professionen demnach als jene Strukturorte in spätmodernen Gesellschaften, die aufgrund ihrer speziellen Expertise in einem gesellschaftlich überlebensrelevanten Bereich besonders dafür ausgewiesen und lizenziert sind, die dort möglicherweise auftretenden Krisen stellvertretend für die Mitglieder der Gesellschaft – für einzelne oder für ein Kollektiv – zu bearbeiten, so haben einen solchen kollektiven Auftrag Lehrerinnen und Lehrer mit Einführung der Schulpflicht erhalten – auch wenn dieser Auftrag in seinen Anfängen bis ins 20. Jahrhundert hinein für den Großteil des Lehrerstandes noch naturwüchsig und unterbestimmt war. Mit zunehmender Wissensorientierung und Technologisierung und der damit zusammenhängenden, laufend bedeutsamer werdenden Vermittlung von Wissen und Können an die Heranwachsenden wird Vermittlungskompetenz, die Kernkompetenz von Pädagoginnen und Pädagogen, zur unverzichtbaren Ressource gesellschaftlicher Entwicklung und ein Versagen von Vermittlung zu einem unkalkulierbaren Risiko. Daraus lassen sich die Professionalisierungsbedürftigkeit pädagogischer Berufe und der Anspruch ableiten, pädagogische Professionalität voranzutreiben, um sicherzustellen, dass immanente Vermittlungskrisen von den zuständigen Pädagoginnen und Pädagogen identifiziert und so gut als möglich bearbeitet werden können. Die Form der Bearbeitung ist jedoch eine spezifische, mit dem Kern des Pädagogischen zusammenhängende und gleichzeitig in einer Strukturanalogie mit professionalisiertem Handeln befindliche. Dieser Aspekt wird im Folgenden näher beleuchtet.

Wir leben in Gesellschaften, in denen aufgrund kontinuierlichen Veränderungsdrucks das Pädagogische allgegenwärtig zu sein scheint. Es sei, so Michael Wimmer in einem Aufsatz zur Spezifik pädagogischer Professionalität, eine Entgrenzung des Pädagogischen zu verzeichnen.

„Von der pränatalen Betreuung durch die Hebamme bis zur Gerontopädagogik, von der morgendlichen Stimme im Radiowecker bis zu den Spätnachrichten findet eine pädagogische Begleitung statt, ohne dass man sich in explizit pädagogischen Situationen, Feldern oder Rollen befindet, ohne es also zu merken und ohne Bewusstsein dafür, worin das Pädagogische in diesen alltäglichen und ‚eigentlich' unpädagogischen Situationen liegt." (Wimmer 1996, S. 416) Gerade deshalb aber müssten professionelle Pädagoginnen und Pädagogen „etwas wissen und können, was gerade nicht mehr selbstverständlich ist, nämlich Probleme als Lernprobleme identifizieren und zielgerichtet zu ihrer Lösung beitragen." (Wimmer 1996, S. 423; zur „Veralltäglichung pädagogischen Wissens" und den damit verbundenen Konsequenzen für Fragen pädagogischer Professionalität vgl. auch Nittel 2004) Das bedeutet, dass gerade aufgrund der Allgegenwart pädagogischer Momente in einer sich ständig in Veränderung befindlichen Welt pädagogische Situationen als solche erst einmal erkannt, erfasst und in ihrem pädagogischen Anspruch konturiert und interpretiert werden müssen (vgl. Wimmer 1996, S. 425). Diese auf ein vorweg im Grunde nicht planbares Geschehen fokussierte Grundstruktur der pädagogischen Situation zieht die Spezifik pädagogischen Handelns nach sich, nämlich die Unmöglichkeit, einer Programmatik zu folgen oder auf eine Anwendungswissenschaft zu rekurrieren. Vielmehr wird pädagogisches Handeln durch einen unhintergehbaren Kern von Ungewissheit – einem Nicht-Wissen und Nicht-Wissen-Können – bestimmt.

„[D]ieses Nicht-Wissen und Nicht-Wissen-Können [macht] den Kern pädagogischen Handelns und der Professionalität aus, deren Aufgabe folglich darin besteht, die Beziehung zwischen einem Wissen und einer Situation, einem ‚Fall', einer Singularität herzustellen, einer Singularität, die dem Wissen Widerstand bietet als etwas Fremdes, vor ihm Verschlossenes und insofern Absolutes." (Ebd.) Nun könnte man einen Widerspruch zwischen der von Professionen geforderten Expertise, die sich nachgerade über eine erweiterte Wissensbasis für einen bestimmten Bereich definiert, und dem hier angesprochenen konstitutiven Kern pädagogischen Handelns als Nicht-Wissen unterstellen. Das wäre allerdings eine missverständliche Interpretation des von Wimmer dargelegten Konzepts des Nicht-Wissens bzw. des Nicht-Wissen-Könnens. Nicht für eine intuitive und auf bloße Alltagserfahrung abstellende Bearbeitung pädagogischer Situationen argumentiert Wimmer. Vielmehr plädiert er dafür, dass vor dem Hintergrund der paradoxalen Grammatik der pädagogischen Beziehung – „durch Erziehung eine Intention verfolgen zu wollen, es aber eigentlich nicht zu können, weil, was gewollt wird, nur vom Anderen selbst hervorgebracht werden kann" (ebd., S. 425f.) – das Professionswissen als Voraussetzung dient, den jeweils individuellen Fall in seiner unvertretbaren „Singularität" zur Geltung kommen zu lassen und sich gleichzeitig immer wieder erneut der Ungewissheit auszusetzen, die jede pädagogische Situation, jede pädagogische Interaktion mit sich bringt. Diese grundlegende Ungewissheit führe häufig, so Wimmer, entweder zum Bestreben, das gegebene Wissen zu verbessern und zu konkretisieren, oder auch „zum Rückzug auf intuitive, alltagsorientierte Deutungs- und Handlungsmuster, die als ‚dogmatischer Kern' oder ‚gesunde Dogmatik' auch noch ihre theoretische Rechtfertigung finden [...]." (ebd., S. 427) Dem gegenüberzustellen wäre die Problematisierung des Verhältnisses zum Wissen, das in der Situation als wissendes Nicht-Wissen den Hintergrund für die Interpretation der Situation bildet. Jeder Fall würde dann „eine Revision des Wissens [darstellen], durch das der ‚Fall' erst zu einem solchen wurde." (ebd., S. 435)

Das professionelle Wissen ist unverzichtbar, um Problemlagen überhaupt identifizieren zu können, bei der Bearbeitung des individuellen Falls eines unverfügbaren Anderen wird dieser jedoch nicht unter die gegebenen Wissensbestände subsumiert. Es ginge laut Wimmer um Urteilskraft, jedoch nicht um bestimmende, sondern um reflektierende Urteilskraft (ebd.).

Suchen wir nun nach der Schnittmenge professionalisierten und pädagogischen Handelns, so finden sich fünf Strukturanalogien, die das eine mit dem anderen in eine Art Selbstähnlichkeitsbezug bringen. So zeichnen sich auch professionelle Pädagoginnen und Pädagogen durch ihre besondere Zuständigkeit für eine gesellschaftlich *besonders relevante, krisenanfällige Sachthematik* aus, für die es *keine Standardlösung* gibt (1). Aus der Krisenanfälligkeit und der Relevanz der Sachthematik lässt sich das Erfordernis, eine besondere *Expertise* und eine *erweiterte, wissenschaftlich fundierte Wissensbasis* für diese Sachthematik zu entfalten, ableiten (2). Auch der Anspruch der *Fallorientierung* und die daraus folgende Interaktivität der Handlungsstruktur folgen daraus und sind typisch für pädagogische Professionalität (3). Dies gilt ebenso für das Moment der *Ungewissheit* aufgrund der nicht verallgemeinerbaren Besonderheit jedes Einzelfalls, zugespitzt auf das Wissen um dessen *Singularität* und um die unüberbrückbare Differenz zum jeweils Anderen (4). Im Kontext der Brisanz der Lösung dieser Aufgabe stehen auch Pädagoginnen und Pädagogen unter *Handlungszwang* in der jeweiligen Situation und unterliegen – im gesamtgesellschaftlichen Interesse, in dem die Sachthematik steht – einer *Begründungsverpflichtung* zur Legitimation der gesetzten Handlungen (5).

Grundlegende *Differenzen* zwischen pädagogischen Berufen und klassischen Professionen wären erstens darin zu sehen, dass – mit Oevermann – etwa das Arbeitsbündnis zwischen Lehrerinnen bzw. Lehrern und Schülerinnen bzw. Schülern wegen der bestehenden Schulpflicht nicht in Reinkultur gepflegt werden kann. Darüber hinaus sind Schülerinnen und Schüler – mit Dewe/Ferchhoff/Radtke – keine kontraktfähigen Klientinnen und Klienten. Weiters ist der direkte Fallbezug in institutionellen Kontexten wie der Schule nur bedingt gegeben – das Schülersubjekt tritt Lehrerinnen und Lehrern tendenziell als ein kollektives und nur in besonderen Ausschnitten ihres Handelns als individuelles gegenüber. Schließlich ist pädagogisches Handeln nicht wie die klassischen Professionen retrospektiv, sondern „prospektiv" orientiert (Dewe/Ferchhoff/Radtke 1992, S. 15). Es handelt sich demgemäß eher um Prophylaxe (Oevermann 1996, S. 149) als um Wiederherstellung beeinträchtigter Lebenspraxis. Diese Differenzen bedeuten jedoch nicht, dass pädagogische Berufe nicht als Professionen verstanden werden können, vielmehr ist der Eigensinn pädagogischer Professionalität daraus abzuleiten: Der pädagogische Handlungsmodus, um dessen Erschließung es geht, ist gegenüber den klassischen Professionen als *different* und nicht als defizitär zu betrachten. (Dewe/Ferchhoff/Radtke 1992, S. 16)

Ilse Schrittesser

4 Die Unwegsamkeiten des Kompetenzbegriffs

Das im vorliegenden Sammelband präsentierte Domänenmodell stellt den Versuch dar, sich an eine systematische Begründung professioneller pädagogischer Kompetenzen anzunähern, einen systematischen Kern von (pädagogischer) Professionalität mit einem grundlegenden Verständnis menschlichen Handelns in Zusammenhang zu bringen und auf diese Weise sowohl die Perspektive subjektiver Fähigkeiten und Fertigkeiten von Pädagoginnen und Pädagogen, als auch strukturelle Bedingungen auf der Folie der Grundstruktur professionalisierten pädagogischen Handelns sichtbar zu machen. Die Domänen repräsentieren allerdings nicht nur den Versuch, eine sich aus den Handlungslogiken der Professionen ergebende Grundstruktur professionalisierten pädagogischen Handelns zu entwickeln. Ebenso sind sie als ein heuristisches Konzept zu verstehen, das die Bestimmung und das Erfassen professioneller Kompetenzen von Pädagoginnen und Pädagogen leiten soll.

Die Geschichte des Kompetenzbegriffs ist zwar relativ kurz, gleicht jedoch – nimmt man die zunehmende Verwendungsdichte des Begriffs – einer unerhörten Erfolgsstory. Dass es bislang kein einheitliches Verständnis des Kompetenzbegriffs gibt, hängt wohl gerade auch mit dieser Erfolgsstory zusammen. Zu viele und zu divergente Aspekte und Interessen heften sich an die Idee der Kompetenz. Ein Schlüsselmerkmal des Kompetenzbegriffs, so Klieme/Hartig in einer ausführlichen begriffsgeschichtlichen Analyse, sei jedenfalls fachhistorisch „der stärkere Bezug zum ‚wirklichen Leben'" (Klieme/Hartig 2007, S. 17). Demgemäß lässt sich Kompetenz grob als lebenspraktisch ausgerichtete Leistung des Subjekts umreißen, die es erbringt, um Situationen unterschiedlicher Komplexität zu bewältigen.

Auf breiter Basis und systematisch eingeführt wurde der Begriff der Kompetenz in die erziehungswissenschaftliche Diskussion durch Heinrich Roth, der im zweiten Band seiner Schrift zur „Pädagogischen Anthropologie" (1971) von Sach-, Selbst- und Sozialkompetenz als grundlegenden menschlichen Fähigkeiten spricht und diese mit der Idee der Mündigkeit und damit mit einem emanzipatorischen Anspruch verbindet:

„Mündigkeit, wie sie von uns verstanden wird, ist als Kompetenz zu interpretieren, und zwar in einem dreifachen Sinne: a) als Selbstkompetenz (self competence), d. h. als Fähigkeit, für sich selbstverantwortlich handeln zu können, b) als Sachkompetenz, d. h. als Fähigkeit, für Sachbereiche urteils- und handlungsfähig und damit zuständig sein zu können, und c) als Sozialkompetenz, d. h. als Fähigkeit, für sozial, gesellschaftlich und politisch relevante Sach- oder Sozialbereiche urteils- und handlungsfähig und also ebenfalls zuständig sein zu können." (Roth 1971, S. 180)

Dieses Kompetenzmodell findet im weiteren Diskurs vor allem in der beruflichen Bildung Eingang, wird aber insgesamt in der Erziehungswissenschaft breit rezipiert.

Ähnlich verhält es sich mit dem aktuell am meisten referenzierten Kompetenzmodell, das auf Franz E. Weinerts Bestimmung von Kompetenz basiert. Weinert intendiert mit seinem vielzitierten Konzept, sich von einem „vieldeutigen Leistungsbegriff" (Weinert 2001, S. 27) durch eine stringentere Formulierung mit Fokus auf Problembewältigungsfähigkeit abzugrenzen. Kompetenzen werden von Weinert (dessen Begriffsbestimmung hier der Vollständigkeit halber trotz hinlänglicher Bekanntheit des Konzepts angeführt wird) demnach als „die bei Individuen verfügbaren oder durch sie erlernbaren kognitiven Fähigkeiten und Fertigkeiten, um bestimmte Probleme zu lösen" verstanden, „sowie die damit verbundenen motivationalen, volitionalen und sozialen Bereitschaften und Fähigkeiten die Problemlösungen in variablen Situationen erfolgreich und verantwortungsvoll nutzen zu können" (ebd., S. 27f.).

In dem so formulierten Verständnis von Kompetenz fällt die stark personal orientierte Dimensionierung auf: es geht in der Perspektive erster Person um Dispositionen und Bereitschaften des Individuums, die sich ihrerseits um kognitive Fähigkeiten gruppieren und diese im Vollzug von Problemlösungen zur Entfaltung bringen. Probleme lösen lässt sich in diesem Kontext als ein Vorgang interpretieren, dessen ganz allgemeines Ziel es ist, sich erfolgreich der Welt zu bemächtigen, um gegebene Bedingungen persönlich fruchtbar werden zu lassen. Das heißt, es geht um funktionale, auf Performanz ausgerichtete Handlungslogiken. Diese werden zwar durch den Appell zur *verantwortungsvollen* Nutzung der vorhandenen Gelegenheiten in Hinblick auf bloße Gewinnoptimierung normativ gerahmt, dennoch lässt sich die Reichweite des von Weinert vorgelegten Kompetenzverständnisses relativ klar auf das Feld einer funktional motivierten, personal orientierten Handlungsrationalität einschränken.

Dieses Feld ist ein durchaus wesentliches, wenn es darum geht, soziale und kulturelle Partizipationsfähigkeit sicherzustellen. Ohne Kulturtechniken – und im Grunde ist dieser Kompetenzbegriff nichts anderes als ein komplexerer, den Bedingungen technologisch hoch entwickelter Gesellschaften angepasster Nachfolger der klassischen Kulturtechniken des Lesens, Schreibens und Rechnens – lässt sich in der Gegenwartswelt kein Staat machen, geschweige denn ein einigermaßen eigenständiges und selbstbestimmtes Leben führen. Da eine Beruhigung der zunehmend sich beschleunigenden Entwicklungen kaum abzusehen ist, ist es daher nur verantwortungsvoll, die – nicht nur von Heranwachsenden – anzueignenden Fähigkeiten und Fertigkeiten im Lichte einer problemlösungsorientierten Kompetenzvermittlung zu betrachten. Nur so kann zumindest den grundlegenden Anforderungen der Welt sehenden Auges begegnet oder können Defizite etwa unserer Schulsysteme in den Blick genommen werden – wenn das auch mit den aktuellen Schulleistungstests nicht immer und konsistent gelingt. Dennoch ist der Horizont eines gelingenden Lebens mit dem in diesem Ansatz konturierten Fähigkeitsspektrum bei Weitem nicht ausgeleuchtet. Eher geht es um eine basale Infrastruktur an Kompetenzen, die zwar so etwas wie der Vorhof zur Teilhabe und Eigenständigkeit ist, durch den man hindurch muss, will man die Arena einer zumindest hinlänglich autonomen Lebenspraxis erreichen. In diesem Vorhof stehen zu bleiben kann jedoch niemandem gewünscht werden.

Auch im Kompetenzspektrum professionalisierten Handelns lassen sich solche kulturtechnischen Fähigkeitsbereiche als Stützfunktionen und als Voraussetzungen erweiterter Handlungsfähigkeit herauslösen, und auch hier haben sie grundlegende, aber nicht eigenständige, sondern eben stützende (operative) Bedeutung. In diesem Bereich könnte man Expertise verorten, die zwar eine erforderliche, jedoch keine hinreichende Voraussetzung für Professionalität darstellt (vgl. Pfadenhauer 2003, S. 26ff.). Kompetenzen, wie sie in der Rezeption des Weinert'schen Ansatzes mehrheitlich definiert werden, erfassen jedenfalls nicht jene Bereiche, die im Rahmen von Schulbildung das bloße Aneignen von Kulturtechniken überschreiten bzw. im Kontext professioneller Aufgaben nach Formen von Problembewältigung verlangen, die mit einer wie auch immer entfalteten Problemlösungsfähigkeit nicht hinreichend abgedeckt sind. Nimmt man die Handlungslogik von Professionen in den Blick, die sich ihrerseits aus der Anforderungsstruktur professionalisierten Handelns erschließt, so zeigt sich ein über Expertentum und Funktionalität hinausgehender Anspruch, auf den in der Diskussion um Professionalisierung immer dann hingewiesen wird, wenn Professionalität auf wissenschaftliches Wissen und Expertise eingeschränkt zu werden droht (vgl. darüber hinaus auch Dietrich Benners Hinweis zur besonderen Gestaltungsproblematik verberuflichter pädagogischer Praxis im Horizont der Profession, Benner 2001, S. 55[3]).

Auf der Basis dieser Vorüberlegungen – Kompetenz als Leistung des Subjekts zur Wirklichkeitsbewältigung, als performativer Ausdruck von Mündigkeitsstreben, als Problemlösefähigkeit zur erfolgreichen Weltbewältigung – ergeben sich einige Konsequenzen für den im vorliegenden Konzept von Professionalität maßgeblichen Kompetenzbegriff, in dessen Formulierung versucht wird, das Motiv der Wirklichkeits- und Problembewältigung zu überschreiten. Erstens – übrigens in Analogie zu Roths Brückenschlag zwischen Kompetenz und Mündigkeit – indem argumentiert wird, dass professionalisiertes Handeln im Zuge stellvertretender Krisenbewältigung ein Stück lebenspraktischer Autonomie entweder wieder herstellen oder überhaupt erst gewinnen hilft; zweitens, indem die Form der Bewältigung als Gestaltungsmöglichkeit und als Lernanlass für die Betroffenen aufgefasst wird, etwa wenn die Erzeugung des Neuen durch Krisenbearbeitung als Maxime und als wesentliche Kompetenz professionalisierten Handelns in den Blick kommt oder wenn es darum geht, aus der jeweils gefundenen Krisenlösung für die betroffenen Akteurinnen und Akteure Vorstellungen für zukünftige und dann selbst vertretene Krisenbewältigungsmöglichkeiten abzuleiten. (Vgl. dazu Oevermanns Rede von der Hilfe zur Selbsthilfe, Oevermann 1996, S. 152 und 2008, S. 63)

Vor diesem Hintergrund wurde im vorliegenden Ansatz ein Kompetenzbegriff formuliert, der neben den Dimensionen einschlägigen Wissens und Könnens sowohl eine grundlegende Kreativität professionalisierten Handels sowie dessen Situiertheit als Antwort auf gegebene Strukturen in den

---

[3] Auf die von Benner angeführte Differenz zwischen Berufstätigkeit und Praxis, die besonders auf pädagogisches Handeln zutrifft, kann im Rahmen des vorliegenden Artikels nicht weiter eingegangen werden. Nur so viel zur groben Erläuterung: Benner bezieht sich in seiner Argumentation auf die Aufgabe pädagogischer Praxis, „durch Professionalisierung die Verberuflichung der Praxis so zu gestalten, dass auch deren nicht-verberuflichte Horizonte erhalten und weiterentwickelt werden." Dabei gälte es dafür zu sorgen, „dass die Praktiken nicht nur in professionalisierter Form, sondern darüber hinaus zugleich im alltäglichen Zusammenleben der Gesellschaftsmitglieder ausgeübt werden." Dieser Aspekt wäre vor dem Hintergrund des hier angeführten Begriffs von Professionalität weiter zu diskutieren. Vor allem wäre im Auge zu behalten, dass die Professionalisierung von gesellschaftlichen Tätigkeitsbereichen kein Freibrief für Entsorgungsversuche gesellschaftlicher Probleme durch deren lückenlose Delegation an Professionen sein kann.

Ilse Schrittesser

Vordergrund rückt. Kreativität ist dabei im Sinne der von Joas allgemein für menschliches Handeln bestimmten Dimension gemeint, allerdings in einer exponierteren Form – Professionen stehen unter gesellschaftlicher Beobachtung. Auch der Quasi-Dialog mit der Wirklichkeit, das Antworten auf Situationen seitens des Subjekts wurde als eine allgemeine Dimension menschlichen Handelns dargestellt und auch dieser Aspekt tritt im professionalisierten Handeln in verstärkter Weise hervor, da es sich hier um eine besondere Form der Wirklichkeitsbewältigung und damit um eine besondere Beziehung von Subjekt und Situation bzw. – wie es bei Giddens formuliert wird – von Subjekt und Struktur handelt (vgl. dazu Giddens 1997).

Im Rahmen des hier dargestellten Theorierahmens wurden fünf Kompetenzfelder – „Domänen" – herausgearbeitet, deren Verfasstheit das oben skizzierte widersprüchliche Spannungsgefüge als ein Zusammenspiel von Akteur und Situation, von Subjekt und Struktur – bezogen auf Schule: von individuellem Lehrerhandeln und institutionellen Rahmenbedingungen – abbildet (eine ausführliche Beschreibung zum Domänenbegriff findet sich im Editorial des vorliegenden Bandes).

Die erarbeiteten Kompetenzfelder ergeben sich aus der Anforderungsstruktur und der daraus folgenden Handlungslogik pädagogischer Professionalität, die im vorigen Abschnitt in ihren wesentlichen Strukturmomenten dargestellt wurde. Im Folgenden wird nun die Intention verfolgt, die jeweiligen Anforderungen und die daraus resultierenden Ableitungen in Verbindung zu bringen. Lineare Beziehungen – etwa nach dem Modell: hier die Anforderungsstruktur, dort die zugehörige Domäne – lassen sich allerdings nicht herstellen. Vielmehr stehen sowohl Anforderungsstruktur als auch Domänen in mehreren Verschränkungen miteinander in Verbindung.

So spiegeln sich die Signifikanz der jeweiligen krisenanfälligen Sachthematik und die damit im Zusammenhang stehende Aufgabe der stellvertretenden Krisenbewältigung in der Domäne Reflexions- und Diskursfähigkeit wider (1). Dieses Kompetenzfeld drückt sich in problembezogener Reflexivität aus, d. h. in der Fähigkeit, Situationen methodisch abgesichert zu erfassen und mit hinreichender Distanz systematisch und unter Heranziehen von Theoriewissen analysieren zu können. Diskursfähigkeit bedeutet in diesem Kontext, die im Bearbeiten der Situation auftauchenden Interpretationen und Lösungsmöglichkeiten (meist ex post) diskursiv und abgestützt auf einer tragfähigen Wissensbasis verarbeiten und begründen zu können.

Professionelle Kompetenzen: Systematische und empirische Annäherungen

D.h. diese Domäne antwortet auch auf die Anforderungsbereiche der Fallorientierung sowie der Begründungsverpflichtung. Um einen solcherart professionellen Diskurs führen und mit Leben erfüllen zu können, bedarf es des kontinuierlichen und lebendigen Austausches mit Kolleginnen und Kollegen inklusive der dafür förderlichen Strukturen in Hinblick auf Raum, Zeit, Verantwortlichkeit etc. Dieser Anspruch wird durch die Domäne Kooperation und Kollegialität erfasst (2). Sie stellt einen Kontext her, der die Behandlung der stellvertretenden Krisenbewältigung und der ihr vorausgehenden Krisenanalyse sowie der nachfolgenden Legitimation und Kritik der gesetzten Handlungen und getroffenen Entscheidungen sicherstellen soll. Fallorientierung und in Verbindung damit Falldeutung verlangen – neben Reflexivität und der Entwicklung eines Fachdiskurses – auch nach differenzierten Blicken auf die Situation und einer damit in Zusammenhang stehenden Wahrnehmung und Anerkennung des Anderen in seinem Eigenrecht: nach Differenzfähigkeit (3). Diese Domäne wiederum bezieht sich nicht nur auf differenzierende hermeneutische Fähigkeiten, sondern auch auf die für professionalisiertes pädagogisches Handeln konstitutive Ungewissheit und auf die damit zusammenhängenden Antinomien. Diese spitzen sich in der unvertretbaren Singularität des Einzelfalls und der unüberbrückbaren Differenz zum jeweils Anderen zu.

Professionsbewusstsein zu entfalten – das vierte Kompetenzfeld (4) –, verweist auf die öffentliche Verpflichtung, sich als Profession zu legitimieren und den damit einhergehenden Anspruch – angesichts der Signifikanz des Zuständigkeitsbereichs –, eine Art öffentliches Bekenntnis zur übertragenen Verantwortung abzulegen, sich öffentlich zu legitimieren, aber auch die Grenzen der Verantwortung und zur Zuständigkeit mit entsprechender Seriosität im Blick zu behalten. Personal Mastery (5) zielt auf das professionelle Selbst ab, das nicht nur in der Fähigkeit zum Ausdruck kommt, Professionswissen und -können situationsbezogen umzusetzen, sondern auch den Umgang mit sich selbst bewusst zu gestalten. Kooperation und Kollegialität, Professionsbewusstsein und Personal Mastery sind im Konzert der fünf Domänen als ermöglichende, ja unerlässliche Infrastruktur sowohl individueller Kompetenz als auch struktureller Bedingungen zu betrachten. Sie bilden die Folie, vor deren Hintergrund Reflexions-, Diskurs- und Differenzfähigkeit zur Entfaltung kommen.

5 Möglichkeiten und Probleme eines evidenzbasierten Zugangs zu Kompetenzen

Wie bereits einleitend zu Abschnitt 4 vermerkt, versteht sich der vorgelegte, aus der Anforderungsstruktur professionalisierten und pädagogischen Handelns abgeleitete und handlungstheoretisch begründete Entwurf eines kompetenzorientierten Konzepts pädagogischer Professionalität als heuristisches Programm, mit dessen Hilfe das Handlungsrepertoire von Pädagoginnen und Pädagogen als professionell Handelnde systematisierbar wird. Wie aber lässt sich nun die Brücke vom Systematischen zum Empirischen schlagen? Es stellt sich die Frage, ob und wie sich die beschriebenen Kompetenzfelder empirisch erfassen lassen, ob sich Anteile der Domänen als Phänomene im Lehrerhandeln zeigen bzw. wo sie als Desiderate auftreten.

Gehen wir davon aus, dass die im vorliegenden Projekt erarbeiteten Domänen komplexe Konstrukte mit der Tendenz zur Erzeugung eines „normativen Bedeutungsüberhang[es]" (Klieme/Hartig 2007, S. 21) darstellen, so ist ihre Messbarkeit aus dieser Problemperspektive zu betrachten. Die bildungstheoretische Kritik an den diversen gegenwärtig praktizierten Kompetenzmessungen greift genau diese Problemperspektive auf und hebt hervor, dass jeder Versuch der Kompetenzmessung aus bildungstheoretischer Sicht zwangsweise eine Reduktion darstellen muss. Bei jeder Messung, darauf verweisen auch Klieme und Hartig in einem einschlägigen Artikel zu Kompetenzkonzepten und deren Anwendbarkeit auf Kompetenzmessungen, geht es notwendigerweise um Konkretionen. „Um Kompetenzen als empirischen Forschungsgegenstand zugänglich zu machen, müssen individuelle Kompetenzausprägungen empirisch möglichst eindeutig bestimmt werden. Da Kompetenzen Dispositionen sind, reicht es zur Diagnose einer Kompetenzausprägung nicht aus, eine einzelne Beobachtung anzustellen. Kompetenzen lassen sich nur auf der Basis einer Palette von Einzelbeobachtungen bei unterschiedlichen Aufgaben bzw. in variierenden Situationen abschätzen." (Klieme/Hartig 2007, S. 24) Erst eine konsistente Zusammenfassung von Einzelbeobachtungen, so Klieme und Hartig, kann zu einer Aussage über das individuelle Kompetenzniveau führen. Ohne eine solche Messung erhalte man allenfalls „kasuistische Verhaltensinterpretationen", jedoch „keine systematische Zuschreibung von Kompetenzausprägungen" (ebd.). Die jeweilige Kompetenz sei daher zunächst „hinreichend spezifisch" zu definieren, und zwar in einem zweischrittigen Verfahren. In einem ersten Schritt gehe es um die Definition der für die jeweilige Kompetenz relevanten Situationen und daraus ableitend die Formulierung der Testinhalte. In einem zweiten Schritt sei die Bestimmung kompetenten Verhaltens zu folgern und zu präzisieren, welches Handeln als ein Hinweis auf Kompetenz gewertet werden kann. Mit zunehmender Komplexität eines zu erfassenden Merkmals werde seine Operationalisierung jedoch immer schwieriger (ebd., S. 25).

Folgen wir diesen Hinweisen, so ergibt sich eine dilemmatische Situation, wenn es um die Messung von Kompetenzen geht: Einerseits wird betont, dass nur eine konzise Messung von Kompetenzen diese solide in ihren Ausprägungen darstellen kann. Um eine solche Erfassung bzw. Messung durchzuführen, bedarf es jedoch einer präzisen Konkretisierung der Kompetenzen. Andererseits sind Kompetenzen als komplex angelegte Handlungszusammenhänge zu verstehen. Mit steigender Komplexität eines Handlungszusammenhangs erweist sich jedoch – wie die Autoren einräumen – dessen Erfassen im Messverfahren als zunehmend schwierig. Eine Reduktion etwa auf kognitive Kompetenzen wird in mehreren Ansätzen zur Kompetenzmessung als ein Ausweg aus dem beschriebenen Dilemma gesehen. Für die im vorliegenden Projekt entwickelten Kompetenzfelder würde diese Reduktion jedoch am Grundgedanken der Domänen vorbeigehen, da, wie gezeigt wurde, diese gerade aus einer Verschränkung von vielschichtigen Facetten eines Handlungszusammenhangs bestehen. Wegen ihrer besseren Messbarkeit nur die kognitiven Aspekte herauszuschneiden, würde eine unzulässige Verzerrung des theoretischen Rahmens bedeuten, da relevante Aspekte – etwa die kreativen, reflexiven und intuitiven Komponenten professionalisierten Handelns – aus dem notwendigen Raster herausfielen. Zu einer ähnlichen Einschätzung gelangten die Autoren einer Studie, die sich der Frage widmete, wie sich professionelle Kompetenzen von Studierenden des Lehramts im Rahmen einer erweiterten Praxisphase – es ging um ein ins Studium eingefügte Praxisjahr – im Vergleich zu den Kompetenzen von Regelstudierenden, die Tagespraktika absolvieren, entwickeln (vgl. Dieck u. a. 2010, S. 100). Dieck u. a. greifen in ihrer Untersuchung auf das von Oser und Oelkers entwickelte Kompetenzmodell zurück, da dieses sich, so die Autoren, explizit an den Handlungsanforderungen von Lehrerinnen und Lehrern orientieren würde (ebd.). In der Studie wird ein Mix aus quantitativen und qualitativen Verfahren zur Messung der Kompetenzentwicklung eingesetzt. Die quantitativen Verfahren, so das Resümee der Autoren nach einem ersten Abschluss der Studie, hätten sich als weniger geeignet erwiesen, die Kompetenzentwicklung der Studierenden im Praxisjahr abzubilden. Um die Lehrerkompetenzentwicklung standardisiert und auf breiter Basis („large scale") erfassen zu können, müssten laut Dieck u. a. „geeignete Verfahren erst entwickelt werden" (ebd., S. 108).

Auch eine von der Europäischen Union in Auftrag gegebene Machbarkeitsstudie zur Erfassung beruflicher Kompetenzen weist auf Schwierigkeiten, die ein solches Unterfangen mit sich bringt, hin. Vor dem Hintergrund der Bedeutung beruflicher Bildung – und hier ist nicht exklusiv Lehrerbildung gemeint – besteht großes Interesse, empirische Evidenzen zur Entwicklung von Kompetenzen im Rahmen einer beruflichen Ausbildung zu erhalten. Dieses Ziel wird aktuell in der Europäischen Union mit dem Versuch, ein sogenanntes Berufsbildungs-PISA zu initiieren, verfolgt. Die dazu durchgeführte Machbarkeitsstudie kam zu dem Ergebnis, dass ein internationaler Vergleich der Leistungsfähigkeit von Berufsbildungssystemen über ein „large scale assessment" zwar schwierig, aber aus wissenschaftlicher Perspektive durchaus möglich sei. (Vgl. Baethge u. a. 2006, S. 126) Allerdings bestünde für ein Berufsbildungs-PISA derzeit weder ein Konsens, was die Bestimmung des Kompetenzbegriffs betrifft, noch ein „Königsweg der Operationalisierung und Messung von Kompetenzen." (Ebd., S. 16) Da zu erwarten sei, dass Kompetenzmessungen auch im Berufsbildungsbereich in Zukunft eine immer größere Rolle spielen, werde „die Entwicklung adäquater Konzepte zur Kompetenzmessung eine Herausforderung darstellen, da diese nicht nur den methodischen Gütekriterien, sondern auch einem sinnvollen Verhältnis von Aufwand und Ertrag entsprechen müssen." (Edelmann/Tippelt 2007, S. 143)

Fazit: Wissenschaftlich legitimierbare Kompetenzmessungen sind zwar prinzipiell möglich, Verfahren für komplexe Kompetenzdimensionen müssen jedoch erst entwickelt werden. Das Dilemma von Testkonstruktionen lautet bislang: Sobald der zu messende Gegenstand eine gewisse Komplexität erreicht, kann er in vollem Umfang nicht mehr gemessen werden. Also wird das zu Messende im Zuge seiner Konkretisierung so zugeschnitten, dass etwas Messbares daraus wird. Was nicht messbar ist, wird aus der Testung ausgenommen. In der Analyse der Ergebnisse wird dann vielfach zwar die Reduktion als Einschränkung des Erkenntniswertes dargestellt, dennoch vermittelt die Analyse meist den Eindruck, als könnte über das Gesamte etwas ausgesagt werden.

Im Folgenden zwei Beispiele für das beschriebene Dilemma. Beim ersten Beispiel handelt es sich um ein Forschungsprojekt von König/Peek/Blömeke, in dem die Frage nach Möglichkeiten der Qualitätssicherung in der Lehrerausbildung gestellt und vor diesem Hintergrund ein Testinstrument zur Erfassung pädagogischen Wissens von Studierenden des Lehramts entwickelt wurde. (König/Peek/Blömeke 2010) Zum besseren Verständnis der von mir verfolgten Argumentation wird das Vorhaben hier zunächst grob skizziert. Einleitend heißt es zur Beschreibung der Projektintention:

„Zu den langfristigen und globalen Zielsetzungen dieses grundlegenden Wandels [d. h. der zunehmenden Orientierung an Standards und Kompetenzen als Ausdruck der Ergänzung der herkömmlichen Input- durch eine Output-Orientierung, Anm. IS] zählt die Entwicklung und Sicherung einer qualitätsvollen Lehrerausbildung, die – Verantwortung tragend für ein beruflich qualifiziertes und kompetentes Lehrpersonal – einen substanziellen Beitrag zur Steigerung der Qualität in Schule und Unterricht leistet." (Ebd., S. 73) Um eine diesen Ansprüchen genügende Lehrerausbildung zu gewährleisten, würden „geeignete Modellierungs- und Messverfahren benötigt, um die gesetzten Ziele empirisch überprüfen zu können und damit differenziert Einsicht über Lern- und Ausbildungsprozesse sowie Wirkungsweisen von Ausbildungsprogrammen und ihren Charakteristika zu erhalten." (Ebd., S. 74) In diesem Kontext sei das Vorhaben zu sehen, das fachübergreifende pädagogische Wissen von angehenden Lehrkräften zu ermitteln. Ausgehend von der beschriebenen Intention wurden fünf inhaltliche Anforderungsbereiche formuliert, die für das berufliche Handeln von Lehrerinnen und Lehrern im Anschluss an Ergebnisse der Schulforschung als maßgeblich erachtet werden: Strukturierung von Unterricht, Motivierung, Umgang mit Heterogenität, Klassenführung und Leistungsbeurteilung. (Ebd., S. 75) Das Aufscheinen dieser Bereiche wurde in Form einer Textanalyse von einschlägigen Dokumenten wie etwa dem Curriculum des erziehungswissenschaftlichen Studiums, der Prüfungsordnung u.ä. untersucht. Parallel dazu wurden drei kognitive Dimensionen – Erinnern, Verstehen/Analysieren und Kreieren – auf Basis der erweiterten Bloom'schen Taxonomie kognitiver Prozesse (vgl. Anderson/Krathwohl 2001) herausgearbeitet und gemeinsam mit den Inhaltsbereichen in eine Testmatrix gebracht. Eine Testaufgabe etwa zum Inhaltsbereich Leistungsbeurteilung fragt nach den drei Gütekriterien, die zu nennen sind, wenn „diagnostische Urteile fair und genau sein sollen" (König/Peek/Blömeke 2010, S. 77). Diese drei Gütekriterien (Objektivität, Reliabilität und Validität) werden im Multiple-Choice-Verfahren abgefragt – der kognitive Prozess, der hier überprüft werden soll, lautet „Erinnern". Eine andere Testaufgabe fragt nach Phasenmodellen von Unterricht und deren Funktion. Die Antwortform soll in diesem Fall narrativ erfolgen. Die überprüften kognitiven Prozesse bei dieser Aufgabe sollen sich auf „Erinnern" (im Aufzählen der Phasenmodelle) und „Verstehen/Analysieren" (im Nennen der Funktion jeder Phase) beziehen. Die Befragung wurde mit Studierenden unterschiedlicher Ausbildungsziele – Lehrämter für Grund-, Haupt-, Real- und Gesamtschule, Sonderpädagogik und Gymnasium – an unterschiedlichen Zeitpunkten des Studiums durchgeführt, um den jeweiligen Wissenszuwachs festzustellen und um zu untersuchen, ob es Unterschiede im Erwerb pädagogischen Wissens zwischen den Studierendengruppen je nach Ausbildungsziel gibt. Das Ergebnis der Studie zeigt zunächst entsprechend der Ausgangshypothese, dass sich Unterschiede im pädagogischen Wissen vor allem zwischen den für das Gymnasium ausgebildeten angehenden Lehrkräften und den anderen Studierendengruppen ergeben. Darüber hinaus zeigt die Studie, dass über den Studienverlauf hinweg bei allen Studierenden ein Zuwachs an pädagogischem Wissen festgestellt werden kann, mit Ausnahme der angehenden Gymnasiallehrerinnen und Gymnasiallehrer, deren pädagogisches Wissens sich zu Beginn bereits als unterbestimmt erweist und dann über das Studium hinweg mehr oder weniger stagniert. Dieses Ergebnis mag zwar in mancherlei Hinsicht interessant sein, hat aber nur losen Bezug zu der in der Studie eingangs angesprochenen Frage, ob die Lehrerausbildung „einen substanziellen Beitrag zur Steigerung der Qualität in Schule und Unterricht leistet" (König/Peek/Blömeke 2010, S. 73). Die Autoren gehen zwar auf die „Grenzen des eingeschlagenen Vorgehens" abschließend ein und weisen darauf hin, „dass die hier vorgenommene Erfassung pädagogischen Wissens lediglich einen Ausschnitt darstellt, was die universitäre Lehrerausbildung hinsichtlich fächerübergreifender Inhalte zu vermitteln anstrebt." (Ebd., S. 82) Angesprochen werden auch Grenzen des Verfahrens dahingehend, dass ein Erfassen des angeeigneten pädagogischen Wissens noch keine Aussage über die Handlungskompetenz der angehenden Lehrkräfte zulässt und damit auch nicht der *Beitrag der Lehrerbildung zur Qualität von Schule und Unterricht* aus den vorgelegten Ergebnissen abgeleitet werden kann. (Ebd.) Gerade das wäre aber der sensible, die Schul-

und Unterrichtsqualität wesentlich bedingende Bereich, dessen Sicherung durch gute Ausbildung gewährleistet werden soll, wobei die Überprüfung der Erreichung dieses Ziels als eine Intention der vorgelegten Studie eingangs zumindest formuliert wird. Obwohl man sich also in der Professions- und Professionalisierungsforschung von der Idee einer linearen Übersetzbarkeit von Wissen in kompetentes Handelns längst verabschiedet hat, wird hier indirekt unterstellt, dass das fachübergreifende pädagogische Wissen doch unmittelbar etwas mit Unterrichts- und Schulqualität zu tun hat. Wie diese Beziehung aussehen soll, bleibt ausgeklammert. Was nützen aber ein noch so kunstvolles Design und noch so interessante Ergebnisse, wenn man nicht zu fassen bekommt, wonach gesucht wird?

Die in der Studie eingeschlagene Vorgehensweise illustriert, wie in Messverfahren immer wieder pragmatische Wege eingeschlagen werden.[4] Auch wenn das Forschungsinteresse ein anderes ist (nämlich die Frage nach den Wirkungen der Lehrerbildung und insbesondere der pädagogischen Ausbildung), wird im Testdesign dann jener reduzierte Bereich unter die Lupe genommen, der sich einigermaßen solide ertesten lässt.

Beim zweiten Beispiel geht es um das Problem der Messbarkeit mit Blick auf die Domäne Reflexionsfähigkeit, die als ein Kern pädagogischer Professionalität gilt. Wie lässt sich eine „Palette von Einzelbeobachtungen bei unterschiedlichen Aufgaben bzw. in variierenden Situationen" (Klieme/ Hartig 2007, S. 24, vgl. Zitat weiter oben) zu einer konsistenten Zusammenfassung der Ausprägung des Phänomens Reflexivität bzw. der damit verbundenen und sich zeigenden Kompetenz erstellen, ohne den im vorigen Beispiel eingeschlagenen und das Problem nicht im Kern treffenden Weg zu gehen? Eine diesbezüglich aufschlussreiche Position vertritt Robert Kreitz in einer kritischen Analyse zur Aussagekraft der PISA-Testungen. Er versucht zunächst aufzuzeigen, dass die PISA-Aufgaben in vielerlei Hinsicht eine ähnliche Abkürzung der Kompetenzmessung darstellen, wie ich im oben beschriebenen Beispiel versucht habe zu zeigen. In der Folge schreibt er, dass – will man wissen, welche Kompetenzen Schülerinnen und Schüler haben und welche nicht – man doch beobachten, doku-

---

[4] Die Fragestellung wird, wie die Autoren anführen, im Rahmen eines aktuell laufenden von der DFG (Deutsche Forschungsgemeinschaft) geförderten Projekts „Längsschnittliche Erhebung pädagogischer Kompetenzen von Lehramtsstudierenden (LEK)" in erweiterter und geschärfter Form weiter verfolgt.

mentieren und analysieren möge, wie Schülerinnen und Schüler mit den Aufgaben, die man ihnen stellt, zurechtkommen. „Man muss", heißt es da, „in standardisierter Form das tun, was eine Lehrerin unter günstigsten Voraussetzungen während des Unterrichts tun könnte: Beobachten und Nachvollziehen, wie ihre Schülerinnen und Schüler mit den ihnen gestellten Aufgaben umgehen." (Kreitz 2007, S. 132) Interessant für unsere Problemstellung ist dabei der Anspruch, auf Basis eines standardisierten Vorgehens die Komplexität des Gegenstandes nicht zu verkürzen, also eine Stoßrichtung, die auch eine Intention des von uns entwickelten Zugangs und Konzepts darstellt. Allerdings bleibt hier ein Anspruch, den PISA und ähnliche Testungen verfolgen, uneingelöst: die von Kreitz angesprochenen Beobachtungen im Rahmen eines large scale assessment durchführen zu können, wäre ungleich viel aufwändiger als die PISA-Testung, die ja ihrerseits schon einen großen Aufwand bedeutet.

In einem mit der Frage der Messbarkeit von Reflexivität befassten Text argumentiert Andreas Poenitsch in eine Richtung, die sich an die Position von Kreitz anschließen lässt und auch unserem Ansatz nahe kommt. Poenitsch argumentiert, Reflexivität ließe sich primär im Umgang mit der Sprache, „präziser an den Formulierungen, die jemand gebraucht" erkennen (Poenitsch 2004, S. 452). Man könne demnach in der empirischen Erforschung von Reflexivität bei der Untersuchung dessen ansetzen, „was und wie einer etwas sagt und tut, wie jemand formuliert und als wer er sich präsentiert" (ebd., S. 452). Reflexivität sei, so Poenitsch (hier im Anschluss an Ballauff), gleichzusetzen „mit einer Selbständigkeit gegenüber den vielfachen menschlichen Vereinnahmungen, etwa durch ‚Emotion und Passion', sowie ‚Tradition und Konvention'." (Ebd., S. 542) Reflektiertheit in diesem Sinne habe etwas zu tun mit „Abstraktionsvermögen, mit der Erzeugung und dem Aushalten von Unterscheidungen und Differenzen sowie mit der Fähigkeit, Konkretes auf Allgemeines zu beziehen." (Ebd.) Im Zuge der konkreten Messung von Reflexivität könne man etwa zählen, „wie oft jemand Formulierungen verwendet, die nach vorher festgelegten sprachlichen und grammatikalischen syntaktischen und semantischen Kriterien als Ausformulierungen von Reflexivität gelten können." (Poenitsch 2004, S. 453) Auch das Ausmaß von sachlichen Erwägungen im Gegensatz zu traditionellen, konventionellen oder emotionalen ließe sich an den konkreten Formulierungen ermessen. (Ebd.)

Professionelle Kompetenzen: Systematische und empirische Annäherungen

Für die Möglichkeiten zum Erfassen von Reflexions- und Diskursfähigkeit eröffnet sich ein an diese Überlegungen anschließender gangbarer Weg. Dieser Weg wird mit EPIK in doppelter Intention eingeschlagen. Erstens ergibt sich auf diese Weise die Chance, dass sich bei der Erkundung des Feldes nicht nur die diversen Artikulationsformen der Domänen auffinden lassen – oder auch nicht –, sondern sich auch im Zuge der Untersuchung Optionen für eine weitere Konkretisierung und Operationalisierung der Domänen eröffnen, die auf konzeptuellem Wege nicht sichtbar werden.

Dieser Zugang bedeutet, dass wir uns mit der Heuristik der Domänen in unterschiedlichen Perspektiven dem Praxisfeld annähern und die in diesen Annäherungen sich konstellierenden Kompetenznachweise herauszulösen suchen.

In diesem Sinne ist die Analyse der Aussagen von Lehrerinnen und Lehrern zu ihrem eigenen beruflichen Handeln (vgl. Paseka im vorliegenden Band) zu verstehen, die der Frage nachgeht, „was und wie einer etwas sagt und tut und als wer sich jemand präsentiert" (siehe oben). Die mit Schülerinnen und Schülern durchgeführte Erhebung (vgl. Köhler im vorliegenden Band) zielt dagegen darauf ab zu untersuchen, wie sich das Handeln von Lehrerinnen und Lehrern durch die Brille der Domänen den Schülerinnen und Schülern darstellt. D. h. hier werden die Kompetenzfelder in einem indirekten Verfahren zur Spiegelung im Erleben der Schülerinnen und Schüler gebracht. Der Einsatz solcherart mehrperspektivischer – und noch erweiterbarer – Verfahren intendiert, sich an die Fragestellung zunächst aus dem Blickwinkel sprachlich-hermeneutischer Analysen heranzutasten, um schließlich, bei allen sich stellenden Schwierigkeiten und offenen Fragen, die erfolgreiche Konzipierung einer immer präziser werdenden Phänomenerfassung im Sinne einer „konsistente[n] Zusammenfassung" (Klieme/Hartig 2007, S. 24) von vielfältigen Einzelbeobachtungen zu erreichen und auf diese Weise zu einer „dichten Beschreibung" zu kommen, die uns Einblicke in die Bedeutungsstruktur der untersuchten Phänomene gewährt (vgl. Geertz 1983). Wir nähern uns demnach auf mehreren und das jeweilige Phänomen zunehmend einkreisenden Wegen der Erfassung der Domänen an und sind dabei, diese Annäherungen in weiteren Untersuchungen fortzusetzen.

Literatur

Anderson, Lorin W./Krathwohl, David R./Airasian, Peter W./Cruikshank, Kathleen A./Mayer, Richard E./Pintrich, Paul A./Raths, James/Wittrock, Merlin C. (Eds.) (2001): A Taxonomy for Learning, Teaching and Assessing: A Revision of Bloom's Taxonomy for Educational Objectives. Complete Edition. New York: Longman.

Baethge, Martin/Achtenhagen, Frank/Arends, Lena/Babic, Edvin/Baethge-Kinsky, Volker/Weber, Susanne (2006): Berufsbildungs-PISA. Machbarkeitsstudie. Stuttgart: Franz Steiner Verlag.

Ballauff, Theodor (³1970): Systematische Pädagogik. Eine Grundlegung. 3., umgearb. Aufl. Heidelberg: Quelle & Meyer.

Benner, Dietrich (⁴2001): Allgemeine Pädagogik. Eine systematisch-problemgeschichtliche Einführung in die Grundstruktur pädagogischen Denkens und Handelns. 4., völlig neu bearb. Aufl. Weinheim und München: Juventa.

Combe, Arno/Helsper, Werner (³1999/1996): Einleitung: Pädagogische Professionalität. Historische Hypotheken und aktuelle Entwicklungstendenzen. In: Dies. (Hrsg.): Pädagogische Professionalität. Untersuchungen zum Typus pädagogischen Handelns. Frankfurt/Main, S. 9–48.

Dewe, Bernd/Fechhoff, Wilfried/Radtke, Frank-Olaf (1992): Auf dem Wege zu einer aufgabenzentrierten Professionstheorie pädagogischen Handelns. In: Dies. (Hrsg.): Erziehen als Profession. Zur Logik professionellen Handelns in pädagogischen Feldern. Opladen: Leske + Budrich, S. 7–20.

Dieck, Margarete/Kucharz, Diemut/Küster, Oliver/Müller, Katharina/Rosenberger, Tanja/Schnebel, Stefanie (2010): Kompetenzentwicklung von Lehramtsstudierenden in verlängerten Praxisphasen. Ergebnisse der wissenschaftlichen Begleitung des Modellversuchs „Praxisjahr Biberach" durch die Pädagogische Hochschule Weingarten. In: Gehrmann, Axel/Hericks, Uwe (Hrsg.): Bildungsstandards und Kompetenzmodelle. Beiträge zu einer aktuellen Diskussion über Schule, Lehrerbildung und Unterricht. Bad Heilbrunn: Klinkhardt Verlag, S. 99–110.

Edelmann, Doris/Tippelt, Rudolf (2007): Kompetenzentwicklung in der beruflichen Bildung und Weiterbildung. In: Zeitschrift für Erziehungswissenschaft (Sonderheft 8), S. 129–146.

Geertz, Clifford (1983): Dichte Beschreibung. Beiträge zum Verstehen kultureller Systeme. Frankfurt/Main: Suhrkamp.

Giddens, Anthony (³1997/1995): Die Konstitution der Gesellschaft: Grundzüge einer Theorie der Strukturierung. Frankfurt/Main und New York: Campus Verlag.

INTASC: Interstate New Teacher Assessment and Support Consortium. http://www.ccsso.org/Projects/interstate_new_teacher_assessment_and_support_consortium/ [letzter Zugriff: 04.07.2010]

Joas, Hans (1996/1992): Die Kreativität des Handelns. Frankfurt/Main: Suhrkamp.

Klieme, Eckhard/Hartig, Johannes (2007): Kompetenzkonzepte in den Sozialwissenschaften und im erziehungswissenschaftlichen Denken. In: Zeitschrift für Erziehungswissenschaft, Sonderheft 8., S. 11–29.

König, Johannes/Peek, Rainer/Blömeke, Sigrid (2010): Erfassung von Ergebnissen der erziehungswissenschaftlichen Lehrerausbildung. In: Gehrmann, Axel/Hericks, Uwe (Hrsg.): Bildungsstandards und Kompetenzmodelle. Beiträge zu einer aktuellen Diskussion über Schule, Lehrerbildung und Unterricht. Bad Heilbrunn: Klinkhardt Verlag, S. 73–84.

Kreitz, Robert (2007): Wissen, Können, Bildung – ein analytischer Versuch. In: Pongratz, Ludwig A./Reichenbach, Roland/Wimmer, Michael (Hrsg.): Bildung – Wissen – Kompetenz. Bielefeld: Janus Presse, S. 98–135.

Oevermann, Ulrich (³1999/1996): Theoretische Skizze einer revidierten Theorie professionalisierten Handelns. In: Combe, Arno/Helsper, Werner (Hrsg.): Pädagogische Professionalität. Untersuchungen zum Typus pädagogischen Handelns. Frankfurt/Main: Suhrkamp, S. 70–182.

Oevermann, Ulrich (2000): Die Methode der Fallrekonstruktion in der Grundlagenforschung sowie der klinischen und pädagogischen Praxis. In: Kraimer, Klaus (Hrsg.): Die Fallrekonstruktion. Sinnverstehen in der sozialwissenschaftlichen Forschung. Frankfurt/Main: Suhrkamp, S. 58–156.

Oevermann, Ulrich (2008): Profession contra Organisation? Strukturtheoretische Perspektiven zum Verhältnis von Organisation und Profession in der Schule. In: Helsper, Werner/Busse, Susanne/Hummrich, Merle/Kramer, Rolf-Torsten (Hrsg.): Pädagogische Professionalität in Organisationen. Neue Verhältnisbestimmungen am Beispiel der Schule. Wiesbaden: VS Verlag für Sozialwissenschaften, S. 55–77.

Oser, Fritz/Oelkers, Jürgen (Hrsg.) (2001): Die Wirksamkeit der Lehrerbildungssysteme. Von der Allrounderbildung zur Ausbildung professioneller Standards. Chur/Zürich: Rüegger.

Nittel, Dieter (2004): Die Veralltäglichung pädagogischen Wissens im Horizont von Profession, Professionalisierung und Professionalität. In: Zeitschrift für Pädagogik 5, H. 3, S. 342–357.

Parsons, Talcott (1964): The Professions and Social Structure. In: Ders.: Essays in Sociological Theory. New York: Free Press. S. 34–49.

Pfadenhauer, Michaela (2003): Professionalität. Eine wissenssoziologische Rekonstruktion institutionalisierter Kompetenzdarstellungskompetenz. Opladen: Leske + Budrich.

Poenitsch, Andreas (2004): Ermessene Reflexivität? Zum Verhältnis von Bildungstheorie und Bildungsforschung. In: Vierteljahresschrift für wissenschaftliche Pädagogik, H. 4, S. 442–455.

Prange, Klaus/Strobel-Eisele, Gabriele (2006): Die Formen des pädagogischen Handelns. Eine Einführung. Stuttgart: Kohlhammer.

Roth, Heinrich (1971): Pädagogische Anthropologie. Bd. 2. Hannover: Schroedel.

Stichweh, Rudolf (1992): Professionalisierung, Ausdifferenzierung von Funktionssystemen, Inklusion. Betrachtungen aus systemtheoretischer Sicht. In: Dewe, Bernd/Ferchhoff, Wilfried/Radtke, Frank-Olaf (Hrsg.): Erziehen als Profession. Zur Logik professionellen Handelns in pädagogischen Feldern. Opladen: Leske + Budrich, S. 36–48.

Stichweh, Rudolf (1994): Wissenschaft, Universität, Profession. Soziologische Analysen. Frankfurt/Main: Suhrkamp.

Stichweh, Rudolf (^{3}1999/1996): Professionen in einer funktional differenzierten Gesellschaft. In: Combe, Arno/Helsper, Werner (Hrsg.): Pädagogische Professionalität. Untersuchungen zum Typus pädagogischen Handelns. Frankfurt/Main: Suhrkamp, S. 49–69.

Terhart, Ewald (Hrsg. (2002): Perspektiven der Lehrerbildung in Deutschland. Abschlussbericht der von der Kultusministerkonferenz eingesetzten Kommission. Zeitschrift für Erziehungswissenschaft 5, H. 3.

Wimmer, Michael (^{3}1999/1996): Zerfall des Allgemeinen – Wiederkehr des Singulären. Pädagogische Professionalität und der Wert des Wissens. In: Combe, Arno/Helsper, Werner (Hrsg.): Pädagogische Professionalität. Untersuchungen zum Typus pädagogischen Handelns. Frankfurt/Main: Suhrkamp, S. 404–447.

Weinert, Franz E. (2001): Vergleichende Leistungsmessung in Schulen – eine umstrittene Selbstverständlichkeit. In: Ders. (Hrsg.): Leistungsmessung in Schulen. Weinheim und Basel: Beltz, S. 17–31.

Transformationen – Brüche – Entgrenzungen. Personal Mastery als Suchbewegung

Angelika Paseka

1 Einleitung

> *„Das ist die Frage, wie man in einer unvorhersehbaren Situation handelt, und das ist schwer zu beantworten, weil es eben immer auf die spezielle Situation ankommt und, ah, ich kann jetzt nicht ein allgemeines Handlungsmuster für eine Situation geben, die unbestimmt ist."* (Stefan, Hauptschullehrer)

Der Lehrerberuf gilt als Beruf, der durch viele Ungewissheiten gekennzeichnet ist. Da gibt es einmal beträchtliche Ungewissheiten, die sich aus den dienstrechtlichen Rahmenbedingungen ergeben: Die Arbeitszeit ist nur teilweise zeitlich und auf den Ort Schule und Klassenzimmer fixiert. Der Aufgabenbereich ist vage definiert: Es herrscht Konsens darüber, dass Unterricht sowie seine Vor- und Nachbereitung den Kernbereich der Lehrerarbeit ausmachen; was darunter aber genau zu verstehen ist und welchen Umfang diese einnehmen (sollen), darüber ist schon weitaus weniger Einigkeit vorhanden – zumindest bei den Lehrerinnen und Lehrern und ihrer Standesvertretung[1]. Ungewissheiten ergeben sich weiters aus den lokalen Besonderheiten, die sich an den Schulen als standortbezogene Schulkulturen erleben lassen und deren Handlungsgrammatik speziell von Berufsanfängerinnen und -anfängern erst erlernt werden muss (vgl. Paseka 2008). Unter Einbeziehung der bildungspolitischen Ebene lassen sich Ungewissheiten in der Wirkung von Steuerungsversuchen ausmachen, wie sie derzeit unter dem Stichwort Systemsteuerung und „governance" diskutiert werden (vgl. Keiner 2005, Altrichter/Brüsemeister/Wissinger 2007).

Im Zentrum dieses Beitrags stehen jedoch jene Ungewissheiten und Unsicherheiten, die für das konkrete pädagogische Handeln bestimmend sind. Hier kann auf eine bereits mehrere Jahre dauernde Diskussion verwiesen werden (siehe Sammelband von Combe/Helsper 1996, Combe/

---

[1] Siehe dazu die über mehrere Wochen gehende Diskussion in Österreich um die Arbeitszeit und die Arbeitsaufgaben von Lehrerinnen und Lehrern im Frühjahr 2009.

Kolbe 2004 sowie die Auseinandersetzungen in der Zeitschrift für Pädagogik 3/2004, Zeitschrift für Erziehungswissenschaft 4/2006 bzw. 4/2007). Trotz beträchtlicher Unsicherheiten gelingt Praxis – täglich an vielen Praxisorten, in den konkreten Interaktionen zwischen den Lehrpersonen und den Schülerinnen und Schülern. Daraus ergibt sich die erste Frage, ob die bisher entwickelten Modelle den Umgang mit Ungewissheiten und Unsicherheiten ausreichend und für die gelingende Praxis sinnhaft theoretisch fassen können. Wo sind Leerstellen, wo Lücken? Zunächst werden daher die zentralen Aussagen aus den vorliegenden Konzepten und Ansätzen aufgegriffen, ihre zugrunde liegenden Denklogiken dargestellt und mit dem „structure-agency"-Ansatz von Anthony Giddens kontrastiert (siehe Editorial). Das daraus abgeleitete Modell von Professionalität wird dazu genutzt, um die Herstellungspraxis von Professionalität in der pädagogischen Arbeit genauer zu analysieren und damit nicht nur theoretische, sondern auch empirische Antworten auf eine zweite Frage zu finden: wie Lehrerinnen und Lehrer Unsicherheiten im Schulalltag tatsächlich bewältigen. Oder anders gesagt: wie sie strukturelle Vorgaben wahrnehmen, in das je eigene pädagogische Tun transformieren, welche Brüche dabei auftreten, subjektiv zu bewältigen sind und welche Ent- und Begrenzungserfahrungen Lehrerinnen und Lehrer dabei machen. Ziel ist es zu zeigen, welche Orientierungsschemata dabei zur Verfügung stehen, sodass trotz Ungewissheiten und Unbestimmtheiten ein Handlungsvollzug möglich ist und Praxis gelingen kann. Oder anders gesagt: damit „Personal Mastery" – das professionelle Selbst – im Sinne des vorgestellten Professionalitätskonzepts entwickelt werden und bestehen kann.

2 Ungewissheiten in der pädagogischen Arbeit und die ihnen zugrunde liegenden Strukturlogiken

Der Umgang mit Ungewissheiten ist konstitutiv für Professionen und die Frage nach ihrer Fassung das zentrale Element in den professionstheoretischen Ansätzen. Zunächst sollen jene Unsicherheitsmomente, die in der pädagogischen Praxis die Arbeit der Lehrerinnen und Lehrer bestimmen, benannt werden. Anschließend werden Ansätze zur Fassung der ihnen zugrunde liegenden Strukturlogiken erörtert.

2.1 Unsicherheiten und Ungewissheiten in der pädagogischen Praxis

Das Umgehen mit Unsicherheiten stellt für Lehrkräfte eine zentrale und in der täglichen Praxis zu leistende Herausforderung dar. Noch so profundes Wissen reicht nicht aus, um die konkrete Arbeit mit den Schülerinnen und Schülern erfolgreich zu bewältigen. Was erzeugt nun diese Unsicherheit oder – nach Kelchtermans (2009) – „vulnerability"?

Den Überlegungen von Rabe-Kleberg (1996, S. 294f.) über die Charakteristika von Dienstleistungsarbeit folgend ergeben sich Ungewissheiten im Hinblick auf den Arbeitsprozess und das Arbeitsprodukt, wobei der Arbeitsprozess oft mit dem Ergebnis der Arbeit zusammenfällt. Zentrales Bestimmungsmoment ist das Auseinanderfallen von Input und Output betreffend Ziele und Mittel der zu leistenden Arbeit: „[T]eachers can, only to a very limited degree, prove their effectiveness by claiming pupils' results directly follow from their actions." (Kelchtermans 2009, S. 266) So ist das *Ziel* der pädagogischen Arbeit in seiner *konkreten* Ausprägung undefiniert, umstritten und als Prozessgröße ungewiss. Generell und im Hinblick auf die gesellschaftlichen Funktionen von Schule geht es auf Subjektebene um die Gewährleistung der gesellschaftlichen Teilhabe durch die Begegnung mit kulturellen Traditionen, um die Entwicklung einer sozialen Identität in einer sozialen Gruppe sowie um die Stärkung der Autonomie der einzelnen Person im Denken und Handeln. Durch den Erwerb von Zertifikationen und Zeugnissen soll Schule einen positiven Verlauf der individuellen Karriere sicherstellen (vgl. Fend 2006, S. 54). Allerdings – so Luhmann – gibt es dabei ein Technologiedefizit, d. h. „weder für Teilnehmer noch für Systemzentralen [ist] eine zuverlässige Kontrolle über das Verhältnis von Aufwand und Energie möglich" (Luhmann 2002, S. 157), denn über die Erfolge solcher „Produkte" der Schule, wie Diplome und Zensuren, gibt es keine Rückmeldungen. Im konkreten Handlungsvollzug ist es das Ziel, Neugierde und Lernbereitschaft der Schülerinnen und Schüler zu erzeugen bzw. aufrechtzuerhalten, sie zu motivieren Anstrengungen in Kauf zu nehmen, um Leistungen unter Druck zu erbringen (vgl. Vanderstraeten 2008, S. 104). Aber auch diese Zielbestimmung ist vage und es gibt unbestimmbare Parameter, aus der vorhergegangenen familiären Sozialisation ebenso wie aus den individuellen Dispositionen, die Kinder und Jugendliche in die Schule mitbringen.

Abgesehen von der Unschärfe in den Zielen lassen sich auch die einzusetzenden *Mittel* im Sinne von technischen Regeln nicht bestimmen. Die

Arbeit von Lehrerinnen und Lehrern ist „nie von der Unwägbarkeit des personalen Faktors zu lösen" (Rabe-Kleberg 1996, S. 294), sie ist in der konkreten Interaktion immer auf die Kooperation mit den Schülerinnen und Schülern angewiesen. Eine solche Kooperation ist einerseits asymmetrisch: Kinder und Jugendliche werden als „unreife Personen" wahrgenommen (vgl. Vanderstraeten 2008, S. 103), die aufgrund der Schulpflicht ein nicht freiwilliges Arbeitsbündnis mit den Lehrkräften eingehen (müssen). Lehrkräfte verfügen hingegen aufgrund ihrer Ausbildung über einen Wissensvorsprung und aufgrund ihrer organisatorischen Eingebundenheit über „Symbole der Macht" (ebd., S. 101), die ihnen Amtsautorität verleihen. Gleichzeitig haben aber auch die Schülerinnen und Schüler Macht über die Lehrpersonen, weil sie sich als widerständig erweisen und intendierte Maßnahmen ins Leere laufen lassen können, wissend, dass Lehrpersonen auf ein Mindestmaß an Kooperationsbereitschaft angewiesen sind. Die organisatorische Verfasstheit von Schule erzeugt aber andererseits auch so etwas wie Gleichheit, weil Lehrerinnen und Lehrer sowie Schülerinnen und Schüler einander über die Klassenzuteilungen zugeordnet werden und die Beziehung damit hochgradig durch Nicht-Freiwilligkeit auf beiden Seiten gekennzeichnet ist.

Unsicherheit im Einsatz von Mitteln ergibt sich zudem aus dem Umstand, dass es Lehrpersonen fast nie mit einzelnen Kindern oder Jugendlichen zu tun haben, sondern mit einer ganzen *Schulklasse*. Das Arbeitsbündnis wird damit komplexer und schwieriger, denn die Gruppe und ihre innere Strukturiertheit entwickeln eine eigene Dynamik. Individuelle Aktionen und Reaktionen von einzelnen Schülerinnen und Schülern sind daher in ihrer Eingebettetheit in eine solche Gruppenstruktur und vor deren Hintergrund zu deuten (vgl. Oevermann 1996, S. 176 und 2008, S. 76). Schließlich weist Oevermann noch auf das Arbeitsbündnis mit den Eltern hin. Eltern stellen eine äußerst heterogene Gruppe dar, deren Erwartungen an die Schule bzw. an die Lehrkräfte durchaus divergieren können (vgl. Oevermann 2008, S. 76; Ulich 1996, S. 131ff.).

Unsicherheiten ergeben sich schließlich aus der *Prozesshaftigkeit* der pädagogischen Arbeit, die durch zwei „Unmöglichkeiten" gekennzeichnet ist: die mangelnde Beherrschbarkeit und den Handlungszwang. So resümieren Combe und Buchen (1996, S. 271): Lehre ist „ein offener, produktiver, riskanter Prozess, der auf der prinzipiellen Unmöglichkeit beruht, diesen Prozess einem allgemeinen Kalkül zu unterwerfen, ja zu beherrschen."

Das führt zu einer zweiten Überlegung: Lehrerinnen und Lehrer müssen situationssensibel und unter Zeitdruck, also schnell und spontan handeln. Angesichts einer solchen „Unmöglichkeit, nicht nicht handeln zu können" (Wimmer 1996, S. 429) bleibt wenig Zeit zum Nachdenken und Abwägen von Handlungsalternativen.

Als weiteres unplanbares Element lässt sich die *Dynamik im Tun* selbst benennen. Im Handeln können sich Ziele ebenso verändern wie der Einsatz von Mitteln, die sich als nicht mehr situationsadäquat herausstellen. Trotz einer ständigen Bereitschaft zur Anpassung bleibt unsicher, ob das geplante Resultat tatsächlich zu erreichen sein wird. Im Fluss sind aber nicht nur der konkrete Interaktionsablauf und die Beziehung zum Gegenüber, sondern auch die persönliche Involviertheit ist nicht zu unterschätzen und entzieht sich zumindest teilweise der Steuerbarkeit (vgl. Terhart 1996, S. 464).

2.2 Die den Ungewissheiten zugrunde liegenden Strukturlogiken

In der Professionalisierungsdebatte haben sich unterschiedliche Diskursstränge herauskristallisiert, die – je nach Zugang – unterschiedliche Erklärungslogiken entwickelt und aus diesen heraus die Ursachen für die Ungewissheiten auf ihre Ursprünge hin beleuchtet haben. Diese sollen im Folgenden nachskizziert werden.

Das klassische Professionsmodell nach Parsons ist in der Diskussion bis heute stark bestimmend und Basis für die Herausarbeitung der spezifischen Charakteristika der Lehrerprofession. Es orientiert sich an den „liberal professions" und umreißt für Professionen Strukturprinzipien und Orientierungsmuster, *pattern variables*, die einerseits Wertorientierungen darstellen, die auf allen Systemebenen Geltung haben, andererseits „a series of major dilemmas of orientation, a series of choices" (Parsons/Shils 1951, zit. n. Wernet 2003, S. 60) für die Akteure definieren. Diese *pattern variables* stellen dichotome Wahl- und Entscheidungsalternativen dar, die sich ausschließen. Professionelle haben demnach in ihrer Praxis entsprechend den folgenden Orientierungen zu handeln: affektiv neutral unter Zurückdrängung von Impulsivität und Gefühlsregungen, auf das Kollektiv bezogen unter Einhaltung von verbindlichen Normen, universalistisch nach allgemeinen Maßstäben, auf Leistung hin orientiert und in spezifischer Weise unter Beachtung von der jeweiligen Rolle zugeordneten Handlungsvorschriften (vgl. Kiss 1977, S. 157).

Diese Strukturprinzipien haben zwar Orientierungsfunktion und eine prinzipielle Gültigkeit, bedürfen jedoch im Handlungsvollzug, in der konkreten Arbeit mit den Klientinnen und Klienten, einer entsprechenden Deutung und Wendung. Denn, so fragt Wernet: Wie sollen Lehrpersonen als Träger der Berufsrolle beispielsweise eine unpersönliche Leistungsethik gegenüber den Schülerinnen und Schülern vertreten und zugleich die vorhandenen Ängste vor Leistungstests bearbeiten? Nach Wernet „temperieren" Lehrpersonen diese Härte durch *Permissivität*, d. h. situationsspezifisch werden die Orientierungen nur locker gehandhabt und Ausnahmen zugelassen, ohne aber die zugrunde liegende Strukturlogik und den institutionalisierten Handlungsrahmen aufzuheben (vgl. Wernet 2003, S. 116f.). Es obliegt damit ihnen je nach Fall zu entscheiden, in welcher Form die Strukturprinzipien zur Geltung gelangen.

In seiner auf Parsons aufbauenden, aber „revidierten Professionalisierungstheorie" sucht Oevermann nach jenen generativen, Bedeutung erzeugenden Regeln, die „wie Algorithmen unabhängig von den Intentionen und Absichten der konkret handelnden Subjekte operieren" (Oevermann 1996, S. 76). Oder anders gesagt: die „Strukturlogik des professionalisierten Handelns" (ebd., S. 109) soll rekonstruiert werden. Als wesentlichen Aspekt professionalisierten Handelns ortet er die „widersprüchliche Einheit von Rollenhandeln und Handeln als ganzer Person als eine der zentralen Dimensionen professionalisierten Handelns" (ebd.). In der Beziehungspraxis, die er als „Arbeitsbündnis" bezeichnet, vollzieht sich die „zugleich diffuse und spezifische Beziehung zum Klienten" (ebd., S. 115). Während von den Klientinnen und Klienten gefordert wird, alles zu thematisieren (im Sinne der Struktur einer diffusen Sozialbeziehung), müssen Professionelle im Rahmen ihrer spezifischen Rolle agieren und sich so ihre volle Handlungsfähigkeit bewahren. Gleichzeitig ist es jedoch notwendig, eigene Empfindungen und Gefühle zu nutzen, um das Arbeitsbündnis und eine Beziehung zu den Klientinnen und Klienten überhaupt zustande zu bringen. Hier gibt es eine Schwelle, die nicht übertreten werden darf, doch diese Schwelle ist nicht näher bestimmt, sondern muss situationsspezifisch ausgelotet und definiert werden.

An Oevermann schließen jene Diskursstränge an, die Ungewissheiten und Unsicherheiten darauf zurückführen, dass professionalisiertes Handeln ein Handeln ist, das konstitutiv durch *Antinomien* bestimmt ist (Nähe versus Distanz, Einheit versus Differenz, Autonomie versus Heteronomie,

Wissen versus Nicht-Wissen usw.). Nach Helsper sind Professionelle dabei „in konstitutive Handlungsdilemmata involviert, die nicht aufgehoben, sondern nur reflexiv gehandhabt werden können." (Helsper 1996, S. 528) Trotz praktischem Handlungsdruck und Entscheidungszwang kann dies gelingen, weil Professionelle über „theoretische Wissensbestände und wissenschaftliche Deutungsmuster" (ebd., S. 529) verfügen, die allerdings nicht schematisch anzuwenden sind, sondern bezogen auf den Einzelfall und dessen besondere Spezifik abgewandelt werden müssen. In seinem Handeln unterliegt der Professionelle dabei einer „prinzipiell einforderbaren Begründungsverpflichtung" (ebd., S. 529).

Der systemtheoretische Ansatz fokussiert die funktionale Differenzierung von gesellschaftlichen (Sub-)Systemen und postuliert, dass sich im Zuge von solchen funktionalen Differenzierungen Dualismen bilden, die als binäre Codes die Teilsysteme steuern. So funktioniert das Rechtssystem nach dem Code Recht/Unrecht, im Erziehungssystem ist der Code vermittelbar/nicht vermittelbar bestimmend (vgl. Kurtz 2004, S. 51). Die Aufgabe von Professionellen besteht darin, an der präferierten Seite des Codes zu arbeiten, diesen gleichsam „herzustellen". Das Gelingen einer solchen Operation kann aber nicht garantiert werden, denn: „Die professionelle Praxis ist durch ein Technologiedefizit belastet." (Pfadenhauer 2003, S. 45) Ein solches Technologiedefizit wurde vor allem für die pädagogischen Professionsfelder konstatiert (vgl. Luhmann 2002, S. 157). Die Arbeit von Lehrerinnen und Lehrern ist nicht standardisierbar und unter Bedingungen von Ungewissheit zu bewältigen. Nach Tenorth (2006) existiert jedoch eine paradoxe Technologie, um das Unplanbare zu fassen und Routinen zu entwickeln. Eine solche paradoxe Technologie ist im Begriff der pädagogischen „Methode" aufbewahrt, aber auch in der Herstellung von Ordnung und der pädagogischen Form (vgl. Tenorth 2006, S. 588). Professionelle entwickeln *professionelle Schemata*, die Wissens- und Erfahrungsbestände, normative Orientierungen und operative Routinen einschließen und einen eigenen Wert als „Weisheit der Praxis" (ebd., S. 590) haben. Diese Handlungsschemata ermöglichen es, handlungsfähig zu sein und zu bleiben. „Der Beruf der Lehrerin oder des Lehrers bleibt schwierig – aber er ist [...] mit einem professionstheoretisch klar zu bezeichnenden Handlungsrepertoire zu bewältigen." (Ebd., S. 584)

Der symbolisch-interaktionistische Zugang richtet sich auf die bestimmenden Handlungs- und Interaktionsverfahren. Professionen sind im Besitz eines gesellschaftlichen Mandats, das ihnen die Leistungen der Problembewältigung zuweist, und sie haben dazu eine entsprechende Lizenz erhalten. Ihre Position ist mit Privilegien und Macht verknüpft, die damit legitimiert werden, dass Professionelle über ein einschlägiges Sonderwissen verfügen, in das Novizen erst eingeweiht werden müssen. Dieses resultiert aus der wissenschaftlich begründeten „höhersymbolischen Sinnwelt" (Schütze 1996, S. 190) und aus dem Projekt- und Fallcharakter. Aus dem wissenschaftlich begründeten Wissen sind Handlungsstrategien für die konkrete Problem- und Handlungssituation zu respezifizieren. Dies gelingt den Professionellen jedoch nicht im Alleingang; sie bedürfen dazu der Zusammenarbeit mit den Klientinnen und Klienten. Es gilt gemeinsam zu klären bzw. zu entwickeln, was der „Fall" ist. Mit „Fall" ist nicht eine natürliche Person oder eine individuell problematisch gewordene Lebenspraxis gemeint, sondern das „Ergebnis eines interaktiven Konstruktionsprozesses" (Pfadenhauer 2003, S. 48). Ein solcher Aushandlungsprozess ist jedoch fehlerhaft und spannungsreich: Zum einen, weil die Fallentwicklung einer ständigen Veränderung durch ihren Verlauf unterliegt (vgl. Schütze 1996, S. 192), zum anderen dadurch, dass eine wechselseitige Sinnübereinstimmung bereits zu Beginn der Interaktion unterstellt werden muss, noch bevor die Interaktionspartnerinnen und -partner sich überhaupt austesten konnten (ebd., S. 188). Um solche Störpotenziale und Spannungen bewältigen zu können, ist es für die Professionellen notwendig, eine Haltung „ethnografischen Verstehens" zu entwickeln. Sie müssen gezielt beobachten und empathisch die Situation aus der Sicht der Klientinnen und Klienten nachvollziehen können, dabei die Besonderheit des Falles erkennen und schließlich auch zuwarten können, um den richtigen Zeitpunkt für eine Intervention zu nutzen. Für die Bewältigung dieser Ungewissheiten und Unbestimmbarkeiten sind nicht nur Wissen und Reflexionsfähigkeit auf personaler Ebene notwendig, sondern auch stabile Verhältnisse und Rahmenbedingungen, wie sie durch Organisationen und Steuerungsmechanismen gewährleistet werden.

Der Ansatz vom „professionellen Selbst" verweist auf die Diskussion um die „Lehrerpersönlichkeit". Bauer stellt jedoch klar, dass die Eigenschaften, die Lehrerinnen und Lehrern zugeschrieben werden, „nicht durch Persönlichkeitsstrukturen bedingt [sind], sondern Ausdruck eines Handelns in pädagogischen Systemen und innerhalb einer bestimmten Berufskultur" (Bauer 1998, S. 354). Das „professionelle Selbst" wird zum einen auf der individuellen Ebene im Sinne eines „überdauernden organisierenden Zentrums", das „sein eigenes Entwicklungsprogramm" (Bauer 1998, S. 352f.) enthält, verortet. Es entsteht zum anderen in der Auseinandersetzung mit den Arbeitsaufgaben an der Schnittstelle zwischen individueller und kollektiver Ebene. Die individuelle Ebene wird erschlossen über die berufsbiografische Entwicklung, während die kollektive Ebene durch die Kultur eines Berufs bzw. einer Berufsgruppe erfasst wird. Diese ergibt sich durch die Ausbildung, durch die Kolleginnen und Kollegen, durch Vorgesetzte, die vor Ort vorhandenen Rahmenbedingungen und die berufstypischen Werte (vgl. Bauer 2000, S. 65). Das „professionelle Selbst" lässt sich dann als entwickelt bezeichnen, wenn ein Handlungsrepertoire vorhanden ist, mit dem die pädagogische Praxis bewältigt werden kann. Aus dieser Perspektive ergeben sich Ungewissheiten dort, wo die subjektive Berufsbiografie Brüche und Ambivalenzen aufweist, die nicht durch die Ausbildung bzw. die Berufskultur geglättet werden und aus verschiedenen Gründen nicht bearbeitet werden können. Die Ursachen können in der Person liegen, aber auch in den Rahmenbedingungen, in denen sich die Arbeit von Lehrerinnen und Lehrern vollzieht.

Die beschriebenen Diskursstränge beleuchten unterschiedliche Perspektiven der pädagogischen Praxis. Zwei unterschiedliche Blickwinkel sind dabei erkennbar, die in manchen Diskursen beide gleichberechtigt, in anderen wiederum in jeweils unterschiedlicher Gewichtung vertreten sind: die Subjektperspektive einerseits und die Systemperspektive andererseits. Als ein Versuch, diese Perspektiven zu erweitern, sollen die bisherigen Ausführungen mit dem Konzept von Anthony Giddens kontrastiert werden.

3 Anthony Giddens' Theorie der Strukturierung am Beispiel von Personal Mastery

Anknüpfend an die grundsätzlichen Überlegungen zu Anthony Giddens' Konzept und seinen Begrifflichkeiten (siehe Editorial) werden an dieser Stelle einige Gedanken weitergeführt und im Hinblick auf die Domäne „Personal Mastery" gebündelt.

Struktur(en) werden definiert als Regeln und Ressourcen, die an der sozialen Reproduktion von Vorhandenem mitwirken, und als jene Transformations- und Vermittlungsbeziehungen, die den Bedingungen der Systemreproduktion zugrunde liegen (vgl. Giddens 1997, S. 76f.). Struktur(en) sind durch lange Dauer gekennzeichnet und ermöglichen Stabilität, stellen also „the more enduring aspects of social systems" (Giddens 2009, S. 23f.) dar, ohne allerdings selbst statisch und stabil zu sein. Die handelnden Personen greifen *rekursiv* auf sie zurück, d. h. sie nutzen ihr Wissen um diese Struktur(en) für die eigene Selbstdarstellung. „Human social activities, like some self-reproducing items in nature, are recursive. That is to say, they are not brought into being by social actors but continually recreated by them via the very means whereby they express themselves *as* actors. In and through their activities agents reproduce the conditions that make these activities possible." (Ebd., S. 2) Dieser Rückgriff auf Bekanntes und Vorhandenes ermöglicht ihnen einerseits ihr Handeln als „sinnhaft" zu konstituieren und gewährleistet andererseits, dass sie *als* Akteurinnen und Akteure in dem jeweiligen spezifischen Kontext anerkannt werden, d. h. ihr Handeln wird dann auch aus der Sicht der jeweils anderen als verständlich und kohärent wahrgenommen. Im aktuellen Vollzug einer Handlung werden dadurch Strukturen und die Bedingungen, die sie konstituieren, immer wieder neu geschaffen und gleichzeitig reproduziert (vgl. ebd., S. 331).

Struktur(en) sind demnach den Individuen nicht äußerlich, sondern „inwendig", und zwar in Form von „Erinnerungsspuren" bzw. „memory traces" (ebd., S. 25), die eine Koordinierungsfunktion innehaben. Erinnerungen geben Ordnungsschemata vor und haben damit Orientierungsfunktion. Sie ermöglichen die Einschätzung einer aktuellen Situation, geben Hilfestellung bei der Aktualisierung des eigenen Handlungsrepertoires und schlagen sich letztlich in realen Handlungen nieder. Strukturen haben dann eine faktische Realität erhalten.

Allerdings: Die binären Kategorien „außen" und „innen" sind verschränkt zu denken, denn Struktur(en) sind gleichzeitig sowohl außen als auch innen. Struktur(en) wirken in den Erinnerungen, können ihre Wirkung aber erst dann voll entfalten, wenn sie sich in einem Tun oder Unterlassen manifestieren und so „real" werden. Sie müssen in actu produziert werden und werden durch bzw. in der Produktion reproduziert und verändert. In Analogie zu Berger und Luckmann (1992, S. 144f.) ließe sich das so formulieren: Es gibt eine Symmetrie zwischen dem, was als „außen", und dem, was als „innen" wahrgenommen wird, doch diese Symmetrie ist nicht deckungsgleich. Menschen haben vorhandene Struktur(en) nicht in ihrer Totalität internalisiert, sondern sie sind in der

Lage, diese zu reflektieren und situationsadäquat auszuwählen. Bei der Auswahl helfen neben den „Erinnerungsspuren" aber auch subjektive und nur dem Individuum zurechenbare Kräfte, denn: „Das subjektive Leben ist nicht völlig gesellschaftlich." (Ebd., S. 144) Damit sind beispielsweise solche Kräfte und Energien gemeint, die sich im Körper manifestieren und steuernd wirken können.

Giddens versteht Handeln als tatsächliches oder in Erwägung gezogenes Eingreifen eines körperlichen Wesens in den Prozess von Ereignissen. Sein Handlungsbegriff ist mit *Praxis* verbunden und damit ein praxeologischer Handlungsbegriff. Handlungen sind für ihn „menschliche Praktiken als eine fortlaufende Reihe ‚praktischer Tätigkeiten'" (Giddens 1984, S. 90). Giddens prägt dafür den Begriff „agency", der sich als *aktiver* Handlungsvollzug deuten lässt, in und durch den das Individuum die Möglichkeit hat, auch anders zu denken und sich reflexiv für oder gegen ein Tun zu entscheiden. Ein solches „anders Handeln" lässt sich herleiten aus der Fähigkeit des Individuums, reflexiv auf den und im Kontext zu (re)agieren, und meint gleichzeitig, dass die Strukturen, in denen das Subjekt agiert, nicht deterministisch zu denken sind, sondern kontingent, also Offenheit zulassend.

Was bedeutet das für die Domäne Personal Mastery? Drei Gedanken sind maßgeblich für die weiteren Überlegungen.

❶ Auf der subjektiven Ebene zeigt sich Mastery darin, dass der oder die Professionelle in der Lage ist, Wissen in Können zu transformieren, aber nicht im Sinne einer direkten Anwendung bzw. Ableitung von theoretischem Wissen, um ein Problem zu lösen, sondern um durch Nutzung des Wissens zu einer Diagnose und damit Problemdefinition zu gelangen. Praxissituationen, die Lehrerinnen und Lehrer bewältigen müssen, sind komplex, einzigartig und durch Unsicherheit und widersprüchliche Anforderungen gekennzeichnet (vgl. Oevermann 1996, S. 116f.). Lösungen im Sinne von „technischer Rationalität" (Schön 1983, S. 41) bieten sich nicht an. Professionelle müssen daher im Handlungsfluss ihr Wissen zunächst dazu nutzen, die Situation einzuschätzen, ein Problem als solches zu erkennen und es auf Basis unterschiedlicher Parameter zu definieren. Erst dann werden Überlegungen zur Bewältigung angestellt mit dem Ziel, eine Lösung zu finden, die den Handlungsfluss aufrechterhält. Diese Fähigkeiten hat Schön unter den Begriffen „knowing-in-action" und „reflection-in-action" ausführlich beschrieben (Schön 1983, vgl. Altrichter 2000).

❷ Personal Mastery verlangt aber zusätzlich, dass Professionelle ihr Handeln begründen können. Aufgrund der vielfältigen Lösungsmöglichkeiten müssen sie ihre Auswahl aus den situativ vorhandenen Handlungsmöglichkeiten argumentieren und offenlegen. Das setzt Wissen um das Gesamte voraus: Situationen werden nicht isoliert betrachtet und bewertet, sondern auf Basis von vorhandenem Berufswissen und übergeordneten Zusammenhängen *und* auf Basis der intuitiven Erfassung der gesamten Gestalt des Falles. Hier lässt sich wieder an Oevermann andocken: Subsumtion, d.h. Rückführung auf wissenschaftlich gesicherte Erkenntnisse und eine distanziert-analytische Haltung, reicht ebenso wenig aus wie Rekonstruktion, d.h. die lebensgeschichtliche Einbettung des „Falles". Die Situation verlangt von den Professionellen, dass sie das Risiko abwägen und handeln, dass sie sich aber nachträglich einer Begründungsverpflichtung unterwerfen und so zu neuen Erkenntnissen gelangen (vgl. Oevermann 1996, S. 132).

❸ Personal Mastery bedeutet für Senge (auf den der Begriff zurückgeht) aber auch, eine Vision zu haben, einen „spezifischen Ankunftsort, ein Bild von einer gewünschten Zukunft" (Senge 2003, S. 182). Aus der Lücke zwischen Vision und dem Bild der gegenwärtigen Realität, wie sie sich aus der Reflexion der Erfahrung erschließt, ergibt sich eine „kreative Spannung", die zum Lernen anregt (vgl. Argyris/Schön 1999). Personal Mastery verlangt daher nach Kreativität, weil es keine vorgefertigten Lösungen gibt und die vorhandenen Strukturen kontingent, also Offenheit zulassend, zu denken sind. Visionen stellen Kraftquellen für Veränderungen dar, denn ohne Visionen kann es keine Spannung geben und ohne Spannung besteht auch kein Anreiz, Routinen zu überdenken und Neues anzudenken. Kreativität ist jedoch keine geheimnisvolle Substanz, die im Körper vorhanden ist, sondern Kreativität entsteht im Handlungsfluss und ist darauf angelegt, der Wirklichkeit neue und bisher nicht wahrgenommene Facetten abzugewinnen, Erfahrungsmöglichkeiten zu erkunden und neue Bedeutungsganzheiten zu erkennen (vgl. Joas 1996, S. 208).

Die Domäne Personal Mastery grenzt sich also aufgrund des ihr zugrunde liegenden theoretischen Kontexts deutlich von anderen Paradigmen der Lehrerforschung ab (vgl. Besser/Krauss 2009): dem „Persönlichkeitsparadigma", denn es geht nicht um den Blick auf individuelle Charaktereigenschaften und die Entwicklung einer „idealen" und/oder „charismatischen" Lehrerpersönlichkeit, sondern um die Subjekte in ihrer strukturellen Eingebettetheit; dem „Prozess-Produkt-Paradigma", denn berechenbare Zusammenhangsmaße zwischen dem Unterrichtshandeln von Lehrpersonen und dem Unterrichtserfolg von Schülerinnen und Schülern werden nicht angestrebt, vielmehr wird diese Berechenbarkeit in Frage gestellt und eine andere Sinnlogik unterstellt. Das in den 1980er-Jahren entwickelte „Expertenparadigma" muss differenziert eingeschätzt werden, hier finden sich durchaus einige wichtige Anknüpfungspunkte. So wird in der Expertiseforschung, speziell bei Bromme (1992), das Wissen und Können von Lehrpersonen genauer expliziert und versucht fassbar zu machen, doch bleibt der Autor mit seinen Ausführungen auf halbem Wege stecken. Er moniert zwar, dass mit den vorhandenen Ansätzen und empirischen Befunden die Komplexität des individuellen Expertenwissens nicht erfasst werden kann, dass daher die „kartographische Erfassung der Landschaft des Lehrerwissens" (ebd., S. 140) unzureichend wäre, verbleibt aber in seinen Konsequenzen auf einer individuellen Betrachtungsebene, eine strukturlogisch zu begründende Expertise ist seinem Blick damit verwehrt.

Personal Mastery im hier verstandenen Sinn entfaltet sich im konkreten Arbeitsvollzug. Dabei sind subjektive Kompetenzen in Verschränkung mit jenen Struktur(en) zu denken, in denen Professionelle arbeiten. Struktur(en) stellen Ordnungsschemata dar, die als „tacit knowledge" nicht nur im Handlungsfluss, sondern auch durch und in der Argumentationsweise, den Einstellungen und selbst bei der Entwicklung von Visionen durchschlagen und als Regelwerk des Denkens wirken. Wie lassen sich diese Verschränkungen nun empirisch fassen und sichtbar machen?

4 Daten und Methoden der Rekonstruktion

Handlungsleitende Strukturen und Kompetenzen lassen sich durchaus unterschiedlich erfassen und rekonstruieren. Es eignen sich Interviews (vgl. Froschauer 1997) oder Artefakte (vgl. Froschauer 2002) ebenso wie Geschichten (vgl. Haug 1999) oder ethnographische Ansätze (vgl. Lamnek 2005). Giddens plädiert – unabhängig von der Erhebungsmethode – für ein tiefes Eindringen in das Material und für hermeneutische Auswertungsmethoden, die nicht nur den subjektiven Sinn freilegen wollen, sondern v.a. jene „objektiven" Strukturen, die handlungs- und gesprächsbestimmend sind (vgl. Oevermann u.a. 1979).

Datenbasis für die vorliegende Analyse sind Interviews mit Lehrerinnen und Lehrern. Diese wurden im Rahmen eines mehrjährigen Forschungsprojekts geführt, in dem 16 Absolventinnen und Absolventen einer Pädagogischen Akademie[2] in Österreich zu drei Zeitpunkten befragt wurden: am Ende der Ausbildung (1998), am Ende des ersten Dienstjahres (1999) und nach weiteren fünf Jahren (2004). Die Auswahl erfolgte nach dem Prinzip des „theoretical sampling" unter dem Gesichtspunkt von unterschiedlichen Zugängen zum Lehrerberuf, Geschlecht und gewähltem Lehramt (Volks-, Haupt- und Sonderschule). Für die Interviews wurden – je nach Erhebungszeitpunkt – einerseits unterschiedliche Schwerpunkte festgelegt, andererseits zogen sich Fragen nach dem beruflichen Selbstbild sowie Fragen des professionellen Umgangs mit Kernbereichen der pädagogischen Arbeit durch alle Interviews. Es wurde jeweils ein Leitfaden erstellt, in dem erzählgenerierende Fragen dominierten. Pro Person liegen Interviews zwischen vier und sieben Stunden Länge vor. Diese wurden auf Tonband aufgezeichnet und transkribiert.

Für diesen Beitrag werden die Interviews von jenen 14 Personen herangezogen, die nach sechs Jahren noch immer als Lehrkräfte arbeiteten. Die Befragten wurden darin gebeten, ihren derzeitigen Arbeitsplatz und ihre Tätigkeiten genauer zu beschreiben. Aus dieser zunächst sehr offen formulierten Frage ergaben sich äußerst unterschiedliche Schilderungen, in denen die Leitlinien für die pädagogische Arbeit teilweise ohne Nachfragen formuliert wurden, teilweise musste konkret nachgefragt werden.

Die Auswertung der Interviews erfolgte in einem mehrstufigen Verfahren, das sich an der dokumentarischen Methode orientiert (vgl. Bohnsack 2007a, S. 134ff.). In der Annäherung an das Textmaterial gibt es deskriptive und textreduzierende Elemente (Schritt 1, vgl. Mayring 2003), ebenso wird der sprachlichen Analyse breiter Raum gegeben (Schritt 2). Diese ermöglicht es, tiefer in das Material einzudringen und strukturierende Elemente freizulegen. Denn: In der Sprache zeigt sich die Dualität von Struktur besonders deutlich. Sprache wird nicht mechanisch angewendet, sondern „generativ", d. h. in der Umsetzung von Sprache, im Sprechen,

---

[2] An den Pädagogischen Akademien wurden in Österreich bis 2007 Lehrkräfte für Volks-, Haupt- und Sonderschulen ausgebildet. Mit dem Studienjahr 2007/08 wurden diese Einrichtungen aufgelöst und als Pädagogische Hochschulen neu gegründet. Diese sind nun für die Lehreraus- und -fortbildung aller Pflichtschullehrerinnen und -lehrer, inkl. Berufsschul- und Religionslehrerinnen und -lehrer, zuständig.

entsteht eine neue Wirklichkeit, die im Tun hervorgebracht wird (vgl. Giddens 1997, S. 125). Sprache ist damit Medium und Resultat, Sprache ermöglicht den Austausch zwischen sozialen Akteurinnen und Akteuren und grenzt diesen gleichzeitig ein, weil nur auf jene Sprachelemente zurückgegriffen werden kann, die verfügbar sind (vgl. Giddens 1984, S. 22). „Da jede Sprache das Denken (und Handeln) einschränkt, insofern sie nämlich auf einer Reihe geformter, regelgeleiteter Muster aufbaut, zieht der Prozeß des Spracherwerbs dem Denken und Handeln gewisse Grenzen. Auf der anderen Seite freilich erweitert das Erlernen einer Sprache die kognitiven und praktischen Fähigkeiten eines Individuums ungemein." (Giddens 1997, S. 224)[3]

Schritt 1: Formulierende Interpretation
Ziel der formulierenden Interpretation ist es, den „immanenten" Sinngehalt und die angesprochenen Aspekte zu erfassen. Forschungsleitend ist die Frage nach dem Was, d.h. nach den Motiven bzw. leitenden Schemata für die professionelle Praxis der Lehrerinnen und Lehrer. Dazu wurden zunächst mit Hilfe des Programms MAXqda jene Interviewpassagen herausgesucht, in denen Leitlinien der pädagogischen Arbeit bzw. des konkreten pädagogischen Handelns thematisiert wurden und die damit dem Kriterium der Relevanz entsprachen. Solche Beschreibungen des konkreten Arbeitshandelns wurden deskriptiv zusammengefasst und auf ihre wesentlichen Aussagen reduziert (vgl. Mayring 2003, S. 59ff.). Leitfrage war: Woran orientieren sich die befragten Lehrpersonen in ihrer pädagogischen Arbeit? Daraus konnten induktiv Kategorien gebildet und zentrale Orientierungsschemata herausgearbeitet werden. Jedes Interview wurde als Fall zusammengefasst und detailliert interpretiert. Aus der fallübergreifenden Kontrastierung und der Nutzung von Vergleichshorizonten ergaben sich Bündelungen und Häufungen. Mit deren deskriptiver Beschreibung und einer inhaltlich verdichtenden Zusammenfassung schloss der erste Arbeitsschritt ab.

---

[3] „Since any language constrains thought (and action) in the sense that it presumes a range of framed, rule-governed properties, the process of language learning sets certain limits to cognition and activity. But by the very same token the learning of a language greatly expands the cognitive and practical capacities of the individual." (Giddens 2009, S. 170)

Schritt 2: Reflektierende Interpretation
Ziel des zweiten Arbeitsschritts war es, den Rahmen zu rekonstruieren, in dem die Aussagen zustande gekommen waren. Forschungsleitend ist die Frage nach dem Wie, d. h. nach dem „modus operandi" (Bohnsack 2007b, S. 229). In den Blick geraten damit die Verschränkungen zwischen den zentralen Orientierungsschemata und der konkreten Handlungspraxis, wie sie sich aus der Sicht der Befragten darstellen. Hier zeigten sich fallintern bereits Besonderheiten: Es wurden Gegenhorizonte sichtbar, die sich in der sprachlichen Verfasstheit der Aussagen deutlich unterschieden und damit divergierende strukturierende Rahmenbedingungen andeuteten.

Schritt 3: Typenbildung
Aus der fallinternen Kontrastierung ergaben sich fallübergreifend unterschiedliche Sinnmuster, in denen sich konjunktive oder kollektive Erfahrungsräume und Denkhorizonte von Lehrerinnen und Lehrern widerspiegeln (sinngenetische Typenbildung nach Bohnsack 2007b, S. 233). Diese haben sich auf der Grundlage der gemeinsamen Praxisansprüche entwickelt und stellen den gemeinsamen „Wesens- oder Dokumentsinn" für das individuelle Handeln dar (vgl. Bohnsack 2007a, S. 62). Die besondere Aufgabe, die Professionelle zu bewältigen haben, konnte dadurch sichtbar gemacht werden. Dazu wurden Passagen identifiziert, die sich durch eine besondere Dichte auszeichnen und Be- sowie Entgrenzungserfahrungen in der pädagogischen Arbeit nachvollziehen lassen.

Grenzen dieser methodischen Vorgangsweise zeigen sich durch die Erhebungsmethode Interview. Die Befragten sind gezwungen, hochkomplexe Prozesse sprachlich zu fassen und dem Gegenüber verständlich mitzuteilen. Dabei unterliegen sie „Zugzwängen" (vgl. Froschauer/Lueger 2003, S. 71): Sie müssen eine für ihre Gedanken geeignete Darstellungsform finden („Gestalterschließungszwang"). Sie müssen aus den ersten und spontanen Gedanken jene selektieren, die ihnen am wichtigsten sind und ihnen so bedeutend erscheinen, dass sie sie einbringen wollen, und dies gleichzeitig in einer Form, die geeignet erscheint für den Rahmen des Interviews („Kondensierungszwang"). Schließlich müssen die Befragten überlegen, welche Details sie preisgeben, damit die Erzählung für das Gegenüber nachvollziehbar wird („Detaillierungszwang"). Diese Zwänge können zu Verweigerungen führen, die sich dort zeigen, wo sich Überlegungen diskursiv kaum fassen lassen. Das kann mehrere Gründe haben: Es geht um bisher nicht hinterfragte Routinen, die ins „praktische Bewusstsein" abgesunken sind und sich damit sprachlich kaum ausdrücken lassen (Giddens 1997, S. 431), und/oder es geht um Prozesse, für die der Körper als Orientierungsinstrument herangezogen wird. Auch hier gelangt die Sprache mit dem ihr zur Verfügung stehenden Instrumentarium, den Wörtern, an Grenzen.

Der Fassung der pädagogischen Praxis und den ihr zugrunde liegenden hochkomplexen Denkprozessen durch Interviews sind damit Schranken gesetzt, die durch das Methodendesign nicht überschritten werden konnten. Mehrfachzugänge über Beobachtung, Erfassung von Alltagssequenzen durch Videoaufnahmen und anschließendes Assoziieren könnten hier weiterhelfen und wären noch zu entwickeln.

5 Orientierungsschemata in der professionellen Praxis

Ausgangspunkt ist die Frage, wie Lehrerinnen und Lehrer mit ambivalenten und ungewissen Strukturen, die in der professionellen Praxis angelegt sind und der Strukturlogik von Professionen entsprechen, umgehen. Der Ausdruck Schemata verweist darauf, dass es sich dabei um Formate handelt, die einen komplexen Sachverhalt auf das Wesentliche reduzieren und mit deren Hilfe Erfahrungen fortwährend verarbeitet werden, sodass sich die Handelnden bei aller Komplexität zurechtfinden und handlungsfähig sein und bleiben können. Schemata helfen zusätzlich bei der Einordnung von neuem Wissen, geben diesem eine Form, einen Rahmen und eine Passung, rücken es zurecht (vgl. Giddens 1997, S. 97).

Im Folgenden werden nun die Ergebnisse der Analyse präsentiert (für den methodischen Weg dorthin siehe Kapitel 4). Aus den für die Auswertung relevanten Stellen lassen sich zwei deutlich verschiedene Antwortgruppen differenzieren, in denen unterschiedliche Orientierungsschemata zum Tragen kommen: (1) Aussagen, die sich auf Parameter außerhalb des situativen Handlungskontexts beziehen, gleichsam hinter („back stage") und zeitlich vor dem Praxishandeln liegen („knowing-before-action"), sowie (2) Aussagen, die einen konkreten Handlungsvollzug („in actu") beschreiben und den darin enthaltenen Prozess der Wissensgenerierung, um überhaupt aktiv handeln zu können („knowing-in-action").

Angelika Paseka

5.1 Handlungsleitende Orientierungsschemata im „knowing-before-action"

Die vorhandenen Antworten spiegeln ein grundsätzliches, aber gleichzeitig professionskonstituierendes Dilemma wider: den Umgang mit normativen Vorgaben angesichts der Notwendigkeit einer autonomen Praxis. Professionelle Praxis funktioniert nicht nach der Logik „technischer Rationalität" (Schön 1983, S. 24). Vorhandenes Wissen kann nicht direkt angewendet werden, eine einfache Logik der Ableitung funktioniert nicht. Der Prozess der Entscheidungsfindung über die Auswahl von Unterrichtsinhalten und Unterrichtsmethoden und die Umsetzung von Erziehungsansprüchen als zentrale Aufgaben von Lehrerinnen und Lehrern ist im Spannungsverhältnis, das sich aus dem doppelten Mandat der Dienstleistungsarbeit gegenüber der Gesellschaft und dem Individuum ableitet, zu verorten. Lehrpersonen sind sowohl den Normvorstellungen der Gesellschaft verpflichtet und müssen diesen Rechnung tragen; gleichzeitig arbeiten sie mit Kindern und Jugendlichen, die mit ihren konkreten Bedürfnissen ernst zu nehmen sind und deren Verhaltenslogik sich nicht mit der von außen vorgegebenen normativen und bürokratischen Logik decken muss.

Im Textmaterial fanden sich sehr klar und deutlich Hinweise auf in der Schule wirkende normative Strukturen. Entsprechend den konzeptuellen Überlegungen nach Giddens lassen sich die Aussagen der Lehrerinnen und Lehrer nach drei Dimensionen bündeln: (1) in Legitimierungen und Normierungen, die in Aussagen über Lehrpläne, Schulbücher und Schulschwerpunkte zum Ausdruck gebracht wurden; (2) in die am einzelnen Schulstandort wirkenden Macht- und Hierarchiestrukturen, die vertikal über die Vorgesetzten (Schulleiterinnen und Schulleiter bzw. Bezirksschulinspektorinnen und -inspektoren) wahrgenommen werden, aber auch horizontal über Kolleginnen und Kollegen und außerschulische Bezugsgruppen (Eltern) sowie über generelle gesellschaftliche Erwartungshaltungen; (3) in Codes und Bedeutungsmustern, die sich in den standortspezifischen Formen der kollegialen Zusammenarbeit, den räumlichen Möglichkeiten, den geltenden Regeln und dem Stellenwert, der den Kindern zugeschrieben wird, manifestieren.

Diese strukturierenden Elemente werden wahrgenommen und können diskursiv benannt werden. Allerdings werden sie in ihrer Wirkung gebrochen. Die Befragten dokumentieren damit zum einen ihre Bewusstheit, d. h. sie nehmen die strukturierenden Elemente in ihrem beruflichen Alltag als solche wahr; gleichzeitig demonstrieren sie „agency", d. h. sie deuten und gestalten aktiv die strukturellen Vorgaben und transformieren sie. Hier stellt sich die Frage nach dem Wohin. Oder mit Hilfe einer Metapher gefragt: Durch welche Linse werden diese angesehen und wie verändert – re-strukturiert – diese Linse die vorhandenen strukturierenden Aspekte?

In den Textpassagen lassen sich zwei Brechungsrichtungen erkennen. Die – professionstheoretisch – erwartete Brechung ergibt sich durch die Verpflichtung am Mandat der Kinder und Jugendlichen, ihren Interessen und Bedürfnissen. Dieser Bruch verbleibt innerhalb der *Professionslogik* und versucht in dieser Denkfigur das Spannungsverhältnis zu bewältigen. Eine zweite Brechung verlässt die Professionslogik und lässt sich aus der *individuellen Bedürfnislogik* der Lehrerinnen und Lehrer beschreiben: das eigene Ich mit der vorhandenen Energie, den eigenen Wünschen und Vorstellungen wird zum entscheidenden und bestimmenden Faktor für die Auswahl von Unterrichts- und Erziehungszielen. In beiden Fällen werden die für die Ausübung des Berufs notwendigen autonomen Handlungsspielräume genutzt: zum Wohle des Kindes und/oder zum Wohle der eigenen Person. In den meisten Interviews stellt sich dies jedoch nicht als ein Entweder-Oder ein, sondern die Aussagen dokumentieren ein Kontinuum zwischen Kindzentriertheit und Egozentriertheit. Anhand von vier ausgewählten Textpassagen wird exemplarisch die Verschränkung von Strukturen und „agency" gezeigt, aus der sich vier Typen des Umgangs mit den vorhandenen Strukturen erkennen lassen.

Typus 1: Kindzentriertheit
Gerda ist Volksschullehrerin. Auf die Bitte, ihre Tätigkeit als Lehrerin zu beschreiben, antwortet sie (2c, 38):

> *Na ja. Ich überlege was – ah, ich schau wie ich die Lehrplananforderungen, die ich so hab für die erste Klasse, wie ich die mit meinen Kindern sozusagn erfüllen kann einerseits, und ich schau, was ich, wie ich ah, den Tag irgendwie so gestaltn kann, dass er für die Kinder auch irgendwie spannend und lustig is [lacht]. Also – ahm – ich schau, das is auch, dass ich auch, mhm, dass dass wir viel Zeit habn für Gespräche, dass, weil es grad bei meiner Klasse wichtig is, dass die Kinder sprechen beginnen, da sehr viele, also dass viele, da viele ja, ahm, in Deutsch überhaupt net sattelfest sind natürlich. Dadurch dass sie das zu Hause überhaupt net sprechen und die Kinder im Kindergartn auch net warn. Also is es mir sehr wichtig, dass die,*

dass die Kinder möglichst viel redn. Also das heißt, ich mach sehr, ich versuch viele Gesprächskreise zu machn oder vorlese – Vorlesestundn kann ma net sagn, weil so lang [lacht] haltn sie's meistens net aus. Aber Vorlesezeitn, wo ma dann auch über das, was ma ghört ham, sprechn. Ahm. Jo. Das das is ma irgendwie ein großes Anliegn, weil – weil i find, dass die Kinder einfach Kommunikation brauchn untereinander und die mei, viele eh schon ziemlich vereinsamen hinter ihren Gameboys und hinter ihren ah, Computerspieln. So dass ich eigentlich mei Hauptaugenmerk auf das Gespräch legen möchte und das miteinander Kommunizieren. Es is am Anfang natürlich, kommt noch sehr wenig raus, weil sich die Kinder wenig sprechn traun, aber – es es wird.

Gerda benennt gleich und direkt das Grunddilemma des doppelten Mandats: Auf der einen Seite kennt sie die Lehrplananforderungen, die sie – aus ihrer Sicht – zu erfüllen hat. An späterer Stelle ergänzt sie noch „Fachunterrichtsthemen, die einem vorgegeben werden" (2c, 112). Sie hinterfragt diese Vorgaben zwar nicht – das wäre ein weiteres wesentliches Kennzeichen von autonomer Praxis – aber sie wendet ihre Bedeutung. Sie sind ein „Gerüst" und sie bezeichnet sie als „Lückenbüßer", wenn andere – durch sie oder die Schülerinnen und Schüler selbst bestimmte – Themen ausgehen. Gebrochen und neu beleuchtet werden diese Vorgaben durch ihre Empathie für die Kinder: Sie sollen es „spannend und lustig" haben. Eine Lesart wäre hier: Die Themen sind so aufzubereiten, dass sie für die Kinder spannend und lustvoll zu bearbeiten sind. Das würde für die Notwendigkeit einer methodisch-didaktischen Expertise sprechen. Eine andere Lesart wäre: Nur jene Themen werden aufgegriffen, die dies von sich aus versprechen, während andere nur „Notfallsthemen" – „Lückenbüßer" im Originalton der Befragten – darstellen. Ein genaueres Verständnis wird nicht formuliert und auch nicht nachgefragt. Die Lehrerin nimmt aber gleichzeitig Defizite wahr, die ihre Schülerinnen und Schüler aufgrund der häuslichen Situation in den Unterricht mitbringen. An diesen versucht sie zu arbeiten. Sie schildert in vielschichtiger Weise die Lage ihrer Kinder und aufgrund dieser Diagnose bestimmt sie Themen und Methodik.

Der Bezugspunkt Kinder ist für Gerda sehr wichtig: Nicht die eigenen Interessen, der eigene „Spaß" an der Sache, stehen im Vordergrund, sondern ihre Schülerinnen und Schüler sind der Orientierungspunkt. Sie formuliert an einer späteren Stelle: „Wenn's nur mir allein Spaß machn würde, dann würd's net so funktioniern wahrscheinlich" (2c, 128).

Typus 2: Egozentriertheit

Heinz ist ebenfalls Volksschullehrer und auf die Frage, woran er sich bei seinen inhaltlichen Schwerpunktsetzungen orientiert, antwortet er (10c, 20):

Ah, vom Unterrichten inhaltliche –, eigentlich den Lehrplan im Großen und Ganzen. Also das, was die Kinder wissen müssen für's Gymnasium, das haben wir eigentlich durchgemacht im Großen und Ganzen. Also da hab ich die –, viel Arbeitsblätter gehabt und auch die die Bücher, und im Prinzip hab ich mich nach dem orientiert, im Großen und Ganzen. Ja. Was ich auch sagen muss, es ist, dass ich auch in der Schule selber der Mathematiker war und in dem Moment, in dem man selber etwas gerne unterrichtet, hab ich Mathematik also irrsinnig gut rübergebracht und die Klasse muss ich sagen, ist, was Mathematik betrifft, wirklich toll. Deutsch ist mir eher weniger gelegen in der Schule und das hat mir auch vom Unterrichten weniger Spaß gemacht. Und das hab ich auch gemerkt. Schularbeiten hat, da hat mir auch immer meine Frau geholfen sie zu verbessern. Also das ist auch immer etwas, wo ich gesagt hab, okay, es ist gegangen, aber war nicht so nicht mein Ding, in der Richtung. Ja.

Heinz nennt drei strukturierende Vorgaben, die für seinen Unterricht und seine pädagogische Arbeit bestimmend sind. Das Erste, was ihm in den Sinn kommt, ist der Lehrplan. Der zweite Orientierungspunkt ist das „Gymnasium". Heinz führt auch dies nicht weiter aus. Verwunderlich ist, dass er ausschließlich auf das Gymnasium verweist. Das Gymnasium ist jedoch nur *eine* Form der AHS (Allgemeinbildende höhere Schule), allerdings die traditionellste, mit einer zweiten Sprache (meist Latein) ab der 7. Schulstufe, und das Gymnasium gilt zusätzlich als elitärster Zweig[4]. Er hätte auch auf die Hauptschule (als Allgemeinbildende Pflichtschule) verweisen können, tut das aber nicht. Über die Gründe für diese Wortwahl kann nur spekuliert werden. Wird von jenen Eltern, die ihre Kinder in diese Schultype geben wollen, Druck gemacht? Wird von der Schulleitung Druck gemacht, dass möglichst viele Kinder in diese Schultype übertreten sollen? Oder schlägt sich hier die eigene Bildungsbiografie nieder, denn als Sohn eines akademisch gebildeten Freiberuflers war für ihn bzw. seine Eltern der Besuch einer AHS selbstverständlich. Als drittes strukturierendes

---

[4] Neben dem Gymnasium gibt es auch noch andere Formen, wie Realgymnasium oder Wirtschaftskundliches Realgymnasium, die jedoch erst später eingeführt wurden und in denen die Anwendungsorientierung der Unterrichtsinhalte stärker im Vordergrund steht.

Element nennt Heinz Arbeitsblätter und Bücher: Offensichtlich greift er gerne auf vorhandene Unterlagen zurück („viel Arbeitsblätter *gehabt*") und orientiert sich daran in seinem Unterricht. Arbeitsblätter und Bücher gelten als der „geheime Lehrplan" in der Schule. Während Schulbücher tatsächlich durch eine eigene Kommission approbiert werden müssen, ist das bei Arbeitsblättern nicht der Fall. Sie sind – häufig über das Internet – frei und leicht zugänglich, unterliegen aber keinerlei Qualitätskontrolle.

Sprachlich auffallend ist die dreimalige Wiederholung von „im Großen und Ganzen". Diese Redewendung ist ambivalent zu bewerten. Zum einen könnte Heinz meinen, dass Lehrplan, Gymnasium, Bücher und Arbeitsblätter die große Linie vorgeben und damit eine grundsätzliche Orientierung sind, ohne aber im Detail erfüllt werden zu müssen. Zum anderen steht „im Großen und Ganzen" aber auch für „mehr oder weniger" und drückt im alltäglichen Sprachgebrauch Beliebigkeit aus. Dann ließe sich die Stelle so interpretieren: Das sind zwar die Vorgaben, aber ob ich mich daran halte, ist eine andere Sache.

Die Frage scheint beantwortet und mit einem „ja" beendet, doch dann setzt Heinz fort: „Was ich auch sagen muss ...". Deutlich ausführlicher und angereichert mit emotionalisierten Ausdrücken („irrsinnig gut", „wirklich toll", „weniger Spaß gemacht") erläutert er dann, was tatsächlich bei der Festlegung von Schwerpunkten bestimmend ist: das Ich mit den eigenen Interessen. Heinz unterrichtet gerne Mathematik, das macht ihm selbst Freude und an diesem Fach hat er Interesse. Es gibt jedoch andere Unterrichtsfächer, die ihm keine Freude machen (z. B. Deutsch), und auch die Leistungsbeurteilung ist nicht sein Fall – hier lässt er sich von seiner Frau, ebenfalls Volksschullehrerin, helfen. Auch diese Ausführungen enden mit einem „ja".

Seine Begründung für die Schwerpunktsetzungen seines Unterrichts sind also weder sachlogische Kriterien noch die unterschiedlichen Lernvoraussetzungen seiner Schülerinnen und Schüler, sondern seine Argumentationslogik beruht auf professionsexternen Überlegungen: seiner eigenen Befindlichkeit.

Typus 3: Verschränkung durch Fusion in der Handlungspraxis
Susanne unterrichtet als ausgebildete Hauptschullehrerin an einer Polytechnischen Schule. Im Interviewabschnitt davor beschreibt sie sehr ausführlich jene Unterrichtsgegenstände, die sie im vergangenen Jahr unterrichtet hat bzw. die sie im Folgejahr haben wird. Daran schließt sich die Frage nach den Freiheitsspielräumen an, die sie aus ihrer Sicht hat (3c, 32).

> *Bis jetzt hob i den Eindruck ghobt, dass net wirklich jemand, ma darf des net laut sogn, aber dass net wirklich jemand schaut, was man unterrichtet. Man versucht sich schon ein bisschen an den Lehrplan anzu, ah, lehnen, sprich man schaut ins Buch rein wie angeboten, mocht natürlich, ah, eigene Interessensgebiete, dass ma einbringt. Also i hob z. B. Naturkunde, wos i gern moch, ahm, Zweitakt-, Viertaktmotor ist net wirklich unter Anführungszeichen ein Stoff von Naturkunde, es san holt viele Burschen a in der Klasse, die interessiert des, drum moch i des. Mi interessiert's selber, moch i gern. Ahm, Kontrolle, puh, gute Frage. Ah, wie gsogt, es gibt schon Lehrpläne, es gibt Bücher wo ma nachschaun kann, wos unterrichtet werden sollte, in Mathematik, es gibt, zumindest in den Hauptgegenständen, es gibt eine, wie soll ma sogn eine, na, wie sogt ma do? Na, dass mir das Wort einfällt, na, na, na. Eine Planung vom Beginn des Jahres. Also man hält sich schon daran, also Hauptgegenstände versuch ich schon mich daran zu halten, wenn es zeitmäßig möglich ist.* [5]

Die institutionellen Orientierungspunkte sind aus der Sicht von Susanne zwar vorhanden, aber sie werden kaum wirksam, weil ihr Muss- bzw. Soll-Charakter als gering eingeschätzt wird. Sie scheinen eher fakultativ zu sein. Die Lehrerin verweist zweimal (gleich am Beginn und auch am Ende des Interviewausschnitts) auf die kaum vorhandene Kontrolle von oben. Es fragt offensichtlich niemand nach, was konkret in den Klassenzimmern bzw. im Unterricht passiert. Es gibt keine eindeutigen Dienstanweisungen und keine klaren Richtlinien. Diese von ihr diagnostizierte fehlende Kontrolle deutet sie als Schwäche des Systems; die ihr aufgrund der professionellen Logik zugestandene Autonomie wertet sie als Beliebigkeit und nicht als Freiraum, der von ihr durch Entscheidungen zu füllen ist.

---

[5] Aus Verständlichkeitsgründen diese Passage in bereinigtem Deutsch: „Bis jetzt habe ich den Eindruck gehabt, dass nicht wirklich jemand, man darf das nicht laut sagen, aber, dass nicht wirklich jemand schaut, was man unterrichtet. Man versucht sich schon ein bisschen an den Lehrplan anzu, ah, lehnen, sprich man schaut ins Buch rein, wie angeboten, macht natürlich, ah, eigene Interessensgebiete, dass man einbringt. Also ich habe z.B. Naturkunde, was ich gern mache, ahm, Zweitakt-, Viertaktmotor ist nicht wirklich, unter Anführungszeichen, ein Stoff von Naturkunde, es gibt eben viele Jungen in der Klasse, die interessiert das, darum mache ich das. Mich interessiert das selber, mach' ich auch gern. Ahm, Kontrolle, puh, gute Frage. Ah, wie gesagt, es gibt schon Lehrpläne, es gibt Bücher, wo man nachschauen kann, was unterrichtet werden sollte, in Mathematik, es gibt, zumindest in den Hauptgegenständen, es gibt eine, wie soll man sagen eine, na, wie sagt man da? Na, dass mir das Wort einfällt, na, na, na. Eine Planung vom Beginn des Jahres. Also man hält sich schon daran, also an Hauptgegenstände versuche ich schon mich zu halten, wenn es zeitmäßig möglich ist."

Auch kollegiale Absprachen hält sie für kaum geeignet, um solche Freiräume zu gestalten und Gewissheiten auszuhandeln. Es hätte zwar Versuche gegeben, Fachkonferenzen einzurichten und eine kollegiale Abstimmung über eine Jahresplanung herbeizuführen. Dies sei allerdings v. a. Sache einer Kollegin gewesen, die sich offensichtlich „wichtigmachen" wollte. Susannes Argument gegen solche Festlegungen: „Ah, es mocht doch eh jeder, wos er dann für irgendwie für richtig hält und i holt mi a teilweise draun net, dass i ma denk, na des passt jetzt net für die Kinder, ah, ma kennt jo de Kinder vorher net und waun i sehe, na des is zu schwierig für sie, dann moch i wos anders, i holt mi net wirklich aun diese Jahresplanungen. Wie sa se holt ergibt, holt." (3c, 34)[6] Im Fall des Schularbeitsfachs Mathematik versucht sie sich hingegen eher an die Vorgaben zu halten, aber nur, wenn es „zeitmäßig" möglich ist. Ein bestimmender Orientierungspunkt für die Auswahl des Lehrstoffes und für ihren Unterricht sind damit die tatsächlich zu unterrichtenden Schülerinnen und Schüler, der andere sind die eigenen Interessensschwerpunkte. Sie legitimiert dies durch die vorhandene Unbestimmtheit und mangelnde Kontrolle, und diese Lücke ist zu füllen. Die eigenen Interessen liegen zwar zum Teil quer zu den laut Lehrplan bzw. in den Büchern vorgegebenen Unterrichtsinhalten. Wenn sich diese jedoch mit denen der Schülerinnen und Schüler decken, dann erachtet sie die Abweichung offensichtlich als legitim.

Susanne formuliert in dieser Passage ein grundsätzliches Dilemma: Zum einen beklagt sie die Beliebigkeit und mangelnde Kontrolle, die sie als Systemschwäche wahrnimmt und nicht als strukturlogisches Kennzeichen von Lehrer- oder Lehrerin-Sein. Zum andern genießt sie aber diese „Lücken", die ihr Autonomie sichern und die Möglichkeit gewähren, eigenen Interessen nachzugehen und spontane Entscheidungen zu treffen. Sie hat sich mit den Ungewissheiten gut arrangiert und sie zu ihrem Vorteil gewendet. Die Lehrerin nutzt damit beide Logiken, um ihr Handeln zu begründen und zu rechtfertigen.

---

[6] Aus Verständlichkeitsgründen diese Passage in bereinigtem Deutsch: *„Ah, es macht doch eh jeder, was er dann für irgendwie richtig hält und ich halt mich auch teilweise dran, nicht, dass ich mir denke, das passt jetzt nicht für die Kinder, ah, man kennt ja die Kinder vorher nicht und wenn ich sehe, das ist zu schwierig für sie, dann mach ich was anderes, ich halt mich nicht wirklich an diese Jahresplanungen. Wie es sich halt ergibt."*

Typus 4: Distanz durch Dezentrierung

Stefan arbeitet als Hauptschullehrer. Auf die Frage, woran er sich in seinem Verhalten als Lehrer orientiert, meint er (7c, 96):

> *In der Anfangszeit hab ich mich sicher an Vorbildern orientiert – ah, halt nicht aus Filmen, Fernsehen, sondern aus meiner eigenen Laufbahn, ahm, und es war ja auch ein Grund für die Berufsentscheidung, dass ich, ahm, selber in einer sehr guten Hauptschule am Land war und einen sehr guten Lehrer hatte und, ah, das geht so weit, dass ich sogar noch einzelne Stundenabläufe, die ich mir gemerkt hab, von ihm übernehme, weil ich mir denk, das hat er gut gemacht damals und, ah, diese Vorbildwirkung ist da sicher da, aber mittlerweile, ah, koch ich doch schon sehr mein eigenes Süppchen und nehme mir gern da und dort einen Baustein, aber es ist sicher nicht so, dass ich jetzt versuche, ah, diesen Lehrer oder einen anderen zu kopieren.*

Am Beginn seiner Arbeit als Lehrer orientierte sich Stefan an realen und selbst erlebten Vorbildern aus der eigenen Schulzeit. Er erwähnt konkret einen „sehr guten Lehrer". Erinnerungen an „einzelne Stundenabläufe" sind noch vorhanden. Diese hat er in das eigene Handlungsrepertoire aufgenommen, weil sie damals „gut gemacht" waren und ihn als Schüler offensichtlich sehr motiviert haben. Aufgrund der bereits mehr als fünfjährigen Arbeit als Lehrer hat diese Vorbildwirkung jedoch abgenommen. Stefan kocht nun schon gerne sein „eigenes Süppchen". Er übernimmt „da und dort einen Baustein".

Was sagen diese Metaphern? Es werden verschiedene Zutaten herangenommen und miteinander vermischt, bis etwas Neues entsteht, eine eigene Kreation. Bausteine lassen sich verschieden zusammensetzen und je nach Fantasie können unterschiedliche Gebilde entstehen. Stefan erläutert weiter: „... aber es ist sicher nicht so, dass ich jetzt versuche, ah, diesen Lehrer oder einen anderen zu kopieren." Lehrer-Sein ist etwas Kreatives, das immer wieder neu geleistet werden muss. Die pädagogische Arbeit zu bewältigen, verlangt mehr als das Wissen um Vorhandenes – das Vorhandene muss immer wieder neu arrangiert und der Situation bzw. den Kindern angepasst werden. Seine Metaphern aufgreifend ließe sich folgern: Lehrer sind wie Köche, die ständig verschiedene vorhandene Ingredienzien neu mischen müssen. Lehrer sind wie Architekten oder Baumeister, die auf der Basis von Vorhandenem Neues aufbauen. Damit verweist Stefan zum einen auf die Kontingenz von bestehenden Strukturen: Sie ordnen, lassen aber gleichzeitig Offenheit zu und ermöglichen somit alternative Handlungsmuster. Zum anderen sieht er sich selbst als reflektierendes Subjekt, das in der Lage ist auszuwählen, Vorhandenes aufzugreifen oder eben auch nicht, anders zu handeln, kreativ zu agieren, und damit letztlich fähig ist, selbst gestaltend und verändernd zu wirken.

Die Interviewerin greift seine Ausführungen an etwas späterer Stelle wieder auf und fragt nach, wie er nun in neuen Situationen handelt, woran er sich dabei orientiert.

> *Ahm. Na ja. Das ist die Frage, wie man in einer unvorhersehbaren Situation handelt, und das ist schwer zu beantworten, weil es eben immer auf die spezielle Situation ankommt und, ah, ich kann jetzt nicht ein allgemeines Handlungsmuster für eine Situation geben, die die unbestimmt ist. Also das ergibt sich dann jeweils draus und es gibt halt dann nur Werte, die man berücksichtigt, wenn man handelt und, ah, die Frage müsst dann eigentlich nach diesen Werten zielen und und da sind meine Werte halt, ah, ah, meine Verpflichtung als Lehrer, ah, als Bilder in fachlicher, in menschlicher Hinsicht und mein Wunsch nach einem angenehmen Leben. Das heißt, ich werde mich einsetzen, aber auch nicht dabei kaputt machen und, ahm, das führt dann auch dazu, dass man Privatleben und Schule eben trennen kann, weil wenn man das nicht kann, glaub ich, ist man arm und, ah, sonst ergibt sich das aus der Situation.*

Zunächst verweist Stefan auf das Grunddilemma des Lehrerberufs: Handeln unter Unsicherheit. Die einzelnen Situationen im beruflichen Alltag und in der pädagogischen Arbeit mit den Kindern sind nicht planbar und vorhersehbar. Er verweist weiters auf den jeweiligen situativen Kontext, den es zu berücksichtigen gilt, und zwar zu Beginn und am Ende des Absatzes, gleichsam als Klammer: Es kommt „eben immer auf die spezielle Situation" an bzw. „sonst ergibt sich das aus der Situation." Das Agieren in der jeweiligen Situation ist jedoch von mehreren Parametern abhängig, die sich niemals genau vorherbestimmen lassen. Daher: „Ich kann jetzt nicht ein allgemeines Handlungsmuster für eine Situation geben, die die unbestimmt ist."

Folglich kann es nur eher vage, aber grundsätzliche Orientierungspunkte für das Arbeitshandeln geben. Stefan verweist auf Werte und benennt diese: (1) „meine Verpflichtung als Lehrer": Er führt das jedoch nicht weiter aus. Was kann er damit gemeint haben? Lehrverpflichtung? Vorgaben durch das Dienstrecht? Vorgaben durch den Lehrplan? Oder meint er eine berufsethische Verpflichtung? (2) „als Bilder in fachlicher, in menschlicher Hinsicht": Auch hier setzt er nicht nach, spricht aber zwei Grunddimensionen in der Arbeit als Lehrperson an: Unterrichten und Erziehen. Unterrichten verweist auf die fachliche Dimension, Erziehen auf die Beziehungsebene, die „menschliche Hinsicht". (3) „Wunsch nach einem angenehmen Leben": Stefan verweist schließlich auf das Dilemma zwischen Rolle und Person. Er will sich beruflich einsetzen, seine Aufgaben erfüllen, sich dabei aber als Mensch nicht kaputt machen. Privatleben und Schule sind zu trennen.

Diese Passage ist eine der dichtesten und dokumentiert die Fähigkeit des Interviewten, aus der konkreten Handlungssituation herauszutreten, sich distanziert zu betrachten, sich selbst aus dem Zentrum zu nehmen und auf Strukturlogiken zu verweisen, die dem Lehrerberuf als Profession inhärent sind:

- Arbeiten unter Ungewissheitsstrukturen, die sich auf den Arbeitsprozess und das Arbeitsprodukt beziehen sowie auf die Unmöglichkeit von Standardisierung: Es kann keine Eindeutigkeiten, Klarheiten und Sicherheiten geben, weil sich pädagogisches Handeln einer technischen Rationalität entzieht. Aber gerade das Fehlen dieser Gewissheitsstrukturen macht „die Spezifik pädagogischen Handelns und seine Aufgabe" aus (Wimmer 1996, S. 426). Dieses Nicht-Wissen und Nicht-Wissen-Können gilt es nicht nur zu akzeptieren und zu ertragen, sondern – und das ist der zentrale Anspruch an die Professionalität – „aktiv zu balancieren" (Rabe-Kleberg 1996, S. 298). Das ist – mit den Worten Stefans – die Verpflichtung, der er sich als Lehrer stellen muss.
- Die widersprüchliche Einheit von Rollenhandeln und Handeln als ganze Person als zentrale Dimension professionalisierten Handelns (vgl. Oevermann 1996, S. 109): Die Strukturlogik zeigt sich in zwei Dimensionen: Zum einen bezogen auf die zentralen Aufgaben von Lehrerinnen und Lehrern, nämlich Erziehen *und* Unterrichten. Unterrichten als Organisation von Lehr- und Lernprozessen kommt nicht ohne Erziehen aus. Erziehen verlangt jedoch die Annahme des Kindes und die Arbeit mit ihm in seiner Ganzheit, es verlangt eine diffuse Sozialbeziehung, während Unterrichten auf die Rolle als Schülerin oder Schüler verweist, zu der die Rolle des Lehrers oder der Lehrerin komplementär ist. Zum anderen ist sich Stefan bewusst, dass diese widersprüchliche Einheit nicht nur in der pädagogischen Praxis wirkt, sondern auch ihn selbst

betrifft. Die Rolle des Berufstätigen unterscheidet er von seinem Sein als ganzer Person. Er bezeichnet diejenigen als arm, die diese Unterscheidung nicht treffen – ob können oder wollen, das wird nicht ausgeführt. Ihm ist eine bewusste Trennung wichtig, wobei für ihn der situative Kontext für die Lösung des Widerspruchs bestimmend ist. So bleibt er handlungsfähig im Beruf und kann ihn mit der Vielfalt seiner Ansprüche gut ertragen.

Durch Distanzierung und Dezentrierung, also die Herausnahme des Ich aus den täglichen Erfordernissen des Alltags, die er nicht zu seinen persönlichen macht, sondern die er strukturell verankert, gelingt es ihm offensichtlich Unsicherheiten auszuhalten und eine Balance zwischen den inhärenten Widersprüchen zu finden. Seine berufliche Identität gewinnt er daher nicht nur aufgrund einer individuellen Entscheidung bzw. durch persönliches Engagement, sondern er hat für sich den einheitsstiftenden Kern gefunden, auf den sich die Vielfalt der beruflichen Ansprüche zurückführen lässt (vgl. Wimmer 1996, S. 410). Damit unterscheidet sich dieser Typus deutlich von den drei vorhergegangenen, in denen diese Distanzierung nicht gelingt. Diese Handelnden bleiben in der Logik der Profession verhaftet, ohne sie zu erkennen, sie können ihr Verhalten, ihr Erleben, ihr Bewusstsein nicht transzendieren, nicht überschreiten und sich damit auch nicht aus Ansprüchen lösen bzw. diese neu ordnen.

5.2 Handlungsleitende Orientierungsschemata im „knowing-in-action"

In den Interviews konnten aber auch noch weitere Passagen identifiziert werden, in denen die konkrete Praxis einer pädagogischen Situation beschrieben wurde. Hier wurde ebenfalls nachgefragt, oft mehrmals, um zu Aussagen über handlungsleitende Orientierungsschemata zu gelangen. Das war nicht einfach, und es ist auch nicht in allen Interviews gelungen die Befragten zu solchen Schilderungen hinzuführen. Manche verweigerten sich einer Beschreibung und verblieben auf einer sprachlich allgemeinen Ebene.

Exemplarisch soll nun eine Szenenschilderung wiedergegeben werden. Sie stammt nochmals von Susanne (3c, 212–221).

Interviewerin: Woran orientieren Sie sich eigentlich in Ihrem Verhalten als Lehrerin?
Susanne: Mm, an meiner Persönlichkeit. Jo. Also i mog nichts vorspieln.

> *Interviewerin: Na ja, aber das ist natürlich ein sehr relationaler Begriff.*
> *Susanne: Verhalten meinen Sie wie wie. [...]. Ah [kurze Pause] hm, jo ich versuche herauszufinden, wenn ich den Kindern etwas erkläre, schau ich die Kinder an und dann weiß ich, ob sie's verstehn oder nicht verstehn. Jetzt von der Lehrtätigkeit, vom Fachlichen her. Vom Persönlichen her, jo, da kriegt ma a gewisses Gespür, wie jeder reagiert, wos jeder braucht.*
> *Interviewerin: Also ein Gespür, woran erkennen Sie das?*
> *Susanne: No, des erkennt ma. I find, das hot ma oder hot ma net, also a gewisse Menschenkenntnis [kurze Pause] i man bei mir is holt so, dass i, i bin a sehr empfindsamer Mensch und i gspür holt sehr viel. Des, jo, [kurze Pause] jo, gspürt ma.*
> *Interviewerin: Wie zeigt sich das?*
> *Susanne: Hm [lacht] des des kann ma net beschreiben würd i sogn. Es san, des san so Sachen, [kurze Pause] wie gsogt jetzt, wenn ma z.B. irgenwo steht und ma hot des Gfühl es schaut von hinten jemand ahm her und ma hot des Gfühl es betrachtet einem, jemand einem, ma dreht se um und sieht das. Des san Sochn de san inmateriell. Des jo, gspürt ma afoch.*[7]

Was passiert nun in der konkreten Situation? Woran orientiert sich Susanne in ihrem konkreten Tun, in Situationen, die sich als sehr komplex darstellen? Sie hat keine Regeln für ihr Handeln parat, aber ihr „Blick"

---

[7] Aus Verständlichkeitsgründen in bereinigtem Deutsch:
Interviewerin: Woran orientieren Sie sich eigentlich in Ihrem Verhalten als Lehrerin?
Susanne: *Mm, an meiner Persönlichkeit. Ja. Also ich mag nichts vorspielen.*
Interviewerin: Na ja, aber das ist natürlich ein sehr relationaler Begriff.
Susanne: *Verhalten meinen Sie wie wie. [...]. Ah [kurze Pause] hm, ja ich versuche herauszufinden, wenn ich den Kindern etwas erkläre, schaue ich die Kinder an und dann weiß ich, ob sie es verstehen oder nicht. Jetzt von der Lehrtätigkeit, vom Fachlichen her. Vom Persönlichen her, ja, da kriegt man ein gewisses Gespür, wie jeder reagiert, was jeder braucht.*
Interviewerin: Also ein Gespür, woran erkennen Sie das?
Susanne: *Na, das erkennt man. Ich finde, das hat man oder hat man nicht, also eine gewisse Menschenkenntnis [kurze Pause] ich meine bei mir ist es halt so, dass ich, ich bin ein sehr empfindsamer Mensch und ich spüre halt sehr viel. Das, ja, [kurze Pause] ja, spürt man.*
Interviewerin: Wie zeigt sich das?
Susanne: *Hm [lacht] das das kann man nicht beschreiben, würde ich sagen. Es sind, das sind so Sachen, [kurze Pause] wie gesagt jetzt, wenn man z.B. irgendwo steht und man hat das Gefühl, es schaut von hinten jemand her und man hat das Gefühl, es betrachtet einen jemand, man dreht sich um und sieht das. Das sind Sachen, die sind inmateriell. Das, ja, spürt man einfach.*

hilft ihr. Sie denkt nicht, sondern schaut (vgl. Wittgenstein zit.n. Combe/ Kolbe 2004, S. 845). Susanne beobachtet ihre Kinder und dann „weiß" sie, „ob sie's verstehen oder nicht verstehen." Woher dieses Wissen kommt, ist nicht zu erklären. Sie verweist auf ihr Gespür, die eigenen Gefühle und die Tatsache, dass sie sich als „empfindsamen Menschen" einschätzt. Wie dieser Prozess der Wissensgenerierung in der Situation genau vor sich geht, kann sie nicht sagen, das entzieht sich für sie der sprachlichen Fassung. Sie verweist darauf, dass „solche Sachen" „inmateriell" [sic!] sind, sich also nur (er)fühlen lassen. Durch den Blick und den Rückgriff auf die eigenen Gefühle verschafft sie sich in der Situation blitzschnell Orientierung. Nach ihrer Einschätzung ist eine solche Fähigkeit auch nicht erlernbar, sondern: „I find, das hot ma oder hot ma net, also a gewisse Menschenkenntnis."

Ähnliche Schilderungen finden sich auch in anderen Interviews. Das genaue Hinschauen ist dabei ein zentraler Aspekt. Nicht was die Kinder sagen scheint wichtig, sondern ihre Blicke und Gesten. Als weiteres „Sinnesorgan" wird in der konkreten Arbeit mit anderen der eigene Körper eingesetzt: der Bauch, die Fingerspitzen. Die eigenen Gefühle geben Orientierungshilfe. Empathisches Verstehen ermöglicht es zu erkennen, ob die Kinder bei der Sache sind, ob sie Spaß haben, ob sie etwas verstanden haben. Die Signale der Kinder bzw. der anwesenden Personen in der konkreten Situation müssen richtig „gelesen" werden, damit Handlungsfähigkeit bewahrt wird und Entscheidungen getroffen werden können. Körper und Gefühle werden zu einem Medium, das die konkrete Ausführung von pädagogischen Intentionen, Richtlinien bzw. (schul-)organisatorischem Handeln ermöglicht. Sie helfen blitzschnelle Entscheidungen zu treffen in einem konkreten Moment, in Situationen der Unsicherheit und der „Unausweichlichkeit des Sich-entscheiden-Müssens" (Oevermann 1996, S. 82). Intuition, Liebe, Herzenswärme werden als notwendige Voraussetzung beschrieben, damit Empathie gelingen und die Botschaften der Schülerinnen und Schüler richtig entziffert werden können.[8]

---

[8] Hier sei auf die Diskussion um „Gefühlsarbeit" verwiesen: Nach arbeitssoziologischen Gesichtspunkten kann zwischen Arbeit an den eigenen Gefühlen, Gefühlen als Medium und Gefühlen als Arbeitsgegenstand unterschieden werden (vgl. Paseka 1989, S. 17ff.). In der geschilderten Szene werden eigene Gefühle als Mittel eingesetzt, um die Situation von anderen, konkret der Schülerinnen und Schüler, zu erfassen. Der eigene Körper wird dabei gleichsam als Transformator benutzt, um Unaussprechbares erfassen zu können.

Transformationen – Brüche – Entgrenzungen. Personal Mastery als Suchbewegung

Um die Art dieses Wissens zu erfassen, soll nochmals auf die ausgewählte Interviewpassage verwiesen und die Sprache genauer betrachtet werden. Hier sind Brüche erkennbar. Susanne verwendet einen regional gefärbten Dialekt, versucht aber über weite Strecken Hochdeutsch zu sprechen. Dies gelingt nur passagenweise. Immer dann, wenn sie die kognitive Ebene der Erklärung für ihr Tun verlässt und versucht ihre Gefühle sprachlich zu fassen, gleitet sie in ihren Herkunftsdialekt ab.

Dieser sprachliche Bruch ist ein Indiz für zwei Bewusstseinsebenen: das diskursive und das praktische Bewusstsein. Diskursives Bewusstsein bezieht sich auf Erinnerungen, die sprachlich zum Ausdruck gebracht werden können. Das praktische Bewusstsein meint hingegen solche Erinnerungen, die den Handelnden über die Alltagserfahrung zugänglich sind, ohne dass sie sagen können, was sie eigentlich genau „wissen". „Zwischen dem diskursiven und praktischen Bewusstsein gibt es keine Schranke; es gibt nur den Unterschied zwischen dem, was gesagt werden kann, und dem, was charakteristischerweise schlicht getan wird." (Giddens 1997, S. 57) Praktisches Wissen ist damit inkorporiertes Wissen, das sich im Tun zeigt, und es ist stillschweigendes Wissen, weil es der Sprache nicht oder kaum zugänglich ist. Dieses „tacit-knowledge-in-action", „which does not stem from a prior intellectual operation" (Schön 1983, S. 51), gelangt spontan zum Einsatz. „There are actions, recognitions, and judgments which we know how to carry out spontaneously; we do not have to think about them prior to or during their performance. We simply find ourselves doing them." (Ebd., S. 54) Es ist den Handelnden nicht bewusst, dass sie ein solches Wissen je gelernt haben. Damit entzieht es sich der Reflexion – zumindest in der Handlung selbst. Dieses Wissen ist jedoch Voraussetzung und Mittel für das Agieren in Situationen der Unsicherheit und der schnellen Entscheidungsfindungen. Von keiner Bedeutung scheint in der konkreten Handlung hingegen das diskursiv zugängliche oder deklarative Wissen zu sein – es bleibt träge. Damit sind Lehrpersonen auf sich selbst, die eigenen Gefühle und ihren Körper verwiesen. Diese steuern das Verhalten „in actu", während sich strukturierende Regeln und Ressourcen der Wahrnehmung entziehen und in den Schilderungen blinde Flecken darstellen.

Angelika Paseka

6 Resümee: Personal Mastery als Suchbewegung und Entwicklungsaufgabe

Kehren wir nochmals zum Ausgangspunkt zurück: Die Domäne Personal Mastery meint, dass Professionelle Wissen und Können situationsspezifisch einsetzen und dabei jene Ungewissheitsstrukturen, die das Feld und die eigene Profession bestimmen, nicht nur aushalten, sondern aktiv balancieren. Dabei unterliegen sie einer Begründungsverpflichtung. Personal Mastery meint weiters, dass die Ganzheitlichkeit der Praxis ebenso bedacht wird wie das Singuläre des Falles, verlangt also zwischen verschiedenen Ansprüchen zu wechseln, um erfolgreich agieren zu können. Personal Mastery lässt sich einerseits professionstheoretisch begründen, andererseits durch das dialektische Verhältnis von Struktur(en) und agency als Handlungsvollmacht der Subjekte.

Interviews mit Lehrerinnen und Lehrern, die sechs Dienstjahre hinter sich haben, wurden dahingehend untersucht, ob und inwiefern sich in den Aussagen Orientierungsschemata des Handelns finden lassen. Auf welches Wissen greifen die Lehrpersonen zurück, damit sie die Ungewissheiten des beruflichen Alltags tatsächlich bewältigen können? Welche Handlungstypen lassen sich dabei erkennen?

Die Analyse der Interviews mit Hilfe der dokumentarischen Methode nach Bohnsack (2007a) legt zwei grundlegend verschiedene Orientierungsschemata offen, die auf zwei Wissensbestände verweisen: auf diskursiv zugängliches Wissen und auf praktisches Wissen. Das Wissen, das der Sprache zugänglich ist, bezieht sich zum einen auf die dem beruflichen Handeln zugrunde liegenden strukturierenden Rahmenbedingungen. Diese werden ausschnittweise wahrgenommen, aber nicht als determinierend erlebt, sondern gebrochen durch diverse „Betrachtungslinsen". Je nach Brechungsrichtung lassen sich vier Typen ausmachen: Kindzentriertheit, Egozentriertheit, Fusion und Dezentrierung. Die ersten drei Typen verweilen im Modus der personalen Betrachtung und klammern die professionsbestimmenden Strukturlogiken aus. Die Ambivalenzen werden zu einem persönlich zu lösenden Problem und müssen durch die Individuen bewältigt werden. Ebenso wird die zugestandene Autonomie zwar geschätzt, aber ebenfalls als persönlich zu füllendes Vakuum wahrgenommen. Beim vierten Typ werden hingegen die Strukturlogiken als solche erkannt und können sprachlich gefasst werden. Damit gelingt es, über die Situation hinaus Distanz zu gewinnen, sich selbst in seinem Tun aus dem Zentrum der Betrachtung zu lösen und die der professionellen Praxis inhärenten Spannungen und Ambivalenzen nicht sich selbst bzw. einem Versagen des Systems zuzuschreiben. Widersprüche werden bei diesem Typ als konstituierend für die eigene Profession reflektiert, eine Lösung wird gar nicht erwogen, sondern das Aushalten dieser Situation und das Finden einer Balance.

Neben diesem diskursiv zugänglichen Wissen existiert ein praktisches Wissen, das „in actu" ohne Reflexion unter Nutzung des eigenen Körpers und der eigenen Gefühle zum Tragen kommt. Dieses Wissen hat aus der Sicht der Befragten keine Geschichte, es ist einfach da und wird intuitiv genutzt.

Personal Mastery lässt sich damit als Suchbewegung nach unterschiedlichen Richtungen beschreiben: auf der Suche nach Halt in einem normativ wie organisatorisch diffusen beruflichen Feld, das viele Optionen offen hält, wo Sicherheit benötigt wird. Ohne Bewusstheit darüber, dass diese Diffusion eine konstituierende Voraussetzung für professionelles Handeln darstellt, wird eine solche Offenheit zur Belastung, weil sie als persönliches Problem diagnostiziert wird. Ebenso macht der Rückgriff auf den eigenen Körper und die eigenen Gefühle verletzbar, wenn ihre Nutzung nicht reflektiert wird.

Personal Mastery als Suchbewegung verstanden impliziert außerdem, dass das für die Domäne notwendige Wissen und Können nicht als statischer Vorrat zu verstehen ist, der angeeignet werden kann. Der Umgang mit den beschriebenen Ungewissheiten ist eine kontinuierliche und über die gesamte Berufsbiografie andauernde Entwicklungsaufgabe, wobei in den ersten Berufsjahren entscheidende Weichen gestellt werden (vgl. Paseka 2008). Es verändert sich dabei weniger die Quantität des Wissens, sondern vielmehr – das konnte in der Expertenforschung gezeigt werden – dessen Strukturierung. Es gelingt zunehmend die Komplexität von Situationen zu reduzieren, situationsangemessene Deutungen vorzunehmen und fallspezifisch Entscheidungen zu treffen. Dazu entwickeln erfahrene Lehrpersonen „scripts", durch die sie auch in komplexen Situationen handlungsfähig sind und bleiben können (vgl. Bromme 1992, S. 139ff.). Diese Entwicklungsprozesse sind abhängig von subjektiven Faktoren, aber auch vom privaten und beruflichen Umfeld, in das die Erfahrungen eingebettet sind (vgl. Terhart 2001).

In der Lehrerbildung – so der sich daraus ableitende Anspruch – müssen solche Suchbewegungen thematisiert und bearbeitet werden. Dazu bedarf es mehrerer strukturierender Eckpfeiler, durch die individuelle Erfahrungs-, Verarbeitungs- und Reflexionsprozesse angebahnt und bewältigt werden können. Nach Oevermann hat im Zentrum der Lehrerbildung die „kunstlehreartige Einübung in das pädagogische Arbeitsbündnis" (Oevermann 1996, S. 177) zu stehen, die einer doppelten Professionalisierung bedarf: als Einübung in den wissenschaftlichen Diskurs *und* als Anwendung in der konkreten und personalisierten Beziehung zu den Klientinnen und Klienten. Dem Verständnis des „reflective practitioner", das primär auf der Reflexion des praktisch-professionellen Handelns und damit auf Erfahrung beruht, wird damit noch ein zweiter Betrachtungsraster entgegengesetzt: der der wissenschaftlich abgesicherten Wissensbestände. Lehrerinnen und Lehrer „bedürfen daher – neben dem Erfahrungswissen und Können der Lehrerpraxis selbst – eines wissenschaftlich-reflexiven Habitus." (Helsper 2001, S. 11) Ein solcher lässt sich metaphorisch beschreiben als „Stachel im Fleisch der eigenen Praxis", der ein „reflexionsloses Aufgehen in Praxiszwängen und das Arrangieren mit krisenhaften Routinen erschwert." (Ebd., S. 12) Der wissenschaftlich-reflexive Habitus manifestiert sich in einer forschenden Haltung und ermöglicht die Transformation der eigenen Praxis in eine „reflexive".

Die vielfältigen Ungewissheiten verlangen ein flexibles Umgehen mit Wissen, Nicht-Wissen und Nicht-Wissen-Können (vgl. Wimmer 1996, S. 430). Hier bieten sich folgende Einfallstore an, durch die die Domäne Personal Mastery angeeignet bzw. vertieft werden kann:

❶ In der Lehre muss Gelegenheit gegeben werden, sich systematisch mit pädagogischen Begriffen und Konzepten, mit Prinzipien und Gesetzmäßigkeiten mehrperspektivisch und auf Basis unterschiedlicher fachwissenschaftlicher Zugänge auseinanderzusetzen, und zwar in Bezug auf Fragen des Lehrerhandelns, der Selbst- und Fremdbilder in der konkreten Unterrichtspraxis. Die Beschäftigung mit theoretischem Wissen gehört ebenso dazu wie forschungsgeleitete Lehre. Die pädagogische Praxis ist mit einem „exzentrischen Blick" anzusehen und zu beleuchten. Ziel ist nicht die Vermittlung von vorgefertigten Lösungen und modellhaften Handlungsvollzügen, sondern Wissen um Unsicherheiten und Widersprüchlichkeiten und deren Anerkennung als professionsinhärentes Spezifikum, damit sie ausgehalten und konstruktiv bewältigt werden können. Ziel muss aber auch sein, Begründungswissen aufzubauen, damit zukünftige Lehrerinnen und Lehrer Argumentationssicherheit gewinnen und einen festen Boden unter den Füßen erfahren können (vgl. Paseka 2008).

❷ Ein zweites Einfallstor ergibt sich durch die Arbeit mit Fällen und Fallgeschichten. Durch spezifische und situative Beschreibungen sowie dichte Dokumentationen lassen sich diese in ihrer Singularität nachvollziehen und rekonstruieren. So können „kasuistische Räume" (Combe/Kolbe 2004, S. 848) geschaffen werden. Fallarbeit in der Praxis beschäftigt sich mit konkreten Personen, versucht ein Praxisproblem nachvollziehbar zu machen und zielt auf dessen Lösung ab, während Fallstudien auf ein wissenschaftliches Verstehen ausgerichtet sind. Fallrekonstruktionen in der Lehrerbildung müssen – entsprechend dem Anspruch an eine doppelte Professionalisierung – entlang beider Dimensionen erfolgen (vgl. Kolbe/Combe 2004, S. 872).

❸ In der „Echtarbeit", d. h. in den Schulpraktika, durch bewusstes Wahrnehmen von kontingenten Handlungssettings und Ausprobieren von vielfältigen Lösungsmöglichkeiten. Das konkrete Beziehungsgeschehen zwischen Lehrkräften und Schülerinnen bzw. Schülern sowie das Erleben müssen in den Mittelpunkt gerückt und in ihrer Flüchtigkeit festgehalten werden, damit eine Nachbearbeitung möglich wird. Für die Dokumentation bieten sich Forschungstagebücher an, aber auch das Schreiben von Geschichten erlaubt es, den Fokus auf Unsicherheitserfahrungen zu richten. Ziel wäre es, durch „reflection-on-action" die Differenz zwischen „kein Wissen" und „Nicht-Wissen-Können" bewusst und damit Unsicherheit erträglich zu machen. Und es sind die unterschiedlichen Wissensvorräte, die genutzt werden, analytisch zu betrachten und ihre Logiken nachzuvollziehen. Daraus kann sich ein bewusster Wissenstransfer entwickeln, um zukünftige und nicht bestimmbare Situationen leichter zu bewältigen.

❹ Es ist jedoch auch noch ein viertes Einfallstor notwendig, um die für die Berufsausübung notwendigen Gefühls- und Unsicherheitserfahrungen konstruktiv bearbeiten, um Sensibilität für eigene und fremde Empfindungen erwerben und nutzen zu können. Grenzerfahrungen sind offenzulegen, Grenzziehungen sind zu unterstützen. Dies bedarf solcher Angebote und Formate, die den Blick auf die Arbeit an sich selbst richten. Das geschieht bereits an manchen Einrichtungen der Lehrerbildung[9]. Studierende sollen sich dabei des Einsatzes der eigenen Gefühle bewusst werden und deren subtile Wirkung erfahren. Es gilt Strategien zu ent-

---

[9] So werden an einigen Pädagogischen Hochschulen unter dem Schlagwort „Persönlichkeitsentwicklung" bereits Angebote in diese Richtung gemacht.

wickeln, wie damit umgegangen werden kann, ohne sich selbst zu verletzen, wie Grenzziehungen gesetzt werden können, um sowohl in der Situation als auch langfristig handlungsfähig zu sein und zu bleiben.

Entsprechend dem Giddens'schen Modell ist die Verschränkung von „structure" und „agency" nicht nur in der Domäne Personal Mastery das zentrale Thema: Die Lehrerbildung an sich muss sich überlegen, wie sie strukturelle Rahmenbedingungen für die Studierenden schafft, durch die und in denen aktive Handlungsvollzüge möglich sind und angeeignet werden können.

Literatur

Altrichter, Herbert (2000): Handlung und Reflexion bei Donald Schön. In: Neuweg, Georg H. (Hrsg.): Wissen – Können – Reflexion. Innsbruck u. a.: StudienVerlag, S. 201–221.

Altrichter, Herbert/Brüsemeister, Thomas/Wissinger, Jochen (2007) (Hrsg.): Educational Governance. Handlungskoordination und Steuerung im Bildungssystem. Wiesbaden: VS-Verlag.

Argyris, Chris/Schön, Donald A. (1999): Die Lernende Organisation. Grundlagen, Methoden, Praxis. Stuttgart: Klett-Cotta.

Bauer, Karl-Oswald (1998): Pädagogisches Handlungsrepertoire und professionelles Selbst von Lehrerinnen und Lehrern. In: Zeitschrift für Pädagogik, H. 3, S. 343–359.

Bauer, Karl-Oswald (2000): Konzepte pädagogischer Professionalität und ihre Bedeutung für die Lehrerarbeit. In: Bastian, Johannes/Helsper, Werner/Reh, Sabine/Schelle, Carla (Hrsg.): Professionalisierung im Lehrerberuf. Opladen: Leske + Budrich, S. 55–72.

Berger, Peter L./Luckmann, Thomas (1966/1992): Die gesellschaftliche Konstruktion der Wirklichkeit. Eine Theorie der Wissenssoziologie. Frankfurt/Main: Fischer.

Besser, Michael/Krauss, Stefan (2009): Zur Professionalität als Expertise. In: Zlatkin-Troitschanskaia, Olga/Beck, Klaus/Sembill, Detlef/Nickolaus, Reinhold/Mulder, Regina (Hrsg.): Lehrprofessionalität. Bedingungen, Genese, Wirkungen und ihre Messung. Weinheim und Basel: Beltz, S. 71–82.

Bohnsack, Ralf (^{6}2007a): Rekonstruktive Sozialforschung. Einführung in qualitative Methoden. Opladen und Farmington Hills: Budrich.

Bohnsack, Ralf (²2007b): Typenbildung. Generalisierung und komparative Analyse: Grundprinzipien der dokumentarischen Methode. In: Bohnsack, Ralf/Nentwig-Gesemann, Iris/Nohl, Arnd-Michael (Hrsg.): Die dokumentarische Methode und ihre Forschungspraxis. Grundlagen qualitativer Sozialforschung. Wiesbaden: VS-Verlag, S. 225–254.

Bromme, Rainer (1992): Der Lehrer als Experte. Zur Psychologie des professionellen Wissens. Bern u. a.: Verlag Hans Huber.

Combe, Arno/Helsper, Werner (Hrsg.) (1996): Pädagogische Professionalität. Untersuchungen zum Typus pädagogischen Handelns. Frankfurt/Main: Suhrkamp.

Combe, Arno/Buchen, Sylvia (1996): Belastung von Lehrerinnen und Lehrern. Fallstudien zur Bedeutung alltäglicher Handlungsabläufe an unterschiedlichen Schulformen. Weinheim und München: Juventa.

Combe, Arno/Kolbe, Fritz-Ulrich (2004): Lehrerprofessionalität: Wissen, Können, Handeln. In: Helsper, Werner/Böhme, Jeanette (Hrsg.): Handbuch der Schulforschung. Wiesbaden: VS-Verlag, S. 833–851.

Fend, Helmut (2006): Neue Theorie der Schule. Einführung in das Verstehen von Bildungssystemen. Wiesbaden: VS-Verlag.

Froschauer, Ulrike (1997): Organisationskultur als soziale Konstruktion. In: Österreichische Zeitschrift für Soziologie, H. 2, S. 107–124.

Froschauer, Ulrike (2002): Artefaktanalyse. In: Kühl, Stefan/Strodtholz, Petra (Hrsg.): Methoden der Organisationsforschung. Ein Handbuch. Reinbek: Rowohlt, S. 361–395.

Froschauer, Ulrike/Lueger, Manfred (2003): Das qualitative Interview. Zur Praxis interpretativer Analyse sozialer Systeme. Wien: Facultas.

Giddens, Anthony (1976/1984): Interpretative Soziologie. Eine kritische Einführung. Frankfurt/Main und New York: Campus.

Giddens, Anthony (1984/³1997): Die Konstitution der Gesellschaft. Grundzüge einer Theorie der Strukturierung. Frankfurt/Main und New York: Campus.

Giddens, Anthony (1984/2009): The Constitution of Society. Outline of the Theory of Structuration. Cambridge und Malden: Polity Press.

Haug, Frigga (1999): Vorlesungen zur Einführung in die Erinnerungsarbeit. The Duke Lectures. Hamburg: Argument.

Helsper, Werner (1996): Antinomien des Lehrerhandelns in modernisierten pädagogischen Kulturen. Paradoxe Verwendungsweisen von Autonomie und Selbstverantwortlichkeit. In: Combe, Arno/Helsper, Werner

(Hrsg.): Pädagogische Professionalität. Untersuchungen zum Typus pädagogischen Handelns. Frankfurt/Main: Suhrkamp, S. 521–569.

Helsper, Werner (2001): Praxis und Reflexion. Die Notwendigkeit einer „doppelten Professionalisierung" des Lehrers. In: journal für lehrerInnenbildung, H. 3, S. 7–15.

Joas, Hans (1996): Die Kreativität des Handelns. Frankfurt/Main: Suhrkamp.

Keiner, Edwin (2005): Unsicherheit – Ungewissheit – Entscheidungen. In: Zeitschrift für Erziehungswissenschaft, H. 2, S. 155–172.

Kelchtermans, Geert (2009): Who I am in how I teach is the message: self-understanding, vulnerability and reflection. In: Teachers and Teaching, Vol. 15, No. 2, S. 257–272.

Kiss, Gabor (^{3}1977): Einführung in die soziologischen Theorien II. Opladen: Westdeutscher Verlag.

Kolbe, Fritz-Ulrich/Combe, Arno (2004): Lehrerbildung. In: Helsper, Werner/Böhme, Jeanette (Hrsg.): Handbuch der Schulforschung. Wiesbaden: VS-Verlag, S. 853–877.

Kurtz, Thomas (2004): Organisation und Profession im Erziehungssystem. In: Böttcher, Wolfgang/Terhart, Ewald (Hrsg.): Organisationstheorie in pädagogischen Feldern. Wiesbaden: VS-Verlag, S. 43–53.

Lamnek, Siegfried (^{4}2005): Qualitative Sozialforschung. Basel: Beltz.

Luhmann, Niklas (2002): Das Erziehungssystem der Gesellschaft. Frankfurt/Main: Suhrkamp.

Mayring, Philipp (^{8}2003): Qualitative Inhaltsanalyse. Grundlagen und Techniken. Weinheim: Beltz.

Oevermann, Ulrich/Allert, Tilman/Konau, Elisabeth/Krambeck, Jürgen (1979): Die Methodologie der „objektiven Hermeneutik" und ihre allgemeine forschungslogische Bedeutung in den Sozialwissenschaften. In: Soeffner, Hans-Georg (Hrsg.): Interpretative Verfahren in den Sozial- und Textwissenschaften. Stuttgart: Verlag Metzler, S. 352–434.

Oevermann, Ulrich (1996): Theoretische Skizze einer revidierten Theorie professionalisierten Handelns. In: Combe, Arno/Helsper, Werner (Hrsg.): Pädagogische Professionalität. Untersuchungen zum Typus pädagogischen Handelns. Frankfurt/Main: Suhrkamp, S. 70–182.

Oevermann, Ulrich (2008): Profession contra Organisation? Strukturtheoretische Perspektiven zum Verhältnis von Organisation und Profession in der Schule. In: Helsper, Werner/Busse, Susann/Hummrich, Merle/

Kramer, Rolf-Torsten (Hrsg.): Pädagogische Professionalität in Organisationen. Neue Verhältnisbestimmungen am Beispiel der Schule. Wiesbaden: VS-Verlag, S. 57–77.

Paseka, Angelika (1989): Gefühle und Gefühlsarbeit. Forschungsbericht Nr. 261 des Instituts für Höhere Studien. Wien.

Paseka, Angelika (2008): Über Unsicherheiten und schwankende Böden. Erfahrungen von Berufsanfängern mit der Organisation Schule. In: Helsper, Werner/Busse, Susann/Hummrich, Merle/Kramer, Rolf-Torsten (Hrsg.): Pädagogische Professionalität in Organisationen. Neue Verhältnisbestimmungen am Beispiel der Schule. Wiesbaden: VS-Verlag, S. 245–262.

Pfadenhauer, Michaela (2003): Professionalität. Eine wissenssoziologische Rekonstruktion institutionalisierter Kompetenzdarstellungskompetenz. Opladen: Leske + Budrich.

Rabe-Kleberg, Ursula (1996): Professionalität und Geschlechterverhältnis. Oder: Was ist „semi" an traditionellen Frauenberufen? In: Combe, Arno/Helsper, Werner (Hrsg.): Pädagogische Professionalität. Untersuchungen zum Typus pädagogischen Handelns. Frankfurt/Main: Suhrkamp, S. 276–302.

Schön, Donald A. (1983): The Reflective Practitioner. How Professionals Think in Action. USA: Basic Books.

Senge, Peter M. (1990/^{9}2003): Die fünfte Disziplin. Stuttgart: Klett-Cotta.

Tenorth, Heinz-Elmar (2006): Professionalität im Lehrerberuf. Ratlosigkeit der Theorie, gelingende Praxis. In: Zeitschrift für Erziehungswissenschaft, H. 4, S. 580–597.

Terhart, Ewald (1996): Berufskultur und professionelles Handeln von Lehrern. In: Combe, Arno/Helsper, Werner (Hrsg.): Pädagogische Professionalität. Untersuchungen zum Typus pädagogischen Handelns. Frankfurt/Main: Suhrkamp, S. 448–471.

Terhart, Ewald (2001): Lehrerberuf und Lehrerbildung. Forschungsbefunde, Problemanalysen, Reformkonzepte. Weinheim: Beltz.

Ulich, Klaus (1996): Beruf: Lehrer/in. Arbeitsbelastungen, Beziehungskonflikte, Zufriedenheit. Weinheim und Basel: Beltz.

Vanderstraeten, Raf (2008): Zwischen Profession und Organisation. Professionsbildung im Erziehungssystem. In: Helsper, Werner/Busse, Susann/ Hummrich, Merle/Kramer, Rolf-Torsten (Hrsg.): Pädagogische Professionalität in Organisationen. Neue Verhältnisbestimmungen am Beispiel der Schule. Wiesbaden: VS-Verlag, S. 99–113.

Wernet, Andreas (2003): Pädagogische Permissivität. Schulische Sozialisation und pädagogisches Handeln jenseits der Professionalisierungsfrage. Opladen: Leske + Budrich.

Wimmer, Michael (1996): Zerfall des Allgemeinen – Wiederkehr des Singulären. Pädagogische Professionalität und der Wert des Wissens. In: Combe, Arno/Helsper, Werner (Hrsg.): Pädagogische Professionalität. Untersuchungen zum Typus pädagogischen Handelns. Frankfurt/Main: Suhrkamp, S. 404–447.

Zeitschrift für Pädagogik (2004), Heft 3: Thementeil Pädagogische Professionalität.

Professionalisierung nach Pierre Bourdieu

Erna Nairz-Wirth

Professionalisierung im pädagogischen Kontext ist von mindestens zwei Dimensionen her zu bestimmen: Die erste Dimension bezieht sich auf die Verbesserung der Aus- und Fortbildung der Lehrenden, um damit eine verbesserte Praxis in deren Tätigkeitsfeld zu bewirken. Die zweite Dimension betrifft die Anerkennung ihres Status als Expertin bzw. Experte für Unterricht und Erziehung. Die normativen Implikationen dieser Dimensionen unterliegen einem geschichtlichen Wandel, wie die historische Rekonstruktion der Professionalisierungsprozesse zeigt (vgl. Engelbrecht 1988, S. 27–30, S. 380–385): Bis weit in das 19. Jahrhundert hinein hatten diese Dimensionen zum Beispiel für Lehrpersonen im Elementarbereich kaum Relevanz. Erst mit dem Reichsvolksschulgesetz 1869 wurde „die professionelle Stellung der Volks- und Bürgerschullehrer entscheidend angehoben" (Engelbrecht 1986, S. 63). Die Institutionalisierung ihrer Ausbildung in vierjährigen Lehrer- und Lehrerinnenbildungsanstalten gilt als entscheidende Weichenstellung in der Professionalisierung des Lehrberufs in Österreich. Ab der Mitte des 19. Jahrhunderts – vor allem nach der Bonitz-Exner'schen Schulreform[1] – gilt dies auch für Lehrende an den „Mittelschulen". Eine Lehrbefähigungsprüfung, bestehend aus zwei Hauptfächern (oder einem Haupt- und zwei Nebenfächern), wurde ab dem Jahr 1856 für alle Lehrenden (auch für geistliche Lehrer) implementiert. Die wissenschaftliche Grundbildung und die pädagogische und didaktische Kompetenz gelten seither – trotz historisch bedingter unterschiedlicher Ausbildungsprogramme – als *die* Leitmotive der Professionalisierung.

Theorie und Praxis der Professionalisierung im Lehrberuf werden nach wie vor stärker kontrovers diskutiert, als dies bei den klassischen Professionen – Ärztinnen und Ärzten, Juristinnen und Juristen – der Fall ist. In diesem Beitrag soll untersucht werden, ob die Theorie des französischen Soziologen Pierre Bourdieu (1930–2002) in diesen Kontroversen hilfreich ist und weiterführende Erkenntnisse ermöglicht.

---

[1] Der „Entwurf der Organisation der Gymnasien und Realschulen in Oesterreich" von Franz Exner und Hermann Bonitz wurde nach Vorlage des damaligen Minister Leo Graf Thun-Hohenstein am 15. September 1849 von Kaiser Franz Joseph I genehmigt.

Bourdieu steht dem isolierten Gebrauch des Begriffs „Profession" ambivalent gegenüber, wenn dessen Verwobenheit mit Feld und Habitus nicht beachtet wird. Aus diesem Grund wird in einem ersten Schritt aufgezeigt, wie Bourdieu den üblichen Gebrauch des Begriffs Profession dekonstruiert und Profession als Feld verstanden wissen will, das es auf den unterschiedlichen Ebenen zu analysieren gilt. In einem zweiten Schritt wird nach den erforderlichen Kompetenzen der Subjekte gefragt, zugleich der Blick aber auf die Feldgestaltung gerichtet, um schließlich vor diesem Hintergrund die Frage nach den Entfaltungsmöglichkeiten von Professionalität zu stellen.

1 Bourdieus Dekonstruktion des Begriffs Profession

Für Bourdieu ist der Begriff der „Profession" ein Wort der Umgangssprache, das sich in die wissenschaftliche Sprache *eingeschmuggelt* hat und vor allem der Repräsentation und Statussicherung einer sozialen Gruppe dient. Bei der Konstruktion einer Profession sei man nämlich über die „ökonomischen, sozialen, ethnischen Differenzen, die aus der *profession* [...] einen Konkurrenzraum machen, hinweggegangen" (Bourdieu 1996, S. 275, Hervorh. im Original). Übrig bleiben dann, so Bourdieus Kritik, „fix und fertige Listen", ganze „Dokumentationszentren", die die ‚notwendigen' Informationen so zusammentragen, dass sie die entworfene *mentale* Kategorie (Profession) „allzu real" erscheinen lassen (ebd.), weshalb sie auch so gut funktioniere. An dieser Stelle greift Bourdieu seinen Begriff des Raumes/ des Feldes auf: „Nehme ich aber den Raum der Unterschiede zur Kenntnis, über den *die Aggregierungsarbeit,* die zum Konstruieren der *profession* nötig war, hinweggehen mußte, und frage mich, ob es sich hier nicht um ein *Feld* handelt, dann wird alles sehr schwierig." (ebd., S. 275f.)

Trotz der skeptischen Haltung[2], die Bourdieu dem Professionsbegriff gegenüber einnimmt, beschränkt er sich also nicht auf die Kritik, sondern konzipiert den Begriff neu als Feld: „By reconceptualizing it as a field [...] it becomes possible to break with the notion of profession and to reintegrate it within a model of the full reality it pretends to capture." (Wacquant 1989, S. 38)

---

[2] Besonders kritisch äußert sich Bourdieu zur *Professionalisierung der Politik,* die in den politikwissenschaftlichen Ausbildungsstätten (écoles de sciences politiques) gelehrt wird (vgl. Bourdieu 1998c, S. 13).

Dieses ‚Denken in Feldern' ist charakteristisches Leitmotiv des Wissenschaftsverständnisses und Forschungsparadigmas Bourdieus: „In Feldbegriffen denken, heißt relational denken." (Bourdieu/Wacquant 1996, S. 126) Bourdieu denkt die Welt in Relationen, und soziale Wirklichkeit ist für ihn ein Ensemble unsichtbarer Beziehungen, wobei er die sozialwissenschaftliche Arbeit, d. h. also auch die Professionsforschung, mit der Analyse der relativen Positionen und der objektiven Relationen zwischen diesen Positionen gleichsetzt. Will man also – im Anschluss an Pierre Bourdieu – Professionalisierungskonzepte erarbeiten, d. h. feld*gestaltend* tätig sein, bedarf es zuallererst ausgiebiger Feldanalysen. Bourdieu hat für diesen Zweck drei Anleitungsschritte formuliert, die umgelegt auf das Thema Professionalisierung wie folgt lauten könnten (ebd., S. 136):

- Erstens sind die Kräfte und Relationen all jener Felder, innerhalb derer Lehrer- und Lehrerinnenprofessionalisierung stattfindet, zu analysieren. Ebenso zu analysieren ist die jeweilige Positionierung dieser Felder im Verhältnis zum Feld der Macht.[3]
- Zweitens ist die objektive Struktur der Relationen zwischen den Positionen der in diesem Feld miteinander konkurrierenden Akteurinnen und Akteure oder Institutionen zu ermitteln.
- Drittens ist der Habitus dieser Akteurinnen und Akteure, d. h. ihr Dispositionssystem, das sie über die Verinnerlichung ihrer sozialen und ökonomischen Lebensbedingungen erworben haben, zu analysieren.

---

[3] Bourdieu unterscheidet das Feld der Macht vom politischen Feld, welches in seiner Entscheidungsstruktur von den dominanten Positionen der Interessenvertretungen aus dem Feld der Macht abhängig ist. Das Machtfeld ist mit anderen Worten ein Bereich, der sich auf einer zusätzlichen Ebene zu den relativ autonomen, nach eigenen Logiken funktionierenden Feldern herausgebildet hat. Diese Felder stehen wieder in unterschiedlichen Beziehungen zum Feld der Macht beziehungsweise zu bestimmten Teilen des Machtfeldes, vor allem zu den führenden Vertretern des Staatsadels bzw. der politischen Klasse, ebenso zu Führungsgestalten aus den unterschiedlichsten Interessenvertretungen, die häufig im öffentlichen Diskurs nicht sichtbar werden. Zum Feld der Macht im Überblick vgl. Koller (2009).

Erna Nairz-Wirth

2 Professionalisierung und Autonomie

Als charakteristisches Element von Professionalisierung wird immer wieder die feldspezifische Autonomie genannt. Damit ist die Möglichkeit gemeint, unabhängig von Außenansprüchen und -abhängigkeiten, klientenzentriert und berufsethisch zu agieren (vgl. dazu u.a. Stichweh 1992; Schratz u.a. 2008, S. 126). Bourdieu vertritt allerdings eine soziologische Position, in der die Autonomie im Sinne von Selbstbestimmung, die sich gegen Fremdbestimmung durchsetzt, in der Regel eine ‚Illusion' darstellt. Seine Auffassung von Autonomie ist mit seiner Theorie der Felder verknüpft, die er als relativ autonome – nach eigenen Gesetzen funktionierende – Mikrokosmen beschreibt. Diese Mikrokosmen verfügen allerdings nur über „eine mehr oder weniger ausgeprägte Autonomie" (Bourdieu 1998b, S. 18f.), da sie sich nie ganz den Zwängen des Makrokosmos entziehen können. Das sichtbarste Zeichen der Autonomie eines Feldes ist seine Fähigkeit, äußere Einflussmöglichkeiten, Zwänge oder Anforderungen zu ‚brechen' (ebd., S. 19). Dazu gehört ein Ausmaß an negativen Sanktionen (Denunziation oder Ausstoßung) gegen heteronome Praktiken, wie beispielsweise die direkte Unterordnung unter politische oder religiöse Direktiven. Doch auch positive Anreizsysteme, Widerstand gegen „herrschende Kräfte" zu leisten, können damit gemeint sein (vgl. Bourdieu 2001a, S. 349). Je politisierter ein Feld und je leichter es für wenig(er) fachkundige Personen ist, sich im Namen heteronomer Belange einzumischen, ohne „schlagartig disqualifiziert zu werden" (Bourdieu 1998b, S. 19), desto schwächer ist die Autonomie des Feldes ausgeprägt.

Traditionellerweise agierte der Staat in Österreich und Deutschland in den Schulen und in der Ausbildung von Lehrenden paternalistisch, d.h. alle wesentlichen Entscheidungen wurden von hierarchisch höher gestellten Personen und Organisationen gefällt, die in der Regel bestimmten Parteien oder politischen Gruppierungen nahe standen. Führungspersonen, z.B. Ministerinnen und Minister oder Ministerialbeamtinnen und -beamte, müssen in ihrer Funktion nicht notwendigerweise über ausgewiesene erziehungs- und sozialwissenschaftliche Fachkompetenzen verfügen. Dieser direkte lokale, parteipolitische oder staatlich-bürokratische Einfluss wurde ein wenig über ‚Dezentralisierungen' und ‚Schulautonomie' zurückgenommen oder geschwächt. Dadurch erhielten die Schulleitungen mehr Entscheidungsoptionen. Allerdings wird der Staatseinfluss in Österreich durch die geplante Zentralisierung von Abschlussprüfungen („neue Reifeprüfung"), die gemäß offiziellen Verlautbarungen „wissenschaftlich" und „professionell" erstellt werden, wieder gestärkt. Doch es handelt sich ausschließlich um die Mitwirkung von nur wenigen staatlich ausgewählten Professionellen, die außerdem von den jeweils herrschenden politischen Kräften abhängig sind. Die Mehrzahl der Professionellen wird im Gegenzug durch die zentralen Prüfungen in ihrer Autonomie beschnitten.

Trotz dieses eingeschränkten Handlungsspielraums arbeiten Lehrpersonen nach wie vor in Feldern, die durch die Staatsgewalt und durch viele Bedingungen geschützt und privilegiert wurden. Der staatliche Schutz kann allerdings nicht mit professioneller Autonomie gleichgesetzt werden. Auch der Einfluss von Klientinnen und Klienten kann die Autonomie einschränken, wogegen Professionelle immer wieder Strategien der Machterhaltung und Schaffung von Distanz einsetzen. Ein solcher Fall tritt ein, wenn Lehrpersonen über ihren Habitus die Kommunikation mit Schülerinnen und Schülern als Inkompetenz- und Abhängigkeitsdiskurs gestalten (vgl. Feldmann 2008, S. 92).

Im Gegensatz zu den Feldern Medizin und Recht ist das Feld Schule international sowohl theoretisch als auch in den Praktiken höchst heterogen und partikularistisch organisiert. Somit fehlt es an einem internationalen wissenschaftlichen Konsens, wie professionelle Autonomie von Lehrpersonen definiert werden soll. Vor dieser Herausforderung, den politisch dominierten Partikularismus der bisherigen professionellen Autonomie – der zugleich eine nicht standardisier- und professionalisierbare Nische der Erziehungstätigkeit garantiert – zu überwinden, sehen sich auch die Verantwortlichen des Professionalisierungskonzepts EPIK (Entwicklung von Professionalität im internationalen Kontext), wenn sie – in Anlehnung an Terhart und Klieme (2005, S. 163f.) – Unterricht zur öffentlich verantwortbaren Arbeit machen wollen, die ihren „quasi privaten Charakter" verlieren soll (vgl. Schratz u. a. 2008, S. 127). Jedenfalls ist es privilegierten Disziplinen wie den Rechtswissenschaften oder der Medizin in langwierigen historischen Kämpfen besser als den Disziplinen Erziehungswissenschaft/ Pädagogik oder Fachdidaktik, gelungen, Kräfte ‚von außen' abzuwehren und sie sind daher auch als autonomer einzustufen.

Die Felder des Bildungswesens positionieren sich in Beziehung zu anderen Feldern und sind in den gesamten sozialen Raum unserer Gesellschaft eingebettet. In diesen Feldern rivalisieren die Akteure miteinander um Macht und Herrschaft und tragen so zur Veränderung oder zum Erhalt der Struktur des Raumes bzw. des Feldes bei (vgl. Bourdieu 1998a, S. 48f.). So positionieren sich die Akteurinnen und Akteure entsprechend ihrer Kapitalausstattung im jeweiligen Feld, das heißt innerhalb der Verteilungsstruktur des wirksamen Machtmittels ‚Kapital', das in seinen diversen Ausprägungen vorkommt: als ökonomisches Kapital, dann als kulturelles und soziales Kapital und schließlich noch als symbolisches Kapital im Sinne der wahrgenommenen und als legitim anerkannten Form der drei vorgenannten Kapitalien. Das symbolische Kapital wird gemeinhin als Prestige oder Renommee bezeichnet (vgl. Bourdieu 1985, S. 11). Die jeweiligen Disziplinen, die an der Lehramtsausbildung beteiligt sind, positionieren sich im universitären Feld je nach ihren Vermögensanteilen an den spezifischen Kapitalvolumina (v. a. Wissen, Veröffentlichungen, personelle, technische und finanzielle Ausstattungen, soziale Netzwerke, Renommee).

Innerhalb des Feldes der Lehrer- und Lehrerinnenbildung konkurrieren und ‚kämpfen' die Fachwissenschaft, die Fachdidaktik und die Erziehungswissenschaft um ihre bestmögliche Platzierung. Welche Disziplin im Feld der Lehramtsausbildung gerade ‚den Ton angibt', wird über die Beziehungen zwischen den verschiedenen Disziplinen bestimmt, die festlegen, was möglich ist und was nicht, „genauer gesagt, ist es die Stellung in dieser Struktur, die, zumindest indem sie Möglichkeiten ausschließt, ihre Stellungnahmen bedingt" (Bourdieu 1998b, S. 20). Auch was eine Akteurin bzw. ein Akteur in Vertretung der eigenen Disziplin (Mikrokosmos) sagt oder tut, lässt sich besser verstehen, wenn man dies auf die Stellung bezieht, die ihre bzw. seine Disziplin im Raum der Universität als Ganzes bzw. im Raum des Feldes der jeweiligen Lehramtsausbildung (Mesokosmos) einnimmt.

Das nachfolgende Diagramm stellt einen Versuch dar, das „Netzwerk" der unterschiedlichen Felder von der Mikro- bis zur Makroebene darzustellen, die auf die Lehrerprofessionalisierung wirken bzw. innerhalb derer Professionalisierung stattfinden kann:

Professionalisierung nach Pierre Bourdieu

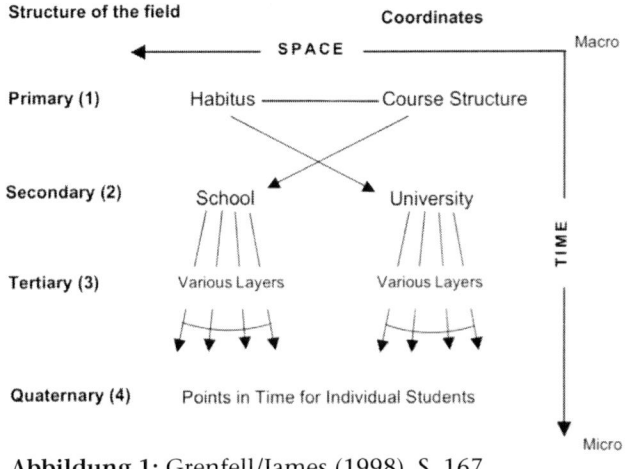

Abbildung 1: Grenfell/James (1998), S. 167

Auf jeder der im Schema abgebildeten Ebenen (Persönlichkeit/Habitus, Seminar/Lehrgang, Schule/Universität, Gesellschaft/Kultur) können unterschiedliche Anforderungen an die Professionalisierung definiert werden. Diese multidimensionale Perspektive macht deutlich, wie schwierig es ist, eine einheitliche Definition von Professionalisierung zu schaffen. Jede Ebene trägt unterschiedliche Herausforderungen an die Professionalisierung in sich.

Eine Lehrperson kann sehr professionell in einem geschützten Bereich, wie z. B. dem Gymnasium, agieren. Trotzdem wirkt sie u. U. über ihre Tätigkeit in einem im Sinne Bourdieus sozial selektiven, d. h. einem die soziale Ungleichheit reproduzierenden Schulsystem, unprofessionell. Beim Ziel, die Persönlichkeitsentwicklung von Studierenden voranzutreiben, darf auch nicht unberücksichtigt bleiben, dass die Studierenden über ihren Habitus die Felder der Aus- und Weiterbildung mitstrukturieren können. Insofern kann das Ergebnis von Professionalisierungsprozessen nie als bloßes Abbild der Feldstrukturen verstanden werden.

Die beiden Autoren Grenfell und James, die sich auf Bourdieu beziehen, fassen ihre Überlegungen zum obigen Diagramm wie folgt zusammen:

„[P]rofessional development can be thought through as a field, which in turn reveals a network of fields within fields. However, the outcome of training is not of course simply a product of the field structure, but also depends on what individuals bring into it; in other words, their backgrounds, schemes of thinking and dispositions – their habitus." (Grenfell/James 2004, S. 167)

Gerade bei den derzeit so populären Learning Outcomes, die es auch in der Aus- und Fortbildung von Lehrenden zu formulieren und zu erreichen gilt, wird darauf vergessen, dass diese bloß theoretisch oder in geschützten Räumen das zu messen vorgeben, was sich erst in der späteren alltäglichen Berufs*praxis* zu bewähren hat. Denn der praktische Sinn (sens pratique) wird bei ihnen wahrscheinlich jene vielleicht bisher verborgenen Dispositionen aktualisieren, die es ihnen ermöglichen, mit einer eingespielten schulischen „Mannschaft [...] unmittelbar zu kommunizieren [...und] zu handeln *comme il faut.*" (Bourdieu 2001b, S. 178)

3 Habitus

Der Habitus ist das Schlüsselkonzept in Pierre Bourdieus bildungssoziologischer Forschung. Ehe die Frage beantwortet wird, welche Aspekte daraus für den Professionsdiskurs relevant sind, soll das Verständnis des Bourdieu'schen Habitus-Begriffs geklärt werden.

Das Konzept des Habitus ist eng mit dem Konzept des Feldes und des ökonomischen und sozialen Kapitals verwoben. Es ist nicht einfach, in den über 400 Artikeln und über 40 Büchern, in denen Bourdieu als Verfasser oder Mitverfasser auftaucht, *keinen* Hinweis auf seinen zentralen Begriff des Habitus zu finden. Auf einer seiner letzten Konferenzen, kurz vor seinem Tod in Paris (2002), hat Bourdieu noch einmal versucht, die wichtigsten Elemente des Begriffs unter Hinweis auf das 1992 mit Loïc Wacquant veröffentlichte Buch *Réponses. Pour une anthropologie réflexive* (Bourdieu/Wacquant 1992) zu erklären:

> „I must first recall the definition of habitus as a system of *dispositions*, that is of permanent manners of being, seeing, acting and thinking, or a system of *long-lasting* (rather than permanent) schemes or schemata or structures of perception, conception and action. The word disposition, being more familiar, less exotic, than habitus, is important to give a more concrete intuition of what habitus is, and to remind you what is at stake in the use of such a concept, namely a peculiar philosophy of action, or better, of' practice, sometimes characterized as *dispositional.*" (Bourdieu 2005b, S. 43f.)

Habitus, so Bourdieu, ist ein *System von Dispositionen*. Unter System will er nicht eine bloß logische Systematisierung, auch nicht eine Aufteilung in einzelne abgekapselte Bereiche verstehen – wie dies in sozialpsychologischen Untersuchungen oft üblich ist (zum Beispiel bei gängigen Untersuchungen zu Einstellungen von Lehrpersonen). Bourdieu geht es vielmehr um eine *praktische Systematik*, die nicht nur *einen* Aspekt des Verhaltens herausstellt. Er greift hier den Begriff *Stil* auf, den er aus dem Feld der Kunst entlehnt (man erkennt gewöhnlich den Stil eines Malers auch in unterschiedlichen Werken), und auch den Ausdruck *Lebensstil*, um eine praktische Einheit von Einzelnen oder Gruppen im sozialen Raum zu konstruieren. Die Praktiken des Menschen sind – wie Bourdieu immer wieder betont – offen und vielfältig innerhalb gewisser Grenzen. Die sinnfälligen Beispiele von Lebensstilen und Geschmacksrichtungen können als illustrierender Beleg der Forschungsintention, eine praktische Systematik zu etablieren, angeführt werden (vgl. Bourdieu 1982). Um das Habitus-Konzept besser verständlich zu machen, erinnert Bourdieu an die Nähe zum traditionellen Begriff des *Charakters* (Bourdieu 2005b, S. 45), den er als einen Satz von Eigenschaften versteht, der durch soziale Bedingungen erworben wurde.

Bourdieu betont, dass der menschliche Charakter inkorporierte Lebens- und Lerngeschichte ist und daher auch durch neue Erfahrungen, Erziehung und Training verändert werden kann. Hier kommt auch ein wichtiger Aspekt der *stillen Pädagogik* (Nairz-Wirth 2009b) zum Tragen: Habitus wird zwar primär unbewusst erworben, kann aber – wenigstens teilweise – bewusst und explizit gemacht werden. In diese Richtung argumentiert Bourdieu an mehreren Stellen (vgl. beispielsweise Bourdieu 1992, S. 33), wenn er über die Veränderungsmöglichkeit des relativ resistenten, weil über die primäre Erziehung erworbenen linguistischen Habitus spricht. Für die Veränderung von verfestigten Dispositionen seien, so Bourdieu, drei Faktoren maßgeblich: Intention, Bewusstsein und pädagogische Hilfsmittel:

„Dispositions are long-lasting: they tend to perpetuate, to reproduce themselves, but they are not eternal. They may be changed by historical action oriented by intention and consciousness and using pedagogic devices. (One has an example in the correction of an accent of pronunciation)." (Bourdieu 2005b, p. 45)

Bourdieu setzt das menschliche ‚Unbewusste' mit dem Vergessen der eigenen Geschichte gleich und sieht im Prozess seiner Bewusstwerdung, zum Beispiel über den Weg einer Sozioanalyse,[4] eine Möglichkeit zur Veränderung des Habitus (vgl. Bourdieu 1979, S. 171). Liebau (2006, S. 359) beschreibt die Analogie der Sozioanalyse zur Psychoanalyse wie folgt:

„Wenn es das wesentliche Kennzeichen der Psychoanalyse ist, dass sie unbewusste Strukturen und Vorgänge im Individuum bewusst – und damit in Grenzen verfüg- und auch veränderbar – zu machen versucht (‚Wo Es war, soll Ich werden'), so hat Sozioanalyse es damit zu tun, unbewusste Strukturen und Vorgänge in der Gesellschaft bewusst – und damit in Grenzen verfüg- und ggf. veränderbar – zu machen."

Den Habitus als schicksalhafte Determination zu verstehen, wäre also ein großes Missverständnis, darauf hat Bourdieu wiederholt aufmerksam gemacht: „The model of the circle, the vicious cycle of structure producing habitus which reproduces structure ad infinitum is a product of commentators." (Bourdieu 2005b, p. 45)

4 Kompetenz

Professionalisierung betrifft zuerst Feldgestaltung, denn sie geht zunächst davon aus, dass eine Berufsgruppe ihre Ausbildung auf ein universitäres Niveau gebracht hat und eine gewisse Monopolisierung in einem Feld erreicht haben muss. Nach der Stabilisierung des Feldes erfolgt eine Arbeit am idealen Berufshabitus, der in der Lehramtsausbildung über das Studium und die ersten Praxisphasen, die entweder integriert oder konsekutiv organisiert sind, erworben wird.

In der Debatte um die Professionalisierung von Lehrenden wird meist der Begriff der Kompetenz reklamiert, doch häufig auf dessen Vernetzung mit Habitus bzw. Kapital und Feld vergessen. Diese Art der Kompetenzdiskussion verläuft dann abgekoppelt von gesellschaftlichen Feldern und auch entfernt von den tatsächlichen Kompetenzstrategien und -institutionalisierungen in Schulen und Hochschulen. Beispiele für diese isolierte bzw. nur in erziehungswissenschaftlichen Hochschulfeldern bedeutsamen Kompetenzdiskussionen sind folgende Typologien: Sach-, Sozial- und Selbstkompetenz bei Heinrich Roth (vgl. Roth 1971, S. 17, S. 388f.) oder Gesellschaftsanalyse, Situationsdiagnose, Selbstreflexion, professionelles Handeln bei Wolfgang Nieke (2002, S. 13ff.).

---

[4] Zur „Sozioanalyse als individuelle und kollektive Befreiungsarbeit" vgl. insb. Rieger-Ladich 2002, S. 336–347.

Neuere erziehungswissenschaftliche Ansätze der Professionalisierung haben die traditionellen soziologischen Professionskriterien (Berufsorganisation, Monopol, wissenschaftliche Entwicklung und Technologie) ins Abseits gestellt und den Fokus teilweise auf die „bewährte Berufspraxis" (Tenorth 2006) oder auf anderweitig begründete Beziehungsmodelle (vgl. Oevermanns Konzept der Falldeutung, Oevermann 1996) gelegt. Nach Oevermann (1996, S. 146ff.) umfasst die Arbeit der Lehrenden eine „therapeutische Dimension"; diese erfordert ein „pädagogisches Arbeitsbündnis"[5].

Staatlicherseits und von Seiten der evidenzbasierten Bildungsforschung werden dagegen Kompetenzmodelle in den Vordergrund gerückt, die letztlich immer in der traditionellen Fächerstruktur verankert sind und zu weiterer Polarisierung zwischen starken und schwachen Disziplinen führen. Folgende Effekte können daraus resultieren: Erstens führt die Strukturierung des Schulunterrichts nach Hochschuldisziplinen zu einem starken Kompetenz- und Machtgefälle zwischen Lehrenden und Lernenden (vgl. Freidson 1975). Zweitens verfügen Schülerinnen und Schüler aus gehobenen Milieus in der Regel über einen Habitus, der sich für solche abstrakten Kompetenzfelder besser eignet als jener von Schülerinnen und Schülern aus unterprivilegierten oder sogenannten „bildungsfernen" Familien, was auch ungleiche Bildungslaufbahnen nach sich zieht. Drittens verhindert die auf die traditionelle Fächerstruktur bezogene Kompetenzfixierung eine Emanzipation des Feldes Schule und ist damit ein zentrales Hindernis für eine zukunfts- und klientenbezogene Autonomieentwicklung (vgl. Gardner 2001).

Folgt man der Argumentation Bourdieus, dann wirkt Kompetenz nie unabhängig von dem Feld, in dem sie ‚ausgespielt' wird, denn erst über dieses werden Kompetenzen anerkannt oder abgewiesen. Neben den übergreifenden Kompetenzen (vgl. Schratz u. a. 2008), die in allen pädagogischen Feldern eine hohe Relevanz besitzen (wie Reflexionsfähigkeit, Diskursfähigkeit, Professionsbewusstsein, Personal Mastery, Kooperation und Kollegialität, Differenzfähigkeit), hat sich in der Aus- und Weiterbildung von Lehrenden eine institutionenspezifische Differenzierung ergeben: In Österreich werden die zukünftigen Lehrpersonen je nach dem Schultyp, in dem sie später wirken wollen/sollen, an unterschiedlichen Institutionen ausgebildet.

Es wurde immer wieder der pädagogische Habitus, früher der „geborene Erzieher", gegen den Fachhabitus ins Spiel gebracht, was auch als Konkur-

---

[5] Siehe Oevermann (2008).

renzkampf zwischen den Feldern des Primarschulbereichs bzw. unteren Sekundarschulbereichs und der höheren Schulen gedeutet werden kann. Doch es handelt sich auch um eine Konkurrenz auf höherer Ebene zwischen der Erziehungswissenschaft und den mächtigeren Fachwissenschaften. In der unteren Sekundarstufe wurde diesem pädagogischen Habitus ein Feld zugewiesen, in dem er begrenzt wirken darf. Doch die Zentralkompetenzen sind fachspezifisch und strahlen inzwischen bis in die Vorschulstrukturierung, sodass der pädagogische Habitus immer mehr in die Felder der speziellen Kindergärten und Schulen mit reformpädagogischen Schwerpunkten abgedrängt wird.

Die Hervorhebung des pädagogischen Habitus wird immer wieder von denjenigen, die nicht den traditionellen ‚erziehenden Unterricht' vertreten, als prekäre Professionalisierung gedeutet, da sie sich in dieser Sichtweise der Sozialarbeit oder Sozialpädagogik annähert und sich damit von den klassischen Professionen des Arztes und Juristen entfernt. Lehrende an Haupt- und Sonderschulen werden zwar auch wissenschaftlich fachorientiert ausgebildet, doch in der Schulpraxis mit einem hohen Anteil an Kindern und Jugendlichen aus bildungsfernen Milieus wird ihre Fachprofessionalität teilweise „gebrochen" (vgl. Nyssen/Stange 2007). Der ‚pädagogische Habitus' ist für aufstiegsorientierte Pädagoginnen und Pädagogen an Gymnasien und Hochschulen kein zentrales Ziel, da die statusfördernde Anerkennung[6] aufgrund der wissenschaftlichen Fachorientierung erfolgt.

Allerdings werden international neue Lehr- und Lernmodelle erprobt, in denen andere Formen der Professionalisierung und Habitusbildung ermöglicht werden (vgl. Lave/Wenger 1991; Engeström 1999; Schrittesser 2004). Die Grundlagen dieser Modelle stammen aus der psychologischen, soziologischen, ökonomischen und erziehungswissenschaftlichen Forschung und verorten das ‚Pädagogische' in einem umfassenderen gesellschaftlichen Raum des *people processing* und der Organisations- und Arbeitsentwicklung. Lave/Wenger oder Engeström konzipieren – ebenso wie Bourdieu – Lernen nicht als Erwerb kognitiver Kompetenzen, sondern als Praxis der ‚Einverleibung' in Gruppen. In diesen neuen Lernmodellen werden Gender, soziale Herkunft und andere habitusrelevante ‚Merkmale' nicht ausgegliedert oder als ‚Störvariablen' in Experimenten kontrolliert, sondern sie werden in Schulen als positive Entwicklungs- und Lernaspekte be-

---

[6] Zum Sozialprestige und Selbstbild von Lehrerinnen und Lehrern siehe Enzelberger (2001, S. 223–238).

rücksichtigt.[7] Doch die von den meisten europäischen Staaten betriebenen Änderungen der Professionalisierung greifen zu wenig diese neuen Formen der Forschung und Entwicklung auf. Sie beziehen sich dagegen auf eher traditionelle psychologische Theorien und Messmodelle, vernachlässigen Inter- und Transdisziplinarität und vermeiden organisatorische Neuerungen, die das gesellschaftliche Habitusgefüge dynamisieren könnten.

Kompetenz ist nach Bourdieu in den Personen inkorporiert und objektiviert sich in Bildungstiteln und verdinglichtem kulturellem Kapital. Er verwendet den Begriff *Kompetenz* durchgängig im Zusammenhang mit inkorporiertem kulturellem Kapital, wenn er von „spezifischen kulturellen Kompetenzen" und einer „eng an die Person gebundenen Kapitalform" spricht. „Cultural capital, technical capital, and commercial capital exist both in objectivized form (equipment, instruments, etc.) and in embodied form (competence, skills, etc.)." (Bourdieu 2005a, S. 87) In weiteren Ausführungen zur Kompetenz verwendet Bourdieu seine beliebte Metapher des „Spielfeldes", innerhalb dessen seine Akteurinnen und Akteure ihre spezifischen Eigenschaften, d. h. Kompetenzen, „ausspielen". Zum Erwerb von Kompetenz wird Zeit benötigt. Bourdieu erinnert hier an Platon, wenn er dessen Begriff der scholé einführt. Dieser bedeutet ursprünglich Muße: Diejenigen, die entlastet von den Anforderungen des Alltags lernen können, unterscheiden sich von denen, die unter zeitlichen und finanziellen Zwängen stehen. Von dieser Unterscheidung ausgehend spricht Bourdieu vom *homo scholasticus* oder *academicus*, „der imstande ist, ernsthaft zu spielen, weil sein *Status* (oder Staat) ihm alle Mittel dazu sichert, das heißt die freie – jedenfalls von den Nöten des Lebens freie – Zeit, die durch eine spezifische, auf der skholè [scholé] beruhende Lehrzeit gesicherte Kompetenz und schließlich vor allem die (als Befähigung wie als Neigung zu verstehende) Disposition zum Investieren in die Dinge, zum Sich-Einlassen auf die Dinge, die in den Welten der geistigen Tätigkeit produziert werden

---

[7] Kramer/Helsper (2010) kritisieren, dass der Einbezug der Theorie Bourdieus in die PISA-Studien nur ein rhetorischer ist. Die zunächst vielversprechende Grundlegung von Bildungsungleichheiten mit der Theorie Bourdieus werde in der methodischen Umsetzung der Studie und in der Erklärung der statistischen Befunde sukzessive reduziert und gleichzeitig immer stärker negiert. „Diese Tendenz steigert sich in den Folgestudien bis zu einem ‚vollständigen Abschied von Bourdieu'. Damit bleibt nicht nur das Erklärungspotential der bourdieuschen Überlegungen unausgeschöpft, sondern die vorhandenen Bezüge sind zusätzlich gegenüber Bourdieu deformiert." (ebd., S. 105)

und zumindest in den Augen von ernsthaften Menschen durchaus unnütz sind." (Bourdieu 1998a, S. 204) Hier argumentiert Bourdieu durchaus ambivalent, auf der einen Seite schätzt er die Aneignung von Kompetenz, auf der anderen Seite nimmt er die kurzschlüssige utilitaristische Perspektive von sogenannten „ernsthaften" Menschen ein. Diese Ambivalenz setzt sich fort, wenn er die Tendenz beschreibt, dass Kompetenz (symbolisches Kapital) unkritisch jenen zugestanden wird, die über einen bestimmten Bildungstitel verfügen, der im Grunde nur der Statussicherung dient (vgl. Bourdieu 1993, S. 119). Pädagogische Professionalität wird allerdings nicht bloß über einen Bildungstitel (z. B. die Lehrbefähigung) legitimiert, vielmehr hat sich diese in der Praxis zu bewähren.

Wie bedeutend die Verkörperung der von EPIK[8] reklamierten Metakompetenzen durch eine Lehrperson ist, beschreibt auch Aaron V. Cicourel in seinen Studien zum Habitus von Lehrpersonen. „Undurchsichtige" Notengebungen, so der Autor, seien ein Symptom des Machtmissbrauchs von Lehrenden, die dadurch versuchten, ihre „ernstliche Inkompetenz" (Cicourel 1993, S. 172) zu kaschieren. Eine unzureichende Ausstattung an kulturellem Kapital geht also in nicht seltenen Fällen mit symbolischer Gewalt Hand in Hand. Dass damit auch soziale Inkompetenz gemeint sein kann, illustriert der Auszug aus einem Gedächtnisprotokoll[9] einer Schülerin:

„Am Jahresende wurde Clemens von der Klassenvorständin mitgeteilt, dass er in Englisch auf Nicht Genügend stehen würde. Die Klasse war außer sich. Niemand sah einen Grund, warum die Englischlehrerin es so auf meinen Freund abgesehen hatte. Er war ein unproblematischer Schüler, der kaum störte und in allen anderen Fächern gute Leistungen erbrachte. Er wurde grundsätzlich von allen Lehrern gemocht. Nachdem sich seine Eltern beim Direktor beschwert hatten, lenkte die Englischlehrerin ein und gewährte meinem Freund doch die Möglichkeit einer kurzfristig

---

[8] Die vom österreichischen Bundesministerium für Unterricht und Kunst (BMUKK) eingesetzte Arbeitsgruppe EPIK (Entwicklung von Professionalität im internationalen Kontext) definiert fünf schultyp- und fachunabhängige Kompetenzbereiche (Domänen), die zusammen einen pädagogischen Habitus ausmachen sollten: Differenzfähigkeit, Kollegialität, Reflexions- und Diskursfähigkeit, Professionsbewusstsein und individuelle Könnerschaft sind charakteristische Metakompetenzen für professionelles Handeln. (vgl. das Editorial im vorliegenden Band)

[9] Entnommen aus den Aufzeichnungen zu einem laufenden Forschungsprojekt zum Thema „Schule und symbolische Gewalt", das derzeit von der Autorin durchgeführt wird.

angesetzten Entscheidungsprüfung. Es blieb ihm also kaum Zeit sich vorzubereiten. Die Prüfung am Donnerstag war unmöglich von einem Zweitklässler zu bewältigen. Niemand in der Klasse hätte dieser mündlichen Prüfung standgehalten. Er wurde nach der englischen Legende gefragt und sollte diese fließend auf Englisch erzählen können. Die Legende war ein ‚Exkurs' im Buch, die wir nie durchgenommen hatten."
(Clarissa, heute 21 Jahre)

Sprachliche soziale Verhältnisse, wie sie in diesem Gedächtnisprotokoll beispielhaft vorgeführt werden, sind immer auch Verhältnisse symbolischer Macht (vgl. Bourdieu 1990, S. 11). In den Kommunikationsbeziehungen werden auch Machtverhältnisse zwischen den Sprechenden und den unterschiedlichen sozialen Gruppen aktualisiert. In täglichen Interaktionen werden soziale Differenzen weiter festgeschrieben oder neu geschaffen, da Sprache differenziert und gleichzeitig differenzierend wirkt. Sprache ist ein Mittel der sozialen Distinktion, da sie „Wert(igkeiten)" produziert und perpetuiert.

Das nächste Gedächtnisprotokoll einer Schülerin soll zeigen, wie Sprache als Instrument der Herabsetzung eingesetzt werden kann und dazu dient jemandem mitzuteilen, „er habe diese oder jene Eigenschaft, und zugleich, er habe sich der ihm auf diese Weise zugesprochenen sozialen Natur gemäß zu verhalten" (ebd., S. 99):

Der Lehrer sagte „Ein Teil der Leute, die uns letztes Jahr aufgehalten haben, sind wir bereits losgeworden und den Rest erledigen wir dieses Jahr. Verstehst du mich nicht, wenn ich dir was erkläre, oder muss ich „türkisch" reden. Du verstehst nur Bahnhof, hab ich Recht?" Oder wenn ein Schüler etwas nicht verstand und nachfragte „Dein Nachbar soll es dir erklären, ich wiederhole nicht zweimal. Die, die es nicht verstanden haben, haben Pech." (Ayse, heute 24 Jahre alt)

Doch symbolische Gewalt wird nicht nur über Sprechakte, sondern vor allem auch über Gestik, Mimik und Rituale ausgeübt. Vor allem Objekte und architektonische Räume wirken klassifizierend und schaffen Unterschiede. Alkemeyer (2008, S. 131) verweist darauf, dass pädagogisch ambitionierte Raumarrangements – wie beispielsweise der Sitzkreis – ganz eigene, informelle Ein- und Ausschlüsse, Auf- und Abwertungen produzieren können. Manche Schülerinnen und Schüler schämen sich, wenn sie plötzlich ungeschützt frei sprechen sollen, da sie weder über die Kompetenz noch das Selbstbewusstsein verfügen, sich vor anderen zu exponieren. In schulischen Praktiken werden immer Selbsteinschätzungen mitgelernt: Schülerinnen und Schüler entwickeln relativ rasch ein Gespür für ihre eigene relative Positionierung im hierarchischen Raum der Klassengemeinschaft, was sich auf die Entwicklung ihres Selbstbewusstseins, ihres Auftretens und ihrer Kompetenzen auswirkt.

4.1 Zertifizierte Lehrkompetenz

Bourdieu nennt den Staat eine „Zentralbank" für symbolisches Kapital, die in letzter Instanz alle Staatsakte der institutionalisierten kulturellen Kompetenzen sanktioniert, d. h. auch die Bescheinigungen für die Lehrbefähigung verleiht (vgl. Bourdieu 2001b, S. 308). Das staatliche Monopol lässt Kompetenzen hierarchisieren, standardisieren und wissenschaftlich legitimieren. Nur in Nebenbereichen des Bildungssystems werden eine begrenzte Öffnung, Marktorientierung und Demokratisierung zugelassen.

Die soziale Schließung hat im Lehrberuf – nicht nur im deutschsprachigen Raum – zu einem segmentierten Lehrkörper geführt: man unterscheidet Lehrende an Volksschulen, Hauptschulen, Sonderschulen, Mittelschulen, Gymnasien, Berufsschulen. Die Vorschule wurde überhaupt ausgeschlossen. Dadurch ist die Professionalisierung auch im ‚body of knowledge' beschränkt geblieben bzw. es ist kein internationaler relativ gesicherter Wissenspool entstanden, sondern es dominieren nach wie vor nationale und regionale, politisch und ökonomisch gesteuerte Wissensherrschaften. Außerdem ist es im Feld nicht nur zu einem Kampf der ‚geistigen Mächte', wie von der geisteswissenschaftlichen Pädagogik diagnostiziert, sondern auch zu einem Kampf der Gruppen um Status gekommen. Über den Weg der Professionalisierung wird Exklusion auf der Grundlage von Bildungszertifikaten praktiziert, um einen Berufsstatus zu legitimieren.

5 Feldgestaltung

Nicht nur die Akteurinnen und Akteure des schulischen Feldes müssen professionalisiert werden, sondern das Feld selbst muss professionalisiert werden. Auf dieses Defizit in der Lehrerprofessionalisierung macht auch die Arbeitsgruppe EPIK aufmerksam, wenn sie das Argument von Bastian und Helsper (2000, S. 184) zitiert: „D. h. es bedarf der Institutionalisierung –

auf der Ebene der einzelnen Schule – von reflexiven, kommunikativen Räumen [...], in denen kollegiale Beratung, Auseinandersetzung und Reflexion fest in den Arbeitsrhythmus von Lehrkräften ‚eingebaut' wird – ein Aspekt, der bislang weitgehend fehlt und ein Defizit der Lehrerprofessionalisierung darstellt." Ein reflexiver pädagogischer Habitus trägt das Potenzial in sich, das schulische Feld zu dynamisieren, denn er besitzt die Fähigkeit, Inventionen und Improvisationen innerhalb ‚gewisser Grenzen' zu erzeugen. Dieser Aspekt erweist sich als besonders fruchtbar für eine Professionalisierungstheorie, die sich vom Forschungsparadigma Pierre Bourdieus anregen lässt.

Denn die Habitustheorie Pierre Bourdieus ist eine dialektische, die besagt, dass der individuelle Habitus zwar die Strukturen der Erziehungs- und Sozialisationsgeschichte verkörpert, aber dennoch strukturierend und feldgestaltend wirkt. Das *Feld* steht in dynamischer Relation zum Habitus. In Kämpfen und Wettbewerben wandeln sich Feld und Habitus zugleich.

Die Studierenden und die Lehrenden tragen ihren Habitus in das Feld der Aus- und Weiterbildungsstätten hinein, wobei sich der Habitus in der Ausbildung weniger stark verändert als in der Berufstätigkeit. Zu Beginn der eigentlichen Berufspraxis tritt bei den jungen Lehrerinnen und Lehrern ein rascher Einstellungswandel ein. Sie werden konservativer, konformistischer und weniger reformfreundlich. Dieses in der Bildungsforschung als „Praxisschock" bekannt gewordene Phänomen (Müller-Fohrbrodt/Cloetta/Dann 1988; Nairz-Wirth 1998) ist ein Hinweis dafür, dass sich während der Lehramtsausbildung zwar die Einstellungen verändern, aber nicht habituell verfestigen. Die Überformung des Habitus war daher nur labil. Hier trifft eine weitere These Bourdieus zu, wenn er das Feld [hier das Feld Schule] mit der Metapher des Magnetfelds umschreibt, dessen Kräfte es vermögen allen Neueintretenden seine Struktur aufzuzwingen. „Jedes Feld bricht die äußeren Kräfte wie ein Prisma gemäß seiner inneren Struktur." (Wacquant 2006, S. 37) Die Beziehung von Feld und Habitus und deren Passung (vgl. Kramer/Helsper 2010) spielen bei der näheren Analyse der Entstehung und der Auswirkungen des sogenannten Praxisschocks und der normativen Anforderungen von Organisationen eine entscheidende Rolle.

Eine konkrete Schule ist ein Feld, in dem man die Stabilität des Habitus gut studieren kann. Die Güte der Professionalisierung von Lehrenden könnte an der durch sie durchgeführten Feldsteuerung gemessen werden.

Wenn eine kritische Menge von sogenannten „Risikoschülerinnen oder -schülern" das Feld- und Habitusgleichgewicht stört, dann wäre dies die Chance zur Bewährung von Professionalität, die einen pädagogischen Habitus fordert, der – bleibt man den Normen Bourdieus treu – die Spielkompetenzen und Kapitalchancen der unterprivilegierten Schülerinnen und Schüler nachhaltig zu verbessern imstande ist. Das muss nicht dazu führen, wie oft in bildungspolitischen Diskussionen kritisch angemerkt wird, dass dies auf Kosten des Anforderungsniveaus der Leistungen geht. Bourdieu hat in einem Interview einmal angemerkt: „Es geht nicht darum, die Erben zu enterben, sondern darum, ‚allen' das zu geben, was einige ererbt haben." (Bourdieu 2001c, S. 24)

Besondere Herausforderungen an einen professionellen Habitus ergeben Problemlagen, die das Feld in Ordnung erscheinen lassen, weil die Schwierigkeiten von Schülerinnen und Schülern (auch von Lehrpersonen) individualisiert werden. Meist wird dabei nicht an notwendige Veränderungen der Feldstruktur gedacht. Die Habitusprobleme der Lehrenden werden ebenso wie die Habitusprobleme von Schülerinnen und Schülern zuallererst „individualisiert" (blaming the victim)[10], d. h. sie werden über defizitorientierte Erklärungsmodelle beschrieben, die die Schulorganisation und die Spielregeln des Feldes nicht gefährden.

6 Zusammenfassung

Professionalisierung besteht nicht bloß darin, Lehrpersonen didaktisch, methodisch und fachwissenschaftlich auszubilden, so unbestritten dies für die Aneignung von Lehrkompetenz auch ist. Es erweist sich als reduktionistisch, die traditionelle Sozialisation von Lehrenden nur durch eine Schwerpunktsetzung auf psychologische Diagnose- und Unterrichtstechnologie zu modernisieren. Man sollte bedenken, dass die Sozialisation der Lehrpersonen im Vergleich zu den klassischen Professionen Ärztin bzw. Arzt und Juristin bzw. Jurist verstärkt auf der Ebene der Habitusentwick-

---

[10] Vgl. beispielsweise die traditionelle Forschung über die Ursachen von frühem Schulabbruch, die in den einzelnen Persönlichkeits- und Familienmerkmalen bzw. sozioökonomischen Merkmalen der Betroffenen die primären Ursachen für den frühen Schulabbruch sucht. Kritisch dazu Stamm (2007) oder Nairz-Wirth/Meschnig/Gitschthaler (2010), die eine Öffnung der Forschung in Richtung Schulstruktur- bzw. Feldanalysen fordern.

lung und der Sensibilisierung für die genuine Tätigkeit im pädagogischen Feld stattfindet. Schon aus diesem Grund ist aus dem Bourdieu'schen Forschungsparadigma kein bevorzugtes Ausbildungs*design* ableitbar. Bourdieu/Passeron formulieren pädagogische Forderungen, die in sieben „Grundsätzen für eine Reflexion der Unterrichtsinhalte" münden (Bourdieu/Passeron 1971, S. 82–71)[11]. Entscheidend für Bourdieu ist, dass das Diktum der instrumentellen Vernunft in der Professionalisierung nicht das Charakteristische der Rationalität von Hochschuldidaktik darstellt. Rationalität findet bei Bourdieu ihren Anker in der Reduktion von sozialer Ungleichheit. Pädagogisches Können und fachliche Kompetenz sind in seinem Sinne notwendige, aber keine hinreichenden Bedingungen pädagogischer Rationalität. Diese müsste sich „an einer genauen Kenntnis der sozial bedingten kulturellen Ungleichheit orientieren und entschlossen sein […], sie zu verringern." (Ebd., S. 89) Wechselseitige Anforderungen zwischen Lehrenden und Lernenden sind zu präzisieren, ihre unterschiedlichen kulturellen Ausgangslagen sind zu berücksichtigen. Nur dann besteht die Chance, die im Bildungssystem immanente „Blindheit gegenüber sozialer Ungleichheit" und den „Klassenrassismus"[12] zu überwinden (ebd., S. 82f.). Der Pädagogik ist nicht Genüge getan, „wenn man Rezepte liefert, die durch borniete Zweckhaftigkeit entwertet sind." (ebd., S. 88) In diesem Verständnis zeigt sich Professionalität, wenn Pädagogik jeder möglichen Instrumentalisierung entzogen wird, blinde Flecken dekonstruiert und der Auftrag stetig bewusst gehalten wird, möglichst vielen Menschen Wege zu eröffnen, um jene Fähigkeiten zu erwerben, *„die zu einer bestimmten Zeit Bildung ausmachen"* (Bourdieu/Passeron 2007, S. 105, Hervorh. im Original).

---

[11] Bourdieu veröffentlichte diese „pädagogischen Forderungen" gemeinsam mit J. C. Passeron in *Les Héritiers. Les Etudiants et la Culture* im Jahr 1964. Die deutschsprachige Fassung wurde 1971 erstmals in *Die Illusion der Chancengleichheit* publiziert. Eine eigenständige deutschsprachige Publikation von *Les Héritiers. Les Etudiants et la Culture* erschien 2007 unter dem deutschen Titel *Die Erben*.

[12] Hier meint Bourdieu die Tendenz, Leistungsunterschiede über ein Begabungsmodell zu erklären (vgl. Bourdieu/Passeron 1971, S. 85). Ungleichheiten dürften niemals mit Gewissheit auf genetische Faktoren zurückgeführt werden, bevor „nicht alle Formen, in denen gesellschaftliche Ungleichheitsfaktoren wirksam sind, erforscht, nicht alle pädagogischen Mittel zu ihrer Ausschaltung erschöpft sind." (ebd., S. 82)

Literatur

Alkemeyer, Thomas (2006): Lernen und seine Körper. Habitusformungen und -umformungen in Bildungspraktiken. In: Friebertshäuser, Barbara/ Rieger-Ladich, Markus/Wigger, Lothar (Hrsg.): Reflexive Erziehungswissenschaft. Wiesbaden: VS Verlag für Sozialwissenschaften, S. 41–56.

Bastian, Johannes/Helsper, Werner (2000): Professionalisierung im Lehrberuf – Bilanzierung und Perspektiven. In: Bastian, Johannes/Helsper, Werner/Reh, Sabine/Schelle, Carla (Hrsg.): Professionalisierung im Lehrberuf. Von der Kritik der Lehrerrolle zur pädagogischen Professionalität. Opladen: Leske & Budrich, S. 167–192.

Bourdieu, Pierre (1979): Entwurf einer Theorie der Praxis. Frankfurt/Main: Suhrkamp.

Bourdieu, Pierre (1982/1992): Die feinen Unterschiede. Kritik der gesellschaftlichen Urteilskraft. Frankfurt/Main: Suhrkamp.

Bourdieu, Pierre (1985): Sozialer Raum und Klassen. Leçon sur la leçon. Frankfurt/Main: Suhrkamp.

Bourdieu, Pierre (1990): Was heißt sprechen? Die Ökonomie des sprachlichen Tausches. Wien: Braumüller.

Bourdieu, Pierre (1993): Sozialer Sinn. Kritik der theoretischen Vernunft. Frankfurt/Main: Suhrkamp.

Bourdieu, Pierre (1996): Die Praxis der reflexiven Anthropologie. In: Bourdieu, Pierre/Wacquant, Loïc (Hrsg.): Reflexive Anthropologie. Frankfurt/Main: Suhrkamp, S. 251–294.

Bourdieu, Pierre (1998a): Praktische Vernunft. Zur Theorie des Handelns. Frankfurt/Main: Suhrkamp.

Bourdieu, Pierre (1998b): Vom Gebrauch der Wissenschaft. Für eine klinische Soziologie des wissenschaftlichen Feldes. Konstanz: UVK.

Bourdieu, Pierre (1998c): Contre-feux. Propos pour server à la résistance contre l'invasion néoliberale. Paris : Raisons d'agir.

Bourdieu, Pierre (2001a): Die Regeln der Kunst. Genese und Struktur des literarischen Feldes. Frankfurt/Main: Suhrkamp.

Bourdieu, Pierre (2001b): Meditationen. Frankfurt/Main: Suhrkamp.

Bourdieu, Pierre (2001c): Wie die Kultur zum Bauern kommt. Über Bildung, Schule und Politik. Hamburg: VSA-Verlag.

Bourdieu, Pierre (2005a): Principles of an Economic Anthropology. In: Smelser, Neil/Swedberg, Richard (eds.): The Handbook of Economic Sociology. Princeton: Princeton University Press, pp. 75–90.
Bourdieu, Pierre (22005b): Habitus. In: Hillier, Jean/Rooksby, Emma (eds.): Habitus. A Sense of Place. Aldershot: Ashgate, pp. 43–52.
Bourdieu, Pierre/Passeron, Jean-Claude (1971): Die Illusion der Chancengleichheit. Stuttgart: Ernst Klett.
Bourdieu, Pierre/Wacquant, Loïc (1992): Réponses. Pour une anthropologie réflexive. Paris: Editions du Seuil.
Bourdieu, Pierre/Wacquant, Loïc (1996): Die Ziele der reflexiven Soziologie. In: Bourdieu, Pierre/Wacquant, Loïc (Hrsg.): Reflexive Anthropologie. Frankfurt/Main: Suhrkamp, S. 95–250.
Bourdieu, Pierre/Passeron, Jean-Claude (2007/1985): Die Erben. Konstanz: UVK Verlagsgesellschaft.
Cicourel, Aaron Victor (1993): Habitusaspekte im Entwicklungs- und Erwachsenenalter. In: Gebauer, Günther/Wulf, Christoph (Hrsg.): Praxis und Ästhetik: neue Perspektiven im Denken Pierre Bourdieus. Frankfurt/Main: Suhrkamp, S. 148–173.
Engelbrecht, Helmut (1986): Geschichte des österreichischen Bildungswesens. Erziehung und Unterricht auf dem Boden Österreichs. Band IV. Wien: Österreichischer Bundesverlag.
Engelbrecht, Helmut (1988): Geschichte des österreichischen Bildungswesens. Erziehung und Unterricht auf dem Boden Österreichs. Band V. Wien: Österreichischer Bundesverlag.
Engeström, Yrjö (1999): Innovative Learning in work teams. In: Engeström, Yrjö/Miettinen, Reijo/Punamäki-Gitai, Raija-Leena (eds.): Perspectives on Activity Theory, Analyzing cycles of knowledge creation in practice. Cambridge: Cambridge University Press, pp. 377–404.
Enzelberger, Sabina (2001): Sozialgeschichte des Lehrerberufs. Weinheim: Juventa.
Feldmann, Klaus (2005): Erziehungswissenschaft im Aufbruch. Wiesbaden: VS Verlag für Sozialwissenschaften.
Freidson, Eliot (1975): Dominanz der Experten. München/Berlin/Wien: Urban & Schwarzenberg.
Gardner, Howard (42001): Der ungeschulte Kopf. Wie Kinder denken. Stuttgart: Klett-Cotta.

Grenfell, Michael/James, David (1998): Theory as Method. In: Grenfell, Michael/James, David (eds.): Bourdieu and Education. Acts of Practical Theory. London: Falmer Press, pp. 151–181.

Grenfell, Michael/James, David (2004): Change in the field. Changing the field: Bourdieu and the methodological practice of educational research. In: British Journal of Sociology of Education 25, Volume 4, pp. 507–523.

Koller, Andreas (2009): Machtfeld (champ de pouvoir): In: Fröhlich, Kurt/Rehbein, Boike (Hrsg.): Bourdieu-Handbuch: Leben – Werk – Wirkung. Stuttgart/Weimar: Verlag Metzler, S. 171–172.

Kramer, Rolf-Torsten/Helsper, Werner (2010): Kulturelle Passung und Bildungsungleichheit – Potentiale einer an Bourdieu orientierten Analyse der Bildungsungleichheit. In: Krüger, Heinz-Hermann/Rabe-Kleberg, Ursula/Kramer, Rolf-Torsten/Budde, Jürgen (Hrsg.): Bildungsungleichheit revisited. Bildung und soziale Ungleichheit vom Kindergarten bis zur Hochschule. Wiesbaden: VS Verlag für Sozialwissenschaften, S. 103–126.

Lave, Jean/Wenger, Etienne (1991): Situated learning: Legitimate peripheral participation. New York: Cambridge University Press.

Liebau, Eckart (2006): Der Störenfried. Warum Pädagogen Bourdieu nicht mögen. In: Fiebertshäuser, Barbara/Rieger-Ladich, Markus/Wigger, Lothar (Hrsg.): Reflexive Erziehungswissenschaft. Wiesbaden: VS Verlag für Sozialwissenschaften, S. 41–56.

Müller-Fohrbrodt, Gisela/Cloetta, Bernhard/Dann, Hanns-Dietrich (1988): Der Praxisschock bei jungen Lehrern. Formen, Ursachen, Folgerungen. Längsschnittuntersuchung zur Sozialisation in Ausbildung und Beruf. Stuttgart: Klett-Cotta.

Nairz-Wirth, Erna (1998): Studium und Beruf. Eine Studie zum Einstellungswandel von Wirtschaftspädagoginnen und -pädagogen. Dissertation. Wirtschaftsuniversität Wien.

Nairz-Wirth, Erna (2009b): Die Stille Pädagogik. Frankfurt/Main: Peter Lang Verlag.

Nairz-Wirth, Erna/Meschnig, Alexander/Gitschthaler, Marie (2010): Quo Vadis Bildung. Eine qualitative Studie zum Habitus von Early School Leavers. Wien: Arbeiterkammer Wien. http://www.wu.ac.at/bildungswissenschaft/aktuelles/quovadis.pdf [letzter Zugriff: 20.07.2010].

Nieke, Wolfgang (2002): Kompetenz. In: Otto, Hans-Uwe/Rauschenbach, Thomas /Vogel, Peter (Hrsg.): Erziehungswissenschaft in Studium und Beruf. Eine Einführung in vier Bänden, Band 3. Opladen: Leske & Budrich, S. 13–27.

Nyssen, Elke/Stange, Helmut (2007): „Eigentlich müsste ich objektiv benoten" – Die Bedeutung der außerschulischen Lebenswelten der Schülerinnen und Schüler für die Arbeit von Hauptschullehrerinnen und -lehrern. In: Schellack, Antje/Große, Stefanie (Hrsg.): Bildungswege: Aufgaben für die Wissenschaft – Herausforderungen für die Politik. Münster: Waxmann Verlag, S. 53–66.

Oevermann, Ulrich (1996): Theoretische Skizze einer revidierten Theorie professionalisierten Handelns. In: Combe, Arno/Helsper, Werner (Hrsg.): Pädagogische Professionalität. Frankfurt/Main: Suhrkamp, S. 70–182.

Oevermann, Ulrich (2008): Profession contra Organisation? Strukturtheoretische Perspektiven zum Verhältnis von Organisation und Profession in der Schule. In: Helsper, Werner/Busse, Susann/Hummrich, Merle/Kramer, Rolf-Torsten (Hrsg.): Pädagogische Professionalität in Organisationen. Neue Verhältnisbestimmungen am Beispiel der Schule. Wiesbaden: VS Verlag für Sozialwissenschaften, S. 55–78.

Rieger-Ladich, Markus (2002): Mündigkeit als Pathosformel. Beobachtungen zur pädagogischen Semantik. Konstanz: UVK.

Roth, Heinrich (1971): Pädagogische Anthropologie. 2 Bände. Entwicklung und Erziehung. Grundlagen einer Entwicklungspädagogik. Hannover u. a.: Schroedel.

Schratz, Michael/Schrittesser, Ilse/Forthuber, Peter/Pahr, Gerhard/Paseka, Angelika/Seel, Andrea (2008): Domänen von Lehrer/innen/professionalität im Rahmen einer kompetenzorientierten Lehrer/innen/bildung. In: Kraler, Christian/Schratz, Michael (Hrsg.): Wissen erwerben, Kompetenzen entwickeln. Modelle zur kompetenzorientierten Lehrerbildung. Münster/New York: Waxmann, S. 123–138.

Schrittesser, Ilse (2004): Professional Communities. Zur Professionalisierung pädagogischen Handelns. In: Hackl, Bernd/Neuweg, Georg Hans (Hrsg.): Zur Professionalisierung pädagogischen Handelns. Österreichische Beiträge zur Bildungsforschung. Band 1. Münster: Lit-Verlag, S. 131–150.

Stamm, Margrit (2007): Die Zukunft verlieren? Schulabbrecher in unserem Bildungssystem. In: Zeitschrift für Sozialpädagogik 5, H. 1, S. 15–36.

Stichweh, Rudolf (1992): Professionalisierung, Ausdifferenzierung von Funktionssystemen, Inklusion. Betrachtungen aus systemtheoretischer Sicht. In: Dewe, Bernd/Ferchhoff, Wilfried /Radtke, Frank-Olaf (Hrsg.): Erziehen als Profession. Zur Logik professionellen Handelns in pädagogischen Feldern. Opladen: Leske & Budrich, S. 36–48.

Tenorth, Heinz-Elmar (2006): Professionalität im Lehrerberuf. In: Zeitschrift für Erziehungswissenschaft 9, H. 4, S. 580–597.

Terhart, Ewald/Klieme, Ewald (2006): Kooperation im Lehrerberuf: Forschungsproblem und Gestaltungsaufgabe. Zur Einführung in den Thementeil. In: Zeitschrift für Pädagogik 52, H. 2, S. 163–166.

Wacquant, Loïc (1989): Towards a Reflexive Sociology: A Workshop with Pierre Bourdieu. In: Sociological Theory 7, Vol. 1, pp. 26–63.

Wacquant, Loïc (2006): Auf dem Weg zu einer Sozialpraxeologie. Struktur und Logik der Soziologie Pierre Bourdieus. In: Bourdieu, Pierre/Wacquant, Loïc (Hrsg.): Reflexive Anthropologie. Frankfurt/Main: Suhrkamp, S. 17–94.

Bildung und pädagogische Professionalität: Vom Versuch, gleichzeitig über einen weißen und schwarzen Schimmel zu sprechen

Christina Schenz

1 Einleitende Gedanken

Wer heute den Versuch unternimmt zu definieren, was „das Pädagogische" sei, das für alle Handlungsfelder pädagogischer Praxis Geltung beanspruchen und in allen Bereichen erziehungswissenschaftlicher Forschung Anerkennung finden könnte, muss vermutlich ein Spezialist für „Unfassbares", „Polymorphes" oder „Unbestimmtes" sein.

Es wird zu zeigen sein, dass die vielen Modelle, welche zur Frage pädagogischer Professionalität entworfen wurden, teils zwar detailreich ausgearbeitet wurden und ein schillerndes Bild abgeben. In dieser Vielfalt wird aber zunehmend die Frage dringlich, was in der Definition des „Professionellen" in pädagogischen Handlungsfeldern noch das „genuin Pädagogische" ausmacht.

In einem ersten Schritt wird professionelles Handeln in einem pädagogisch-systematischen Ordnungszusammenhang aufgegriffen, um auf den Grundpfeilern von Bildung und Erziehung einen Bezugsrahmen für pädagogisches Handeln zu formulieren – auch wenn es scheint, als würde man damit über weiße Schimmel sprechen wollen, denn die Grundannahme eines Zusammenhangs von Bildung und Erziehung in pädagogischen Handlungsfeldern klingt zunächst banal. In den „unaufhebbaren Antinomien und Paradoxien pädagogischer Situationen" (Tenorth 2006, S. 584) werden aber die Schwierigkeiten der zuvor postulierten Gemeinsamkeiten zu erkennen sein, der schwarze Schimmel drängt sich bildhaft auf. In einem zweiten Schritt werden deshalb Überlegungen angestellt, welcher Voraussetzungen und Bedingungen es aus bildungstheoretischer Sicht bedarf, damit Lehrkräfte *professionell handeln* anstatt nur zu *(re)agieren*. Neben berufsspezifischen Kompetenzen und Fähigkeiten bedarf es eines hohen Maßes an „pädagogischer Bildung" und „reflexiver Urteilskraft" – so die Ansicht der Autorin des vorliegenden Beitrags. Aus dieser Position entwickelt

Christina Schenz

der Beitrag einen bildungstheoretischen Rahmen pädagogischer Professionalität, in welchem es zu beweisen gilt, dass pädagogisches Handeln Bildung voraussetzt bzw. diese geradezu einfordert. Welcher Schimmel dabei die Oberhand behält, wird sich aus der folgenden Argumentation ergeben.

Am Beispiel des bestehenden EPIK-Domänenmodells wird schließlich aufgezeigt, wie ein professioneller Selbstbildungsprozess künftiger Lehrkräfte auf der Grundlage systematisch-praxeologischer Überlegungen zu argumentieren ist.

2 Antinomien pädagogischen Handelns

Zum Verhältnis von Theorie und Praxis bzw. von wissenschaftlichem Wissen und Berufs- und Handlungswissen liegen unterschiedliche Konzeptionen vor. Wird auf der einen Seite der allgemeinbildende Wert des Lehramtsstudiums betont, wo pädagogisches Handeln nicht gelernt, sondern nur als „Standpunkt in Betracht" (Giesecke 2007, S. 36) gezogen werden kann, werden auf der anderen Seite professionsbezogene Kompetenzen gefordert, die im Studium „erziehungswissenschaftliche, psychologische und fachdidaktische Kenntnisse sowie methodische Fähigkeiten und berufsbezogene Kompetenzen vermitteln" (Lemmermöhle 2001, S. 97). Schließlich stehen beide Ansätze in der Spannung zwischen der Logik professionellen Handelns und der Logik der Organisation. Der bzw. die Einzelne ist nicht nur zur Vermittlung zwischen Theorie und Praxis, sondern auch zur Etablierung einer funktionierenden Praxis aufgefordert, in der Erwartung, darin einen (bestimmten?) professionellen Habitus auszubilden (vgl. Oevermann 2008, S. 70f.).

Welche Ansprüche können aus professionstheoretischer Sicht an die Lehrerbildung gestellt werden? Das heute dominante Thema – also die Spannung zwischen der Logik des professionellen Handelns und ihres Bezugssystems (oder ihrer Systeme?) einerseits und der Logik der Organisation, in der dieses Handeln stattfindet, andererseits – wird seit Wilenskys *The professionalization of everyone?* (1964) im Zuge von Lehrerbildung, Schulentwicklung und Schulprogrammatik immer wieder neu diskutiert. Auffallend ist, dass es in den Diskussionen bisher nicht gelungen ist, eine kritische Reflexionsinstanz einzuholen, die dafür geeignet wäre, einen gemeinsamen Orientierungsrahmen für die offenen Fragen im Spannungs-

Bildung und pädagogische Professionalität: Vom Versuch, gleichzeitig über einen weißen und schwarzen Schimmel zu sprechen

feld institutionalisierter Bildung und Erziehung zu geben. Dabei klingt die Sache einfach: Es geht um die Frage nach dem „eigentümlich Pädagogischen" in professionellen pädagogischen Handlungsfeldern. Wie schwierig und gleichzeitig zentral es ist, eine Antwort auf diese Frage zu geben, oder bescheidener formuliert, wie sinnvoll es ist, die neuralgischen Punkte einer solchen Überlegung offenzulegen, soll die folgende Auseinandersetzung zeigen. Zwei Kernfragen stellen sich damit für den Beitrag, deren Verhältnis zueinander die dritte ergibt: Was ist das eigentümlich Pädagogische, und was macht dabei die Professionalität im pädagogischen Handeln aus? Aus der sich ergebenden paradoxalen Handlungsstruktur pädagogischer Professionalität lässt sich möglicherweise die Frage eines professionellen Selbstbewusstseins neu stellen.

2.1 Neuralgischer Knoten: „Das Pädagogische" – ein Mythos?

Pädagogische Professionen bekommen ihre Identität durch eine Idee, die sie in ein kommunikatives Geschehen umwandeln (vgl. Koring 1990, S. 22). In einem ersten Schritt soll deshalb überlegt werden, was die Idee des Pädagogischen im professionellen Handeln ausmachen könnte. Dabei wird ersichtlich, dass im Versuch eine einheitliche Idee des Pädagogischen zu formulieren mindestens zwei Probleme entstehen:

Erstens findet seit geraumer Zeit eine fortschreitende Pluralisierung und zunehmende Unschärfe vom Verständnis „des Pädagogischen" statt. Wird man beispielsweise bei einem Gutachten für einen „medizinisch notwendigen" Eingriff noch annehmen und hoffen können, dass dieses ausschließlich von Ärztinnen und Ärzten geschrieben und auch der Eingriff von ihnen durchgeführt wird, erkennt man im Gütesiegel „pädagogisch wertvoll" vielleicht noch einen Werbeslogan, der aber weder etwas mit der Profession noch mit Güteansprüchen pädagogischer Arbeit zu tun haben muss.[1] Es scheint dabei so etwas wie eine „Entgrenzung nach außen" stattgefunden zu haben, in der die Vielgestaltigkeit des Pädagogischen ihre spezifischen Konturen verloren hat, von jedem und jeder x-beliebig aufgegriffen und wie ein Federschmuck verwendet wird.

---
1 Das Angebot von „pädagogisch Wertvollem" ist unüberschaubar. So gibt es alleine im Spielebereich über 120.000 Internet-Einträge zu pädagogisch wertvollen und für die Entwicklung wichtigen Impulsgebern – vom Babyspielzeug bis zur gerontologischen Freizeitgestaltung findet man Angebote zu Spiel und Spaß mit pädagogischen Inhalten und Ausrichtungen, Abruf 13.3.10 unter dem Stichwort „pädagogisch wertvoll".

Zweitens kann man in der Vielfalt wissenschaftlicher Diskurse zur Frage nach der Einheit „des Pädagogischen" – in Bestimmung einer die Theorie und Praxis übergreifenden Allgemeinen Pädagogik –, die in der bildungs- und erziehungswissenschaftlichen Auseinandersetzung in den letzten zwanzig Jahren stattgefunden haben, auch eine große Bandbreite an interessanten, aber teilweise kontroversen Vorschlägen erkennen. Dies erschwert natürlich die Beantwortung der Frage, was „pädagogisch" sein könnte, bzw. die Grundlegung „des Pädagogischen" – zumindest für das gesamte „Pädagogik" genannte Feld (vgl. Benner 1987, S. 9). In der Vielzahl und Ausdifferenzierung pädagogischer Berufe wird damit zunehmend unklarer, was die „identitätsstiftende Idee" (Koring 1990, S. 22) pädagogischen Handelns sein könnte, die auch für die Frage der Professionalisierung pädagogischen Handelns von Wichtigkeit ist. Angesichts dieser lebensweltlichen Anforderungen erscheint es notwendig, die Frage nach dem Verbindenden, dem Kern pädagogischen Denkens, erneut zu stellen, ohne damit der irrigen Erwartung entsprechen zu wollen, eine „Weltpädagogik" zu entwerfen. Vielmehr geht es um die systematische Klärung der Struktur des Pädagogischen, mit der man Schlussfolgerungen zur Frage professionellen Handelns in pädagogischen Tätigkeitsfeldern ableiten kann.

2.2 Entgrenzung nach außen

Die Erschließung immer neuer Adressatenkreise und Arbeitsfelder für und durch pädagogische Fachkräfte – wie z. B. Erlebnis- oder Freizeitpädagogik – und ein immer größer und unüberschaubarer werdender Markt von Spiel- und Selbsterfahrungsangeboten mit (zumindest angepriesenen) „pädagogisch wertvollen" Arrangements und mit „pädagogisch geprüften" Inhalten signalisieren eine Entgrenzung des Pädagogischen, in der nicht mehr klar ist, ob man sich in pädagogischen Situationen, Feldern oder Rollen befindet, und ohne Bewusstsein darüber, worin das Pädagogische sich vom „Nicht-Pädagogischen" in diesen alltäglichen Situationen unterscheidet. Vom Fitnesstrainer oder der Fitnesstrainerin über virtuelle Arbeitscoaches bis zum Hundeerzieher oder der Hundeerzieherin findet eine pädagogische Begleitung statt, die Winkler (1992, S. 140f.) als eine Universalisierung von Pädagogik bezeichnet und in der schon längst die Grenzen des Erziehungssystems gesprengt wurden: „Die Wirklichkeit des Pädagogischen ist also abstrakt geworden [und] schlägt sich in subtilen Mechanismen nieder [...]. Das ‚Pädagogische' konvertiert zur Mentalität,

Bildung und pädagogische Professionalität: Vom Versuch, gleichzeitig über einen weißen und schwarzen Schimmel zu sprechen

zum ‚Habitus', das im kollektiven Bewusstsein seinen Platz gefunden hat – und zwar so gründlich, dass das Eigentümliche des Pädagogischen dabei verloren gegangen scheint." (Wimmer 1996, S. 420)

Die Bestimmung und Bewertung pädagogischer Aktivitäten als „pädagogisch" wird schwierig oder gar unmöglich, wenn es nicht gelingt, das spezifisch Professionelle im Nebeneinander von familial-privater und öffentlich-beruflicher Erziehungsarbeit zu differenzieren oder pädagogisches Handeln in Differenz zwischen professionellen Pädagoginnen bzw. Pädagogen und Laien entlang von Kriterien oder Qualitätsmerkmalen zu bestimmen, die professionelle Bildungs- und Erziehungsarbeit klar identifizieren.

Das Pädagogische ist dabei „so sehr Teil des Alltags, dass die pädagogische Profession ihre eigene exklusive Rolle bedroht sieht." (Tenorth 1992, S. 130) Der dieser Problematik entwachsene Wunsch nach einer Pädagogik, die die Implikationen professionellen Handelns vom „Nicht-Professionellen" abgrenzbar macht, ist aber nicht nur eine Überlebensfrage einer Berufsgruppe geworden, sondern entspringt auch der Erinnerung, dass Pädagogik ein (bildungs)theoretisches Bezugssystem hat, das fundamentale Vorgegebenheiten in Theorie und Praxis pädagogischen Handelns hinterfragt.

2.3 Entgrenzung nach innen

Die Universalisierung des Pädagogischen und seine Entgrenzung in die Alltäglichkeit mit ihrer nicht mehr begründungspflichtigen Haltung hat nicht nur die Selbstbeschreibungen der Bildungs- und Erziehungsberufe erschwert, sondern auch innerhalb des Reflexionssystems der Pädagogik – als Erziehungs- oder Bildungswissenschaft – ihre Spuren hinterlassen. Pluralistische Erklärungsansätze, Theorien und Konzepte stehen nicht nur zwischen „Nicht-Professionellen" und „Professionellen", sondern spalten auch pädagogische Grundhaltungen in verschiedenen Handlungsfeldern und Arbeitsbereichen nach Belieben auf. Neben der Vielzahl pädagogischer Berufe in den ohnehin schon ausdifferenzierten, aber dennoch organisatorisch und institutionell etablierten schulischen, sozialpädagogischen oder erwachsenenbildnerischen Arbeitsbereichen, in denen sich jeweils besondere Ansprüche, Aufgaben und Bedingungen pädagogischen Handelns zeigen und herausgebildet haben, scheint eine radikale Desillusionierung stattgefunden zu haben hinsichtlich dessen, inwieweit „die" Pädagogik für die an sie herangetragenen Aufgaben als richtiger und legitimer Adressat infrage kommt: Die Durchdringung gesellschaftlicher Bereiche mit einem

Christina Schenz

pädagogischen Habitus, der als Selbstverständlichkeit Denk-, Erfahrungs- und Verhaltensweisen im bildungswissenschaftlichen Diskurs codiert hat, ist dabei verloren gegangen, obwohl – und das macht die Sache nicht einfacher – man darauf vertrauen darf, dass man „die" Pädagogik auch bei gründlicher Recherche nicht finden wird (vgl. Ruhloff 1993, S. 78). Dies wäre aber weiter nicht schlimm, denn Pädagogik folgt weder nur aus der Beobachtung noch nur aus einer vorgegebenen Idee, vielmehr aus einer bestimmten Betrachtungs- und Interpretationsweise dieser Idee. Der Unterschied zur oben angesprochenen Beliebigkeit unterschiedlicher Auslegungen und Ausformungen von Pädagogik ergibt sich dadurch, dass professionell pädagogisch Handelnde sich ihrer Betrachtungsweise als einer bestimmten bewusst sind und diese in eine symbolische und semantische Ordnung rückführen können, durch die der Sinn ihrer Betrachtungsweise als pädagogische erst konstituiert wird (vgl. Ruhloff 1992, S. 169).

Die Frage, was das Pädagogische in seiner konkreten Ausformung am jeweiligen Fall ist oder sein könnte, hat damit zwar noch immer viele widerstreitende Antworten, es würden so aber Wertungs- und Geltungskriterien erkennbar, die von den einzelnen Systematiken selbst bereitgestellt und diskutierbar werden. So aussichtslos dabei die reale Auflösung eines je singulären Falls in ein begriffliches Raster bleibt, so notwendig bleibt der Anspruch eines pädagogischen Bezugssystems: Um von einer allen pädagogischen Berufsfeldern zugrunde liegenden und gemeinsamen Handlungsstruktur als pädagogischer sprechen zu können, wäre nämlich ein Grundkonsens über das Pädagogische die Bedingung, ohne dabei die Partikularität pädagogischen Handelns zu leugnen (vgl. Giesecke 2007, S. 11).

3 Versuch einer Eingrenzung des Pädagogischen

Eine allgemein zustimmungsfähige Formel für das, worum es in der Pädagogik geht, kann deshalb kaum anders als zunächst abstrakt sein. Letztlich, so könnte man beginnen, geht es in einem ganz allgemeinen Sinn um die Bildung und Erziehung eines Menschen. Es bietet sich an, „das Pädagogische" als ein (gesellschaftlich-organisiertes) Engagement zu beschreiben, das (bestimmte) Erwachsene gegenüber Heranwachsenden eingehen und das dabei mitwirken soll, dass diese mündig werden. Mündigkeit wird hier verstanden als (pädagogisch erwünschter) Zustand der Unabhängigkeit eines Menschen, der für sich selbst sprechen und sorgen kann. Menck (1998, S. 23) schlägt in diesem Zusammenhang folgende Definition vor: „Erziehung ist die Vermittlung der Mündigkeit an Unmündige". Entscheidend ist dabei die implizite Annahme des Erziehenden, dass sich Menschen überhaupt bilden können, also bildsam sind, da ansonsten ein erzieherischer Versuch zur Selbstbestimmung widersinnig wäre – es sei denn, Erziehung ist affirmativ ausgerichtet und zielt auf die fremdbestimmte Hinführung eines Menschen zu (gesellschaftlich) vorgegebenen Zielen ab.

Dies ist ein entscheidender Punkt in der Frage des Pädagogischen: Er bezieht sich auf die Haltung der Lehrkraft hinsichtlich der Frage, was sie mit ihrem Handeln erreichen will. So kann sie beispielsweise ihre Bemühungen in die Erreichung affirmativer Ziele legen, indem sie Schülerinnen und Schülern Wege und Bestimmungen vorgibt. Eine andere Möglichkeit wäre, dass die Lehrkraft Menschen dazu auffordert, sich selbsttätig Ziele zu suchen, die bei Berücksichtigung einer Gesellschaft, in der man lebt, gerechtfertigt sind. Damit ist nicht gemeint, dass jeder das tun soll, was er gerade möchte: Die Aufforderung zur Selbsttätigkeit bedarf geradezu der Unterstützung durch andere, damit Heranwachsende sich ihre Ziele auch suchen *können*, also lernen, wie man Ziele finden und umsetzen kann, um ein sinnstiftendes Leben zu führen, das in einer Gemeinschaft denkbar ist (vgl. Schenz 2009, S. 40).

Die Spannung zwischen Erziehungs- und Bildungsansprüchen zu Fragen des Unterrichtens begleitet die Pädagogik seit ihren Anfängen: Der Begriff Erziehung verrät seine Herkunft aus einer vormodernen, traditionalen Kultur, in der harte Arbeit und entsprechende Disziplin die meisten Menschen ihre Lebensgrundlagen erwirtschaften ließen und in die sie gleichsam hineingeboren wurden. Erziehung war in diesem Verständnis die schicksalhafte Annahme einer Aufgabe, auf die der Zögling vorbereitet und in die er eingeführt werden musste. Erst im 18. Jahrhundert entfaltete sich die Idee von der Bildsamkeit und Bildung des Menschen. In ihr werden Vorstellungen von der Mündigkeit der Menschen als Bedingung für ihre Selbstbestimmung betont. Damit wird der traditional-konfessionellen Erziehungsvorstellung von der gesellschaftlichen Bestimmbarkeit des Menschen eine klare Absage erteilt (vgl. Benner 1987, S. 47) und ein Verständnis von Erziehung entwickelt, das die Hinführung zur Selbstbestimmung in den Fokus rückt. Erziehung ist in letzter Instanz also auf die „Selbsterziehung" des bildsamen Menschen ausgerichtet, löst sich in dieser auf und ist in diesem Sinne ohne Bildung nicht denkbar (vgl. Schenz 2009, S. 37).

Benner spricht von der Aufforderung zur Selbsttätigkeit im Kontext der Prinzipien pädagogischen Denkens und Handelns (Benner 1987, S. 28). Die Prinzipientafel in Abb. 1 gibt einen Überblick über die systematische Verwobenheit von Bildung und Erziehung im Rahmen pädagogischen Handelns sensu Benner. Sie ordnet die Grundbegriffe der Bildsamkeit und Aufforderung zur Selbsttätigkeit als konstitutive Prinzipien der individuellen Seite der pädagogischen Praxis und die regulativen Prinzipien ihrer gesellschaftlichen Seite zu und repräsentiert das Prinzip der Überführung von gesellschaftlicher in pädagogische Determination. Aus der systematischen (Zu-)Ordnung der Prinzipien in eine gesellschaftliche und eine individuelle Seite lassen sich viele Fragestellungen für die Erziehungswissenschaft (re)konstruieren:

Benner (2001, S. 127) kommentiert die Prinzipientafel wie folgt: „Die folgende Prinzipientafel ordnet den vier Prinzipien pädagogischen Denkens und Handelns die Theorie der Erziehung, die Theorie der Bildung und die Theorie pädagogischer Institutionen als Theorieebene wissenschaftlicher Pädagogik zu, dass sich diese sowohl auf die individuell-interaktive als auch auf die gesellschaftliche, auf den Zusammenhang der menschlichen Gesamtpraxis ausgerichtete Seite pädagogischen Handelns beziehen." (Benner 2001, S. 127)

	Konstitutive Prinzipien der individuellen Seite	**Regulative Prinzipien der gesellschaftlichen Seite**
A Theorie der Erziehung ❷ : ❸	❷ Aufforderung zur Selbsttätigkeit	❸ Pädagogische Transformation gesellschaftlicher Einflüsse und Anforderungen
B Theorie der Bildung ❶ : ❹	❶ Bildsamkeit als Bestimmtsein des Menschen zu rezeptiver und spontaner Leiblichkeit, Freiheit, Sprachlichkeit und Geschichtlichkeit	❹ Nicht hierarchischer Zusammenhang der menschlichen Gesamtpraxis
	Theorie pädagogischer Institutionen und ihrer Reform ❶ : ❷/❸ : ❹	

Abbildung 1: Prinzipientafel pädagogischen Denkens und Handelns (Benner 2001, S. 128)

Bildung und pädagogische Professionalität: Vom Versuch, gleichzeitig über einen weißen und schwarzen Schimmel zu sprechen

Diese vier Prinzipien erlangen auch für die Aufgaben und Probleme der pädagogischen Praxis eine große Bedeutung, denn sie begründen sich durch den wechselseitigen Bezug zwischen Individuum und Gesellschaft, in dem handlungstheoretische Fragestellungen der Pädagogik identifiziert und für die pädagogische Praxis geordnet werden können. Sie erlauben es, die moderne Ausdifferenzierung pädagogischer Berufe und erziehungswissenschaftlicher Disziplinen in gemeinsame Problem- und Fragestellungen zu fassen.

In der Einigung der Erziehungswissenschaft auf eine „gemeinsame Sprache" und der klaren Ausrichtung auf Bildung und Erziehung könnten die wissenschaftstheoretische Diskussion an die wissenschaftliche Theoriebildung zurückgebunden, die Ausdifferenzierung der Erziehungswissenschaft in Teildisziplinen mit den diesen gemeinsamen, aber in sie nicht aufteilbaren Problemen pädagogischen Denkens und Handelns konfrontiert und Wissenschaft und Praxis in eine Beziehung gesetzt werden. In dieser Systematisierung kann es gelingen, dass die Praxis aus der Wissenschaft Aufklärung, Orientierung und Kritik und die Wissenschaft aus der Praxis Erfahrung, Anregung und Korrektur ihrer Theoriebildung gewinnt.

Benner stellt damit einen bildungstheoretischen Anspruch an pädagogische Professionen, sich mit der pädagogischen Praxis und anderen Praxen zu konfrontieren (pädagogische Praxeologie) und deren Beziehung zueinander offenzulegen. Pädagogik soll damit nicht, wie häufig geschehen, isoliert betrachtet, sondern in verschiedene Handlungsfelder und pädagogische Professionen differenziert und losgelöst von anderen Bereichen erkannt werden.

Erziehungs- und bildungstheoretische Analysen zum Zusammenhang von individueller und gesellschaftlicher Seite der Erziehungspraxis können in diesem Sinne eine handlungsorientierende Bedeutung im Sinn der Maximen methodischer und thematischer Offenheit nur gewinnen, wenn die Erziehungspraxis nicht mehr als eine in besondere Institutionen ausgrenzbare, gesellschaftlich nützliche Einzeltätigkeit, sondern als besondere Praxis *und* als Moment und Aspekt aller anderen Praxen zugleich verstanden wird. Hieraus ergibt sich – neben den Aspekten der individuellen und gesellschaftlichen Seite pädagogischen Handelns – ein dritter Aspekt: pädagogisches Handeln in Bildungsinstitutionen. Dies führt uns zur Frage der professionellen Wendung pädagogischen Tuns. Dieser Zusammenhang soll an einem Beispiel, und zwar dem Umgang mit Bildungsplänen, deutlich gemacht werden:

Lehrkräfte können ihre Aufgabe darin sehen herauszufinden, ob und inwieweit das im Kerncurriculum bezeichnete Wissen und Können durch Lehr- und Lernprozesse im Unterricht vermittelt und von den Schülerinnen und Schülern erworben und angeeignet wurde. Die Ermittlung dieser „*Produkt*qualität" von Schülerleistungen durch die Lehrkräfte soll die Stufenordnung moderner Bildungssysteme sichern.

Eine andere Lesart könnte nun darin bestehen, dass Lehrkräfte nicht nur Übergänge von einer Bildungsstufe zur nächsten ermöglichen, sondern in ihrem Unterricht auch einen Bewährungshorizont aufmachen, der nicht nur im Unterricht aufgeht, sondern zugleich auf Verstehens- und Urteilssituationen zwischen den verschiedenen Fachbereichen innerhalb wie auch außerhalb der Schule ausgerichtet ist. Hierzu gehört unverzichtbar, dass zwischen Umgangserfahrung und wissenschaftlich vermittelten Erfahrungen unterschieden wird und dass erstere nicht auf letztere reduziert werden können. In diesem Verständnis müssen in bildungstheoretischer Sicht Wissenschaften so gelehrt werden, dass die Schülerinnen und Schüler sich mit unterschiedlichen Weltverhältnissen auseinandersetzen und sie reflektieren lernen (vgl. Litt 1959, S. 28). Die Qualität des Unterrichts wird dabei als *Prozess* verstanden, in dem Schülerinnen und Schüler ein Bewusstsein dafür entwickeln, dass zwischen den ausdifferenzierten Formen menschlichen Handelns, wie sie sich etwa in den verschiedenen Themenbereichen schulischen Lernens und Lehrens abbilden, ein gekennzeichnetes, jedenfalls kein harmonisches, sondern ein differentes Verhältnis besteht, das sie interpretieren und reflektieren müssen (vgl. hierzu Benner 2001, S. 231ff.). In dieser Einheit aus Wissen und Haltung sind Bildungsprozesse möglich, die zum unverzichtbaren Kernbestand eines allgemeinbildenden Curriculums gehören sollten und die die Mündigkeit von Menschen in den Fokus rücken.

4 Pädagogisch denken – pädagogisch handeln?

Das Pädagogische hat damit zwei klar ausformulierte Bezugsgrößen, auf die es sich in seinen Tätigkeitsfeldern berufen und an denen es sich ori-

Bildung und pädagogische Professionalität: Vom Versuch, gleichzeitig
über einen weißen und schwarzen Schimmel zu sprechen

entieren kann, um als kritische Reflexionsinstanz professionelles Handeln in den verschiedenen Ausformungen zu stützen: Es sind dies Erziehung und Bildung als in Bezug stehende und sich relativierende Größen. Diese Relativgrößen geben damit den Rahmen ab, in dem sich pädagogisches Handeln bewegt, sie sind in einem prinzipiellen Sinne auch unabhängig vom pädagogischen Tätigkeitsfeld.[2]

Nach den bisherigen Ausführungen zeigt sich, dass weniger der Bildungs- und Erziehungsbegriff als solcher, sondern die an ihn herangetragene Erwartung, damit „professionell zu handeln", als höchst problematisch betrachtet werden kann. Denn der aus der obigen Diskussion abgeleitete mögliche Anspruch von Lehrkräften, Bildungsprozesse von Menschen unterstützen zu wollen, damit diese über die Belange ihrer Existenz selbst-

---

[2] Im Spannungsbogen des „lebenslangen Lernens" bedarf der Stellenwert der Erziehung einer gesonderten Diskussion, die den vorliegenden Rahmen sprengen würde, denn er verändert seinen Einflussbereich sicherlich im Laufe der Lebensalter: Kann in der frühen Bildung davon ausgegangen werden, dass der sozialisierende Anteil in diesem Handlungsfeld höher sein wird als in der Primarstufe und sich dieser im Laufe der Schuljahre immer mehr zugunsten der Selbstbestimmung des jungen Menschen verändert, so wird sich professionelles Handeln in der Erwachsenen-Pädagogik (soweit dieser Name dann noch passt) immer mehr auf jene Teile reduzieren müssen, wo Menschen dieser bedürfen, um sich (wieder) – so weit als möglich – selbst bestimmen zu können. Dies ist aber, vereinfacht gesagt, mehr eine Frage der Art und des Umfangs des erzieherischen Einflusses, nicht eine der Qualität. Pädagogisches Handeln, wie es oben dargestellt wurde, verändert im Laufe der Lebensalter zwar seine Schwerpunkte, nicht aber seinen Bezugsrahmen: Pädagogisches Handeln bleibt immer auf Bildung und Erziehung des Menschen ausgerichtet, wenngleich sich der erzieherische Einfluss im Laufe der Zeit zugunsten der (Selbst-)Bildung des Menschen verändern wird. Diese Relativierung betrifft auch strukturelle Belange: Schule ist als *ein* möglicher Ort pädagogischen Handelns – neben anderen erzieherischen Wirkungsstätten wie Kindertagesstätten oder Erwachsenenbildungseinrichtungen – nicht der Prototyp des Pädagogischen, sondern stellt neben anderen Bereichen institutionalisierter Bildung nur einen von vielen spezifischen Anwendungsfällen pädagogischer Praxis dar. Pädagogik ist damit zu einer Art Lebensbegleitung geworden, deren gemeinsames Band „Unterstützung in Bildungsprozessen des Lebenslaufs" heißen könnte. Ebenso ausgeklammert bleiben muss hier die Diskussion der Altersdifferenz, die im Zusammenhang mit der Gestaltung einer pädagogischen Beziehung von immenser Bedeutung ist. Gerade in neueren pädagogischen Arbeitsfeldern basiert das professionelle Verhältnis nicht auf dem Abstand zwischen Generationen, sondern bewusst innerhalb dieser. Hier muss man sicher noch weiter überlegen, wie sich pädagogische Beziehungen in den verschiedenen Handlungsfeldern (neu) bestimmen können.

Christina Schenz

bestimmt und in eigener Verantwortung kritisch und entscheidungsfähig handeln und ein sinnstiftendes Leben führen können, drängt die Frage auf, was eben jene Professionalität von Lehrkräften ausmacht, damit diese Unterstützung gelingen kann.

Das dargelegte Verständnis von „pädagogischem Handeln" in seiner Rahmung durch Bildung und Erziehung ist – so wurde argumentiert – unersetzlich in der Funktion, den Prozess theoretisch umfassend zu charakterisieren, in dem sich Menschen ihre Welt aneignen und sich in dieser Aneignung ebenso als Individuum konstituieren, wie sie selbst die Welt konstituieren (vgl. Tenorth 1992, S. 132). Die Bildungsidee als leere Klammer zwischen Theorie und Praxis, die dem Pädagogischen seine Identität geben soll, würde aber in schulischen Kontexten ohne die gestaltende Kraft der Lehrperson, die Unbestimmbarkeit des Menschen zu bestimmen, Fiktion und hohle Formel bleiben. Dafür bedarf es (gebildeter) Lehrkräfte, die sich gegenüber gesellschaftlichen Realitäten oder vorherrschenden Konventionen sowie Lern- und Erwartungshaltungen distanziert kritisch verhalten und über neue Möglichkeiten für die Realisierung humanen Lebens und Arbeitens nachdenken und diese anstreben können – so lautet zumindest meine These.

Fazit: Die Lehrerin bzw. der Lehrer kann im Grunde nur *pädagogisch* professionell handeln, wenn sie bzw. er ein handlungsleitendes Verständnis dessen entwickelt hat, was unter Erziehung und Bildung zu verstehen ist, und dieses Verständnis als unhintergehbaren Bezugsrahmen ihres/seines Handelns heranzieht.

Was noch fehlt, ist die Transformation dieser Idee in die Ausformulierung konkreter Handlungsvollzüge im Rahmen pädagogischer Professionalität. Sie führt vom wissenschaftlichen Anspruch und leitenden Prinzip über pädagogisches Handeln zum pädagogischen Fall. Was dabei gesucht werden soll, ist ein Rahmen für eine (dialektisch-reflexive) Pädagogik, deren Zentrum bildungstheoretische Grundlagen darstellen, die sich im jeweiligen pädagogischen Bezugsfeld und im Bezugsfall konkretisieren. Diese Idee wird später unter Referenz auf Flitner (1980, S. 87) als *„pädagogische Bildung"* aufgegriffen und mit dem Anspruch professionellen Handelns in eine bildungstheoretische Rahmung überführt. Davor gilt es, die Facettenhaftigkeit des Professionalitätsbegriffs in pädagogischen Handlungsfeldern zu beleuchten. Auf dieser Grundlage sollen Überlegungen professionellen pädagogischen Handelns aus bildungstheoretischer Sicht abgeleitet werden.

Bildung und pädagogische Professionalität: Vom Versuch, gleichzeitig
über einen weißen und schwarzen Schimmel zu sprechen

5 Neuralgischer Knoten: Pädagogik trifft auf Professionalität

Der inflationäre Gebrauch des Begriffs der „Profession" und die Frage nach dementsprechenden „Kompetenzen" weist derzeit eine Tendenz auf, eine Bezeichnung für all jene wünschenswerten Handlungsweisen zu werden, die man sich im Umgang mit den unterschiedlichen Dienstleistern und Dienstleisterinnen – vom Mechatroniker und der Mechatronikerin bis zum Zahnarzt und der Zahnärztin – erwarten mag, um in den Genuss des reibungsarmen Ablaufs täglichen Lebens zu kommen. Auch im erziehungswissenschaftlichen Diskurs hat der Begriff „Professionalität" Konjunktur: Mit pädagogischer Professionalisierung – davon geht man aus – können die täglichen beruflichen Herausforderungen bewältigt und „guter" Unterricht gehalten werden (vgl. Bauer/Kopka/Brindt 1996, S. 113).

Von der neueren Wissenssoziologie her betrachtet erwächst Professionalität aus der Verknüpfung zweier Entwicklungsstränge: Erstens aus der Konstituierung von Arbeit und einer ausdifferenzierten Rollenstruktur und zweitens aus einer damit einhergehenden fortschreitenden Differenzierung und Systematisierung des Wissens, das wiederum abgesonderte und ausdifferenzierte Sonderwissensbestände hervorbringt, welche in langwierigen sekundären Sozialisations- und (Aus)bildungsprozessen erworben werden können (vgl. Pfadenhauer/Brosziewski 2008, S. 80).

In Abgrenzung zur familialen oder primären Erziehung liegt der Fokus pädagogischer Professionalität in einem grundlegenden Verständnis auf der systematischen Gestaltung von Bildungsmöglichkeiten im Rahmen erzieherischen Handelns. Pädagogisches Handeln unterliegt damit einem Prozess der Wissenssystematisierung, der Verberuflichung sowie der besonderen gesellschaftlichen Einbettung, in der dieses Handeln stattfindet (vgl. Schmidt 2008, S. 836).

❶ Wissenssystematisierung: Berufsförmig organisiertes, pädagogisches Handeln stützt sich zunehmend auf systematische Wissensformen, d.h. Wissen, welches kontinuierlich für einen bestimmten Bereich geordnet, zusammengetragen und in formalisierten Ausbildungsprozessen vermittelt wird, um das Handeln in der Berufspraxis anzuleiten und es dadurch vom einfachen Alltagswissen und -handeln der Laien, der „naturwüchsigen" Erzieherinnen und Erzieher, abhebt. Damit zwar nicht explizit angesprochen, aber unbedingt eingeschlossen sind sogenannte „nicht sachlich/inhaltliche pädagogische" Wissensbezüge, wie z. B. entwicklungspsychologische oder soziologische Teilaspekte, die im schulischen Handeln wesentlich sind. So ist beispielsweise entwicklungspsychologisches Wissen um kognitive Strukturen bei Denkprozessen im Kindes- und Jugendalter für Lehrkräfte von großer Bedeutung, wenn sie ihren Unterricht für eine bestimmte Altersklasse vorbereiten. Ebenso verhält es sich z. B. auch bei der Einschätzung zum Arbeitsverhalten und -vermögen: Abhängig von Alter, Geschlecht und dem sozioökonomischen Hintergrund der Kinder und Jugendlichen werden sich hier unter Umständen unterschiedliche Interessen und Lernbedürfnisse zeigen; es bedarf hier soziologischer Vorkenntnisse, um adäquat (re)agieren zu können.

❷ Verberuflichung: Bereits die Unterscheidung „beruflich/nicht beruflich" hat für das Verständnis pädagogischen Handelns bedeutsame Folgen. Sobald Erziehung berufsförmig („sekundär") erfolgt, unterliegt sie allgemeinen (z. B. Rollenförmigkeit, Eingebundenheit in den ökonomischen Austausch) sowie besonderen Handlungs*bedingungen* (z. B. ganze Gruppen erzieherisch „erfassen" zu müssen, über Schule als Organisation Bescheid zu wissen) und sich daraus ergebenden allgemeinen (etwa emotionales Engagement dosieren zu müssen) und besonderen Handlungs*anforderungen* (z. B. mit Gruppen umgehen zu müssen). Das führt wiederum zu Kollisionen zwischen organisatorischen und pädagogischen Ansprüchen: Da professionelles pädagogisches Handeln meist in institutionalisierter Form stattfindet, kollidieren Organisationszwänge und -routinen oft mit pädagogisch-ethischen Ansprüchen. Beispielhaft sei hier das Dilemma um intra- oder interindividuelle Leistungsbeschreibungen genannt. So lassen sich pädagogisch begründete Bildungsprozesse von Kindern und Jugendlichen sinnhafterweise nur auf einer individuellen Bezugsnorm beschreiben. Die im Bildungssystem verankerten Schulnoten verweisen aber auf inter-individuelle Unterschiede in der Entwicklung von Schülerinnen und Schülern.

Die genannten Probleme zeigen skizzenhaft die Diversität professionellen Handelns in pädagogischen Tätigkeitsfeldern auf. Trotzdem werden bestimmte Formen des schulischen Handelns von und für die Gesellschaft als so zentral anerkannt, dass sie nicht mehr Laien überlassen, sondern in die Hände professionellen pädagogischen Personals gelegt werden, die diese Leistungen exklusiv erbringen sollen. Dieser Auftrag weist auf ein weiteres Kennzeichen pädagogischer Professionalität hin:

Bildung und pädagogische Professionalität: Vom Versuch, gleichzeitig über einen weißen und schwarzen Schimmel zu sprechen

❸ **Gesellschaftliche Einbettung und gesellschaftlicher Auftrag:** Professionelles schulisches Handeln findet meist auf Basis einer Selbstverpflichtung der gesellschaftlichen Öffentlichkeit statt, die ihre politischen Organe beispielsweise zur Erteilung des Bildungsauftrags verpflichtet. Pädagogisches Handeln findet damit im Auftrag der Gesellschaft statt.

Seit den 1980er-Jahren zeichnet sich in der Professionalisierungsdebatte darüber hinaus ein Perspektivenwechsel ab: Galten bis dahin die Fragen der gesellschaftlichen Einbettung bzw. die sich daraus ergebenden Strukturmerkmale schulischen unterrichtlichen Handelns als zentral, stehen heute zunehmend Fragen der Interaktion zwischen Erzieherinnen bzw. Erziehern und Zu-Erziehenden im Vordergrund, es wird also auf die Praxis und das Handeln professioneller Pädagoginnen und Pädagogen fokussiert. Der Fokus verschiebt sich damit von eher statischen, sozialstrukturellen und funktionellen Fragen hin zu dynamischen, prozesshaften und akteurgebundenen Fragen der Professionalität (vgl. Schmidt 2008, S. 843). Die eigentümliche Handlungslogik pädagogischen Handelns ergibt sich aus dem Spannungsverhältnis institutionalisierter Bildung, in dem die systemischen Bedingungen institutionalisierten Lernens und die pädagogischen Ansprüche der Lehrkraft in Widerspruch stehen können. Solche Paradoxien sind konstitutives Kennzeichen der pädagogischen Praxis in Organisationen.

Die strukturell bedingten Paradoxien werden nicht nur in soziologischen Diskursen, sondern auch in der professionstheoretischen Diskussion als der Kern professioneller Handlungslogiken begriffen, indem sie sich in der Interaktion – immer wieder und immer wieder auf andere Weise! – im jeweiligen Fall konkretisieren und sich im Spannungsfeld „von universalisierter Regelanwendung und striktem Fallbezug" (Dewe/Ferchhoff/Radtke 1992, S. 14) bewegen. Eine andere Lesart schlägt Tenorth (2006, S. 587) vor, wenn er von „paradoxalen Technologien" im pädagogischen Handeln – im Sinne eines beschreibbaren professionellen Handlungsrepertoires – spricht, um in der pädagogischen Arbeit mit all ihrer Widersprüchlichkeit und Unbestimmtheit überhaupt bestehen zu können. Diese Grundkompetenzen gilt es demnach in der alltäglichen Arbeit und in vielfacher Form ständig aufs Neue zu relationieren. Sie sind für das Unterrichten unabdingbar, da es in der Struktur von Unterricht und Lernen ganz besondere Probleme gibt, die nur mit zentralen „pädagogischen Leistungen" zu lösen sind, nämlich das Nicht-Planbare zu planen, einen festen Rahmen für offene Ereignisse zu geben oder mit der Alltäglichkeit von Überraschungen zu rechnen. Prengel (1999, S. 69f.) spricht in diesem Zusammenhang von der „Herstellung guter Ordnung", die Unterricht erst prozessfähig macht und es erlaubt, Lerngeschichten zu konstruieren, die jede Lerngruppe für sich aufbaut.[3]

Im Hinblick auf professionelles pädagogischen Handeln können wir deshalb festhalten: Es ist unzureichend, wenn man allein vom „Wissen" oder von „Kompetenzen" ausgeht, man kann Bildung nicht vermitteln oder jemandem beibringen, dies würde den Kern pädagogischen Handelns nicht treffen. Trotzdem sind die angesprochenen Kompetenzen nicht überflüssig, sondern – in Anlehnung an Tenorths „paradoxale Technologien" – als operative und notwendige Dimension pädagogischen Handelns zu verstehen. Dies nicht im Verständnis einer Punkt-zu-Punkt-Zurechnung von Absicht und Wirkung, sondern in einer Art gekonnten Tuns, einer „Techné", in dem ein Zusammenhang von Wissen, Handlung und Haltung konstruiert wird. Diesen Prozess kann und muss die Lehrkraft ermöglichen, indem sie z. B. vielfältige Lernumgebungen bereitstellt oder die Schülerinnen und Schüler bei der Wahl ihres Weges berät, aber sie kann den Weg der Einzelnen nicht vorbestimmen. Bildung ist immer Selbstbildung. Bildung kann zwar durch Erziehung, Unterricht und Ausbildung durch die Lehrkraft *gestützt* werden, der Bildungsprozess muss jedoch von den Einzelnen selbst geleistet werden und ist von daher auch nicht vorherseh- oder verordenbar.

---

[3] Die Diskussion der „operativen Dimension der Pädagogik", wie sie Tenorth hier angesprochen hat, zielt auf die Frage bestimmbarer Güte- und Kompetenzkriterien pädagogischer Arbeit ab, die im Laufe eines Studiums erworben und/oder vermittelt werden, wie z. B. methodisches Wissen, Sach- und Fachkompetenzen, Strukturierungs-, Gestaltungs- oder Sozialkompetenzen (vgl. dazu Tenorth 2006, S. 587ff. Damit nicht angesprochen sind „relative Kompetenzen", wie z. B. die Fähigkeit zur (Selbst-)Reflexion oder eine bestimmte pädagogische Haltung, die zur systematischen Realisation möglicher und situativer Handlungsanforderungen erforderlich sind und von der Lehrkraft im Rahmen ihres Bildungsprozesses entwickelt werden (sollten). Auf die letztgenannten Aspekte soll im Folgenden genauer eingegangen werden, denn sie stellen den Kern professionellen pädagogischen Handelns dar. Eine ausführliche und kritische Analyse der operativen Kompetenzen würde den vorliegenden Rahmen sprengen, führt aber zur grundsätzlichen Frage, inwieweit eine Trennung in der Streitfrage zwischen dem notwendigen Erwerb bestimmter Handlungskompetenzen und der Relationierung und Perspektivierung dieses Wissens durch Bildung überhaupt sinnvoll ist. Die Qualitäten sprechen zwar unterschiedliche Dimensionen pädagogischen Handelns an, es müsste aber als zwischenzeitig unbestritten gelten, dass sie einander bedingen.

Bildung und pädagogische Professionalität: Vom Versuch, gleichzeitig über einen weißen und schwarzen Schimmel zu sprechen

Damit kommen wir in der professionstheoretischen Diskussion zum Hauptargument aus bildungstheoretischer Sicht: Die Suche nach pädagogischer Professionalität kann sich nicht in beschreibbaren und operativen Merkmalen erfolgreichen Lehrens und in einer deterministischen Technologie pädagogischer Arbeit erschöpfen. Diese Einschränkung würde letztlich in eine Sackgasse führen, weil man ohne Einsicht in die spezielle Lehr- und Lernsituation der jeweiligen Schulklasse die Voraussetzungen und Grundlagen individueller Bildungsprozesse von Schülerinnen und Schülern nicht bestimmen kann. Professionelles pädagogisches Handeln geschieht vielmehr gerade im Bewusstsein um nicht normierbare Entwicklungsprozesse (vgl. Schenz 2009, S. 38).

Flitner (1980, S. 27) spricht in diesem Zusammenhang vom Verbindungselement der „pädagogischen Bildung", das es Lehrkräften ermöglichen sollte, zwischen pädagogischer Tätigkeit und erziehungswissenschaftlicher Analyse das eigene und fremde Handeln zu reflektieren und aus der Unmittelbarkeit der Lebensvollzüge herauszutreten. Dieser Begriff fasst treffend die vorangegangenen und folgenden Überlegungen des Beitrags: Bisher wurde eine Verhältnisbestimmung pädagogischen Denkens und Handels im Hinblick auf die Formulierung pädagogischer Aufgaben und deren prinzipielle Ausrichtung für die Lehrkraft im Umgang mit ihren Schülerinnen und Schülern zu fassen versucht. Für die konkrete Ausformung der Ansprüche in der jeweiligen Handlungssituation der Lehrkraft bedarf es erweiterter Überlegungen, um die angesprochenen pädagogischen Prinzipien in begreifender Durchdringung der jeweiligen Handlungssituation erkennen zu lassen und damit die individuellen (eigenen und fremden) Handlungsmöglichkeiten zu reflektieren und zu erweitern.

Damit impliziert pädagogisches Handeln die Freiheit der anderen, selbst zu handeln. Zum Begriff des pädagogischen Handelns gehört also ein Freiheitsspielraum, der sich auch im „Gegenhandeln" (Re-Agieren) der anderen zeigen kann und gleichzeitig einem gesellschaftlichen Rahmen unterworfen ist. Es gibt also in bestimmten pädagogischen Situationen kein „richtiges" Handeln, vielmehr kann man sich lediglich „angemessen" verhalten, je nachdem, wie sich die „andere Seite" verhält (vgl. Gudjons 1993, S. 15ff.).

Christina Schenz

Das macht die Sache für unsere Diskussion zunächst nicht einfacher, denn im Umgang mit den spezifischen Anforderungen und Herausforderungen werden Lehrkräfte im pädagogischen Alltag mit Situationen, Handlungen, Prozessen, Entwicklungen und mit Rahmenbedingungen konfrontiert, die sie nun stets aufs Neue bewerten, ordnen und analysieren müssen. Wollen Lehrkräfte also in der Schule handeln und nicht nur reagieren, bedarf es eines hohen Maßes an *„reflexiver Urteilskraft"* bei der Einschätzung der jeweiligen Situation in Bezug auf die dahinter liegenden Leitprinzipien pädagogisch professionellen Handelns.[4]

Damit ist der Begriff der reflexiven Urteilskraft bzw. der Reflexivität wieder aufgegriffen, der dem oben angesprochenen Aspekt der pädagogischen Bildung und dem Verständnis von pädagogischer Professionalisierung zugrunde zu legen ist.

6 Reflexivität als „primus omnium" pädagogischer Professionalität?

Aus den bisherigen Überlegungen wird deutlich, dass pädagogische Professionalisierung durch zur Reflexion befähigendes Wissen die Chance hat, Erkenntnisse zu generieren, die über den eigenen Standort, die eigene subjektive Perspektive und den je konkreten – beobachteten oder erlebten – Fall hinausweisen. Beobachtete Einzelfälle und soziale Situationen können dann mit Erkenntnissen in Beziehung gesetzt werden, die bereits auf der Grundlage der Beobachtung, der Analyse und vor allem des Vergleichs mit anderen Fällen gewonnen wurden. Professionalität heißt dann z. B. in der Lage zu sein, pädagogische

---

[4] Der Bezug zu Kants Verständnis der praktischen Urteilskraft ist nicht zufällig und vielmehr gewollt (zu diesem Ausdruck vgl. Esser 2004, S. 205f. und S. 305f.). In diesem Sinne kann die Lehrkraft ihre Aufgabe nur erfüllen, wenn sie die Handlung so betrachtet, als sei es die konkrete Verwirklichung einer Maxime (Prinzip pädagogischen Handelns) und als könnte eine bestimmte Art der Beobachtung der Handlung eine verwirklichte Regel (Maxime) erkennen lassen. Die Leistung der praktischen Urteilkraft besteht also darin, in einem ersten Schritt eine Beziehung zwischen einem raum-zeitlichen Ereignis und einer Regel (im Sinne von Fall und Prinzip) herzustellen und diese moralisch valent zu nennende Handlung in einem zweiten Schritt daraufhin zu prüfen, ob sie zum Gesetz erhoben werden kann oder nicht. Praktische Urteilskraft fasst also bestimmte raum-zeitliche Ereignisse als „Typus", als Muster, Symbol oder *Zeichen* für eine Maxime des Willens, d. h. für eine Regel auf.

Bildung und pädagogische Professionalität: Vom Versuch, gleichzeitig über einen weißen und schwarzen Schimmel zu sprechen

Interaktion in einer konkreten sozialen Situation in seiner organisatorischen Komplexität und subjektiven Perspektivität sowie auch in seiner Entwicklungsgeschichte zu erfassen (vgl. Combe/Helsper 1996, S. 34; Helsper 2001, S. 8).

Die genuine Leistung der professionell Handelnden scheint demnach darin zu liegen, Situationen unter Bezug auf bestimmte Prämissen zu analysieren, in pädagogischen Handlungsvollzügen zu reflektieren und das eigene Handeln im Kontext dieses Spannungsfeldes zu interpretieren. Damit trägt die Lehrkraft zum „Ausgleich zwischen eigenen Wünschen und Zielen und Ansprüchen und den Erwartungen eines vorgestellten kritischen Beobachters" (Bauer 1998, S. 345f.) bei. Bauer spricht hier von der Bildung eines „professionellen Selbst" (Bauer 2000, S. 60).

In einem systemtheoretischen Verständnis von Profession kann die Reflexivität nun im Sinne der Ausbildung von Reflexionsrollen in einem System bzw. auf einen ganzen Berufsstand hin ausgerichtet werden (vgl. Stichweh 1992, S. 41), oder sie wird – wie in handlungstheoretischen Konzeptionen – fast ausschließlich an eine selbstreflexive Leistung der Einzelnen gebunden (vgl. Oevermann 1996, S. 156).

Reflexivität kann aber mit Helsper und Kolbe (2002, S. 386f.) noch anders akzentuiert werden: Nämlich als „radikale Perspektivierung des Wissens". Hier geht es nicht um Selbstvergewisserung der Einzelnen oder die strukturtheoretische Thematisierung eines Habitus, sondern um die (zunächst sprachliche) Verfügbarkeit dessen, wie Professionelle pädagogisches Handeln im Rahmen von organisationalen Strukturen sinnstiftend gestalten (vgl. Reh 2004, S. 358). In diesem Modell wurde im Rahmen von „biographischen Standortbestimmungen" (ebd.) ein Muster von Professionalität gezeichnet, das wirksames pädagogisches Handeln dialektisch und immer auf den Bezugsfall ausgerichtet rekonstruiert und auf die Identitätsarbeit der einzelnen Lehrkraft verweist.

Helsper und Kolbe (2002, S. 386ff.) haben dazu ein interessantes Modell zur Rekonstruktion empirischer Realität von Lehrkräften vorgelegt, das in seiner Bedeutung nicht unterschätzt werden darf. An dieses Modell soll zunächst angeknüpft werden, denn es scheint für die Entwicklung der bisherigen Überlegungen gut geeignet, die Frage des pädagogischen Bezugs nochmals aufzunehmen, um ihn für die Frage der Professionalität im Spannungsbogen von Wissen und Praxis zu verdeutlichen. In diesem Verständnis ist pädagogische Professionalität das, was Lehrkräfte im Laufe ihrer pädagogischen Praxis ausbilden, und die Auslegung dessen, wie sie diese Praxis verstehen und interpretieren, wie sie darin agieren. Pädagogisches Handeln wird aus den Stimmungs- und Interpretationsbildern der pädagogischen Situation rekonstruiert und neu interpretiert. In diesem Modell steht die reflexive Verfügung über das eigene berufliche Tun, nicht über irgendeine Substanz des „pädagogischen Selbst" oder Selbstverständnisses im Vordergrund. Erst die Produktion der Erzählung als reflexives Sprechen über den Beruf mit Kolleginnen und Kollegen führt zu genau dem Punkt, an dem dieses Konstrukt als eine in der Praxis notwendige Arbeitshypothese für den einzelnen Fall überdacht und Nicht-Wissen erkannt werden kann. Hier wird die Bedeutung der Schaffung von Ansprüchen, Erwartungen, Zwängen und Ausgangspunkten von Schule und von Lehrerarbeit deutlich: Durch Versprachlichung wird das eigene Wissen bzw. der eigene Zugang zu einer Sache oder Situation von einer „anderen Seite" betrachtbar – gleichsam durch einen Perspektivenwechsel (Perspektivierung des Wissens) – und der Umgang mit Nicht-Wissen wird damit wahrscheinlicher.

Der Wert dieses Modells liegt damit klar in der Ermöglichung der Distanzierung vom eigenen Handeln, des aktiven Heraustretens aus der Unmittelbarkeit der Lebensvollzüge durch die Beschreibung und Betrachtung von Geschehenem, in dem die Eingebundenheit des professionellen Handelns in systemische und organisationsstrukturelle Gegebenheiten – oder eben Schein-Gegebenheiten – durch die Versprachlichung und Reflexion sichtbar, betrachtbar und damit prinzipiell auch veränderbar wird. Eine systematische Ordnung des Pädagogischen in seiner Handlungslogik bleibt durch das diskutierte Modell aber zunächst unberührt, ein Urteil letztlich (pädagogisch) beliebig. Überspitzt formuliert könnte man fragen: Reflektieren ja – aber worauf?

Ohne damit in das Missverständnis normativer Leitbilder zu geraten, was Pädagogik in Wirklichkeit ist und was Lehrkräfte täglich in ihrem Alltag zu machen haben, meine ich aber, dass pädagogisches Handeln mehr sein sollte als die Sammlung von Erfahrungswissen, dessen Schatz zwar gehoben, aber nicht verwertet und damit auch nicht in Theorie rückgeführt werden kann, weil es an den pädagogischen Bezügen und Rahmungen fehlt, auf die man sich in den Interpretationen bezieht. Der Bedeutung der Reflexionsfähigkeit sei hier nicht der Wert genommen – Reh und Schelle

Bildung und pädagogische Professionalität: Vom Versuch, gleichzeitig
über einen weißen und schwarzen Schimmel zu sprechen

(1999, S. 342f.) sprechen von „Biographizität" im professionellen Handeln –
sie sollte aber um den Aspekt der pädagogischen Ausrichtung erweitert
werden, wenn wir versuchen, Professionalität im pädagogischen Handeln
zu beschreiben. Vielleicht könnte man im Wortspiel bleibend von „Profigraphizität" sprechen, um das auszudrücken, was gemeint ist.

Pädagogisches Handeln muss in seinem Tun auf das Pädagogische ausgerichtet sein, damit eine dementsprechende Haltung des Professionellen entwickelt werden kann. Praxiserfahrungen werden so in pädagogische Fragestellungen überführt und systematisch in pädagogische Theorie eingebettet. Auf diese Weise wird die Theorie weitergeführt und die Weiterentwicklung der eigenen Praxis ermöglicht.

7 Pädagogische Bildung zur Entfaltung pädagogisch-professioneller Urteilsfähigkeit

Die „Perspektivierung des Wissens" (Helsper/Kolbe 2002, S. 386f.) ist ein erster (glücklicher) Schritt der Professionalisierung, eine notwendige Standortbestimmung, der die Einordnung in ein Bezugssystem aber folgen sollte. Dieses muss wiederum auf die Kernaspekte von Bildung und Erziehung rekurrieren, will es pädagogisch sein.

Pädagogische Bildung, in diesem Sinne als permanente Selbstaufklärung einer sich geschichtlich-gesellschaftlich vergewissernden Praxis verstanden, würde die Kluft zwischen Theorie und Praxis von vornherein nicht aufkommen lassen und, einmal angeregt und erworben, beständig wirksam sein. Das für die Ausbildung und Berufstätigkeit der Lehrkraft konstitutive Grundschema der „Selbstaufklärung" (Kümmel 1966, S. 71) wird von Dahmer (1969, S. 23) so beschrieben: „In der Rückbesinnung auf den Handlungsvollzug und seine Wirkung, im Versuch, Resonanz zu verstehen, bildet sich individuelle Erfahrung. Sie wird durch Interpretation der Erziehungsüberlieferung an die geschichtlich kumulierte, verallgemeinerte Erfahrung angeschlossen; somit explizierbar, sukzessive aufgeklärt und aus der subjektiven Beschränkung gelöst." Damit wäre auch das Missverständnis vermieden, dass man Erziehungssituationen und Erziehungsprogramme theoretisch wie praktisch als „reine Fälle" auffassen und behandeln könne.

Damit kann auch das gelingen, was weiter oben als *„reflexive Urteilsfähigkeit"* umschrieben wurde: Es ist die Kluft zwischen dem Individuellen und dem Generellen, die bei der Anwendung von handlungsleitenden Prinzipien auf reale Fälle überwunden werden muss. Zwar gibt es zu jedem Ding, zu jedem Ereignis eine Vielzahl von Abstraktionen, möglichen Regeln und Schemata. Viele dieser Regeln werden aber unangebracht sein, manche an den Haaren herbeigezogen. Um daher unreflektierte Regeln oder Vorgaben von handlungsleitenden Prinzipien zu unterscheiden, bedarf es der geschulten und geübten professionellen Urteilsfähigkeit. Denn nicht erst darin, wie man entscheidet, sondern schon darin, was man zur Entscheidung in Erwägung zieht, zeigt sich das Vorhandensein oder Fehlen von Urteilsfähigkeit.

Pädagogische Professionalität ist deshalb auch nicht „nur" die Reflexion des eigenen Handelns durch die Versprachlichung einer konkreten Situation, in der der eigene Standpunkt zwar erkennbar und perspektiviert wird, denn die bloße Erfahrung kennt noch keinen Theoriebezug. Professionalität kann erst durch die systematische Einordnung des jeweiligen Falls in ein bestimmtes Bezugssystem gelingen, in dem dieser in generelle Ansprüche pädagogischen Denkens und Handelns übergeführt wird.

Pro memoria: Es sei hier nochmals angemerkt, dass unter dem Pädagogischen nicht nur (bestimmte) wissenschaftstheoretische Bezüge und monokausale Handlungsvollzüge gemeint sind, sondern Bildungsprozesse von Pädagoginnen und Pädagogen verstanden werden, in denen es gelingt, ihr theoretisches Wissen in den Kernfragen von Bildung und Erziehung zu systematisieren, dieses im Fallbezug zu reflektieren, damit sie letztlich auch eine bewusste Haltung zu ihrem Handeln einnehmen können. Diese Haltung ist gleichsam Anspruch und Leitbild, aber keine funktionale Vorgabe. Letzteres wäre die Verkennung des Einzelfalls im pädagogischen Handeln.[5]

---

[5] Ein weiterer Grundzug des Verstehens verbindet sich mit der individualisierenden Tendenz der in sich zentrierten geschichtlichen Lebens- und Bedeutungseinheiten. Zwar kann alles Individuelle, das an sich selbst unaussagbar ist, immer nur als Repräsentant eines Allgemeinen verstanden werden, aber es ist gleichwohl nicht aus diesem Allgemeinen ableitbar. Die das Verstehen kennzeichnende Doppelausrichtung auf das Einzelne und das Allgemeine zugleich lässt sich deshalb grundsätzlich nicht nach der einen oder anderen Seite hin einsinnig auflösen. Dies meint die Rede vom „hermeneutischen Zirkel", der meist als ein Verhältnis von Ganzem und Teil charakterisiert wird und besagt, dass der Teil nur aus dem Ganzen verständlich ist, wie auch das Ganze nur aus den Teilen, und nur über eine solche wechselseitige Erhellung Verstehen möglich wird. Die im Zirkelverhältnis angesprochene Wechselseitigkeit ist unaufhebbar, insofern beide Seiten letztlich inkommensurabel sind und weder die eine auf die andere zurückgeführt noch beide auf ein gemeinsames Drittes bezogen werden können (vgl. Kümmel 1966, S. 78f.).

Bildung und pädagogische Professionalität: Vom Versuch, gleichzeitig über einen weißen und schwarzen Schimmel zu sprechen

In diesem reflexiven Sinn ist pädagogische Bildung eine *applicatio notitiae ad actum,* die Anwendung unseres habituellen sittlichen Wissens auf den einzelnen Akt. Damit bilden Wissen und Handeln wie auch Wissenschaft und Berufspraxis keine Opposition, sondern sie sind beide in sich different und bilden die Grundlage für pädagogische Professionalität, die mit dem Bezug auf den einzelnen Fall immer wieder einem Revisionsprozess unterworfen werden muss, dabei aber nicht zerfällt, weil die Bezüge systematisch rekonstruiert und reflektiert werden können. Der Gewinn aus dem Zerfall eines Einheitlichen besteht dann in der Wiederentdeckung der paradoxalen Grundstruktur pädagogischen Denkens und Handelns.

8 Pädagogische Professionalität trifft EPIK

Der Fokus der Überlegungen lag bisher auf der individuellen Ausgestaltung der pädagogischen Professionalität von Pädagoginnen und Pädagogen, die mithilfe eines pädagogischen Bezugssystems ihr Wissen und ihre Erfahrungen systematisch reflektieren und beurteilen sollen, um den jeweiligen Fall für pädagogisches Handeln deuten und daraus neu gewonnenes Wissen einordnen zu können.

Nun erscheint eine weitere Differenzierung der oben beschriebenen Konzeption von reflexiver Urteilskraft insofern erforderlich, als sowohl die Systemperspektive als auch die individuelle Schwerpunktsetzung nur dann für Entwicklung zugänglich werden, wenn sie an weiterführende Kompetenzfelder gebunden sind, denn professionelles pädagogisches Handeln findet zumeist in Institutionen oder Organisationen, jedenfalls in öffentlichen Räumen oder in klar definierten schulischen Settings statt. Dabei sind immer die Ebenen wissenschaftlichen und anwendungsbezogenen Wissens innerhalb eines pädagogischen Handlungsfeldes relevant. Auf diesen Handlungsebenen lassen sich nach Schratz u. a. (2007, S. 53f.) fünf verschiedene „Domänen" von Professionalität festmachen.

Domänen sind in diesem Verständnis sowohl individuelle Kompetenzfelder als auch die Gestaltungskraft von Systemstrukturen, die sich in einem „professionellen Habitus" (Schratz u. a. 2007, S. 53) von Lehrkräften zeigen. Das Modell basiert auf der Überlegung, dass Handlungen und Struk-

Christina Schenz

turen als dialektisch aufeinander bezogene Aspekte zu denken sind. Das Professionalitätsverständnis und die organisatorische bzw. strukturelle Verfasstheit des Lehrberufs bedingen sich gegenseitig und sind folglich in ihrer wechselseitigen Verschränkung wahrzunehmen. Um die Verschränkung der beiden Perspektiven sprachlich zu fassen, wurden daher Kompetenzfelder, sogenannte „Domänen", gebildet:
a) Professionsbewusstsein
b) Kooperation und Kollegialität
c) Personal Mastery
d) Differenzfähigkeit
e) Reflexions- und Diskursfähigkeit

Auf eine ausführliche Darstellung wird an dieser Stelle verzichtet, da an anderer Stelle im vorliegenden Band schon darauf eingegangen wurde (vgl. Editorial).

Das dargestellte Modell eröffnet vielfältige Anknüpfungspunkte für Überlegungen zur Schulentwicklung, zur Weiterentwicklung von Aus- und Fortbildung, für pädagogische Konzepte, die die Vielfalt der Kinder und Jugendlichen in den Mittelpunkt stellen.[6]

Die für den vorliegenden Beitrag wesentliche Frage nach bestimmenden Kriterien, anhand derer die Lehrkraft innerhalb des Domänenmodells ihre Entscheidungen erarbeitet, führt uns wieder auf das Pädagogische und die pädagogische Bildung zurück und bietet damit die Zusammenführung der Überlegungen zur pädagogischen Professionalität und des EPIK-Domänenmodells an. In diesem fungiert das Pädagogische gleichsam als Folie, auf der Lehrer und Lehrerinnen ihr schulisches Handeln reflektieren und Entscheidungen treffen, sodass Lehren und Lernen unter den Maßstab pädagogischer Ansprüche gestellt werden.

Wie ist das gemeint? Die im EPIK-Modell dargestellten Domänen beschreiben Handlungsfelder, die alles Handeln in der Schule in ihren Dimensionen mit den dafür notwendigen Kompetenzen erfassen. Es stellt sich nun die Frage, wie jede dieser Domänen unter dem Anspruch des Pädagogischen zu wenden wäre.

---

[6] Siehe ausführliche Diskussionen zum EPIK-Modell im vorliegenden Band.

Bildung und pädagogische Professionalität: Vom Versuch, gleichzeitig über einen weißen und schwarzen Schimmel zu sprechen

In gebotener Kürze soll dies am Beispiel der Domäne Differenzfähigkeit aufgezeigt werden, mit dem Bewusstsein, damit sicher nicht den vollständigen Rahmen des Modells auszuschöpfen, aber in der Hoffnung damit zu zeigen, wie die vorherigen Überlegungen zur pädagogischen Professionalität im Domänenmodell bildungstheoretisch gelesen werden könnten. Die Domäne ist für ein Beispiel besonders günstig, weil die Fähigkeit einer Lehrkraft zur Differenzierung sich auf allen Ebenen professionellen Handelns abzeichnet:

Auf der personalen Ebene begreift Differenzfähigkeit die Individualität eines Menschen als konstitutive Basis pädagogischen Handelns. Individuelle Lernwege in Anerkennung der jedem Menschen eigentümlichen Bildsamkeit sind aber auch Grundlagen für differenzierende Maßnahmen auf der inhaltlichen, methodischen, sozialen und organisatorischen Ebene. Nach diesem Verständnis liegt es im Bemühen der Lehrkraft, Schülerinnen und Schüler im Sinne der Aufforderung zur Selbsttätigkeit unter Berücksichtigung individueller Lernwege auf ihrem jeweils eigenen Weg zu selbstständigen und selbstverantworteten Menschen zu unterstützen. Auf der strukturell-organisatorischen Ebene kann Differenzfähigkeit im Prozess der Profilbildung einer Einzelschule wichtige Impulse für die Schulentwicklung geben – immer in Hinblick auf die pädagogische Transformation gesellschaftlicher Einflüsse (vgl. dazu die Ausführungen weiter oben im Anschluss an Benner 2001, S. 128). Auf wissenschaftlich-theoretischer Ebene bedarf es der pädagogischen Bildung von Lehrkräften, damit sie sich mit den verschiedenen Konzepten und Modellen differenzierend auseinanderzusetzen lernen und Entscheidungen und Handlungen systematisch in ein wissenschaftliches Bezugssystem einordnen können. Es bedarf der Differenzfähigkeit auch im Sinne reflexiver Urteilsfähigkeit, in der Allgemeines vom Besonderen unterschieden und für die eigene pädagogische Arbeit (neu) geordnet werden kann.

Wenn die Domäne Differenzfähigkeit also all jene Aspekte pädagogischer Professionalität anspricht, die auf die Verschiedenartigkeit von Menschen gerichtet sind, so besteht der Kerngedanke pädagogischer Arbeit darin, dass jeder Mensch als einzigartig gesehen und es ihm ermöglicht wird, gemäß seiner Einzigartigkeit in einer Gesellschaft leben zu können. „Die Unterdrückung und Einschränkung von Lebensäußerungen werden als

Störung oder gar als Zerstörung, als Verlust des Reichtums an Lebensmöglichkeiten gedeutet." (Prengel 1995, S. 23f.) Die pädagogische Konsequenz dessen ist, dass die vielfältigen Biografien Einzelner als Reichtum gesehen werden. In Bezug auf pädagogisch professionelles Handeln sollte es gelingen, Menschen in ihren Unterschieden z. B. hinsichtlich ihres Alters, ihres Geschlechts, ihrer Leistungsfähigkeit, ihrer biografischen Erfahrungen, ihrer Lernstile oder ihrer Interessen und Begabungen (an)zuerkennen, damit sie ihren Platz in einer Gesellschaft zunehmend selbstbestimmt suchen und diesen verantwortungsvoll in einer Gemeinschaft einnehmen können.

„Differenzfähige" Lehrerinnen und Lehrer gehen deshalb nicht von ihrem eigenen Bild der Standardschülerin oder des Idealschülers aus, sondern bemühen sich im Sinne individueller „Falldeutungen" um Unterstützungsangebote für Schülerinnen und Schüler im Rahmen ihrer jeweiligen Bildungsprozesse. Sie vertrauen darauf, dass alle Kinder und Jugendlichen fähig und bereit sind zu lernen und planen, und sie gestalten ihren Unterricht auf diese Vielfalt hin.

Die Basis dieses Prozesses ist das entwickelte und durchgehaltene dialogische Prinzip. Die Emanzipation der Schülerinnen und Schüler von der Lehrkraft wird in den Handlungsmustern, die in den entsprechenden Anforderungssituationen seitens der Lernenden aufgebaut werden, durch das Deutungs- und Handlungsrepertoire der professionellen Lehrkraft ermöglicht. Der zweite Aspekt bezieht sich auf die für pädagogisches Handeln unabdingbaren Kompetenzen und Fähigkeiten, die speziell für dieses Feld von besonderer Bedeutung sind: Die Unterstützung von Bildungsprozessen bedarf eines reichen Wissens- und Methodenrepertoires. Weil nicht davon ausgegangen werden kann, dass sich die Vielfalt von Begabungen automatisch entwickelt oder entfaltet, muss die professionelle Lehrkraft über Fähigkeiten und Kompetenzen verfügen, differenzierte Lernumwelten für individuelle Bedürfnisse bereitzustellen. Wenn von pädagogischen Kompetenzen gesprochen wird, so sind in erster Linie Handlungsmöglichkeiten von Lehrkräften gemeint, welche intendierte Lernprozesse bei Schülerinnen und Schülern fördern. Dazu bedarf es auch der oben angesprochenen „operativen Kompetenzen". Die Professionalität der Lehrkraft zeichnet sich aber erst dadurch aus, dass sie sich keiner vorgefassten Techniken bedient, um spezifische unterrichtliche Ziele zu erreichen. Sie gibt in diesem Sinne keine Entfaltungsziele vor, sondern schafft Entfaltungsmöglichkeiten. Professionalität zeigt sich also in der Ermöglichung von Lernprozessen, die die Lernenden letztlich selbst steuern und im Zuge ihres Bildungsprozesses auch selbst bestimmen müssen.

9 Konsequenzen für die Lehrerbildung und ein Resümee

Pädagogisches Handeln ist damit – wie in den vorherigen Darstellungen versucht wurde klarzulegen – immer auf die Frage der Bildung und Erziehung von Menschen bezogen, die im Rahmen ihres Bildungsprozesses von Lehrkräften dabei unterstützt werden sollen, in einer Gesellschaft mündig zu werden und selbstbestimmt und verantwortlich zu handeln. Es ist gleichsam die Grundlage, auf der pädagogisches Handeln professionalisiert und immer wieder geprüft und hinterfragt werden kann.

Wenn wir nun abschließend feststellen, dass das Pädagogische Grundlage für pädagogische Professionalität ist, so klingt das enttäuschend trivial. Es sollte aber in der Darstellung der Wirkungszusammenhänge zwischen Theorie und Praxis, Reflexion und Handlung, Intention und Wirkung pädagogischer Handlungsvollzüge aufgezeigt worden sein, dass die Rückführung auf die Kernfragen des Pädagogischen nicht immer selbstverständlich erscheinen, obwohl sie das eigentlich sein sollten.

Dies hat Konsequenzen für die Aufgabe der wissenschaftlichen Pädagogik in der Lehrerbildung. Wenn die permanente Selbstaufklärung der Praxis das Ziel der Ausbildung sein soll, erfordert dies eine Bewusstseinsbildung, die sich weder im Sinne einer pädagogischen „Meisterlehre" nur mit Sach- und Fachkenntnissen und praktischer Einübung – wie wir das mit Tenorths operativen Kompetenzen als notwendige, aber unzureichend erscheinende Dimension pädagogischer Professionalität anklingen ließen – begnügt, noch im Zeichen der Verwissenschaftlichung der Lehrerbildung Theoreme vermittelt, die zur beruflichen Erfahrung bezugslos bleiben und in der praktischen Situation nicht angewandt werden können.

Das Professionswissen der Pädagogin oder des Pädagogen resultiert vielmehr aus der Begegnung wissenschaftlicher und alltags- bzw. berufspraktischer Sichtweisen und kann im Sinne einer *pädagogischen Bildung* als ein

Moment beschrieben werden, das zustande kommt, indem beide Betrachtungsweisen in einem ersten Schritt erhalten bleiben, aber „kontrastiert und relationiert", „übereinandergeschoben" und „wechselseitig etikettiert" (Oelkers 2003, S. 25) werden.

Mit der Kategorie des *Pädagogischen* sollten diejenigen Strukturmomente genannt und herausgearbeitet werden, die Erziehungs- und Bildungsprozessen ihren spezifischen Charakter geben und es erlauben, sie von anderen Beziehungs- und Handlungsformen, etwa pflegerischen, therapeutischen oder technologischen, zu unterscheiden.

In einem nächsten Schritt müssen die unterschiedlichen Betrachtungsweisen systematisch in die Grundstrukturen pädagogischen Denkens und Handelns – zu Fragen der Bildung und Erziehung – geordnet und gewertet werden. Durch Übung und Erwerb *reflexiver Urteilsfähigkeit* soll es Studierenden und Lehrkräften gelingen, die Kluft zwischen dem jeweiligen Fall und dem allgemeinen Anspruch zu überwinden. In dieser Perspektivierung des eigenen Wissens und Handelns kann es in einem nächsten Schritt gelingen, einen ausgewiesenen pädagogischen Standpunkt, eine professionelle Haltung einzunehmen.

Um das anfängliche Bild des schwarzen und weißen Schimmels nochmals aufzunehmen: Möglicherweise hat mit dem vorliegenden Beitrag das Zebra seinen Siegeszug angetreten.

Literatur

Bauer, Karl-Oswald/Kopka, Andreas/Brindt, Stefan (1996): Pädagogische Professionalität und Lehrkraftarbeit. Eine qualitativ empirische Studie über professionelles Handeln und Bewusstsein. Weinheim und München: Juventa.

Bauer, Karl-Oswald (1998): Pädagogisches Handlungsrepertoire und professionelles Selbst von Lehrern und Lehrerinnen. In: Zeitschrift für Pädagogik 44, S. 343–359.

Bauer, Karl-Oswald (2000): Konzepte pädagogischer Professionalität und ihre Bedeutung für die Lehrerarbeit. In: Bastian, Johannes/Helsper, Werner/Reh, Sabine/Schelle, Carla (Hrsg.): Professionalisierung im Lehrerberuf. Von der Kritik der Lehrerrolle zur pädagogischen Professionalität. Opladen: Leske + Budrich, S. 55–72.

Bildung und pädagogische Professionalität: Vom Versuch, gleichzeitig über einen weißen und schwarzen Schimmel zu sprechen

Benner, Dietrich (1987): Allgemeine Pädagogik: Eine systematisch-problemgeschichtliche Einführung in die Grundstruktur pädagogischen Denkens und Handelns. Weinheim und München: Juventa.

Benner, Dietrich (2001): Allgemeine Pädagogik. Eine systematisch-problemgeschichtliche Einführung in die Grundstruktur pädagogischen Denkens und Handelns. Weinheim und München: Juventa.

Combe, Arno/Helsper, Werner (Hrsg.) (1996): Pädagogische Professionalität. Untersuchungen zum Typus pädagogischen Handelns. Frankfurt/Main: Suhrkamp, S. 9–48.

Dahmer, Ilse (1969): Erziehungswissenschaft als kritische Theorie und ihre Funktion in der Lehrerbildung, In: didactia III, S. 16–32.

Dewe, Bernd/Ferchhoff, Wilfried/Radtke, Frank Olaf (1992): Auf dem Weg zu einer aufgabenzentrierten Professionstheorie pädagogischen Handelns. In: Dewe, Bernd/Ferchhoff, Wilfried/Radtke, Frank Olaf (Hrsg.): Erziehen als Profession. Opladen: Leske + Budrich, S. 7–20.

Esser, Hartmut (2004): Soziologische Anstösse. Frankfurt/Main und New York: Campus.

Flitner, Wilhelm (1980): Allgemeine Pädagogik. Frankfurt/Main: Suhrkamp.

Giesecke, Hermann (^{9}2007): Pädagogik als Beruf. Weinheim: Juventa.

Gudjons, Herbert (1993): Pädagogisches Grundwissen. Überblick-Kompendium-Studienbuch. Bad Heilbrunn: Klinkhardt.

Helsper, Werner (2001): Praxis und Reflexion - die Notwendigkeit einer „doppelten Professionalisierung" des Lehrers. In: Journal für Lehrerinnenbildung, H. 3, S. 7–15.

Helsper, Werner/Kolbe, Fritz-Ulrich (2002): Bachelor/Master in der Lehrerbildung. In: Zeitschrift für Erziehungswissenschaft 5, S. 384–401.

Koring, Bernd (1990): Einführung in die moderne Erziehungswissenschaft und Bildungstheorie. Weinheim: Juventa.

Kümmel, Friedrich (1966): Die geisteswissenschaftliche Pädagogik. In: Giel, Klaus (Hrsg.): Studienführer allgemeine Pädagogik. Freiburg i. Br.: Herder, S. 70–84.

Lemmermöhle, Doris (2001): Schulreform ohne Tabus. In: Die Deutsche Schule 1, S. 95–105.

Litt, Theodor (1959): Das Bildungsideal der deutschen Klassik und die moderne Arbeitswelt. Bochum: Kamps.

Menck, Peter (1998): Was ist Erziehung? Eine Einführung in die Erziehungswissenschaft. Donauwörth: Auer.

Oelkers, Jürgen (2003): Wie man Schule entwickelt. Eine bildungspolitische Analyse nach PISA. Weinheim u. a.: Beltz.

Oevermann, Ulrich (1996): Theoretische Skizze einer revidierten Theorie professionalisierten Handelns. In: Combe, Anne/Helsper, Werner (Hrsg.): Pädagogische Professionalität. Untersuchungen zum Typus pädagogischen Handelns. Frankfurt/Main: Suhrkamp, S. 70–182.

Oevermann, Ulrich (2008): Profession contra Organisation? Strukturtheoretische Perspektiven zum Verhältnis von Organisation und Profession in der Schule. In: Helsper, Werner/Busse, Susanne/Hummrich, Merle/Kramer, Rolf-Torsten (Hrsg.): Pädagogische Professionalität in Organisationen. Wiesbaden: GWV Fachverlag, S. 55–78.

Pfadenhauer, Michaela/Brosziewski, Achim (2008): Professionelle in Organisationen – Lehrkräfte in der Schule. Eine wissenssoziologische Perspektive. In: Helsper, Werner/Busse, Susanne/Hummrich, Merle/Kramer, Rolf-Torsten (Hrsg.): Pädagogische Professionalität in Organisationen. Wiesbaden: GWV Fachverlag, S. 79–98.

Prengel, Annedore (1995): Pädagogik der Vielfalt. Verschiedenheit und Gleichberechtigung in Interkultureller, Feministischer und Integrativer Pädagogik. Opladen: Leske + Budrich

Prengel, Annedore (1999): Vielfalt durch gute Ordnung. In: Radtke, Frank-Olaf (Hrsg.): Die Organisation von Homogenität. Jahrgangsklassen in der Grundschule. Frankfurt/Main: Universität Frankfurt, Institut für Schulpädagogik und Didaktik, S. 67–83

Reh, Sabine (2004): Abschied von der Profession, von der Professionalität oder vom Professionellen? – Theorien und Forschungen zur Lehrerprofessionalität. In: Zeitschrift für Pädagogik, 3, S. 358–372.

Reh, Sabine/Schelle, Carla (1999): Biographieforschung in der Schulpädagogik. Aspekte biographisch orientierter Lehrerforschung. In: Krüger, Heinz-Hermann/Marotzki, Winfried (Hrsg.): Handbuch erziehungswissenschaftliche Biographieforschung. Opladen: Leske + Budrich, S. 337–390.

Ruhloff, Jörg (1992): Traditionen der Postmoderne in Antike und Renaissance. Zur Theorie und Geschichte des problematischen Vernunftgebrauchs in der Pädagogik. In: Benner, Dietrich/Lenzen, Dieter/Otto, Hans-Uwe (Hrsg.): Erziehungswissenschaft zwischen Modernisierung und Modernitätskrise. Beiträge zum 13. Kongress der Deutschen Gesellschaft für Erziehungswissenschaft vom 16.–18. März 1992 in der Freien Universität Berlin. Zeitschrift für Pädagogik, Beiheft 29. Weinheim und Basel: Beltz, S. 167–173.

Ruhloff, Jörg (1993): Pluralität pädagogischer Konzepte – ein Hemmnis der sozialen Wirksamkeit pädagogischer Theorie? In: Fischer, Wolfgang/Ruhloff, Jörg (Hrsg.): Skepsis und Widerstreit. Neue Beiträge zur skeptisch-transzendentalkritischen Pädagogik. St. Augustin: Academia Verlag, S. 65–79.

Schenz, Christina (2009): Zur Struktur professionellen Handelns im Lehrerberuf. In: Schrittesser, Ilse (Hrsg.): Professionalität und Professionalisierung. Einige aktuelle Fragen und Ansätze der universitären LehrerInnenbildung. Frankfurt/Main: Peter Lang, S. 33–45.

Schmidt, Axel (2008): Profession, Professionalität, Professionalisierung. In: Willmes, Herbert (Hrsg.): Lehr(er)buch Soziologie. Für die pädagogischen und soziologischen Studiengänge, Band 2. Wiesbaden: VS-Verlag, S. 835–864.

Schratz, Michael/Forthuber, Peter/Pahr, Gerhard/Paseka, Angelika/Seel, Andrea/Schrittesser, Ilse (2007): Domänen von Lehrer/innen/professionalität. In: journal für lehrerInnenbildung 2, S. 70–79

Stichweh, Rudolf (1992): Professionalisierung. Ausdifferenzierung von Funktionssystemen, Inklusion. Betrachtungen aus systemtheoretischer Sicht. In: Dewe, Bernd/Ferchhoff, Wilfried/Radtke, Frank-Olaf (Hrsg.): Erziehen als Profession. Zur Logik professionellen Handelns in pädagogischen Feldern. Opladen, S. 36–48.

Tenorth, Heinz-Elmar (1992): Laute Klage, stiller Sieg. Über die Unaufhaltsamkeit der Pädagogik in der Moderne. In: Zeitschrift für Pädagogik 29, Beiheft, S. 129–139.

Tenorth, Heinz-Elmar (2006): Professionalität im Lehrerberuf. Ratlosigkeit der Theorie, gelingende Praxis. In: Zeitschrift für Erziehungswissenschaft 9, S. 580–587.

Wilensky Harold L. (1964): The Professionalization of Everyone? In: The American Journal of Sociology 70, pp. 137–158.

Winkler, Michael (1992): Universalisierung und Delegitimation: Notizen zum pädagogischen Diskurs der Gegenwart. In: Hoffmann, Dietrich/Langewand, Alfred/Niemeyer, Christian (Hrsg.): Begründungsformen der Pädagogik in der Moderne. Weinheim: Deutscher Studienverlag, S. 135–154.

Wimmer, Michael (1996): Zerfall des Allgemeinen – Wiederkehr des Singulären. Pädagogische Professionalität und der Wert des Wissens. In: Combe, Arno/Helsper, Werner (Hrsg.): Pädagogische Professionalität. Untersuchungen zum Typus pädagogischen Handelns. Frankfurt/Main: Suhrkamp, S. 404–447.

Differenz und Professionalität:
Vom prekären zum produktiven Umgang mit Differenz in Schule und Unterricht

Andrea Fraundorfer

Annäherungen

Angesichts veränderter Herausforderungen und Problemlagen wird der Terminus „Professionalität" zum Schlüsselbegriff reflektierten pädagogischen Handelns sowie des Nachdenkens über die (schul-)pädagogische Praxis und deren mögliche Veränderung. Die Notwendigkeit der (Selbst-) Thematisierung des Berufsethos von Lehrenden entsteht aus der zunehmenden Komplexität pädagogischer sowie institutioneller Aufgaben- und Handlungsfelder. Im Professionalitätsdiskurs zeigt sich die Auseinandersetzung mit heutigen Bedingungen von Lernen und Lehren, mit Handlungsgrundlagen und Handlungsmöglichkeiten sowie mit Forderungen, die von gesellschaftlichen, ökonomischen und politischen Sphären an die Schule herangetragen werden. Einer der zentralen Topoi innerhalb dieses Diskurses zielt auf einen professionalisierten Umgang mit Heterogenität bzw. Diversität in ihren unterschiedlichen Dimensionen.

In den Prozess der Professionalisierung der Lehrenden – sowohl der auszubildenden als auch der bereits unterrichtenden – wird angesichts der Situation unseres Bildungssystems viel Hoffnung gesetzt. Damit wird die Lehreraus- und -fortbildung zu einem politisch umkämpften Interventionsfeld, das langfristig auf Veränderung des gesamten Schulsystems zielt. Die Selbstthematisierung einer ganzen Profession und damit die Prozessreflexion dessen, was konstitutiv für Lehren und Lernen ist, drückt sich auch in den Diskussionen der EPIK-Arbeitsgruppe aus, die sich mit der Entwicklung von Professionalität im österreichischen und im internationalen Kontext beschäftigt. Die Initiatoren des EPIK-Modells gehen von der Überlegung aus, „dass Handlungen und Strukturen als dialektisch aufeinander bezogene Aspekte zu denken sind. Die Vorstellungen von professionellem Handeln und die organisatorische bzw. strukturelle Verfasstheit des Lehrer/

innenberufs bedingen sich gegenseitig und sind folglich in ihrer wechselseitigen Verschränkung wahrzunehmen." (EPIK 2010) Um die Verschränkung dieser beiden Perspektiven zum Ausdruck zu bringen, wurden Kompetenzfelder, sogenannte ‚Domänen', definiert. „Domänen sind Ausdruck eines ‚professionellen Habitus' von Lehrer/innen, unabhängig davon, in welchem Bildungsbereich sie tätig sind." (Ebd.) Die Domänen – so die Initiatoren von EPIK – eröffneten zahlreiche Anknüpfungspunkte für Überlegungen zur Schulentwicklung, zur Weiterentwicklung der Aus- und Fortbildung der Lehrerinnen und Lehrer und für pädagogische Konzepte, die die Vielfalt der Schülerinnen und Schüler in den Mittelpunkt stellen. Professionalität wird – um den Begriff für die pädagogische Praxis zu erschließen – innerhalb des EPIK-Konzeptes in fünf Kompetenzbereiche gefasst. Diese Domänen wären demnach Ausdruck eines „professionellen Habitus" von Lehrenden und umfassen Differenzfähigkeit, Kooperation und Kollegialität, Reflexions- und Diskursfähigkeit, Professionsbewusstsein und persönliche Könnerschaft.[1]

In den folgenden Ausführungen wird ausschließlich auf das Domänen- und Diskursfeld ‚Differenz' rekurriert. Differenz als Leitkategorie soll hier in Bezug zu einem Professionalisierungsbegriff gesetzt werden, der das Arbeits- und Professionsfeld Lehrender und anderer pädagogisch Tätiger erschließen hilft. Schulische Lehr- und Lernsettings rücken hier als soziale Praxis in den Blick, die Bildung nicht als technokratisch zu vollziehenden Prozess versteht, sondern die reale Lebenspraxis sowie die authentischen Lern- und Bildungsbedürfnisse junger Menschen systematisch mitdenkt. Professionalitätsforschung und ihre Einspeisung in die pädagogische Praxis wären demnach Teil einer reflexiven Bildungswissenschaft, die einer vorgängigen Praxis sozialwissenschaftlich begründete Instrumentarien in die Hand gibt, um sich über sich selbst aufzuklären.

‚Differenz' ist zunächst ein unterdeterminierter und diffuser Begriff, den es für den Kontext Schule und Unterricht zu klären gilt. Dass ‚Differenz' ein zentraler gesellschaftlicher Topos geworden ist, hängt mit den Entwicklungen der Spätmoderne zusammen, die vielfältige Individualisierungs- und Differenzierungsprozesse mit sich gebracht haben. Soziologische Zeitdiag-

---

[1] Dafür wird der Begriff „Personal Mastery" im Anschluss an Peter Senge verwendet. (vgl. Senge 1996, S. 171f.)

Andrea Fraundorfer

nosen nach Beck und Giddens nennen als Kennzeichen einer „reflexiven Modernisierung" (Beck u. a. 1996) jene Verschiebungen und Erosionen innerhalb sozialer Gefüge und individueller Lebenslagen, die mit Enttraditionalisierung, Flexibilisierung, Entbettung, hergestellter Unsicherheit der Individuen etc. einhergehen. Eng damit verbunden ist die Ausdifferenzierung von Lebensentwürfen, Lebenswelten und sozialen Settings. Die Zunahme von Differenz als lokal und global erscheinendes Phänomen ist demnach in allen gesellschaftlichen Feldern beobachtbar. Differenzphänomene zeigen sich vor allem im sozialen Feld schulischer Lehr- und Lernsettings und werden heute mit den Begriffen Vielfalt, Heterogenität und Diversität assoziiert.

Differenz als pädagogischer Topos wurde Anfang der 1990er-Jahre durch Annedore Prengels Publikation Pädagogik der Vielfalt in den Brennpunkt der pädagogischen Aufmerksamkeit gerückt (vgl. Prengel 2006). Differenz, wie sie hier gedacht wird, bezieht sich nicht nur auf ethnische, kulturelle und sprachliche Vielfalt, sondern thematisiert auch die Kategorien ‚Geschlecht' und ‚Behinderung' (im Sinne physisch/psychischen „Anders-Seins"). Weiters können der Bildungshintergrund der Eltern und deren Bildungsaspiration, das individuelle Leistungsvermögen und damit korrespondierende motivationale Aspekte als Differenzfelder in Betracht gezogen werden. Vor allem stark korrelierende Differenzen wie z. B. ein schwacher sozioökonomischer Hintergrund, niedrige Bildungsaspiration und eine andere sprachliche/ethnische Herkunft ergeben in ihrer Überlagerung komplexe Differenzmuster, die hohe Ansprüche an die Professionalität von Lehrenden stellen. Trotz zunehmender gesellschaftlicher Differenzierungs- und Pluralisierungsprozesse wird den Unterrichtsklassen bzw. Gruppen von Lernenden eine weitgehende Homogenität unterstellt. Diese markiert häufig den Ausgangspunkt für tendenziell lehrerzentrierte Unterrichtsformen, womit ‚normierende' Strukturen und differenzeinebnende Handlungsweisen im pädagogischen Feld einhergehen.

Obwohl sich Bildungsvoraussetzungen, Problemlagen und Bildungsverläufe stark diversifiziert haben, zeigen Lehr- und Lernsettings, Unterrichts- und Arbeitsformen sowie Haltungen und Einstellungen von Lehrerinnen und Lehrern eine Beharrungstendenz, wie sie nur wenigen sozialen Praxen eigen ist. In seinem jüngsten, essayistisch angelegten Buch hat Rupert Vi-

Differenz und Professionalität: Vom prekären zum produktiven Umgang mit Differenz in Schule und Unterricht

erlinger versucht, das vielfach noch gängige „Exerziermodell der Didaktik", das Ausdruck dieser Beharrungstendenz ist, zu charakterisieren. Vierlinger, der zwar das Bild des erzählenden Lehrers und des didaktisch gut umgesetzten Lehrervortrags unterstützt, kritisiert am konventionellen Unterricht, der sich an der Homogenität der Lernenden ausrichtet, Folgendes: „Schlecht ist nicht der Vortrag an sich, sondern vielmehr ein Vorgehen des Lehrers, das den Schülern keinen ‚Raum' gibt und die Lehre damit zum Diktat verkommt. [...] Der in diesem Modell befangene Lehrer betrachtet die Schulklasse als ein denkendes Gehirn und versteht sich als dessen Proviantmeister. Er sieht sich als Inhaber des Informationsmonopols, dem gegenüber den Schülern vielfach nur eine Aktivität bleibt: das Abschalten, und zwar das zwangsweise, wenn sie nicht mehr mitkommen, und das freiwillige, wenn es ihnen zu fad wird. Dieses Exerziermodell lässt sich mit vier Merkmalen charakterisieren: Ein für alle gleicher Inhalt wird für alle in gleicher Weise durchgenommen, und das in einem für alle gleichen Tempo [...] und in einer für alle gleichen Zeit." (Vierlinger 2009, S. 93) Auch wenn dieses Bild einer didaktischen Situation überzeichnet sein mag und es inzwischen viele Lehr- und Lernsettings gibt, die dieses Modell von Unterricht längst verabschiedet haben, kennzeichnet es doch eine unreflektierte, lange in der pädagogischen Geschichte praktizierte Haltung, die noch immer in vielen Schulen anzutreffen ist. Eine adäquate Antwort auf Differenzierungs- und Diversifizierungsprozesse innerhalb von Schule und Unterricht kann dieses von Vierlinger kritisierte Modell jedenfalls nicht liefern.

Im Umgang mit Vielfalt und mit der Verschiedenheit der Lernvoraussetzungen der Kinder wird das prekäre Verhältnis zwischen diesen beharrenden und den innovativ(er)en Kräften im Schulsystem offensichtlich. Die Herausforderung, die mit der zunehmenden Diversität der Lernenden in Schule und Unterricht einhergeht, verändert langsam die Perspektiven innerhalb der Lehr- und Lernsettings. Differenzphänomene spitzen sich vor allem unter den Bedingungen der Migrationsgesellschaft sowie durch verschiedene gesellschaftliche Pluralisierungsprozesse, die mit der Brüchigkeit von Leitvorstellungen und Werten einhergehen, zu. In diesem Zusammenhang wird die Frage zu bearbeiten sein, welche Konsequenzen diese Phänomene für pädagogische Organisations- und Handlungsformen haben. Paul Mecheril hat diese Frage in Bezug auf die schulischen Veränderungen, die Migrationsphänomene mit sich bringen, präzisiert und die damit einhergehenden Bearbeitungsformen von Differenz im pädagogischen Handlungsfeld problematisiert (vgl. Mecheril 2004)[2].

Betrachtet man den Wandel im schulischen Bildungsauftrag, so fällt auf, dass im Hinblick auf die Professionalität die Individualisierungs- und Diversifizierungsprozesse zu einer veränderten Akzentuierung im Anforderungsprofil von Lehrerinnen und Lehrern führen (vgl. Popp 2004, S. 50). Zu den klassischen Kernaufgaben von Lehrenden gehören vor allem Unterrichten, Erziehen und Beurteilen von Lernenden. In den letzten Jahren sind verstärkt das Beraten von Schülerinnen bzw. Schülern und Eltern, das Reflektieren und Evaluieren der eigenen Arbeit im Kontext von Schulentwicklungsprozessen sowie die Abwicklung von komplexer gewordenen Verwaltungsarbeiten, etwa die Dokumentation von Schülerdaten, dazugekommen. Nicht nur aufgrund dessen wird Unterrichten und Erziehen von vielen Lehrerinnen und Lehrern als herausfordernd und belastend empfunden, sondern vor allem im Hinblick auf heterogen zusammengesetzte Lernergruppen, die herkömmliche Unterrichtsmethoden zunehmend ineffizient machen.

Im aktuellen Diskurs über Differenz im Schulsystem gilt es als Konsens, dass es nicht mehr die eine Sprache, die eine Kultur, den einen Umgang mit Leistungs- oder Begabungsdifferenz, mit der Kategorie Geschlecht oder Behinderung gibt. Für den Bereich der sprachlichen Differenz hat diese Erkenntnis Ingrid Gogolin unter dem einprägsamen Titel *Der monolinguale Habitus der multilingualen Schule* (Gogolin 1994) auf den Punkt gebracht. Hier setzt u. a. der Professionalisierungsbegriff von EPIK, der den Topos Differenz in den Blick nimmt, an: Die ‚Expertisierung' sozialer Praxis soll vorangetrieben werden, um in komplexen Feldern, die sich im sozialen Kraftfeld Schule überschneiden, handlungsfähig zu bleiben. Im Professionalisierungsbegriff werden u. a. strukturelle Rahmenbedingungen ebenso wie individuelle Handlungsoptionen, implizite Menschenbilder und aktuelle pädagogische Herausforderungen, Selbstbild und Professionsbewusstsein angesprochen und einer reflexiven Bearbeitung zugänglich gemacht.

---

[2] Mecheril hat in diesem Zusammenhang den Begriff der Migrationspädagogik eingeführt; dieser nimmt die institutionellen Herausforderungen und die veränderten Lehr- und Lernsettings unter den Bedingungen der Migrationsgesellschaft in den Blick. Der Begriff impliziert die Überwindung einer kulturalistischen Betrachtungsweise, die älteren Konzepten von Interkulturalität zugrunde liegt, und problematisiert ethnische/kulturelle Zugehörigkeitsordnungen und ihre Implikationen für Bildungsprozesse.

Differenz und Professionalität: Vom prekären zum produktiven Umgang mit Differenz in Schule und Unterricht

In den folgenden Ausführungen geht es um die Frage, wie der Professionalisierungsbegriff für die Domäne ‚Differenz' produktiv gemacht werden kann. Dazu bedarf es einiger Begriffsklärungen, allen voran eine skizzenhafte Erläuterung der Konzepte ‚Differenz' und ‚Gleichheit'. Der Topos Differenz/Gleichheit impliziert Vorstellungen von ‚Normalität' und ‚Durchschnittlichkeit'. Diese Normalitätsvorstellungen, in denen sich einerseits Prozesse des Bewertens, Selektierens und Normierens und andererseits Einebnungsversuche von Differenz zeigen, werden anhand einiger Denkfiguren von Michel Foucault problematisiert.

Im zweiten Teil wird der Begriff ‚Anerkennung' als zentrale Voraussetzung für den produktiven Umgang mit Differenz diskutiert. Professionalität als ein bestimmtes Berufsethos von Lehrerinnen und Lehrern wird im dritten Teil zur Diskussion gestellt: Die Tätigkeiten innerhalb komplexer sozialer Praxen, wie sie Unterrichten und Erziehen darstellen, sind insofern professionalisierungsbedürftig, als sie sich permanent an der Grenze zwischen Routine und Neuem bewegen. Dabei können Krisen und neue Herausforderungen, wie sie z. B. im Umgang mit komplexen Differenzphänomenen auftreten, zu Auslösern für einen veränderten Habitus und den Aufbau neuer Routinen innerhalb der Profession werden.

Der vierte Teil widmet sich dem Thema der Lernproblematiken sowie didaktischen Fragen, die vor allem auf wirkungsvolles Lernen und auf für den Lernenden bedeutungsvolle Bildungsprozesse zielen. Dabei werden Lernproblematiken aus der Perspektive der ‚Ersten Person', also vom Lernenden und seinen genuinen Lern- und Entwicklungsbedürfnissen ausgehend, gedacht. In der Conclusio werden die sich aus dem Diskurs über Differenz in Schule und Unterricht ergebenden Implikationen für die Felder Lehrer- und Lehrerinnenbildung, Schulentwicklung und Professionalisierung von Lehrenden skizziert.

1 Klärungen und Grenzziehungen

1.1 Gleichheit und Differenz – Versuch einer Begriffsklärung

Die semantisch ähnlichen Begriffe Differenz, Vielfalt, Verschiedenheit und Pluralität werden seit den 1990er-Jahren verstärkt zum Topos innerhalb des pädagogischen Diskurses. Die Denkfigur, dass Kinder mit recht unterschiedlichen Voraussetzungen ihre institutionelle Bildung starten und durch divergierende Entwicklungslogiken und Tempi meist noch weiter auseinanderdriften, wird schon um 1800 von Johann Friedrich Herbart mit der Problematisierung von der ‚Verschiedenheit der Köpfe' für den auf Homogenisierung zielenden Unterricht angesprochen. Nicht nur die Sonderpädagogik problematisiert gängige Normalitätsvorstellungen und ein darauf ausgerichtetes Messen, Sortieren, Ordnen von Kindern und deren Leistungen und Entwicklungsfortschritten. Vor allem die interkulturelle Pädagogik, die die „Ausländerpädagogik" der 1980er-Jahre ablöst, nimmt Differenz als etwas in den Blick, was es konstruktiv zu bearbeiten gilt, und trägt damit zur Verlagerung von defizitorientierten zu verstärkt ressourcenorientierten Denk- und Handlungsmodellen bei. Gleichzeitig finden im deutschsprachigen Raum umfangreiche Aktivitäten statt, strukturelle und pädagogische Veränderungen zu initiieren, die von einer segregierenden und exkludierenden Pädagogik wegführen und zu einer inklusiven Handhabung von Differenz – vor allem in Bezug auf Behinderung und ‚Anders-Sein' – hinführen.

Um den Topos Differenz im schulischen Setting zu verstehen, ist die Skizzierung eines historisch gewachsenen Verständnisses des Begriffspaares Gleichheit–Differenz hilfreich. Moderne europäische Vorstellungen von Gleichheit und Differenz sowie deren Weiterentwicklung in der Spät- und Postmoderne sind für das pädagogische Feld nicht ohne Auswirkungen geblieben. Differenz-, Pluralitäts- und Intersubjektivitätstheorien, wie sie u. a. von Annedore Prengel im Kontext schulischer Vielfalt aufbereitet wurden, gehen der Frage nach, wie intersubjektive Anerkennung innerhalb von Bildungsprozessen gestaltet werden kann. Dabei nimmt Prengel drei zentrale gesellschaftliche Felder in den Blick, die sich im Rahmen des schulischen Kontextes in eine Interkulturelle Pädagogik, eine Feministische Pädagogik und eine Integrationspädagogik ausdifferenzieren lassen (vgl. Prengel 2006).

Zunächst bedarf es jedoch einer Klärung der als Dichotomie lesbaren Begriffe Gleichheit und Verschiedenheit. Differenz als Begriff kann zunächst in Bezug auf seinen Gegenbegriff, nämlich Gleichheit, verständlich gemacht werden. Der Terminus Differenz bzw. Verschiedenheit bezieht sich auf die Mannigfaltigkeit der Welt, der Menschen und Dinge sowie deren mögliche Veränderungen und weitere Ausdifferenzierungen. Differenz kann erst präziser gefasst werden, wenn die Merkmale konkret unterschieden werden, die die Beziehungen zwischen mehreren Personen oder auch Gegenständen prägen: „Eine Gleichheitsaussage gilt stets nur partiell und in einer bestimmten Hinsicht. Die verglichenen Dinge [und Menschen, Anm. A.F.] sind in einigen Merkmalen gleich und in anderen verschieden." (Prengel 2006, S. 30) Völlige Gleichheit würde demnach mit ‚Ident-Sein' bezeichnet; Gleichheit sei also nie ‚absolut', sondern benenne eine Gleichheit von Verschiedenen oder Verschiedenem. Somit bezieht sich Gleichheit auf eine annähernde Übereinstimmung von Menschen oder Dingen; es bedarf jedoch eines „Tertium comparationis" (Prengel 2001, S. 95), um ein vergleichsentscheidendes Merkmal zu definieren. So können sich Menschen in den Merkmalen Geschlecht, Alter, Hautfarbe, Ethnizität, Erstsprache, physische Besonderheiten etc. unterscheiden. Die Gleichheit drückt sich hier in der Teilhabe am Mensch-Sein aus, mit der wiederum ein bestimmter Rechtsstatus (verbürgt z. B. über die Menschenrechte) korrespondiert. Aus der Egalitätsidee wiederum legitimieren sich jene Ansprüche, die sich vor allem im 20. Jahrhundert über diverse Emanzipationsbewegungen (Arbeiterbewegung, Frauenbewegung, Behindertenbewegung etc.) ausdifferenziert haben.

Prengel unterteilt das Gleichheitspostulat in zwei unterschiedliche Gleichheitsbegriffe: den konservativen, hierarchielegitimierenden, gruppeninternen Gleichheitsbegriff einerseits und den demokratischen, von seiner Intention her hierarchieauflösenden, universellen Gleichheitsbegriff andererseits (vgl. Prengel 2001, S. 95). So kommt es im ersten Begriffsverständnis durch Unterschiede zwischen Menschen zur Legitimation von Über- und Unterordnung und damit zu einer bestimmten gesellschaftlichen Positionierung bzw. Zuschreibung, was sich z. B. in einem konservativ-patriarchalischen Gleichheitsbegriff zeigt, der lange Zeit ontologischen Zuschreibungen über das ‚natürliche Wesen' der Frau verfallen war. Diese Zuschreibungen finden sich in abgewandelter Form heute noch in Bezug auf körperliche Andersheit oder Behinderung, auf bestimmte (in ihrem Prestige niedrig bewertete) Erstsprachen sowie in Bezug auf kulturelle Hintergründe, in denen aufklärerische Epochen – so das Vorurteil – weitgehend fehlten.

Für Prengel ist es eine zentrale Aufgabe der Jetztzeit, eine demokratisch inspirierte Auffassung von Gleichheit und darin aufgehender Verschiedenheit (weiter) zu entwickeln, in die die Gleichberechtigung der Menschen – als Anspruch auf Rechte und Anerkennung – mit der Bedingung der Möglichkeit von Vielfalt einhergeht. Die Perspektive, in der nach Differenz und gleichzeitig nach Gleichberechtigung gefragt wird, kann als „egalitäre Differenz" (Prengel 2001, S. 93) bezeichnet werden; dabei werden Egalität – also Gleichheit – und Verschiedenheit als sich wechselseitig bedingend verstanden. Egalitäre Differenz sei demnach nicht nur ein Erkenntnis- und Handlungsmotiv, das konstituierend für demokratische Gesellschaften ist, sondern auch ein Motiv, das den Blick der Bildungswissenschaft und der pädagogischen Praxis verändern könne. Das plurale Miteinander-Leben und Lernen von verschiedenen Heranwachsenden beruhe in dieser Perspektive auf der Basis gleicher Rechte und wechselseitiger Anerkennung und löse damit die aus bestimmten Dichotomien (weiblich/männlich; autochthon/zugewandert; behindert/nicht behindert; begabt/nicht begabt etc.) entstehenden Hierarchien weitgehend auf. Eine egalitär gedachte Differenz stellt die zugrunde liegende Idee der Pädagogik der Vielfalt dar, „die ein nichthierarchisches, freiheitliches und entwicklungsoffenes Miteinander der Verschiedenen anstrebt." (Prengel 2001, S. 96)

Die Weiterentwicklung der Vorstellungen von Gleichheit und Differenz verweist nicht nur auf ein aktuelles gesellschaftspolitisches und rechtliches Problem, sondern auf eines, das die pädagogische Arbeit in ihrem Kern trifft. Der Gleichheitsbegriff bedarf hier insofern einer weiteren Schärfung, als er im pädagogischen Kontext unterschiedliche Bedeutungen einschließt. Gleichheit, die in der Vielfalt aufgehoben ist, steht im Widerspruch mit Gleichmachen-Wollen oder Nivellieren von immer schon gegebenen Unterschieden zwischen den Lernenden. Gleich(berechtigt) sind die Heranwachsenden in der Hinsicht, als ihnen das Recht auf Bildung – und damit der prinzipielle Zugang zu allen Bildungswegen – in gleichem Maße zukommt. Im Gegensatz dazu sind Gleichheitsvorstellungen und -mythen im Sinne institutioneller Normierungsversuche, die mit fiktiven Leistungs- und Begabungsnormen arbeiten, für pädagogische Settings äußerst kontraproduktiv.[3] Um die Aufhebung einer ‚Gleichmacherei' im Sinne der Selektion nach Alter und vor allem nach ‚Leistungsfähigkeit' waren vor allem Reformpädagogen der ersten Hälfte des 20. Jahrhunderts bemüht, indem sie bewusst Lernende mit unterschiedlichsten Alters-, Entwicklungs- und Leistungsvoraussetzungen miteinander lernen ließen (vgl. Oelkers 1996, S. 85f.). Die Intention der meisten Schulreformer war es nicht nur, Lebens- und Lernwelten der Heranwachsenden stärker zusammenzuführen,

---

[3] Ein Beispiel ist die altershomogene Klasseneinteilung, die noch immer im Regelschulwesen praktiziert wird und auf Rekrutierungsstrategien bestimmter Jahrgangskohorten im militärischen Bereich der (österreichischen) Monarchie zurückgeht.

Differenz und Professionalität: Vom prekären zum produktiven Umgang mit Differenz in Schule und Unterricht

sondern vor allem jene starren Strukturen aufzulösen, die mit der Institutionalisierung von Schule einhergingen: die altershomogene Klasseneinteilung, die räumliche ‚Zuordnung' der Kinder zu innenarchitektonisch normierten Klassen (mit frontal auf die Lehrkraft ausgerichteten Sitzbänken), die Segregation nach Herkunft und ‚kognitiven Fähigkeiten' in Schultypen und Leistungsstufen, der lehrerzentrierte Unterricht im Frage-Antwort-Modus etc. Individualisierende Lehr-/Lernformen setzen dagegen auf den konstruktiven Umgang mit einer Vielfalt, wie sie sich in einer Gruppe von Heranwachsenden immer schon zeigt.

Gleichheit, die nicht gleichzeitig die Differenz der Menschen in den Blick nimmt, erscheint als eine ungerechte, diskriminierende Gleichheit. Pädagogik hat – wenn sie die Zukunft der ihr anvertrauten Heranwachsenden offen halten will – die Aufgabe, die Dimensionen Gleichheit und Differenz kritisch auf ihre Bedeutungen in Schule und Unterricht zu hinterfragen. Letztlich wird der Topos zu einer Frage der Professionalität von Lehrerinnen und Lehrern, die sich darin zeigt, wie sensibel sie mit Differenz in ihren unterschiedlichen Dimensionen umzugehen wissen und welche Implikationen sich daraus für den Unterricht selbst ergeben.

1.2 Einebnung von Differenz: Das versteckte Paradigma der Selektion, der Normierung und der Disziplinierung

Gleichheitsdenken und Gleichheitsmythen, wie sie oben angesprochen wurden, korrespondieren immer auch mit Disziplinierungsanordnungen, in denen das ‚Differente' vom ‚Gleichen' geschieden wird. Michel Foucault hat diese Mechanismen in Überwachen und Strafen für die Schule als Disziplinaranstalt analysiert. Das ‚Andere', das ‚Differente' ist in den Disziplinaranstalten Schule, Krankenhaus und Gefängnis oft als das ‚Unerwünschte' und ‚Pathologische' aus- oder eingesperrt, analysiert, kategorisiert und diszipliniert worden. Detaillierte Kontrollen, Beurteilungen und Interventionen, die differenzieren, korrigieren, strafen und ausschalten, zeigten sich als Strategien innerhalb einer „Mikrophysik der Macht" (Foucault 1977, S. 38), die mit einem bestimmten Wissen kontrollierend auf das Anders-Sein und die Differenz fokussiert, einhergehen. Die Durchsetzung der Disziplin funktioniere über subtile Überwachungstechniken, die normierend, sanktionierend und hierarchisierend wirkten: „In den Disziplinen kommt die Macht der Norm zum Durchbruch." (Foucault 1977,

S. 237) Das Normale etabliere sich demnach als eine Art Zwangsprinzip im Unterricht, das mit der Einführung einer standardisierten Erziehung und der Errichtung der Normalschule einhergehe. Die Disziplinarinstitutionen hätten nach Foucault eine Kontrollmaschinerie hervorgebracht, die als Mikroskop des Verhaltens und der Leistungen funktionierte und mit einem Beobachtungs-, Registrier- und Dressurapparat arbeitete, der die Individuen „verfertige", d.h. eine bestimmte Form der „Subjektivierung" hervorbrächte (vgl. Foucault 1977, S. 220).

Foucaults Analysen haben kaum an Brisanz verloren. Im Umgang mit Differenz zeigen sich nach wie vor Charakteristiken des „Richter-Pädagogen", der für das „Reich des Normativen" (Foucault 1977, S. 393) arbeitet. Denn anhand internationaler Leistungsvergleichstests, die auf Differenzen innerhalb der Lernenden und ihrer Alterskohorte nicht eingehen (z.B. in Bezug auf sprachliche/kulturelle Differenz), lässt sich zeigen, dass Beobachtungs-, Verteilungs- und Überwachungsmechanismen im Hinblick auf das Leistungsverhalten von Schülerinnen und Schülern eine Normalisierungsmacht darstellen, die den pädagogischen Bemühungen um produktive Bearbeitung von Differenz im Unterricht zuwiderlaufen. Die systemimmanenten Widersprüche, die in diesem Zusammenhang auftreten, zeigen den Konflikt zwischen einem empathischen Bildungsdenken, das die Menschen in ihrem lebens- und lernbiografischen Geworden-Sein anerkennt und zur Selbst-Bildung anregt, sowie den gesellschaftlich-ökonomischen Zugriffsversuchen auf Menschen, denen die Anerkennung ihres Anders-Seins nur dann zugesprochen wird, wenn dieses ökonomisch, politisch oder sozial ‚verwertbar' erscheint.

2 ‚Anerkennung' als Voraussetzung des Produktiv-Machens von Differenz

Egalitäre Differenz, wie sie einer Pädagogik der Vielfalt zugrunde gelegt wird, korrespondiert eng mit dem Begriff der ‚Anerkennung'. Eine der fundamentalen Bedingungen für das Gelingen von Lern- und Bildungsprozessen ist die Erfahrung der Anerkennung als Person in ihrem biografischen Geworden-Sein und damit in ihren individuellen Lern- und Bildungsvoraussetzungen. Anerkennung zielt zunächst auf die lernende Person an sich; erst später kommen Aspekte, die mit dem eigenen Geworden-Sein

Differenz und Professionalität: Vom prekären zum produktiven Umgang mit Differenz in Schule und Unterricht

eng verbunden sind wie sozioökonomische Herkunft, Bildungsaspiration der Eltern, Begabungs- und Leistungsdispositionen sowie emotionale und motivationale Zugänge zu Lernen und Bildung, hinzu. Anerkennung fokussiert auf die Person des Lernenden in ihrer aktuellen lebens- und lernbiografischen Entwicklung. Da diese Entwicklung in einer Gruppe von Lernenden immer mit großen Unterschieden verbunden ist, kommt hier bereits Differenz als Dimension intersubjektiver Verständigung ins Spiel.

Für den Entwurf einer Pädagogik der Differenz kann vor allem die sozialphilosophische Theorie der Anerkennung, wie sie Axel Honneth vorgeschlagen hat, fruchtbar gemacht werden. Honneth hat im Anschluss an den jungen Hegel und an G.H. Mead drei Formen der Anerkennung – nämlich Liebe, Recht und Solidarität (vgl. Honneth 1994) – identifiziert, von denen die Möglichkeit einer ungestörten Selbstbeziehung abhängig ist. Mit dem Anerkennungsdiskurs wird der Anspruch der Individuen auf die intersubjektive Anerkennung ihrer Identität postuliert. Die Struktur einer solchen Anerkennungsbeziehung ist für Bildungsprozesse von zentraler Bedeutung, denn stets wird „ein Subjekt in dem Maße, in dem es sich in bestimmten seiner Fähigkeiten und Eigenschaften durch ein anderes Subjekt anerkannt weiß und darin mit ihm versöhnt ist, zugleich auch Teile seiner unverwechselbaren Identität kennenlernen und somit dem anderen auch wieder als ein Besonderes entgegengesetzt sein" (Honneth 1994, S. 30f.). Die Subjekte anerkennen sich als Träger legitimer Ansprüche, die wechselseitig bestätigt werden und den Menschen die Möglichkeit eröffnen, zu einem autonom handelnden Subjekt zu werden. Ohne Anerkennung, die das lernende Subjekt in seiner Bildungsbedürftigkeit respektiert und stärkt, erscheint die Entwicklung von Motivation und Bildungsaspiration beim Lernenden unmöglich.

Anerkennung darf im Kontext von Differenz nicht mit positionsloser Beliebigkeit verwechselt werden, sie zielt vielmehr auf eine klare Positionierung gegen Ausgrenzungs- und Ausschlussmechanismen, die mit subtilen Herrschafts- und Machtverhältnissen einhergehen, wie sie auch der Institution Schule nicht fremd sind. Der Begriff Anerkennung beschreibt ein Interaktionsverhältnis, das für die Konstituierung der pädagogischen Beziehung nicht hoch genug geschätzt werden kann, denn im Prozess der Anerkennung lernt das Individuum, „die sozialen Handlungsnormen des ‚generalisierten Anderen' zu übernehmen" (Honneth 1992, S. 126) und damit ein sozial akzeptiertes Mitglied seines Gemeinwesens zu werden.

Wird den Individuen die ihnen zustehende Anerkennung abgesprochen, was sich im schulischen Kontext auch heute noch in mehr oder minder ausgeprägten Marginalisierungs-, Diskriminierungs- und Ausschlusserfahrungen zeigt, kommt es zum „Kampf um Anerkennung" (Honneth 1992, S. 54f.). Eine Missachtung ihrer Differenzmerkmale und damit ihrer Person haben im Lauf der Geschichte vor allem sozial Benachteiligte, Mädchen und Frauen, Fremde und Zugewanderte, Behinderte, Kranke und ‚Anders-Aussehende' erfahren. Ein einziges Differenzmerkmal – wie z. B. das Geschlecht – hat häufig ausgereicht, um gesellschaftliche und soziale Anerkennung zu verweigern oder die Leistungen dieser Personen zu marginalisieren.

Mit der Erfahrung der Anerkennung korrespondiert ein Modus der praktischen Selbstbeziehung, die wiederum dem Individuum erlaubt, seine Identität als sozialen Wert wahrzunehmen. Wird eine Person in ihrem individuellen Sein als Teil des Gemeinwesens bestätigt, entstehen neue Formen der Selbstachtung sowie die Wahrnehmung von je individuellen, noch unausgeschöpften Identitäts- und Bildungsmöglichkeiten.

Anerkennung als normative Forderung hat im Kontext der Bildung auch damit zu tun, dass sich Individuen durch die reziproke Anerkennung ihrer personalen Ansprüche in ihrem So-Sein und in ihren meist krisenhaften Entwicklungen geschützt wissen. Anerkennung ermöglicht eine positive Selbstbeziehung, die wiederum eine der Voraussetzungen dafür ist, sich mit der Welt im Prozess des Sich-Bildens auseinanderzusetzen.

Honneth hat den Zusammenhang zwischen der Erfahrung der Anerkennung und dem ‚Sichzusichverhalten' aus der intersubjektiven Struktur der persönlichen Identität bestimmt. So werden die Individuen als Personen „allein dadurch konstituiert, daß sie sich aus der Perspektive zustimmender oder ermutigender Anderer auf sich selbst als Wesen zu beziehen lernen, denen bestimmte Eigenschaften und Fähigkeiten positiv zukommen. Der Umfang solcher Eigenschaften und damit der Grad der positiven Selbstbeziehung wächst mit jeder neuen Form der Anerkennung, die der einzelne auf sich selbst als Subjekt beziehen kann." (Honneth 1992, S. 278) Demgemäß bietet die Erfahrung der Anerkennungsdimension Liebe die Möglichkeit zur Entwicklung von Selbstvertrauen, die Erfahrung der rechtlichen Anerkennung die der Selbstachtung und die Erfahrung von Solidarität schließlich die der Selbstschätzung. Damit versucht Honneth zu zeigen, dass die Anerkennungsformen der Liebe, des Rechts und der Solidarität intersubjektive Schutzvorrichtungen bilden, die innere und äußere Freiheit absichern, „auf die der Prozess einer ungezwungenen Artikulation und Realisierung von individuellen Lebenszielen angewiesen ist." (Honneth 1992, S. 278)

Prengel greift Honneths Anerkennungstheorie auf und thematisiert damit die in der Regelschule produzierte Missachtung und Entwertung all jener Schülerinnen und Schüler, die mit ihren Leistungen unter der statistisch bzw. schul- und klassenintern ermittelten Durchschnittsnorm liegen. Schul- und Statusängste, geringer Selbstwert sowie niedrig gehaltene Lebenschancen und Berufserwartungen korrespondieren eng mit dieser Missachtung und Marginalisierung. Schule ist demnach „in der gegenwärtigen gesellschaftspolitischen Situation dazu herausgefordert, die vorherrschende Pädagogik der Missachtung dem leistungsschwächeren Drittel ihrer Klientel gegenüber aufzugeben und eine anerkennende Pädagogik für alle zu entwickeln." (Prengel 2006, S. 61) Nach Prengel verstehe sich eine Pädagogik der Vielfalt als eine „Pädagogik der intersubjektiven Anerkennung zwischen gleichberechtigten Verschiedenen." (Prengel 2006, S. 62) Missachtung im Bildungswesen könne dann vermieden werden, wenn individuelle Sozialisations-, Bildungs- und Qualifikationsprozesse stärker forciert würden und damit den selektierenden Prinzipien entgegengearbeitet werde. In diesem Zusammenhang schlägt Prengel vor, didaktische Konzepte des handlungsorientierten und binnendifferenzierten Unterrichts konsequent umzusetzen, um Selbstwert, Verantwortung, Selbstständigkeit und Durchsetzungsfähigkeit bei den Schülerinnen und Schülern zu stärken. Anerkennung zeigt sich dabei als zentraler Aspekt einer differenzsensiblen Pädagogik, die Vielfalt nicht einebnet, sondern in der reflektierenden Bearbeitung von Lehr- und Lernproblematiken produktiv macht.

3 Professionalität als pädagogisches Ethos

In meinen weiteren Ausführungen wird der Versuch unternommen, Professionalität in Bezug auf den Umgang mit Differenz aufzuschlüsseln. Dazu soll der Terminus Professionalität im Hinblick auf dahinter liegende Konzeptionen und Theorieansätze zur Diskussion gestellt werden.

Zunächst werde ich mich auf einen Professionalisierungsbegriff beziehen, wie ihn u. a. Ulrich Oevermann vorgeschlagen hat. Professionalität wird hier als vorläufig zu verstehendes Ergebnis eines permanenten Professionalisierungsprozesses angesehen, der im schulischen Kontext die Bildungsprozesse im Sinne eines zunehmend autonomen Weltaufschlusses der Individuen in den Blick nimmt.

Professionalität zielt auf ein bestimmtes Berufsethos, mit dem gewisse Normen und Werte in den Denk- und Handlungsweisen der jeweiligen Expertinnen und Experten verbunden sind. Professionalisierung wird heute mit „Expertisierung" in Verbindung gebracht, wobei zum Ausdruck kommt, dass ein spezielles Wissen notwendig ist, um bestimmte Lebens- und Sozialpraxen in ihrem Vollzug begleiten und unterstützen zu können. Oevermann weist darauf hin, dass sich die besonderen Leistungen von Professionen weder durch den Markt noch durch die Administration kontrollieren lassen; nach Oevermann erfordern sie eine „kollegiale, auf die Verinnerlichung professionsethischer Ideale angewiesene Selbstkontrolle." (Oevermann 1996, S. 70) Professionalisierung kann deshalb nur durch die Anstrengungen der jeweiligen Berufsgruppe gelingen, die mit der Reflexion des eigenen Selbstverständnisses als Profession unter sich verändernden Bedingungen einhergehen; diese Reflexionen schließen eine möglicherweise notwendig gewordene Neuausrichtung des eigenen Berufsethos aufgrund krisenhafter Entwicklungen ein.

Ein wesentlicher Aspekt professionellen Lehrerhandelns zeigt sich in der Fähigkeit, in gegebenen Problemsituationen das eigene Wissen rasch aktivieren zu können, um situative Wahrnehmungen richtig interpretieren und effektiv handeln zu können. Lehrende als Expertinnen und Experten für die soziale Praxis des Unterrichtens und Erziehens sind in grundsätzlicher Weise auf die Reflexion eigener Handlungsroutinen und -optionen angewiesen. Unterrichtssituationen sind zwar bis zu einem bestimmten Ausmaß planbar, aber letztendlich bedarf es einer bestimmten Intuition, in der bisherige Erfahrungen, implizites Handlungswissen und explizites Reflexionswissen aufgehoben sind, um unter dem Aktionsdruck der Praxis angemessen agieren zu können. Das entsprechende Wissen von Lehrenden muss in einer Art „Aufbereitungsmodus, quasi in einem ‚Aggregatzustand' verfügbar sein, der seinen Einsatz ad hoc ermöglicht." (Hackl 2002, S. 48) Das bedeute, dass Routinen benötigt würden, die gedankliche Ordnungsmuster für eine schnelle Abstraktion, Zuordnung und Verknüpfung von Beobachtungen mit Handlungsmöglichkeiten sicherstellten. Probleme müssten in solchen Situationen sofort erkannt und geclustert werden, um

Differenz und Professionalität: Vom prekären zum produktiven Umgang mit Differenz in Schule und Unterricht

rasch adäquate Antworten und Lösungswege in der Lehr-Lern-Situation finden zu können. Daher bestehe die Aufgabe der Theorie darin, „Instrumente eines systematisch begründeten Problemzugangs" (Hackl 2002, S. 49) bereitzustellen.

Professionalisiertes Handeln wird von Ilse Schrittesser als „problemorientiertes Handeln entlang der Grenze zwischen Routine und Neuem" (Schrittesser 2004, S. 132) bestimmt. Demnach sind Professionelle überall dort gefragt, „wo das Lösen von Handlungsproblemen in noch unbestimmten, widersprüchlichen, risikoreichen Situationen zentral ist und Routinelösungen daher noch nicht oder nicht mehr zur Verfügung stehen." (Schrittesser 2004, S. 132). Dabei ist die Krise, die mit neuen lebens- und berufspraktischen Perspektiven und Tatsachen einhergeht, der Grenzfall und die entlastende Routine, die sich aus implizitem und explizitem Wissen speist, der Normalfall. Krisen verweisen zunächst auf das Scheitern von Routinen, also von bisherigen Denk- und Handlungsmodi, und damit auf ein „manifestes Wieder-Öffnen der Zukunft, wohingegen Routinen immer die Schließung einer ursprünglichen Krise darstellen." (Oevermann 1996, S. 75) Kennzeichen krisenhafter Situationen ist, dass sich bisherige Strategien und Handlungsmodelle nicht mehr bewähren, sondern oft noch zur Verschärfung der Situation führen. Das Neue muss erst über Versuche und Umwege in der schrittweisen Bewältigung dieser Herausforderungen emergieren. Erst wenn sich die neu entwickelten Lösungswege und Handlungsstränge über eine längere Zeit bewähren, kann vom Aufbau einer neuen Routine gesprochen werden.

Diese Bestimmung von Professionalität ist vor allem für die Frage des Umgangs mit Differenz im Unterricht interessant. Der genaue Blick auf unterschiedliche Bildungsbedürfnisse innerhalb einer Gruppe von sehr verschiedenen Lernenden – sei es in Bezug auf ihre kognitive und motivationale Lernausgangslage oder in Bezug auf ihre kulturellen, sozialen und erstsprachlichen Hintergründe – wird notwendig sein, um zu verstehen, warum bisherige pädagogische Handlungslogiken, die auf die Bearbeitung der Lernfortschritte von fiktiven ‚Normschülern' zielen, nicht mehr erfolgreich sein können. Die gedankliche Unterstellung einer bestimmten ‚Normalität' oder ‚Durchschnittlichkeit' führt in divers zusammengesetzten Schülergruppen meist zu krisenhaften Situationen: weder den sogenannten ‚high achievers' noch den ‚low achievers' und auch nicht den zwischen diesen beiden Polen stehenden Schülerinnen und Schülern wird ein an einer Fiktivnorm ausgerichteter Unterricht gerecht. Lehr- und Lernsettings, die die einzelnen Entwicklungs- und Lernbiografien nicht annähernd zu rekonstruieren versuchen und nicht genau dort ansetzen, wo die Lernenden in ihrer Entwicklung stehen, verfehlen das Ziel, wirkungsvolle und bedeutsame Lernerfahrungen anzuregen.

Für eine Theorie der Professionalisierung im Anschluss an Oevermann sind die Begriffe Fallstruktur bzw. Fallstrukturgesetzlichkeit, Routine und Krise, autonome Lebenspraxis (zu deren Vollzug hingeführt wird), systematische Erzeugung von Neuem sowie Subjektivität und Objektivierung zentral (vgl. Oevermann 1996, S. 75). Mit dem Begriff der „Fallstrukturgesetzlichkeit", den Oevermann als Gesamtheit einer konkreten Lebenspraxis und damit ihrer bewussten und unbewussten Wünsche, Erwartungen, Intentionen, Motive und Vorlieben versteht, lässt sich an den Topos Differenz gut anschließen. Im Differenten zwischen Lernenden zeigt sich jeweils ein bestimmter „Fall", d. h. eine individuelle Lebens- und Lernbiografie, die es anzuerkennen und didaktisch zu berücksichtigen gilt. Hier setzt eine Pädagogik der Vielfalt an, die auf die Verschiedenheit von Lern- und Entwicklungsbedürfnissen nicht mit einem „Normsetting" reagiert, das Unterschiede nivelliert, ignoriert oder sanktioniert, sondern diese produktiv aufgreift, indem die Lern- und Lehrformen ebenfalls pluralisiert werden. Damit werden Angebote gesetzt, die gezielt die diversen Lernausgangslagen adressieren, die lernenden Subjekte mit individualisierten Angeboten ansprechen und Settings so ausrichten, dass personale Interessen und ausstehende Entwicklungsanreize beantwortet werden.

Versteht man Bildung als pädagogisch vermittelte Hinführung zu Autonomie und Mündigkeit im Sinne eines reflektierten Weltaufschlusses, dann zeigt sich die Aufgabe professionell Handelnder, wie sie Lehrende (aber auch Therapeutinnen und Therapeuten oder Sozialarbeiterinnen und Sozialarbeiter) repräsentieren, in der interventionspraktischen, stellvertretenden „Bewältigung einer konkreten Krise, die eine Lebenspraxis in ihrer Autonomie alleine nicht (mehr) bewältigen kann." (Oevermann 2003, S. 56) Eine Lebenspraxis konstituiere sich demnach dann als autonom, wenn Individuen in der Lage seien, ihre Krise selbstständig zu lösen. Das Krisenhafte in der Entwicklung ergäbe sich in dieser Perspektive aus der humanen Ontogenese; sie wäre der Prototyp für die systematische Erzeugung von Neuem. Der Bildungsprozess bestehe demnach aus einer sehr komplexen zukunftsoffenen Konstruktionsleistung, die immer nur als Annäherung an das den Bildungsprozess konstituierende Ideal der autonomen Lebenspraxis begriffen werden kann. Dieser vom Individuum zu leistende Entwicklungsprozess konstituiere sich im Wesentlichen aus dem Lösen von Krisen, das über die Erfahrung des Neuen und Unbekannten initiiert wird. Aufgabe der pädagogischen Beziehung wäre es daher, den Heranwachsenden im Prozess der Herausbildung jener Autonomie zu unterstützen, die er für die selbstständige Lösung von Lern- und Entwicklungskrisen brauche. Autonomie oder Selbstbestimmung sind jedoch keine ausschließlichen Attribute eines Menschen, „sondern immer gesellschaftlich hergestellte Verhältnisse, die nicht gegen andere Menschen durchgesetzt werden müssen, sondern nur in Kooperation mit diesen situativ und übergreifend hergestellt werden." (Hofmeister 2006, S. 114) Dort sieht Oevermann auch das Entstehen eines pädagogischen Arbeitsbündnisses, das die Lernenden – analog zum Vorbild des Arzt/Ärztin-Patienten/Patientinnen-Verhältnisses – mit den Lehrenden eingehen (vgl. Oevermann 2003, S. 62). Dieses konstruktive Arbeitsbündnis werde jedoch durch die institutionelle Bildung immer wieder hintergangen, da die „Neugierde als Konstitutionsbedingung eines pädagogischen Arbeitsbündnisses systematisch aberkannt und disqualifiziert" werde (Oevermann 2003, S. 63).

Lehrende werden in ihrer Tätigkeit stets mit den inhärenten Widersprüchen eines institutionellen Schulsystems konfrontiert. Der pädagogische Anspruch, das Sich-Bilden der Subjekte anzuregen und die werdende Autonomie der Heranwachsenden zu fördern, steht den institutionellen Zwängen eines Schulsystems gegenüber, das für den Arbeitsmarkt qualifizieren soll, durch Beurteilung selektieren muss und dadurch Lebenschancen verteilt. Professionelle Lehrerinnen und Lehrer müssen immer wieder zwischen der Logik des Systems und der Logik der sich entwickelnden Subjekte vermitteln; dazu sind sowohl fallrekonstruierende, hermeneutische Perspektiven auf die Lernenden als auch systemkonforme Handlungsweisen vonnöten, die die herkömmlichen Funktionen der Schule – Qualifikation, Selektion und Allokation – entsprechend den institutionellen Vorgaben mittragen. Professionelle Lehrerinnen und Lehrer sind nicht nur gefordert, Wissensvermittler in einer Schulwelt zu sein, die oft quer zu medial vermitteltem Vorwissen und darin aufgehobenen Lernerfahrungen steht. Lehrpersonen obliegt vor allem die Aufgabe, „angesichts der Pluralisierungen und Unbestimmtheiten mit Heranwachsenden zusammen die

Andrea Fraundorfer

Integration von Weltdeutungen, die Brückenschläge zwischen Wissensbeständen, die Verbindungsmöglichkeiten von disparaten Fachdisziplinen auszuloten und versuchsweise zu konstruieren." (Helsper 1996, S. 543). Partiell geschützt vom ‚realen' Leben kann vor allem im Unterricht der Umgang mit Vielfalt – mit erzeugter oder (selbst) zugeschriebener Differenz – erprobt und verändert werden; dies wäre Teil eines reflektierten Ethos, das einen auf Gerechtigkeit und Egalität zielenden Umgang mit Verschiedenheit ermöglicht.

4 Lernproblematiken didaktisch denken

Je verschiedener die Lernausgangslagen, Lernansprüche und kognitiven Voraussetzungen von Schülerinnen und Schülern sind, umso differenzierter müssen Lehr-Lern-Settings und innerhalb diese Lernangebote angelegt werden. Ein wirkungsvoller Unterricht, wie ihn professionalisierte Lehrerinnen und Lehrer anstreben, sollte – zunächst unabhängig von den genannten Differenzphänomenen – drei didaktische Funktionen erfüllen, nämlich eine „verlässliche *Absicherung* der lernenden Eigentätigkeit, eine konstruktive *Anregung* möglicher Motivationen und eine gehaltvolle *Bereitstellung* gesellschaftlicher Erfahrungen." (Hackl 1993, S. 39, Hervorh. im Original) Die erste Funktion zielt darauf ab, Heranwachsenden einen angemessenen Entfaltungsraum für ihre Entwicklungs- und Lernbedürfnisse zur Verfügung zu stellen, wo Interessen und Begabungen erfasst, entfaltet und zielgerichtet verfolgt werden können. Ein solcher Entwicklungsraum innerhalb schulischer Settings könnte charakterisiert werden als eine „Situation der geistigen (und physischen) Bewegungsfreiheit, der selbstbestimmten Entscheidungskompetenz und der selbstverantwortlichen ‚Oberhoheit' über die eigene Bildungsentwicklung, ferner der Angstfreiheit, des Vertrauens und der Entlastetheit von existentiellen Risiken." (Ebd., S. 41) Derart konzipierte Lernsettings würden demnach die gemeinsame Festlegung von Gestaltungsrechten, Handlungsspielräumen sowie materiellen und immateriellen Ressourcen (zu denen auch die am Lernen beteiligten Personen gehören) ermöglichen. Der didaktischen Funktion der Anregung fiele dann die Aufgabe zu, „aus dem Gesamt der möglichen Ausschnitte, Aspekte und Dimensionen der gesellschaftlichen Wirklichkeit bestimmte Problemstellungen, Notwendigkeiten, Widersprüche etc. hervorzuheben, sie bewußt zu machen und ihre Bedeutsamkeit aufzuweisen."

(Ebd.) Anregung als didaktische Funktion schließt damit das Neugierig-Machen, das Problematisieren von Gegebenem, das Aufschließen von Neuem, die Erschütterung von Selbstverständlichkeiten und bisherigen Sichtweisen ein. Dabei ist es von zentraler Bedeutung, die Lernenden in ihren Lebens- und Lernkontexten direkt zu adressieren, also Lehr- und Lernsettings mit ihren eigenen Lebenswelten zu verknüpfen.

Holzkamp hat erfolgreiche Lernprozesse mit der notwendigen Übernahme von Lernproblematiken *durch das lernende Subjekt selbst* in Zusammenhang gebracht. Eine Lerntheorie, die ihre Grundbegriffe vom Standpunkt des Lernsubjekts, also in der Perspektive der Ersten Person und ihrer genuinen Lern- und Lebensinteressen entwickelt, versucht die „Aufschlüsselung des Lernens aus dem Zusammenhang menschlichen Handelns im Kontext gesellschaftlicher Handlungsmöglichkeiten." (Holzkamp 1995, S. 15) Gesellschaftliche Handlungsoptionen stünden demnach eng in Verbindung mit der Verfügung über die eigenen Lebens- und Entwicklungsbedingungen, die mit der Ausdifferenzierung der Bildungsprozesse beim Individuum einhergehen. Die Übernahme einer Lernproblematik impliziere nach Holzkamp den „Übergang zum (intendierten) ‚Lernen' als einer bestimmten Haltung (der Distanzierung, Dezentrierung, Aspektierung etc.), durch welche ich mir bewußt vornehme, nicht so weiterzumachen wie bisher, sondern erst einmal soweit Orientierungen zu finden, daß ich Hinweise dafür, wo es hier in welcher Weise etwas für mich zu lernen geben könnte, finden und so die Handlungsproblematik bewußt als Lernproblematik übernehmen [...] kann." (Holzkamp 1995, S. 184) Lernanforderungen würden nicht eo ipso zu Lernhandlungen, sondern nur dann, wenn das Subjekt sie bewusst als Lernproblematiken übernehmen könne, was voraussetze, dass das Individuum einsieht, dass und wo es hier etwas Bedeutsames zu lernen gibt. Subjektive Lebens- und Lerninteressen ließen sich durch die Gewinnung der ‚Weltverfügung' bzw. durch die Abwehr von Bedrohung durch die ‚Nicht-Aneignung' von Welt (im Sinne der zu lernenden Wissensbestände) bestimmen; angesichts einer bestimmten Lernproblematik müsse der „innere *Zusammenhang zwischen lernendem Weltaufschluß, Verfügungserweiterung und erhöhter Lebensqualität* unmittelbar zu erfahren bzw. zu antizipieren sein." (Holzkamp 1995, S. 190, Hervorh. im Original) Lernproblematiken zeigten sich in diesem Sinne als Diskrepanzerfahrung, die überwunden werden will, indem die Welt aktiv – also handelnd – vom Subjekt selbst über konkrete Lernanstrengungen erschlossen wird.

Die dritte didaktische Funktion eines wirkungsvollen Unterrichts, die auf die Bereitstellung gesellschaftlicher Erfahrung zielt, hängt daher mit der Verfügbarmachung jenes Wissens zusammen, das zur effektiven Bewältigung objektiv und subjektiv bedeutsamer Lebensprobleme notwendig ist. Die Aneignung von Wissen und die Übernahme von Erfahrungen anderer sind aus der Sicht der Lernenden nur dann sinnvoll, wenn damit die Lösung subjektiv bedeutsamer Probleme einhergeht und/oder antizipierbare Handlungs- und Lebensinteressen damit angesprochen werden. Die drei genannten didaktischen Funktionen spielen im Kontext eines differenzsensiblen Unterrichts eine zentrale Rolle. Geht man davon aus, dass gerade im Umgang mit Vielfalt die intersubjektive Verständigung einen wesentlichen Beitrag zum wirkungsvollen Lehren und Lernen leistet, dann müssen für alle am Lernen Beteiligten die Gründe jeweils nachvollziehbar sein, warum und welche Inhalte gelernt und als subjektiv bedeutungsvoll angesehen werden. Pädagogische Prozesse, die über solche intersubjektiven Verständigungsakte laufen, ermöglichen Heranwachsenden (die möglicherweise aufgrund ihrer Differenzerfahrung andere Sichtweisen und damit korrespondierende Geltungsansprüche mitbringen) Lernproblematiken bewusst für sich zu übernehmen und daraus Sinn für die eigene Lern- und Lebensbiografie zu generieren. Dass dieser Prozess häufig nicht gelingt, zeigt sich unter anderem an den Schulleistungsergebnissen der zweiten und dritten Migrantengeneration, die darauf hinweisen, dass diese Schülerinnen und Schüler im Bildungssystem häufig nicht reüssieren können und ihre Bildungsmotivation weitgehend verloren geht.

Dass professionelles Handeln eng mit pädagogischem und didaktisch-methodischem Wissen sowie mit einem bestimmten, auf Eigen- und Berufsreflexion zielenden Habitus der Lehrenden verknüpft ist, wurde bisher kurz skizziert. Professionelles Handeln steht auf der einen Seite in engem Zusammenhang mit planendem, reflektierendem und veränderndem Denken und auf der anderen Seite mit einem impliziten Wissen, das in alltäglichen Handlungssituationen zur Anwendung kommt. Die Frage nach der Entwicklung von Professionalität zielt deshalb auch immer darauf, mit welchen Strategien und Herangehensweisen eigenes Wissen und darin enthaltene Erfahrung in beruflichen Situationen und Arbeitszusammenhängen aktualisiert und neu konfiguriert werden kann.

Professionsinternes Wissen kann als das Ergebnis mehr oder weniger umfangreicher Erfahrungs- und Erkenntnisprozesse von Lehrenden gelesen werden. Erfahrungen und daraus abgeleitete Erkenntnisse fließen wiederum in die Entwicklung von (neuen) Handlungsstrategien ein, mit denen professionstypische Probleme, wie sie sich zum Beispiel im Umgang mit Differenz zeigen, gelöst werden. Im Weiteren werde ich professionelles Handeln noch stärker konkretisieren und exemplarisch an einer bestimmte Dimension von Differenz, nämlich der sprachlich/kulturellen, darstellen.

5 Produktiver Umgang mit Differenz am Beispiel sprachlicher/kultureller Vielfalt

Für einen veränderten Umgang mit Differenz in Unterricht und Schule stellen die dargestellten Konzepte professionalisierten Handelns mögliche Analyseinstrumentarien für pädagogische Herausforderungen bereit. So sind Lehrende in sprachlich/kulturell diversen Klassen mit der Frage konfrontiert, wie sie situationsadäquat und professionell in „interkulturellen Überschneidungssituationen" (Grosch/Leenen 1998, zit. n. Mecheril 2008, S. 23) handeln können. Dazu bedarf es der grundlegenden Reflexion eigener kultureller Prägungen, Vorannahmen und Sichtweisen, die den bisherigen Umgang mit sprachlicher/kultureller Vielfalt sowohl auf individueller als auch auf kollektiver Ebene prägen.

In der aktuellen Literatur über interkulturelle bzw. migrationspädagogische Kompetenzen wird versucht, eine kulturalistische Betrachtungsweise, die Denken, Verhalten, Schulleistungen von Schülerinnen und Schülern mit Migrationshintergrund etc. vorwiegend mit der Kategorie „Kultur" erklärt, zu überwinden. Heute wird davon ausgegangen, dass Kultur neben Gender, sozialer Herkunft, Erstsprache etc. einer von mehreren Differenzbereichen ist, der die Bildungsbeteiligung und den Bildungserfolg von Schülerinnen und Schülern bestimmt.

Wie weiter oben ausgeführt wurde, geht die österreichische Schule noch weitgehend von einer ‚Gleichheitsnorm' für alle Schülerinnen und Schüler aus und versteht Differenz im Klassenzimmer oftmals als Störung (vgl. Mecheril 2004, S. 15). Ein produktiver Umgang mit verschiedenen Formen von Differenz gehört heute zur geforderten Professionalität der Lehrenden. Der pädagogische Ruf nach konsequenter Individualisierung der Lehr- und Lernsettings und damit die nachhaltige Ausrichtung an der Leistungs- und

Lernausgangslage der lernenden Individuen werden damit begründet.[4] Ein konstruktiver Umgang mit sprachlich/kultureller Diversität basiert u. a. auf Prinzipien der Gender und Cultural Studies, die Differenz nicht einfach nur bejahen, sondern auch deren Widersprüche und Paradoxien thematisieren. Solche Widersprüche entstehen z. B. entlang der Grenze zwischen der Anerkennung von sprachlich/ethnischer Zugehörigkeit und dem gleichzeitigen Aufbrechen-Wollen dieser Zuschreibungen und damit korrespondierender Zugehörigkeitsordnungen. Die Problematisierung von Konstruktionen des ‚Wir' und der ‚Anderen', von Selbst- und Fremdbildern sowie der Auffassungen von Kultur und Normalität gehört zu einem konstruktiven Aufgreifen von Differenz.

Seit den 1990er-Jahren wird im öffentlichen Diskurs verstärkt der Erwerb von interkulturellen Kompetenzen für Lehrende, die in kulturellen Überschneidungssituationen arbeiten, gefordert. Interkulturelle Kompetenz kann als Spezifizierung von Sozialkompetenz mit den Aspekten Offenheit, Flexibilität, Ambiguitätstoleranz (Fähigkeit, Mehrdeutigkeit und Spannungsfelder in Interaktionen zu akzeptieren und auszuhalten), Rollendistanz, Empathie, Konfliktfähigkeit und einem hohen Grad an individueller und institutioneller Selbstreflexion gelesen werden. Offen ist dabei die Frage, wie viel an kulturellem Hintergrundwissen für Lehrende notwendig ist, ohne dass damit die Gefahr von neuerlichen Kulturalisierungen und Stereotypisierungen gegeben ist. Neuere Ansätze gehen daher davon aus, dass es wichtig ist, statt einem statischen, vermeintlich authentischen Kulturwissen mehr die Fähigkeit zu vermitteln, kulturelle Bedeutungen und Verhaltenserwartungen im schulischen Kontext ‚auszuverhandeln' oder ‚kooperativ zu erschließen'. Das Tragen des Kopftuchs wäre so ein Thema im schulischen Bereich, bei dem die Vieldeutigkeit dieses Symbols Anlass zu einer reflexiv-transkulturellen Verständigung sein könnte.

Kompetenzen[5] innerhalb eines aktuell diskutierten Professionalitätsverständnisses zielen darauf ab, dass Lehrerinnen und Lehrer vor dem Hintergrund ihres pädagogischen, didaktischen und methodischen Wissens

---

[4] Siehe unter anderem auch: BMUKK/ÖZEPS: Handreichung zum Thema *Querfeldein: individuell lernen – differenziert lehren* (Salner-Gridling 2009).

[5] Kompetenzen werden hier als ein Komplex von Wissen, Haltungen und Fähigkeiten bezeichnet, der sich aber gleichzeitig als Performanz, das heißt als konkret beobachtbares, situatives Verhalten zeigt.

autonom und professionsbewusst handeln, was bedeutet, dass sie kontinuierlich ihr fachliches Wissen und dessen situationsadäquate Anwendung im pädagogischen Handlungskontext reflektieren und weiterentwickeln. Wie in anderen psychosozialen Berufen (wie Psychotherapie, Sozialarbeit, medizinischer Bereich) steht dabei die Begleitung von Menschen in der (Wieder-)Herstellung ihres autonomen und mündigen Weltzuganges (hier in Form von Bildungsprozessen) zur Disposition. Gerade die Ermöglichung von Autonomiezuwächsen bei Heranwachsenden ist im Kontext von sprachlicher/kultureller Differenz besonders wichtig, da diese für die Entwicklung von (Mehrfach-)Identitäten von essenzieller Bedeutung ist. Anerkennung – wie sie weiter oben im Anschluss an Honneths Arbeiten vorgestellt wurde – stellt eine Voraussetzung dafür dar, dass sich Heranwachsende im Rahmen reziproker Anerkennungsverhältnisse als aktive Gestalterinnen und Gestalter ihrer Lebens- und Bildungsbiografie erfahren können. Eine differenzsensible Pädagogik müsste daher Beziehungen ermöglichen, in denen die Anerkennung von Differenz zum zentralen Motiv einer transkulturellen Verständigung wird.

Für differenzsensibles Handeln ist ein kulturkritischer Blick unabdingbar: Kein Denken, Sprechen und Handeln von pädagogisch Tätigen ist kulturfrei oder ohne kulturelle Bedeutungen; daraus ergibt sich die Notwendigkeit der Selbstreflexion des kulturspezifischen Standpunktes. Für Selbst- und Fremdzuschreibungen ist die Dimension ‚Kultur' deshalb von zentraler Bedeutung, da sie Unterscheidungen vornimmt, wer ‚dazugehört' und wer nicht. Mecheril betont, dass es wichtig ist, jene Gefahren zu reflektieren, die mit einer Kulturalisierung von Differenz einhergehen, und dass wir gleichzeitig nicht in den Fehler verfallen dürfen, auf kulturelle Differenz als begriffliche Bezugsgröße völlig zu verzichten (vgl. Mecheril 2008, S. 31). Wenn für Heranwachsende mehrere kulturelle Bezugssysteme bedeutsam sind, kommt es zur Entstehung von sogenannten Patchwork- oder hybriden Identitäten (vgl. Auernheimer 2008, S. 45). Egalitäre Differenz, wie sie von Prengel vorgeschlagen wird, ermöglicht durch Anerkennung die Entstehung von Mehrfachzugehörigkeiten, durch die das Individuum in unterschiedlichen kulturellen Kontexten handlungsfähig bleibt. Eine solche Vorstellung von Vielheit in der Gleichheit ist mit entsprechenden Gerechtigkeitsvorstellungen verbunden: Unabhängig davon, welche soziale(n), kulturelle(n), sprachliche(n) oder sonstige(n)

Differenz(en) jemand in einen sozialen Raum einbringt, muss dieser Person die Erfahrung des ‚Dazugehörens' ermöglicht werden. Dazugehören heißt hier, gleichwertige Chancen zu haben, im schulischen, sozialen, kulturellen oder arbeitsmarktbezogenen Kontext reüssieren zu können. Chancengerechtigkeit wird dann hergestellt, wenn vielfältige gesellschaftliche Partizipationsmöglichkeiten entstehen, die von den Individuen aktiv genutzt werden können.

Ein differenzsensibler Unterricht reflektiert auch implizite Dominanzstrukturen, die im Verhältnis zwischen der national-kulturellen Mehrheit, aus der sich Lehrerinnen und Lehrer normalerweise rekrutieren, und Minderheiten, auf die pädagogische Angebote zielen, sichtbar werden. Ein solcher Ansatz hält die eigenen (Vor-)Annahmen (über die anderen), die in interkulturellen Kommunikationssituationen immer schon vorhanden sind, in Schwebe. Die Schwierigkeiten, die in solchen Überschneidungssituationen auftreten können, hängen mit divergenten Erwartungen zusammen, die die jeweiligen Kommunikationspartnerinnen und Kommunikationspartner mitbringen und die gerade im schulischen Setting zu Fehlannahmen, Missverständnissen und Konflikten führen können. Georg Auernheimer schlägt daher vor, im Bereich der interkulturellen Interaktionen eine mehrdimensionale Perspektive einzunehmen und dabei vier relevante Aspekte in Betracht zu ziehen (vgl. Auernheimer 2008, S. 45f.):

a) Zunächst werden Machtasymmetrien zwischen Migrantinnen und Migranten (Schülerinnen und Schülern, Eltern) und Nicht-Migrantinnen und -Migranten (Lehrpersonen) in den Blick genommen: Damit angesprochen sind die ungleiche Verteilung der Rechte in den Interaktionen, Ungleichheit im sozialen oder rechtlichen Status, unterschiedlicher Zugang zu Ressourcen und Diskriminierungserfahrungen. Diese Machtasymmetrien wirken auf sehr subtile Weise im Hintergrund der Lehrer-Schüler-Interaktionen und in der Kommunikation mit Eltern anderer Erstsprachen. Ihre Bewusstmachung in der alltäglichen Kommunikation kann helfen, Sensibilität für möglicherweise auftretende Gefälle in Verständigungssituationen zu entwickeln und diese Asymmetrie aufzulösen bzw. zu schwächen.

b) Kollektiverfahrungen, die sich auf individueller Ebene zeigen, haben eine nicht zu unterschätzende Bedeutung für den schulischen Kontext:

Differenz und Professionalität: Vom prekären zum produktiven Umgang mit Differenz in Schule und Unterricht

Darunter fallen z. B. gesellschaftliche Ausschließungs- und Rassismuserfahrungen oder Kriegs- und Flüchtlingserfahrungen von zugewanderten Schülerinnen und Schülern. Hier kann es zur Überlagerung von Lebensproblemen und Lernproblemen kommen, sodass langfristige Lernstörungen und Bildungsverweigerung entstehen. Die Rekonstruktion von Falllogiken durch einfühlsam agierende Pädagoginnen und Pädagogen, wie sie weiter oben angesprochen wurde, könnte hier weiterhelfen, um es den betroffenen Lernenden zu ermöglichen, ihre eigene Bildungsbiografie und Identitätsarbeit in einem geschützten schulischen Rahmen zu reflektieren.

c) Die Reflexion von Fremdbildern und ethnischen Grenzziehungen ist für eine mehrdimensionale Perspektive insofern wichtig, als Zugehörigkeitsordnungen, ethnische Zuschreibungen, Umgang mit Fremdheit und Anders-Sein in diesen Bereich fallen. Differenzsensibles Arbeiten in der Schule schließt daher ein, dass das Different-Sein einerseits bejaht, respektiert und anerkannt wird, andererseits Eigen- und Fremdzuschreibungen problematisiert und für mögliche Veränderungen und Verschiebungen zugänglich gemacht werden.

d) Eine weitere Dimension innerhalb einer Mehrfachperspektive eröffnet der Blick auf die Differenz unterschiedlicher Kulturmuster: Diese zeigt sich u. a. in unterschiedlichen Werten und Vorstellungen über Schule, Erziehung, die Rollen von Lehrerinnen und Lehrern sowie Eltern etc. Hier ist ein Verständnis von Lehrkräften zu fördern, die Schwierigkeiten in interkulturellen Überschneidungssituationen nicht mehr allein auf die Differenz der kulturellen Codes zurückführen, sondern sich bewusst machen, dass Kommunikationsstörungen in interkulturellen Kontexten auf divergenten Erwartungen beruhen, die zu gegenseitigen Missverständnissen und Enttäuschungen führen können. Eine Verständigung über strittige Werte und Weltzugänge, die auch immer wieder misslingen kann, muss zumindest von Lehrkräften angestrebt und im pädagogischen Sinne für alle Schülerinnen und Schüler sichtbar werden.

Die wohl bedeutendsten Grundlagen für die Herausbildung eines differenzsensiblen Habitus bei Lehrenden sind einerseits die Erschließung fachlichen Wissens, das sich auf die unterschiedlichen Differenzbereiche wie Gender, Kultur, Sprache etc. bezieht, und andererseits die reflexive Bearbeitung der eigenen Einstellungen, Haltungen und Handlungen, die im pädagogischen Feld in Bezug auf Diversität Relevanz haben. Auernheimer warnt jedoch davor, Kommunikationsprobleme, die aus der Differenzerfahrung zwischen Menschen entstehen, auf eine technologische, kognitivistische Weise lösen zu wollen, indem z. B. interkulturelle Trainings angeboten werden, die rein auf rationales Wissen abzielen (vgl. Auernheimer 2008, S. 35). Vielmehr ist die permanente Bearbeitung der eigenen Zugänge zu Differenz und Gleichheit ein Prozess der Dekonstruktion eigener Annahmen und Denkweisen. Der Reflexion individueller Sichtweisen bzw. eigener Konstruktionen von Differenz liegen bestimmte Haltungen und Fähigkeiten zugrunde, die ich nachfolgend nur skizzenhaft darstellen werde. Professionalität in Bezug auf Differenz könnte sich daher zeigen

- in der Bereitschaft zum Einlassen auf andere Kulturen sowie in der Offenheit und Sensibilität für mögliche Kulturdifferenzen, ohne Kultur als alleinige Erklärung für Phänomene gelten zu lassen;
- in der Sensibilität für unterschiedliche Kulturmuster, das heißt vor allem Sensibilität für die Beziehungsseite der Kommunikation, speziell bei einer Asymmetrie der Beziehungen (z. B. in der Kommunikation zwischen Lehrkraft und Eltern mit Migrationshintergrund);
- in Empathie für Lebenslagen und für biografische Situationen von Migrantinnen und Migranten, z. B. wenn biografische Erfahrungen durch die Migration Lernausgangslagen stark beeinflussen;
- in Empathie für negative Kollektiverfahrungen (z. B. Exklusionserfahrungen, Rassismus, Krieg);
- als Reflexionsbereitschaft in Bezug auf eigene Fremdbilder und in Bezug auf die eigene Kulturgebundenheit des Denkens sowie des pädagogischen und sozialen Handelns; damit einher geht die Erkenntnis der Kulturalität der eigenen Wertemuster;
- als Bereitschaft zur Hinterfragung von Selbst- und Fremdkonstruktionen (‚Wir' und ‚die Anderen'), die auf einem bestimmten Verständnis von Kultur basieren. Damit korrespondiert die Bereitschaft, die dem Bild des ‚Anderen', des ‚Fremden' zugrunde liegenden Annahmen zu hinterfragen; angesprochen wird auch eine Pendelbewegung zwischen Zuschreibungen von Eigenschaften auf Schülerinnen und Schüler mit anderen sprachlich/kulturellen Hintergründen, deren bewusster Wahrnehmung sowie der kritischen Überprüfung und Veränderung dieser Bilder von Lernenden;

- in der Fähigkeit zur Reflexion des eigenen Kulturbegriffes und des nationalen Werteverständnisses; damit korrespondiert ein Blick auf Kultur als ein Ensemble von Deutungs- und Interpretationsmustern, das die soziale und damit pädagogische Wirklichkeit vorkonstituiert und spezifische Denk- und Handlungsoptionen rahmt;
- als Bereitschaft zur Reflexion von eigenen Ängsten bei der Konfrontation mit Anders-Sein, ‚fremden' Verhaltensweisen und anderen Weltzugängen;
- als Verständigungsbereitschaft über strittige Werte und Normen bzw. Rollenvorstellungen (Geschlechterrolle, Erziehungsvorstellungen, Erwartungen an die Schule bzw. an Eltern etc.);
- in einer ausgeprägten Selbstreflexivität, die sich sowohl in der Offenheit gegenüber sprachlich/kultureller Vielfalt als auch in der Fähigkeit zur Thematisierung von Differenz zeigt und dieses Spannungsverhältnis auch zur Sprache bringen kann; dazu gehört die Eigenreflexivität hinsichtlich der Passung inhaltlicher, methodisch-didaktischer und pädagogischer Angebote für diese Schülerinnen und Schüler;
- als Konfliktkompetenz, wobei konfliktfähig sein auch immer beinhaltet, eigene Standpunkte begründen zu können und die Position des anderen im Konflikt anzuerkennen;
- als Bereitschaft, Motivationen, Wahrnehmungsmuster und Selbstbilder von Schülerinnen und Schüler zu erkunden und sie jeweils in neu entworfenes pädagogisches Handeln einzubauen (und dabei die eigenen Lehr-Lern-Ziele im Blick zu behalten)
- und schließlich als Offenheit dafür, sich mit neu auftretenden Problemen in interkulturellen Situationen zu beschäftigen und diese konstruktiv zu thematisieren.[6]

---

[6] Zu den genannten Aspekten kommt die notwendige Hinterfragung von Formulierungen und Darstellungen von Bildungsinhalten aus ethnozentrischer Perspektive sowie das Nachdenken darüber, ob gängige Bildungsinhalte auch die Lebenslagen und Lernausgangslagen der Schülerinnen und Schüler, die andere sprachliche und/oder kulturelle Hintergründe haben, spiegeln. Die Überarbeitung von Unterrichtsmaterialien ist in allen Bereichen, in denen Differenz zum Thema wird, erforderlich. Für den Bereich ‚Gender' wurde hier bereits viel Vorarbeit geleistet, um z.B. geschlechtergerechtes Unterrichten zu forcieren und soziale Konstruktionen von Geschlecht zu hinterfragen. Roswitha Tschenett hat dazu einen Katalog an diversitäts- und gendersensiblen Kompetenzen formuliert (vgl. Tschenett 2008, S. 105f.).

Auch wenn hier vorwiegend die individuellen Fähigkeiten von Lehrpersonen im Rahmen ihrer auszubildenden Professionalität angesprochen wurden, müssen diese Aspekte in Verbindung mit den strukturellen Widersprüchen des institutionalisierten Lehrens und Lernens gesehen werden. Diese Widerspruchslinien laufen u. a. entlang der Topoi Heteronomie versus Autonomie, Vermittlung versus Aneignung, Bildung versus Qualifikation und Empowerment versus Selektion. Unter den Bedingungen von Differenz treten solche Widerspruchslinien noch stärker hervor. Die Professionalität von Lehrerinnen und Lehrern zeigt sich daher auch darin, sie innerhalb des Schulsystems analytisch aufzuschlüsseln, sie auszuhalten und sie dabei konstruktiv zu bearbeiten.

An dieser Stelle sei noch eine selbstreflexive Anmerkung erwähnt, die unser Nachdenken über konkrete Kompetenzen im Bereich Diversität begleiten sollte, denn wir können „nicht neutral oder metatheoretisch über Diversität und Differenz verhandeln. Wir sind, wie immer wir auch analytisch Stellung beziehen, selbst in das Feld an kontroversen Positionen zu Diversität und Differenz verwoben und produzieren selbst neue Differenzen. Was wir machen können und machen sollten, ist, reflexiv mit dieser Situation und unserer Position umzugehen, auf unsere Analyse und die darin eingelagerten Beziehungen zu Anderen reflektieren. [...] Nur so ist zu vermeiden oder zumindest die Gefahr zu minimieren, dass wir doch wieder nur unser eigenes Weltverhältnis in die Anderen hineinlegen oder unseren privilegierten intellektuellen Kosmopolitismus umstandslos als Maßstab setzen." (Fuchs 2007, S. 32)

6 Conclusio

Im vorliegenden Text habe ich versucht, den Topos ‚Differenz' in Lehr- und Lernsettings mit Blick auf professionelles Arbeiten von Lehrenden aufzuschlüsseln. Dazu wurden die Begriffe Vielfalt und Gleichheit zueinander in Beziehung gesetzt sowie das Konzept der „Egalitären Differenz" (Prengel) vorgestellt, das auf das plurale Miteinander-Leben und -Lernen von verschiedenen Heranwachsenden in der Perspektive gleicher Rechte und wechselseitiger Anerkennung zielt. Damit angesprochen wird eine Pädagogik der Differenz, die ein nicht hierarchisches, entwicklungsoffenes und autonomieförderndes Miteinander von Lernenden mit unterschiedlichen

Lernausgangslagen und Bildungsanliegen anstrebt. Das Konzept der reziproken Anerkennung, das dem gleichberechtigten Zusammenleben und dem gemeinsamen Lernen Verschiedener zugrunde liegt, positioniert sich klar gegen Ausgrenzungs- und Ausschlussmechanismen, die mit subtilen Kontroll- und Machtmechanismen in Schule und Gesellschaft einhergehen. Welche Formen der reflexiven und sensiblen Bearbeitung von Vielfalt möglich sind, habe ich exemplarisch anhand der sprachlichen/kulturellen Differenz in Schule und Unterricht zu zeigen versucht. Sowohl die strukturelle Verfasstheit des Bildungssystems als auch das Selbstverständnis der Lehrenden sind heute herausgefordert, mit Differenz auf allen Ebenen des Schulsystems anders umzugehen.

Der Umgang mit verschiedenen Differenzphänomenen (in Bezug auf Sprache, Geschlecht, Kultur, soziale Herkunft etc.) sowie deren wechselseitige Überlagerung stellt die Professionalität Lehrender vor komplexe Herausforderungen. Professionalität als pädagogisches Ethos, wie es hier im Anschluss an Oevermann dargestellt wurde, besteht in der pädagogisch-didaktisch durchdachten Begleitung Heranwachsender, die zu einer autonomen Lebenspraxis hinführen soll. Bildungsprozesse verstehen sich in dieser Lesart als zunehmend selbstständige Bewältigung von Entwicklungs- und Lernkrisen. Dazu müssen einerseits Lehrende entsprechend anregende didaktische Settings bereitstellen und andererseits die Lernenden die Lernanforderungen als eigene Lernproblematiken annehmen, durch die sich ihnen die Welt aufschließt.

Der Prozess der Professionalisierung der Lehrenden selbst kann als ein Vorgang gelesen werden, innerhalb dessen bisherige Unterrichtsroutinen durch krisenhafte Entwicklungen in den Lehr- und Lernsettings aufbrechen und die Bewältigung dieser Krisen durch das Entstehen neuer Reflexions- und Handlungsmodelle gekennzeichnet ist. Professionalität zeigt sich in diesem Kontext u. a. darin, dass daraus neue Lehr- und Lernsettings kreiert und damit die Ressourcen des Zusammenlebens und -lernens von Verschiedenen pädagogisch genutzt werden. Das Handeln von Lehrenden, das permanent unter dem Aktionsdruck von Lehr-Lern-Situationen steht, kann langfristig nicht anders als selbstreflexiv angelegt sein, um komplexen pädagogischen Situationen *und* den einzelnen Lernenden gerecht werden zu können. Gleichzeitig müssen institutionelle Grenzen und strukturelle Rahmenbedingungen einer Veränderung unterzogen werden, um professionalisiertes Handeln langfristig zu stärken.

Andrea Fraundorfer

Im Kontext des Umgangs mit Differenz hieße das, dass das bisherige Paradigma des an der fiktiven Normschülerin bzw. am fiktiven Normschüler orientierten, lehrerzentrierten Unterrichts zugunsten pluralisierter Lehr- und Lernsettings verändert wird, die den diversen Ansprüchen heterogener Lerngruppen entsprechen. Ein differenzanerkennender Unterricht würde demnach konstatierte Differenzen zwischen Lernenden nicht einzuebnen versuchen, sondern sie reflexiv aufgreifen, mit den Lernenden gemeinsam problematisieren und adäquate Entwicklungsräume für alle schaffen. Differenz zwischen Lernenden würde dann als eine nicht mehr wegzudenkende Ressource und damit als bereicherndes Moment jeglicher pädagogischer, ja sozialer Praxis anerkannt werden.

Für den Bereich der Lehreraus- und -weiterbildung könnte damit die Einübung in einen differenzsensiblen, migrationspädagogisch orientierten und reflexiv-transkulturellen Diskurs verbunden sein, der neue Denk-, Sprech- und Handlungsoptionen von Lehrenden ermöglicht. Differenzsensible Kompetenzen stellen somit Teil eines dynamischen Konzepts von Professionalität dar, das von einer Vielzahl von *Akkulturierungsformen* und -verläufen ausgeht und die eigenen Zugänge zur Vielfalt und die damit verbundenen Alltagstheorien reflexiv erschließt. Reflexives Handeln bedarf vor allem auch reflexiver Orte und entsprechender Zeitfenster am konkreten Schulstandort sowie Möglichkeiten des kollektiven Austauschs.

Schul- und Unterrichtsentwicklung müsste Differenz ebenfalls produktiv aufgreifen, indem Rahmenbedingungen am Standort geprüft, Haltungen und Einstellungen reflektiert und Unterrichtsformen entsprechend den unterschiedlichen Bedürfnissen der Lernenden verändert werden. Idealerweise werden Schulentwicklungsprozesse und die Fortbildung von Lehrenden so miteinander verschränkt, dass Haltungen und Einstellungen zu schulischen Differenzphänomenen durch gemeinsame Reflexion aufgebrochen und verändert werden können. Im Rahmen einer solchen Schul- und Unterrichtsentwicklung könnte ein differenzsensibler Ansatz dazu beitragen, dass z. B. Mehrsprachigkeit bzw. kulturelle Vielfalt positiv konnotiert und Differenz als Ressource für alle am Lernen Beteiligten gesehen werden.

Dass Vielfalt auch eine Chance für die Professionalisierung von Lehramtsstudierenden sein kann, zeigt Ingrid Dietrich in ihren Analysen von Begegnungen zwischen Studierenden und Schülerinnen und Schülern mit Migrationshintergrund. An ihren Beispielen wird deutlich, „dass diese Kin-

Differenz und Professionalität: Vom prekären zum produktiven Umgang mit Differenz in Schule und Unterricht

der und Jugendlichen mit ihrem andersartigen Lebenshintergrund nicht die ‚Defizitwesen' sind, als die sie vor den genormten, monokulturellen Anforderungen der deutschen Schule oft erscheinen. Durch eigene Anschauung kommen die Studierenden zu einer Neubewertung: Interkulturelle Vielfalt mag zunächst beunruhigen, irritieren, zur Distanz nötigen; aber im Prozess der Begegnung wird deutlich, dass die Trägerinnen und Träger dieser kulturellen Varianten kompetent in der eigenen Sache sind. Ihr Verschiedensein ‚nötigt' das Aufbrechen traditioneller Belehrungsschemata und könnte so den Prozess einer von der Lernenden ausgehenden Schulentwicklung provozieren und befördern; vorausgesetzt ihre Verschiedenheit, ihr Irritationspotenzial, ihre Widerstände werden als Hinweise und nicht als zu behebende Störungen angesehen." (Dietrich 2006, S. 282)

Auch wenn der Widerstand gegen Heterogenität, vor allem in sprachlicher und ethnischer Hinsicht, in den deutschsprachigen Bildungssystemen besonders hartnäckig zu sein scheint, wird zunehmend sichtbar, dass die geläufigen Wahrnehmungsmuster, Einstellungen und Routinen durch die Begegnung mit Diversität in Schule und Unterricht aufbrechen. Die Ressourcen, die sich aus der Differenz von Lernenden ergeben, werden so langsam einer produktiven Bearbeitung zugänglich gemacht.

Ein konstruktiver Umgang mit sprachlicher/kultureller Differenz könnte sich schließlich auch darin zeigen, dass Lehrende mit anderen Erstsprachen als Deutsch als gleichwertige Professionisten zum Einsatz kommen und ‚andere' Lebenswelten kultursensibel (und mehrsprachig) aufschließen helfen. Differenz wäre dann nicht nur ein Kennzeichen innerhalb der Gruppe der Lernenden, sondern auch ein ‚Merkmal' der Lehrenden selbst. Dieser Gedanke kann auf der Ebene der Lehrerinnen- und Lehrerausbildung weitergedacht werden, insofern, als auch hier eine Vielfalt unter den Lehrerausbildnerinnen und -ausbildnern selbst (z. B. in Form anders erstsprachlich/ethnisch/kulturell sozialisierter Lehrender) von Vorteil sein könnte, um die Weiterentwicklung einer differenzsensiblen, Diversität anerkennenden Pädagogik voranzutreiben.

Als möglicherweise wichtigstes Moment des produktiven Umgangs mit Differenz erscheint mir die Ermutigung zur sozialen und politischen Teilhabe aller Heranwachsenden einer Gesellschaft. Letztendlich schließt differenzsensible Bildung die Befähigung aller Schülerinnen und Schüler mit ein, ihre Lern- und Bildungsprozesse in einer Weise mitzugestalten, in der individuelle Lebensentwürfe, vielfältige Bildungswege und eine auf Verständigung und Zusammenhalt zielende Interaktion im sozialen Raum gelingen.

Andrea Fraundorfer

Literatur

Auernheimer, Georg (Hrsg.) (2008): Interkulturelle Kompetenz und pädagogische Professionalität. Wiesbaden: VS Verlag für Sozialwissenschaften.
Beck, Ulrich/Giddens, Anthony/Lash, Scott (1996): Reflexive Modernisierung. Eine Kontroverse. Frankfurt/Main: Suhrkamp.
Combe, Arno/Helsper, Werner (1996): Pädagogische Professionalität. Untersuchungen zum Typus pädagogischen Handelns. Frankfurt/Main: Suhrkamp.
Dietrich, Ingrid (2006): Interkulturelle Begegnungen als Anlässe für Professionalisierungsprozesse. In: Rihm, Thomas (Hrsg.): Schulentwicklung. Vom Subjektstandpunkt ausgehen ... Wiesbaden: VS Verlag für Sozialwissenschaften, S. 269–286.
EPIK: Entwicklung von Professionalität im internationalen Kontext. http://epik.schule.at. [letzter Zugriff: Mai 2010]
EPIK: Domänen der Professionalität von Lehrer/inne/n. http://epik.schule.at/index.php?option=com_content&task=view&id=46&Itemid=63 [letzter Zugriff: Mai 2010]
Foucault, Michel (1977): Überwachen und Strafen. Die Geburt des Gefängnisses. Frankfurt/Main: Suhrkamp.
Fuchs, Martin (2007): Diversity und Differenz. Konzeptionelle Überlegungen. In: Krell, Gertraude/Riedmüller, Barbara/Sieben, Barbara/Vinz, Dagmar (Hrsg.): Diversity Studies. Grundlagen und disziplinäre Ansätze. Frankfurt/New York: Campus Verlag, S. 17–34.
Gogolin, Ingrid (1994): Der monolinguale Habitus der multilingualen Schule. Münster: Waxmann.
Hackl, Bernd (1993): Vielfalt und Verständigung. Ein Denkmodell. In: Ders. (Hrsg.): Miteinander lernen: Interkulturelle Projekte in der Schulpraxis. Innsbruck: Österreichischer Studienverlag, S. 28–51.
Hackl, Bernd (2002): Der Experte als Technokrat? Gegen ein praktizistisch verkürztes Verständnis pädagogischer Professionalität. In: Brunner, Hans/Mayr, Erich/Schratz, Michael/Wieser, Ilsedore (Hrsg.): Lehrerinnen- und Lehrerbildung braucht Qualität. Und wie!? Innsbruck/Wien: Studienverlag, S. 44–58.
Helsper, Werner (1996): Antinomien des Lehrerhandelns in modernisierten pädagogischen Kulturen. Paradoxe Verwendungsweisen von Autonomie und Selbstverantwortlichkeit. In: Combe, Arno/Helsper, Wer-

ner (Hrsg.): Pädagogische Professionalität. Untersuchungen zum Typus pädagogischen Handelns. Frankfurt/Main: Suhrkamp, S. 521–569.

Herbart, Johann (1957): Aphorismen Herbarts. In: Rutt, Theodor: Sammlung Pädagogischer Schriften. Quellen zur Geschichte der Pädagogik Johann Friedrich Herbarts. Paderborn: F. Schöningh Verlag.

Hofmeister, Arnd (2006): Perspektiven und Probleme eines subjektwissenschaftlichen Bildungsbegriffs. In: Rihm, Thomas (Hrsg.): Schulentwicklung. Vom Subjektstandpunkt ausgehen. Wiesbaden: VS Verlag für Sozialwissenschaften, S. 109–22.

Holzkamp, Klaus (1995): Lernen. Subjektwissenschaftliche Grundlegung. Frankfurt/Main/New York: Campus Verlag.

Honneth, Axel (1994): Kampf um Anerkennung. Zur moralischen Grammatik sozialer Konflikte. Frankfurt/Main: Suhrkamp.

Mecheril, Paul (2004): Einführung in die Migrationspädagogik. Weinheim und Basel: Beltz Verlag.

Mecheril, Paul (2008): „Kompetenzlosigkeitskompetenz". Pädagogisches Handeln unter Einwanderungsbedingungen. In: Auernheimer, Georg (Hrsg.): Interkulturelle Kompetenz und pädagogische Professionalität. Wiesbaden: VS Verlag für Sozialwissenschaften, S. 15–34.

Oelkers, Jürgen (1996): Reformpädagogik. Eine kritische Dogmengeschichte. Grundlagentexte Pädagogik. Weinheim und München: Juventa Verlag.

Oevermann, Ulrich (1996): Theoretische Skizze einer revidierten Theorie professionalisierten Handelns. In: Combe, Arno/Helsper, Werner (Hrsg.): Pädagogische Professionalität. Untersuchungen zum Typus pädagogischen Handelns. Frankfurt/Main: Suhrkamp, S. 70–182.

Oevermann, Ulrich (2003): Brauchen wir heute noch eine gesetzliche Schulpflicht und welches wären die Vorzüge ihrer Abschaffung? In: Pädagogische Korrespondenz, H.30 S. 54–70.

Prengel, Annedore (2001): Egalitäre Differenz in der Bildung. In: Lutz, Helma/Wenning, Norbert (Hrsg.): Unterschiedlich verschieden. Differenz in der Erziehungswissenschaft. Opladen: Leske + Budrich Verlag, S. 93–108.

Prengel, Annedore (2006): Pädagogik der Vielfalt. Verschiedenheit und Gleichberechtigung in Interkultureller, Feministischer und Integrativer Pädagogik. Wiesbaden: VS Verlag für Sozialwissenschaften.

Salner-Gridling, Ingrid (2009): Querfeldein: individuell lernen – differenziert lehren. Herausgegeben vom Österreichischen Zentrum für Persönlichkeitsbildung und soziales Lernen im Auftrag des BMUKK. Wien.

Schrittesser, Ilse (2004): „Professional Communities". Beiträge der Gruppendynamik zur Entwicklung professionalisierten Handelns. In: Hackl, Bernd/Neuweg, Georg (Hrsg.): Zur Professionalisierung pädagogischen Handelns. Münster: Lit-Verlag, S. 131–150.

Senge, Peter (1996): Die fünfte Disziplin. Kunst und Praxis der lernenden Organisation. Stuttgart: Klett-Cotta.

Tschenett, Roswitha (2008): Warum – Wozu – Was meint Gender- und Diversitykompetenz im Bereich Ausbildung. In: Appiano-Kugler, Iris/Kogoj, Traude (Hrsg.): Going Gender and Diversity. Ein Arbeitsbuch. Wien: Facultas, S. 99–112.

Vierlinger, Rupert (2009): Steckbrief Gesamtschule. Wien/Köln/Weimar: Böhlau Verlag.

„Es soll sich endlich hier was ändern!" Empirische Befunde zur Professionalität von Lehrerinnen und Lehrern aus der Sicht von Schülerinnen und Schülern

Julia Köhler

> *„Lehrer sollten stark sein, sich für die Schüler einsetzen, sich ihre Neugier bewahren, gut erklären können (ev. Kurse besuchen), objektiv bleiben, ruhig und gelassen sein (nicht ‚bei jedem Scheiß auszucken') und sie sollten Spaß an ihrem Beruf haben!"*
> (Schüler/in, Oberstufe)[1]

1 Einleitung

Gegenstand des vorliegenden Textes sind Gedanken und Meinungen von Schülerinnen und Schülern zum Domänenkonzept „Entwicklung von Professionalität im internationalen Kontext" (EPIK).

Schule als ein Ort, an dem sowohl die Voraussetzungen und Chancen für Bildungsprozesse geschaffen werden, als auch Hilfestellungen und Wege zu eigenständigem Handeln und gesellschaftlicher Partizipation bereitstehen sollen, kann die zum Teil widersprüchlichen Anforderungen nur schwer erfüllen. Diese Diagnose ist Teil des pädagogischen Grundparadoxes, auf das die Literatur zahlreich verweist (vgl. u.a. Fischer 1975, v.a. Heydorn 1970 und 1972, auch Oevermann 2008). Die Kluft zwischen den Forderungen der an dem System beteiligten Erwachsenen einerseits und den Bedürfnissen bzw. Wünschen der Schülerinnen und Schüler an die Schule andererseits scheint groß (vgl. dazu etwa Schwarz/Prange 1997).

Die gesellschaftlichen Umstrukturierungsprozesse der letzten Jahrzehnte haben dazu beigetragen, dass sich die heranwachsenden Generationen im System Schule, innerhalb dessen die nach wie vor bestehenden hierarchischen Denkmuster und Strukturen mehr oder minder perpetuiert werden, immer weniger anpassen (wollen). Flächendeckende Maßnahmen zur Partizipation von Schülerinnen und Schülern beispielsweise an Entwick-

---

[1] Die Aussagen der Schülerinnen und Schüler wurden nicht nach Geschlecht differenziert erfasst.

Julia Köhler

lungsprozessen innerhalb des Systems Schule werden nach wie vor selten gesetzt. Das sollte zu denken geben, zumal vor geraumer Zeit in Österreich das politische Wahlalter auf 16 Jahre gesenkt wurde[2]. Jugendliche müssen sich somit früher denn je nicht nur als private, sondern zunehmend als öffentliche Personen wahrnehmen und sollten dementsprechend aktiv in Entscheidungsprozesse eingebunden und vor allem auch auf diese vorbereitet werden.

Dieser Beitrag möchte die innerhalb des Professionalisierungsdiskurses wenig berücksichtigten Meinungen von Schülerinnen und Schülern genauer betrachten (vgl. Weinert/Helmke 1996, Bastian 2007, 2010). Die Unterrichtsforschung, so Bastian (2007), beschäftigt sich nach wie vor unzureichend mit der Perspektive von Schülerinnen und Schülern. Kinder und Jugendliche werden zwar v. a. in der Kindheitsforschung als aktive (Mit-)Konstrukteure ihrer Lebenswelten wahrgenommen, dennoch ist eine wissenschaftliche Auseinandersetzung mit ihren Alltagswelten im Kontext Schule noch jung (vgl. Kränzl-Nagl/Mierendorff 2007, S. 9f.). Und nicht zuletzt tragen die nach wie vor widersprüchlich geführten Diskussionen dazu bei, die Validität der Aussagen von Schülerinnen und Schülern anzuzweifeln (vgl. Stolz 1997, S. 124ff.).

Die vorliegende Untersuchung soll exemplarisch aufzeigen, wie ernsthaft Kinder und Jugendliche in einem Alter von ca. 10 bis ca. 18 Jahren zu Fragen der Professionalität von Lehrkräften Stellung nehmen können.

2 Die fünf Domänen der Professionalität von Lehrerinnen und Lehrern

Das EPIK-Konzept baut auf der Idee professioneller pädagogischer Kompetenzfelder auf, innerhalb derer das pädagogische Wissen mit dem pädagogischen Können, stetig aufeinander bezogen, zu denken ist. So spiegeln die Domänen jene Kompetenzfelder von Lehrerinnen und Lehrern wider, die zu einem spezifisch professionellen pädagogischen Habitus führen kön-

---

[2] Im Rahmen einer Wahlrechtsreform beschloss der österreichische Nationalrat 2007 das Wahlrecht auf 16 Jahre zu senken. Die Gesetzesänderung ist nachzulesen in: §21 Abs.1 Nationalrats-Wahlordnung 1992 idF. Wahlrechtsänderungsgesetz 2007 BGBL. I Nr.28/2007, vgl. http://www.demokratiezentrum.org/themen/demokratiedebatten/wahlen.html

Empirische Befunde zur Professionalität von Lehrerinnen und Lehrern aus der Sicht von Schülerinnen und Schülern in Schule und Unterricht

nen. Oevermann spricht in diesem Kontext von der professionellen Verknüpfung von Wissen, dem wissenschaftlichen Diskurs und dem Können der konkreten Praxis (vgl. Oevermann 1996, S. 124ff.). Die Domänen beschreiben eben jene Spannungsfelder, innerhalb derer individuelle Kompetenzen mit entsprechendem Wissen und Können von den Lehrerinnen und Lehrern habituell verankert und in der Praxis umgesetzt werden. Lehrpersonen werden so fähig, die „Spannung zwischen einer distanziert-analytischen Herauslösung und Identifikation einzelner Kausalbeziehungen einerseits und einer gestalterschließenden und potentiell auch auf niedrigen Explikationsniveaus operierenden vorläufigen intuitiven Gestalterfassung andererseits" (Oevermann 1996, S. 128) zu praktizieren. Gleichzeitig aber setzen sie Strukturen voraus, in denen diese Kompetenzen entstehen, wachsen und sich weiter entwickeln können. Das Konzept ist als ein Kontinuum zu verstehen, was bedeutet, dass Professionalisierungsprozesse nie zu Ende gedacht werden können. So wird zunehmend von dem Erfordernis eines „Professionalisierungskontinuums" gesprochen, wenn gewährleistet sein soll, dass nicht nur im Laufe des Studiums die Professionalisierungsbedürftigkeit pädagogischen Handelns in den Mittelpunkt der Lehrerbildung gerückt wird, sondern auch die spätere Berufspraxis ausreichend Raum für Professionalität geben soll (vgl. Schrittesser 2004, S. 142). Die Arbeit der Lehrerin und des Lehrers an ihrer bzw. seiner professionellen Entwicklung ist demzufolge als lebenslanger Prozess zu verstehen.

Zunächst ein kurzer Blick auf die fünf EPIK Domänen[3] vor dem Hintergrund der vorliegenden Untersuchung: (1) *Professionsbewusstsein* bedeutet, sich der Spezifika der eigenen Profession gewahr zu sein und deren Grenzen zu kennen. Professionsbewusstsein meint aber gleichzeitig, die Verantwortungsbereiche und die öffentliche Verpflichtung ernst zu nehmen (Osterloh 2002, S. 392) sowie Haltungen und Werte stets kritisch im Auge zu haben. (2) *Reflexions- und Diskursfähigkeit* nimmt auf jene reflexiven Prozesse Bezug, mit Hilfe derer – unter Heranziehen von theoretischem Wissen – Situationen im schulischen Kontext aus einer kritischen Distanz heraus analysiert werden können. Die Interpretation und die daraus resultierenden handlungsrelevanten Alternativen werden durch die Fähigkeit der diskursiven Auseinandersetzung legitimiert. (3) *Differenzfähigkeit* ist grundsätzliche Bedingung, um einen vertiefenden fallanalytischen Zu-

---

[3] Ausführlichere Analysen der einzelnen Kompetenzfelder finden sich im Editorial und in einzelnen Beiträgen dieses Sammelbandes.

gang – sowohl innerhalb von unterrichtlichem Handeln als auch in handlungsenthobenen Reflexionsprozessen – zu eröffnen. Dazu bedarf es ebenfalls eines Austauschs innerhalb des Kollegiums. (4) Um *Kollegialität und Kooperation* zu leben, bedarf es einerseits der Bereitschaft sich zu öffnen und einer Kultur der Entwicklung kollegialer Kritik, andererseits braucht es förderliche Strukturen in Bezug auf zeitliche und räumliche Ressourcen. (5) *Personal Mastery*, als Begriff von Peter Senge (1996) entliehen, meint die gekonnte Relation von Wissen und Können in einem nicht endenden Lernprozess zu begreifen und zu leben (Schratz et al. 2007, S. 129).

Das Konzept ist integrativ aufgebaut, das heißt, dass die einzelnen Domänen stets in ihrer Verschränktheit von Subjekt- und Systemebene zu denken sind. Eine gelungene Verbindung zwischen theoretischen Überlegungen und konkreter schulischer Praxis wird angestrebt.

3 Ziele und Fragestellungen

Ein Ziel der in einem Zeitraum von April bis Oktober 2009 durchgeführten Befragung von Schülerinnen und Schülern im Alter von ca. 10 bis 18 Jahren war es, eine Rückmeldung zu dem von der EPIK-Gruppe entwickelten Konzept von Lehrerinnen- und Lehrerprofessionalität zu erhalten sowie eventuelle Leerstellen zu identifizieren und daraus Rückschlüsse für die zukünftige Arbeit an dem Konzept ziehen zu können. Darüber hinaus sollte ein Einblick in die Sichtweisen von Schülerinnen und Schülern zum unterrichtlichen Handeln von Lehrkräften unter dem Fokus der Domänen gewonnen werden. Wie denken Schülerinnen und Schüler über ihre Lehrerinnen und Lehrer im Hinblick auf deren professionelles Handeln bzw. wie „professionell" – im Sinne des EPIK-Domänenkonzepts – nehmen sie diese wahr?

Um die Domänen aus einem empirischen Blickwinkel zu betrachten und diese im praktischen Lehrerinnen- und Lehrerhandeln aufzuspüren, wurden Schülerinnen und Schüler der Sekundarstufe I und II mit Hilfe eines dem jeweiligen Alter angepassten Designs schriftlich befragt. Das Forschungsinteresse richtete sich auf ihre Auffassungen von professionellen Lehrerinnen und Lehrern in Relation zu den entwickelten Domänen.

4 Forschungsdesign

Das Forschungsdesign kann im Rahmen des vorliegenden Artikels nur knapp dargestellt werden. Ein ausführlicher Forschungsbericht, in dem die methodologischen Grundlagen und die konkrete Vorgehensweise im Detail erläutert werden, befindet sich in Ausarbeitung.

Dem Ergebnis der Studie liegen offene Fragebögen zugrunde, die von April bis Oktober 2009 an drei Allgemeinbildenden Höheren Schulen (AHS)[4] in Wien und Wien/Umgebung in jeweils einer Klasse pro Jahrgang ausgegeben wurden. An der Befragung waren insgesamt 493 Schülerinnen und Schüler beteiligt: 287 Unterstufenschülerinnen und -schüler (ca. Zehn- bis Vierzehnjährige) und 206 Oberstufenschülerinnen und -schüler (ca. Fünfzehn- bis Achtzehnjährige).

Bei der Entwicklung des Forschungsdesigns war es von besonderer Bedeutung, die Domänen in einer Art und Weise zu explizieren, dass jene Handlungsmomente, die für die Entfaltung der einzelnen Domänen maßgeblich sind, für Schülerinnen und Schüler von ca. 10 bis 18 Jahren jeweils nachvollziehbar waren. Als passendes Instrument bezüglich des Forschungsgegenstands erwies sich eine schriftliche Erhebung mit offenen Fragen. Dabei wurden zwei unterschiedliche Bögen entwickelt, um die Fragestellungen möglichst altersgruppengerecht zu gestalten.

Die Unterstufenschülerinnen und -schüler (erster bis vierter Jahrgang der Sekundarstufe) wurden zunächst befragt, inwieweit Lehrpersonen – bezugnehmend auf eine jeweils vorgelegte und kurz erklärte Domäne – agieren, um Unterricht gelingen zu lassen. Darüber hinaus wurde – durch ein Fallbeispiel[5] illustriert – nach den Erwartungen und Wünschen in Bezug auf die Reaktionen von Lehrerinnen und Lehrern in der angegebenen Fallvignette gefragt.

Den Oberstufenschülerinnen und -schülern wurden – in Form des EPIK-Folders – alle Domänen und die dazugehörigen Fallvignetten vorgestellt. Anschließend wurde nach der besonderen Relevanz der einzelnen Domänen für das Gelingen von Unterricht gefragt (1) und inwiefern die Schülerinnen und Schüler im Handeln ihrer Lehrkräfte Professionalität im Sinne der Domänen erkennen und erleben (2).

---

[4] Die Allgemeinbildenden Höheren Schulen (AHS) umfassen in Österreich acht Schulstufen.
[5] Die Fallbeispiele wurden dem EPIK-Folder entnommen und werden an späterer Stelle dieses Beitrags angeführt.

Die Jugendlichen hatten jeweils 45 Minuten zur Verfügung, um die gestellten Fragen zum Teil handschriftlich, zum Teil aber auch mittels Computer zu beantworten. Die Auswertung des vorhandenen Materials erfolgte, unter Rückgriff auf die qualitative Inhaltsanalyse (vgl. Lamnek 2005, Mayring 2003ab), in einem mehrstufigen Verfahren. Die Texte wurden unter der Perspektive der Fragestellung soweit bearbeitet, dass zunächst durch Konzentration auf die Kernaussagen ein „überschaubarer [sic!] Corpus" (Mayring 2003, S. 58) an für die Analyse besonders ergiebigen Textstellen geschaffen wurde. Zunächst wurden dazu in allen Bögen jene Textstellen aufgesucht, die als Bezugnahme auf die zentral interessierenden Themen gedeutet werden konnten, d. h. als diejenigen Äußerungen der Schülerinnen und Schüler, die sich auf ihr Erleben von Lehrerhandeln bezogen. Die Wahrnehmung dieses Erlebens war, wie eingangs erläutert, durch die Perspektivierung auf die im Domänenansatz genannten Kompetenzfelder bereits auf bestimmte Gesichtspunkte hingelenkt worden. Die aus diesem ersten Schritt der Materialreduktion erlangten Themenkerne wurden in Oberbegriffen gebündelt und in Kategorien geordnet. Diese wurden am Gesamtcorpus auf ihre Vorkommenshäufigkeit überprüft. Im Rahmen einer weiteren Analyse der Antwortbögen mit Blick auf die erarbeiteten Kategorien wurde nach der Logik zwischen den Einzelinformationen innerhalb der Antwortbögen und den zunächst gefundenen Kategorien gesucht und ggf. wurden diese unter die entwickelten Kategorien subsumiert oder es wurden neue Kategorien ergänzt, die ihrerseits auf die Häufigkeit ihres Vorkommens im Material untersucht wurden.

Folgende Kategorien wurden entwickelt:
Verhalten von Lehrkräften im Umgang mit Schülerinnen und Schülern, Unterrichtsgestaltung, Verhalten von Schülerinnen und Schülern, Kommunikationskultur, Teamfähigkeit, lösungsorientierte Vorschläge der Lernenden.

Bei der Interpretation der Daten wurde beim Rückgriff auf Ankerbeispiele (vgl. Mayring 2003a, S. 96) auf deren exemplarische Aussagekraft geachtet.

5 Ergebnisse

Die Ernsthaftigkeit in der Bearbeitung der Fragen – unabhängig vom Alter der Befragten – kann als erstes Indiz für ein explizites „Know-how" der

Schülerinnen und Schüler gedeutet werden.[6] Diese sind in der Lage, realistische und begründete Erwartungen und Forderungen an Schule im Allgemeinen und an Lehrerinnen und Lehrer im Speziellen zu formulieren. Anhand der Aussagen sind klare Anliegen und darüber hinaus funktionale Lösungsvorschläge abzuleiten. Die Fragestellungen wurden, dem Eindruck der Autorin nach, in allen Jahrgängen durchwegs seriös bearbeitet, kritisch reflektiert und zum Teil in einer beeindruckend elaborierten Sprache verfasst, sodass sich die These, Schülerinnen und Schüler als ernsthafte Partnerinnen und Partner im System Schule und als Expertinnen und Experten für ihre Belange wahrzunehmen, bereits beim ersten Durchsehen der Antwortbögen als tragfähig erwies.

Im Folgenden werden die Antworten der Unter- und Oberstufenschülerinnen und -schüler zu den einzelnen Domänen anhand der oben genannten Kategorien erläutert. Dabei findet sich – zur besseren Verständlichkeit – vor der Beantwortung der Fragen zu den jeweiligen Domänen die Fallvignette, auf deren Basis die Schülerinnen und Schüler gebeten wurden ihre Aussagen zu machen. Schließlich werden die Angaben zusammengefasst und die Kernaussagen in einem anschließenden Resümee nochmals herausgearbeitet.

Professionsbewusstsein

> Beim Elternabend in der Schule stellt die Lehrerin ihre Jahresplanung vor und erläutert ihre methodischen Überlegungen. Manche Eltern äußern Bedenken und fragen nach, bis wann der Lernerfolg sichtbar sein wird. Die Lehrerin weist diese darauf hin, dass es nicht notwendig ist Druck auszuüben, da der Lehrplan genug Spielraum lässt. Sie wird verschiedene Methoden und Hilfsmittel einsetzen, die jeder einzelnen Schülerin/ jedem einzelnen Schüler helfen werden die Lernziele zu erreichen.

Ein Großteil der Unterstufenschülerinnen und -schüler sieht im Verhalten von Lehrpersonen den Hauptindikator für gelingenden Unterricht. Unter Verhalten verstehen sie das gekonnt ausgewogene Maß an Nähe und Dis-

---

[6] Das zeigt sich an den folgenden Aussagen, die wörtlich aus den Fragebögen übernommen wurden. Dabei wurden Verstöße gegen die Sprachrichtigkeit nicht korrigiert.

tanz als eine für alle Beteiligten wesentliche Voraussetzung für das Professionsbewusstsein von Lehrerinnen und Lehrern. „Lehrer und Lehrerinnen sollten nicht streng sein, aber diszipliniert mit den Kindern umgehen" (B 4/8). Den Schülerinnen und Schülern scheint durch die exemplarische Unterscheidung zwischen Strenge und Disziplin bewusst zu sein, dass die größtmögliche personale Distanz mit höchstmöglicher personaler Nähe immer in Relation stehen sollte (vgl. Oevermann 1996, S. 132). Disziplin spiegelt Regelverbundenheit wider und achtet demnach auch auf die einzuhaltenden Grenzen, insbesondere auf die nötige Äquidistanz zum Gegenüber. Disziplin als „Stabilisierung" des Verhaltens, als ordnungsgebende Instanz, so Schirlbauer (2005, S. 97ff.), wird von Seiten der Schülerinnen und Schüler eingefordert. Strenge hingegen lehnen sie strikt mit der Begründung der dadurch entstehenden Ungerechtigkeiten ab. Strenge tendiert eher dazu Grenzen auszureizen und birgt damit die Gefahr, Grenzen auch zu überschreiten bzw. nicht die Balance zu halten.

Professionell mit Schülerinnen und Schülern umzugehen heißt, den nötigen Respekt im Umgang mit ihnen aufzubringen und eine gegenseitig wertschätzende Haltung aufzubauen. „Sie sollten die Schüler wahr nehmen und sie nicht ausspotten oder auslachen." (C 4/8) Für die Befragten bedeutet Professionsbewusstsein, dass auch Schülerinnen und Schüler betreffend Unterrichtsgestaltung nach ihren Interessen und Meinungen gefragt werden sollten.

Auf die Frage, was sich Schülerinnen und Schüler erhoffen, erwarten und wünschen, wie Lehrpersonen im Fallbeispiel reagieren sollten, wird ebenfalls eine größere Mitsprache in inhaltlichen Belangen eingefordert. So heißt es: „Ich würde erwarten, dass derjenige Lehrer sich mit den SchülerInnen zusammen spricht um den Stoff zu besprechen und vielleicht kleine Veränderungen anstellt. Aber auch, dass der Lehrer sich Vorschläge anhört um etwas zu verändern." (B 4/2) Kommunikative Kompetenzen und Veränderungsbereitschaft sind aus der Perspektive von Schülerinnen und Schülern stets im Kontext von Professionsbewusstsein zu sehen.

Generell beziehen sich die Schülerinnen und Schüler der Unterstufe bei der Domäne Professionsbewusstsein auf die Qualität der Vermittlung. Der Unterricht sollte aus ihrer Sicht so gestaltet werden, dass er den Anliegen und Bedürfnissen der Jugendlichen gerecht wird, und die Lehrkräfte sollten eine Haltung an den Tag legen, die einen gleichberechtigten Umgang in der Schule ermöglicht.

Empirische Befunde zur Professionalität von Lehrerinnen und Lehrern aus der Sicht von Schülerinnen und Schülern in Schule und Unterricht

Um Professionsbewusstsein auf struktureller Ebene zu fördern, kommen von den Befragten pragmatische Lösungsansätze. So müssten einerseits genügend materielle Ressourcen zu Verfügung stehen, andererseits wird eine Auflockerung von formalen Regelungen beispielsweise betreffend Lehrausgänge oder Exkursionen gefordert.

Die Schülerinnen und Schüler der Oberstufe sind der Auffassung, dass Professionsbewusstsein eine gelungene Mischung aus Expertinnen- und Expertenwissen und sozialen Kompetenzen darstelle und so die wichtigste Voraussetzung sei, um im schulischen Kontext professionell zu agieren. Einerseits sollten Lehrerinnen und Lehrer eine Sicherheit in und ein Bewusstsein für die eigene Expertise haben: „Dieser Punkt ist meiner Meinung nach der wichtigste von allen. Der Lehrer/die Lehrerin sollte wissen, dass er/sie der Experte in ihrem/seinem Fach ist und sich nicht durch andere Meinungen verunsichern lassen." (A/24) Oder: „Sich als Experte wahrnehmen wirkt beruhigend für andere, man hat das Gefühl alles regeln zu können, Schüler haben mehr Vertrauen in Lehrer." (C 2/8) Andererseits meinen die Schülerinnen und Schüler: „Professionsbewusstsein ist meiner Meinung nach besonders wichtig, da Lehrer uns Glaubhaftigkeit und Freude vermitteln sollen. Natürlich sollen sich die Lehrkräfte nicht nur als Experten wahrnehmen, sondern es tatsächlich *sein* [Hervorh. im Original] und uns bei Fragen kompetent antworten können oder aufrichtig genug sein, um Nichtwissen zuzugeben. Denn es ist ziemlich unbefriedigend auf eine ernstgemeinte Frage eine schwammige, abwehrende oder belustigende Antwort zu bekommen." (B 17/9) Dieser und ähnlichen Antworten zufolge nehmen die Schülerinnen und Schüler die Expertise ihrer Lehrkräfte sehr ernst. Es geht in der Schule um die Vermittlung von Inhalten. Diese Inhalte müssen, so der Tenor der Schülerinnen- und Schüleraussagen, ein fundiertes Wissen widerspiegeln.

Zusammenfassend lässt sich aus den Aussagen der Schülerinnen und Schüler feststellen, dass sich Lehrpersonen stets im Spannungsverhältnis von geeigneten Kommunikations- bzw. Vermittlungskompetenzen – also dem richtigen Einsatz eines Spektrums von Möglichkeiten, Inhalte gekonnt zu vermitteln – und dem nötigen Nähe-Distanz-Verhältnis zu bewegen haben, um ihrer Rolle als Lehrende gerecht zu werden und „professionsbewusst" zu agieren. Darüber hinaus wird vor allem von den Oberstufenschülerinnen und -schülern Fachkompetenz urgiert.

Julia Köhler

Reflexions- und Diskursfähigkeit

> „Wie ist es dir mit der 3b gegangen?", fragt Fachkoordinatorin Lisa N. ihren Kollegen Bernhard K. beim Betreten des Konferenzzimmers. „Ich weiß nicht recht, wie ich sagen soll. Eigentlich habe ich ein gutes Gefühl, hatte die Schüler/innen im Griff, aber mit den Leistungen an der Tafel war ich überhaupt nicht zufrieden. Sind die immer so schwach?"
> „Was meinst du mit schwach?", fragt Lisa N. zurück.
> Diese Rückfrage konnte Bernhard K. – auch sich selbst gegenüber – nicht zufriedenstellend beantworten. Das ließ ihm keine Ruhe, worauf er in den Folgestunden begann, der Frage nachzugehen, was hinter den „Schwächen" der Schüler/inn/enleistungen steckt. Der Beginn einer längeren Reise, auf der er mit Lisa N. immer wieder Erfahrungen aus der Praxis austauschte und sie Aspekte aus der pädagogischen und fachdidaktischen Literatur besprachen.

Die Schülerinnen und Schüler der Unterstufe wünschen sich größere Miteinbeziehung in lösungsorientierte Reflexionsprozesse. Über Problemstellungen und Schwierigkeiten sollte gemeinsam und offen gesprochen werden. Die Fähigkeit, in kritische Distanz zum eigenen unterrichtlichen Handeln zu treten, und die damit verbundene Fähigkeit, gelungene Kommunikationsprozesse in Gang zu setzen, ist dabei für die Schülerinnen und Schüler das zentrale Indiz für Reflexionsfähigkeit. Voraussetzung für Reflexion sind gegenseitige Achtung, Anerkennung und Wertschätzung. „Viele Lehrer haben nicht den aufzubringenden Respekt, verlangen ihn aber von den Schülern. DAS [Hevorh. im Original] ist ein großes Problem! Sie nehmen die Wünsche der Schüler nicht ernst." (A O1/33) Gegenseitiger Respekt würde aber, so die Aussage, eine ernst zu nehmende Auseinandersetzung überhaupt erst möglich machen.

Lösungsorientierte Vorschläge von Seiten der Schülerinnen und Schüler der Unterstufe zu Reflexions- und Diskursfähigkeit werden in Richtung eines Feedbacksystems für Lehrpersonen gemacht. „Und das ALLER WICHTIGSTE ist, wir brauchen unbedingt am Ende des Schuljahres ein Feedback für uns Schüler und Eltern ÜBER die Lehrer." (B 15/6) [Hervorh. im Original] Von einem Benotungssystem für Lehrerinnen und Lehrer über ein mündliches Feedback am Ende des Schuljahres bis hin zu Möglichkeiten des Abwählens von Lehrkräften finden sich zahlreiche – zum Teil außerordentlich rigide –

Empirische Befunde zur Professionalität von Lehrerinnen und Lehrern aus der Sicht von Schülerinnen und Schülern in Schule und Unterricht

Vorschläge zur Fremdreflexion des unterrichtlichen Handelns von Lehrkräften. Diese Forderungen spiegeln den Wunsch nach Partizipation wider, der allerdings oft in ungelenker Form geäußert wird und eher als Antwort auf etwaige Ungerechtigkeiten von Seiten der Lehrerschaft zu interpretieren ist. So spricht Bastian im Kontext von Schulkultur und Feedbacksystemen von einer Antwort der Schülerinnen und Schüler auf eine Kultur der Lehrerdominanz, der mangelhaften Beteiligung, des Misstrauens und des Glaubens an Antrieb durch Bewertung (vgl. Bastian 2010, S. 23). Andererseits sind die Anmerkungen zum Lehrerverhalten im Umgang mit den Jugendlichen durchaus analytisch und präzise formuliert. „Lehrer müssen Kritik annehmen und damit umgehen können. In vielen Fällen kommt es allerdings zu keiner Kritik von Schülern wegen der Angst vor schlechten Noten etc. Lehrer müssten Kritik fordern und fördern, den Schüler zu einem selbstständigen Individuum formen, dass er seine Meinung jedem gegenüber vertreten kann." (C 1/7) Wichtig erscheint dabei einigen Schülerinnen und Schülern auch die konkrete Einbeziehung der Eltern in diverse Reflexionsprozesse. In einer Aussage wird dezidiert die Einführung mehrerer Elternabende gefordert, um die Kommunikation zwischen Eltern und Lehrkräften zu verbessern. Vertrauen, gegenseitige Anerkennung und respektvoller Umgang als Grundvoraussetzung für gelungene Kommunikationsprozesse sowie Kritikfähigkeit auf beiden Seiten sind die Basis, die die Schülerinnen und Schüler als Voraussetzung sehen, um die Domäne Reflexionsfähigkeit Realität werden zu lassen.

Auf struktureller Ebene wird die Einführung von verbindlichen Feedbackschleifen für alle Lehrerinnen und Lehrer gefordert – nicht nur für jene, die ohnehin ihre Schülerinnen und Schüler an Reflexionsprozessen über den Unterricht teilhaben lassen.

Ein hoher Anteil der Oberstufenschülerinnen und -schüler behauptet, Reflexions- und Diskursfähigkeit sei die wichtigste Domäne in dem vorliegenden Konzept, „weil es nichts bringt wenn jemand stur sein Programm abspielt ohne zu hinterfragen ob es nicht vielleicht seine Wirkung verfehlt." (B 16/10)

Mit Hilfe von Reflexionsprozessen können die Funktion, der Inhalt und der Ablauf von Unterricht verbessert werden, dessen sind sich die Oberstufenschülerinnen und -schüler sicher. Reflexion wird als transparenter und fortlaufender Prozess im Schulalltag und als Voraussetzung für Lernerfolge und ein positives Miteinander gesehen. Aber auch hier findet sich in einer Reihe von Aussagen die Angst vor nicht abschätzbaren Konsequenzen.

Wie bereits in der Unterstufe machen auch die Schülerinnen und Schüler der Oberstufe auf eine fehlende Feedbackkultur aufmerksam. Feedback wird allerdings in vielen Fällen nicht als gemeinsame Suchbewegung von Lehrenden und Lernenden, sondern eher als rigide Antwort auf den ausgeübten Beurteilungsdruck gesehen (vgl. Gudjons 2006, S. 113ff.). Eine Fülle von Vorschlägen und Forderungen zeigt dennoch eine ernsthafte Auseinandersetzung mit Alternativen zu den meist vorgelebten Urteilen. So wird das existierende Benotungssystem in Frage gestellt und gefordert, das gängige Notendenken zu sprengen und kreative Möglichkeiten des wechselseitigen Feedbacks zu eröffnen. Zusätzlich wird für diesen Bereich eine konsequente Fortbildung für Lehrpersonen vorgeschlagen: „Es ist notwendig, Lehrer von Anfang an auf pädagogische Kongresse o.Ä. zu schicken und sie besser auszubilden." (C 1/2)

Zusammenfassend sind aus den Forderungen oft jene kritisch zu betrachtenden Bewertungssysteme herauszulesen, die die Schülerinnen und Schüler nicht anders gelernt haben. Sie tun das „als Mitglieder eines Systems, in dem Partizipation und Verantwortungsübernahme von Schülern zu selten gefragt sind, das immer noch mehr beschämt als ermutigt, in dem die Forderung nach Feedback aus der Not heraus zu einer Kampfansage werden kann – zu einer Reaktion auf mangelnde Beteiligung." (Bastian 2010, S. 22) Sie tun das auch, so scheint es, aus einem problematisch zu verstehenden Machtverhältnis heraus, indem sie hoffen, damit mehr Einfluss über Diskriminierungen zu gewinnen. „Sie misstrauen – wie die Lehrenden – der Entwicklungsbereitschaft des Gegenüber, sie geben zurück, was ihnen widerfahren ist, sie wollen ein Stück von der Macht." (Ebd., S. 23)

Differenzfähigkeit

Anna fällt es schwer, die bei Gruppenarbeiten an sie gestellten Anforderungen der Informationsbeschaffung und -bearbeitung zu bewältigen. Sie stört häufig den Gruppenprozess durch „Blödeleien". Bei freiwilligen Gruppenbildungen bleibt sie daher immer übrig. Erfolgt die Gruppeneinteilung durch Zufall oder durch den Lehrer, protestieren jene Schülerinnen und Schüler lautstark, die mit Anna zusammenarbeiten müssen. Auf der Suche nach einer möglichen Lösung dieses Problems erinnert sich der

Lehrer daran, dass in der Notenkonferenz berichtet wurde, Anna sei eine gute Zeichnerin. Bei den nächsten Gruppenarbeiten erhalten die Gruppen den Auftrag, ihre Arbeitsergebnisse auch bildhaft zu illustrieren.

Die Aussagen der Unterstufenschülerinnen und -schüler zur Domäne Differenzfähigkeit lassen sich folgendermaßen paraphrasieren: Mehr Geduld und grundlegende Vermittlungsfähigkeit in Verbindung mit einem hohen Maß an Verständnis für die individuellen Bedürfnisse bzw. Fähigkeiten der Lernenden führen zu subjektiv besseren Lernerfahrungen, so ein Grundtenor der Antworten. „Die Lehrer müssen erkennen, dass nicht alle Schüler gleich sind. [...] Manche lernen nun mal nicht so schnell dazu wie andere Schüler. [...] Demnach finde ich, dass Schüler von Lehrern oft in dieselbe Schublade gesteckt werden."(A A/20) Vermittlungsfähigkeit wird als Grundlage für differenziertes Umgehen im unterrichtlichen Geschehen betrachtet. So werden viele Beispiele für Forderungen nach mehr Akzeptanz für verschiedenste Lerntempi der Schülerinnen und Schüler gegeben. Einer großen Anzahl von Unterstufenschülerinnen und -schülern ist es sehr wichtig, in Differenzierungsprozesse aktiv mit eingebunden zu werden. „Ich finde es fast unmöglich, dass sich jede Schülerin und Schüler im Unterricht wohlfühlt. Aber Lehrerinnen und Lehrer könnten mehr auf die Bedürfnisse aller Schüler eingehen. Sie könnten eine Umfrage oder so machen. Ich finde es ja auch wichtig, dass man auch LehrerInnen sagt was sie besser machen können." (B 1/4)

Aus der Befragung lässt sich ein sehr differenzierter Umgang mit Verschiedenheiten feststellen. Die Schülerinnen und Schüler sind, fernab der landläufigen klischeebehafteten Unterschiede, in der Lage tiefergehende Differenzen zu erkennen und den Umgang damit einzufordern. Der Wunsch nach diagnostischen Kompetenzen in Kopplung mit den bereits genannten Vermittlungskompetenzen wird im Kontext der Domäne Differenzfähigkeit klar ausgesprochen. Lehrerinnen und Lehrer sollten die verschiedenen Lernvoraussetzungen erkennen und verständnisvoll damit umgehen. Auch hier machen die Jugendlichen zahlreiche Vorschläge, wie Differenzierung gelingen kann, und geben konkrete Anregungen für gelingende Kommunikationsprozesse, wie zum Beispiel, dass Lehrpersonen das Tempo des Unterrichts „der Geschwindigkeit langsamerer Schüler anzupassen und Rücksicht auf diese zu nehmen" hätten, denn nur so kann verhindert werden, dass „Einzelne von Anfang an nicht mitkommen."(A A/43)

Die Bandbreite an Aussagen zu dieser Domäne ist bei den Oberstufenschülerinnen und -schülern groß. Zum einen interpretieren sie Differenzfähigkeit als Befähigung, die eigenen ambivalenten Haltungen zu hinterfragen, zum anderen geben sie ihrer Frustration darüber Ausdruck, dass sie es gewohnt seien, nur in der Masse und nicht als Einzelwesen gesehen zu werden. „Wir sind gewohnt, dass man uns als Ganzes betrachtet und nicht als Individuum." (C 2/3) Dass das nicht der geeignete Weg sei, um Schülerinnen und Schüler in ihren verschiedenen Tempi sowohl im kognitiven wie auch sozialen Lernen zu unterstützen und zu begleiten, liegt aus ihrer Perspektive auf der Hand. Demgemäß „sollte der Lehrer die Rolle einer verständnisvollen Person spielen und auf jeden persönlich eingehen." (C 16/1) Allerdings führt nur eine gekonnte Verbindung aus Arbeit mit dem Individuum und Umgehen mit dem Klassenkollektiv zu gelingendem Unterricht. Ähnlich argumentiert Oevermann, der in diesem Zusammenhang sogar von drei Formen des Arbeitsbündnisses ausgeht: dem Arbeitsbündnis mit dem einzelnen Schüler, mit der Schulklasse als Gemeinschaft und mit den Eltern (vgl. Oevermann 2008, S. 76).

In einigen Aussagen werden die beiden Domänen Differenzfähigkeit und Personal Mastery miteinander verknüpft. Beide Bereiche – zu gleichen Anteilen – seien außerordentlich wichtig, um Schülerinnen und Schülern das Gefühl zu vermitteln, auf die Bedürfnisse der Einzelnen wie der Gruppe werde Bedacht genommen. „Am wichtigsten sind Differenzfähigkeit und Personal Mastery. Sie haben am meisten mit der Gruppendynamik der Klasse zu tun, welche den wesentlichen Anteil daran hat wie viel man in der Schule lernt bzw. wie viel man als Lehrer vermitteln kann. (Nicht nur Stoff aber auch moralische, ethische, gesellschaftliche usw. Erfahrungen)." (C 1/9)

Zusammenfassend wird die Domäne Differenzfähigkeit als Möglichkeit einer gelungenen Balance zwischen individueller Förderung und Arbeit im Klassenverband gesehen. Das bedeutet, dass einerseits die einzelnen Schülerinnen und Schüler in ihrer Verschiedenheit wahrzunehmen und zu respektieren sind, andererseits die Klassengemeinschaft – und dieser Wunsch findet sich in vielen Aussagen – gefördert werden soll.

Empirische Befunde zur Professionalität von Lehrerinnen und Lehrern aus der Sicht
von Schülerinnen und Schülern in Schule und Unterricht

Kooperation und Kollegialität

> Knapp nach vierzehn Uhr. In einzelnen Klassen gibt es zwar noch Unterricht, die meisten Räume sind jedoch leer, die Sessel stehen auf den Tischen. In einem Klassenraum im ersten Stock sitzt eine Gruppe von Lehrerinnen und Lehrern in einer Gesprächsrunde. Clara S., Deutschlehrerin an diesem Gymnasium, hat das Thema des Treffens angeregt, da sie in ihrer neu übernommenen 5. Klasse große Unterschiede zwischen den Schülerinnen und Schülern im Fach Deutsch festgestellt hat und sich nun von ihrer Kolleg/inn/engruppe Anregungen und Ideen holen möchte, wie sie professionell mit dieser Situation umgehen kann. Zwei Stunden lang wird heiß diskutiert, werden Sichtweisen ausgetauscht und Handlungsmöglichkeiten entworfen. Ein Kollege bietet an, sich demnächst in einer Deutschstunde in die Klasse zu setzen und zu beobachten. Dann will man einander wieder treffen und weitersehen. Clara S. ist zufrieden. Sie fühlt sich in ihrer Gruppe mit ihren Fragen gut aufgehoben.

Kooperation und Kollegialität im Kontext des Lehrerverhaltens und der Unterrichtsgestaltung wird in sehr vielen Aussagen als Fundament für das Gelingen von Unterricht erkannt. Die Schülerinnen und Schüler der Unterstufe erkennen sehr genau, dass die Dialogbereitschaft im Lehrerkollegium, das Miteinander-Teilen von Wissen und Erfahrungen, eine Kultur der Offenheit fördert. Diese trägt aus ihrer Sicht maßgeblich zu einem positiven Schulklima bei. Nur so können Konflikte, die Teil des Schulalltags sind, konstruktiv und kreativ bearbeitet werden.

Dabei sind den kreativen Möglichkeiten und Methoden, in Dialog zu treten und gemeinsam Lösungsstrategien zu erarbeiten, von Seiten der Unterstufenschülerinnen und -schüler kaum Grenzen gesetzt. Von präzisen Vorschlägen zu übergreifender Planung und Gestaltung verschiedener Unterrichtsgegenstände bis hin zu konkreten Wünschen betreffend Teamteaching ist die Bandbreite der Vorschläge groß. Der die Aussagen durchziehende rote Faden ist der Wunsch nach einem wertschätzenden Umgang miteinander.

Für die Oberstufenschülerinnen und -schüler ist die Domäne Kooperation und Kollegialität besonders bedeutsam, denn „wer nicht kollegial ist, hat im Lehrberuf nichts verloren. Den ganzen Tag arbeitet man mit Menschen, man ist umgeben von Kindern. Natürlich gibt es Reibungspunkte, diese sollten allerdings sofort besprochen werden und aus der Welt

geschafft werden, denn man sollte den Schülern ja ein Vorbild sein und nicht schon durch eine schlechte Stimmung im Kollegium gegenteilig wirken." (B 16/9) Die Wünsche und Erwartungen der Schülerinnen und Schüler diese Domäne betreffend lassen sich nach drei Kommunikationsebenen kategorisieren: die Kommunikationsebene zwischen
- Lehrerinnen und Lehrern untereinander,
- Lehrpersonen und Schülerinnen bzw. Schülern,
- Schülerinnen und Schülern untereinander.

So gibt es zunächst die Ebene der Kooperation und Kollegialität innerhalb des Kollegiums. Dabei ist auffallend, dass die befragten Schülerinnen und Schüler ein ausgeprägtes Feingefühl für die Kooperationsbereitschaft innerhalb des Lehrerkollegiums haben. Sie haben einen hohen Grad an Sensibilität dafür, inwieweit die Lehrkräfte untereinander eine positive und wertschätzende Atmosphäre pflegen. Mehrfach wird betont, dass die Domäne Kooperation und Kollegialität im Kontext der Einführung von Junglehrerinnen und Junglehrern außerordentlich wichtig wäre. Wenn Anfängerinnen und Anfänger nicht kollegial vom Kollegium aufgenommen werden, überträgt sich ihre daraus resultierende Unsicherheit auf ihr Verhältnis zu den Schülerinnen und Schülern.

Darüber hinaus verstehen die Befragten unter Kollegialität aber auch die Ebene des respektvollen und kooperativen Umgangs zwischen Lehrkräften und ihren Schülerinnen und Schülern. „Kollegialität, weil es meiner Meinung nach wichtig ist, dass Lehrer über Probleme, die in manchen Klassen auftreten, reden und gemeinsam Lösungen suchen und sich gegenseitig bei der Durchführung der gefundenen Lösungen helfen." (A A/9) Lehrerinnen und Lehrer können durch Offenheit und Wertschätzung die Perspektiven der Schülerinnen und Schüler anerkennen und so in eine respektvolle und von Toleranz geprägte Beziehung treten.

Eine dritte Ebene eröffnet sich mit dem Verständnis für ein Miteinander zwischen den Schülerinnen und Schülern. Ein Bewusstsein für Kollegialität und Kooperation auf dieser Ebene trägt in einem hohen Maße zur Zufriedenheit, aber auch zur Leistungsbereitschaft bei. „Nur so kann Schule funktionieren!" (C 2/10) Gegenseitiger Respekt und ein hohes Maß an Toleranz und Akzeptanz müssen allerdings durch die Lehrkräfte vorgelebt werden.

Kooperation und Kollegialität bedeuten zusammenfassend für die Mehrzahl der Schülerinnen und Schüler mehr als eine gelungene Kooperation innerhalb des Kollegiums. Sie erweitern die Interpretation und verweisen auf die Zusammenarbeit zwischen allen Personen, die in das unterrichtliche Handeln involviert sind, eben auch auf die gemeinsame Arbeit mit den Schülerinnen und Schülern. Auf diese Weise könnte, laut Aussagen der Befragten, ein maßgeblicher Schritt zur Verbesserung der Schulkultur getan werden.

Personal Mastery

> Hannes weiß bei einer Leistungsüberprüfung in Englisch die einfachsten Antworten nicht. Die Mitschüler/innen beginnen sich darüber lustig zu machen. Die Lehrerin macht den Schüler/innen klar, dass Spott Hannes nicht weiterhilft. Sie teilt Zettel an die Schüler/innen aus und weist an: „Schreibt auf, was dem Hannes helfen kann, dass er die Aufgabe besser erfüllen kann."
> Die Schüler/innen sind überrascht, dass sie jetzt selbst gefordert sind. Sie beginnen nachzudenken und ihre Anregungen auf die Zettel zu schreiben. Die Lehrerin sammelt diese ein und gibt sie Hannes. Er liest sie der Reihe nach vor und überlegt gemeinsam mit der Klasse, welche der vielen Anregungen für ihn hilfreich sein könnten.

Die Unterstufenschülerinnen und -schüler identifizieren die Domäne in erster Linie als Bereitschaft, kontinuierlich an sich zu arbeiten und für Neues offen zu bleiben. „Ein guter Lehrer ist für mich der, der neuen und guten Ideen gegenüber immer offen ist." (A 1/16) Gegenseitige Wertschätzung und echtes Interesse für die Probleme der Kinder und Jugendlichen werden als Voraussetzungen für „Personal Mastery" angegeben. Die Jugendlichen erkennen aber auch die Prozesshaftigkeit der Domäne, indem sie eine prinzipielle und stete Offenheit als Indiz für gute Lehrpersonen angeben. So beschreibt auch Senge Personal Mastery als etwas, das man nicht besitzt, sondern als einen Prozess, als eine sich lebenslang weiterentwickelnde Disziplin (vgl. Senge 1996, S. 175). Auch in der Rückmeldung zu dieser Domäne fordern die Schülerinnen und Schüler Respekt und Verständnis für ihre Schwächen und machen eine Reihe von Vorschlägen, wie Lehrerinnen und Lehrer „individuelle Könnerschaft" leben können. Als Anregung wird die Etablierung einer „Problembox" vorgeschlagen: Wenn sie „voll ist, können sich die Lehrer/innen die Box aufmachen und die Probleme anschauen!" (A B/49) Aber auch Gedanken zu Aggressionstrainings und Ähnlichem werden thematisiert. Kommunikationsfähigkeit als Bereitschaft mit den Schülerinnen und Schülern in einen Dialog zu treten und als Ausdruck eines konstruktiven Umgangs mit Fehlern ist eine immer wiederkehrende Forderung. Als Voraussetzung hierfür sehen sie auf struktureller Ebene den Faktor Zeit als Bedingung, um in Ruhe gemeinsam mit den Lehrkräften Wege zu finden, auftretende Problemstellungen zu bearbeiten. Der Begriff Personal Mastery wird von den Schülerinnen und Schülern der Oberstufe klar umrissen. „Die Domäne Personal Mastery ist sicher sehr wichtig, da ohne das Können, das Wissen und das Können zu verbinden, es schwierig werden könnte den Kindern sinnvoll das Fach näher zu bringen. Wenn der Lehrer nur vorne steht und vor sich hindoziert, dann dürfen sie sich auch genauso wenig Engagement von den Schülern erwarten." (C 2/2) Aus Aussagen wie dieser lässt sich schließen, dass für die Schülerinnen und Schüler erst die bereits mehrfach genannten Vermittlungs- bzw. Kommunikationskompetenzen gemeinsam mit dem fachlichen Wissen gelungenen Unterricht ausmachen.

Darüber hinaus sind soziale Kompetenzen, die ebenfalls mit dem Bereich Personal Mastery identifiziert werden, für viele Schülerinnen und Schüler die Basis für die gekonnte Verschränkung von Wissen und Können. „Persönlichkeit einbringen – Lehrer sollten auf jeden Fall ihre Persönlichkeit einbringen, das macht sie sympathischer, nicht so steif, sie sollten mit ihren Schülern diskutieren können und Fehler eingestehen können; Respekt – sich gegenseitig Respekt erweisen, alle sind gleich." (C 2/10) Kreativität und Ideenreichtum in der Art der Vermittlung von Lerninhalten sowie Freude am Beruf sind in Bezug auf Personal Mastery die wichtigsten Faktoren im unterrichtlichen Geschehen.

Zusammenfassend wird die Domäne Personal Mastery von den Schülerinnen und Schülern als jener Bereich identifiziert, in dem die Verflechtungen der Fach-, Methoden-, Selbst- und Sozialkompetenzen am deutlichsten zutage treten. Auch wird immer wieder auf strukturelle Voraussetzungen, um Personal Mastery leben zu können, aufmerksam gemacht. Insbesondere wird gefordert, mehr Raum und Zeit zur Verfügung zu stellen, damit „sehr aufmerksame und feinfühlige Lehrkräfte ihren Kolleginnen und Kollegen mitteilen, was sie Wichtiges in den verschiedenen Klassen beobachtet haben. Zusammen können dann Verbesserungsvorschläge heraus gearbeitet werden. [...] Die Gemeinschaft, das System Schule wird durch die Zusammenarbeit gestärkt und gefestigt." (B 16/12)

6 Resümee und Ausblick

Die wichtigsten Aufgabenfelder von Lehrerinnen und Lehrern werden, so die Aussagen der Schülerinnen und Schüler, durch das Domänenkonzept abgedeckt. Das Fehlen eines Bewusstseins für die in den Domänen beschriebenen Kompetenzfelder als Voraussetzung für gelingende Lernerfahrungen wird als Kernproblem im schulischen Alltag artikuliert. Auch wird von Schülerseite kritisiert, dass Lehrkräfte in vielen Fällen nur jene Domänen erfüllen, die sie persönlich für richtig und wichtig halten, und demzufolge nicht in eine kritische Auseinandersetzung mit jenen Bereichen treten, die neue Lernprozesse auslösen könnten. Dies wäre laut vielen Aussagen wünschenswert, um Unterricht positiv und effektiv zu gestalten: „Ich denke, dass alle diese Domänen wichtig sind, dass auf jeden Schüler/jede Schülerin einzeln eingegangen wird. Eine Voraussetzung dabei ist, meiner Meinung nach, dass die Lehrer sich nicht zu sehr distanzieren. Eine gewisse Distanz ist natürlich schon nötig, aber wenn der Lehrer ohne ein Wort in die Klasse kommt und mit dem Stoff beginnt, diesen durchdrückt und dann nach der Stunde wieder geht ist das keine gute Lehrmethode, finde ich!" (C 4/8)

Schülerinnen und Schüler erkennen und fordern die widersprüchliche Einheit von diffusen und spezifischen Beziehungsmomenten, die im Diskurs um Professionalität als zentrales Moment der Interaktion zwischen „Professionellen und Klienten", hier zwischen Lehrpersonen und Schülerinnen und Schülern, gilt, deutlich ein (vgl. dazu u. a. Oevermann 2008, S. 69).

Vermittlungs- und Methodenkompetenzen sind neben der Fachkompetenz die zentralen Bereiche, die die Befragten in allen Domänen als grundlegende Momente für Professionalität verorten. Eine Vielzahl von Wünschen und Forderungen bezieht sich auf das Kommunikationsvermögen, aber auch die Kritikfähigkeit der Lehrerinnen und Lehrer. So wird vehement ein Feedbacksystem eingefordert, durch das die Anliegen der Jugendlichen artikuliert werden könnten. Feedback wird zusätzlich als Kommunikationsinstrument im Sinne einer besseren Verständigung über Lehrinhalte gesehen (vgl. Bastian 2010).

Die stärkere Einbindung in Entscheidungsprozesse, sei es bei Entscheidungen personeller Art oder bei Fragen der Unterrichtsinhalte, ist für die Schülerinnen und Schüler außerordentlich wichtig, denn „schließlich geht es um die Schüler und diese sollten im Gymnasialalter im Prozess lernen weitgehend für sich selbst zu entscheiden." (C 1/11)

Auf struktureller Ebene werden ebenfalls viele Änderungsvorschläge eingebracht. Raum und Zeit sind neben der Forderung nach einem strukturell verankerten Mitspracherecht bei curricularen Entscheidungen die Hauptkriterien, die verbesserungswürdig erscheinen. Schule wird als Ort der Sozialisierung wahrgenommen. Dementsprechend werden Räume gefordert, in denen informelle Lern- und Austauschprozesse stattfinden können. Die Abschaffung von Wanderklassen, die Veränderung der Aufenthaltsräumlichkeiten, die Installierung von alternativen Pausensystemen sowie die Auflösung der 45 bzw. 50 Minuten dauernden Unterrichtseinheiten werden vorgeschlagen. Grundsätzlich plädieren die Schülerinnen und Schüler für eine Kultur der Offenheit, des gegenseitigen Respekts und der Wertschätzung, die sich in der Vielfalt der an dem System Schule Beteiligten widerspiegelt.

7 Fazit

Die Mehrheit der befragten Schülerinnen und Schüler sieht in jenen Kompetenzbereichen, die durch die Domänen angesprochen werden, die Hauptkriterien für erfolgreichen Unterricht. Die Verknüpfung von Professionsbewusstsein, Reflexionsfähigkeit, Differenzfähigkeit, Kooperation und Kollegialität und schließlich Personal Mastery gleichsam als umspannendes Netz kann maßgeblich dazu beitragen – so der Grundton der Rückmeldungen – Unterricht gelingen zu lassen.

Damit Schule ihren Bildungsanspruch und ihre gesellschaftliche Aufgabe umsetzen und leben kann, braucht es den Dialog. Die Voraussetzung dafür wären adäquate zeitliche und räumliche Strukturen. Ein solcher Dialog bzw. eine offene Kommunikationskultur wird jedoch von Seiten der Schülerinnen und Schüler in signifikanter Form vermisst, und zwar sowohl auf struktureller Ebene – die Zeitstrukturen sind extrem knapp bemessen, die räumlichen Kapazitäten zum Teil hinderlich – als auch in der Interaktion mit den Lehrkräften. Vorschläge zur Verbesserung gibt es in der vorliegenden Befragung viele, zum Teil wären diese sogar schnell und einfach umzusetzen.

Für die Zukunft wäre es hilfreich und demokratiepolitisch über die Zeit der Schule hinausweisend, die Stimmen der Schülerinnen und Schüler ernsthaft in schulische Entwicklungs- und Veränderungsprozesse mit einzubeziehen, um nicht Gefahr zu laufen, an der eigentlichen Zielgruppe vorbei zu „innovieren". Um junge Bürgerinnen und Bürger vernunftbegabt und mündig (im Sinne von kritikfähig) in die gesellschaftlichen Prozesse einzuführen, bedarf es partizipativer Momente, konkret eines Mitspracherechts und der Mitverantwortung für Schülerinnen und Schüler, und das bereits von einem frühen Zeitpunkt an.

Lehrerbildung umdenken bzw. neu denken bedeutet vor diesem Hintergrund, Schülerinnen und Schüler in einem wertschätzenden Rahmen zu Wort kommen zu lassen, ein Arbeitsbündnis mit den Schülerinnen und Schülern zu schließen und dieses ernst zu nehmen, d. h. sie ernsthaft an dem Diskurs um Schule teilhaben zu lassen. Sie haben konkrete Vorstellungen, wie „ihre" Schule auszusehen hat. Binden wir sie also in Entwicklungsprozesse ein und geben wir ihnen das Wort.

Literatur

Bastian, Johannes (2007): Einführung in die Unterrichtsentwicklung. Weinheim und Basel: Beltz.

Bastian, Johannes (2010): Feedbackarbeit in Lehr-Lern-Prozessen. Gespräche über die Entwicklung von Unterricht und Schule gestalten. In: Zeitschrift für Gruppendynamik und Organisationsberatung, H. 41, S. 21–37.

Fischer, Wolfgang. (1975): Bildung trotz Schule? In: Ders. (1978): Schule als parapädagogische Organisation. Kastellaun/Hunsrück: Henn, S. 158–172.

Heydorn, Heinz-Joachim. (1970): Über den Widerspruch von Bildung und Herrschaft. Bildungstheoretische Schriften 2. Frankfurt/Main: Europäische Verlagsanstalt.

Heydorn, Heinz-Joachim. (1972): Zu einer Neufassung des Bildungsbegriffs. Frankfurt/Main: Suhrkamp.

Gudjons, Herbert (2006): Neue Unterrichtskultur – veränderte Lehrerrolle. Bad Heilbrunn: Klinkhardt.

Kränz-Nagl, Renate/Mierendorff, Johanna (2007): Kindheit im Wandel Annäherung an ein komplexes Phänomen. In: SWS-Rundschau, 47. Jg., H. 1, S. 3–25.

Lamnek, Siegfried (^{4}2005): Qualitative Sozialforschung, Weinheim und Basel: Beltz.

Mayring, Philipp (^{8}2003a): Qualitative Inhaltsanalyse. Grundlagen und Techniken. Weinheim und Basel: Beltz.

Mayring, Philipp (²2003b): Qualitative Inhaltsanalyse. In: Flick, Uwe/Kardorff, Ernst von/Steinke, Ines (Hrsg.): Qualitative Forschung. Ein Handbuch. Reinbek bei Hamburg: Rowohlt, S. 468–475.
Oevermann, Ulrich (1996): Theoretische Skizze einer revidierten Theorie professionalisierten Handelns. In: Combe, Arno/Helsper, Werner (Hrsg.): Pädagogische Professionalität. Untersuchungen zum Typus pädagogischen Handelns. Frankfurt/Main: Suhrkamp, S. 70–182.
Oevermann, Ulrich (2008): Profession contra Organisation? Strukturtheoretische Perspektiven zum Verhältnis von Organisation und Profession in der Schule. In: Helsper, Werner/Busse, Susann/Hummrich, Merle/Kramer, Rolf-Torsten (Hrsg.): Pädagogische Professionalität in Organisationen. Neue Verhältnisbestimmungen am Beispiel der Schule. Wiesbaden: VS Verlag.
Osterloh, Jürgen (2002): Was heißt „pädagogische Professionalität"? Überlegungen zum Grundverständnis pädagogischer Berufe. In: Pädagogische Rundschau 56, H. 5., S. 391–400.
Senge, Peter M. (1990/⁹2003): Die fünfte Disziplin. Stuttgart: Klett-Cotta.
Schirlbauer, Alfred (2005): Die Moralpredigt. Destruktive Beiträge zur Pädagogik und Bildungspolitik. Wien: Sonderzahl.
Schratz, Michael/Schrittesser, Ilse/Forthuber, Peter/Pahr, Gerhard/Paseka, Angelika/Seel, Andrea (2007): Domänen von Lehrer/innen/professionalität. Entwicklung von Professionalität im internationalen Kontext. In: Kraler, Christian/Schratz, Michael (Hrsg.): Modelle zur kompetenzorientierten Lehrerbildung. Münster: Waxmann, S. 123–138.
Schrittesser, Ilse (2004): „Professional Communities". Beiträge der Gruppendynamik zur Entwicklung professionalisierten Handelns. In: Hackl, Bernd/Neuweg, Georg (Hrsg.): Zur Professionalisierung pädagogischen Handelns. Münster: Lit-Verlag, S. 131–150.
Schwarz, Bernd/Prange, Klaus (Hrsg.) (1997): Schlechte Lehrer/innen. Zu einem vernachlässigten Aspekt des Lehrberufs. Weinheim und Basel: Beltz.
Stolz, Gerd E. (1997): Der schlechte Lehrer aus der Sicht von Schülern. In: Schwarz, Bernd/Prange, Klaus (Hrsg.): Schlechte Lehrer/innen. Zu einem vernachlässigten Aspekt des Lehrberufs. Weinheim und Basel: Beltz, S. 124–178.
Weinert, Franz Emanuel/Helmke, Andreas (1996): Der gute Lehrer: Person, Funktion oder Fiktion? In: Zeitschrift für Pädagogik, 34. Beiheft, S. 223–233.

Autorinnen und Autoren

Andrea Fraundorfer
Mitarbeiterin des österreichischen Bundesministeriums für Unterricht, Kunst und Kultur in der Abteilung für Diversitäts- und Sprachenpolitik. Koordinatorin der OECD-Länderprüfung zu Migration und Bildung. Arbeitsschwerpunkte: Migration und Bildung; OECD-Projekt zu Innovative Learning Environments; Begabungs- und Begabtenförderung.

Julia Köhler
Lektorin u. a. am Institut für Bildungswissenschaft der Universität Wien. Forschungs- und Arbeitsschwerpunkte: Professions- und Professionalisierungsforschung, Lehrerbildung, Theaterpädagogik.

Erna Nairz-Wirth
Professorin am Institut für Allgemeine Pädagogik und Philosophie an der Wirtschaftsuniversität Wien. Venia docendi für Allgemeine Pädagogik und für Erziehungswissenschaft im Jahr 2007. Seit 2008 Leiterin der Abteilung für Bildungswissenschaft an der Wirtschaftsuniversität Wien. Forschungsschwerpunkte: Soziologische Bildungsforschung; Bildungswegforschung; Berufsfeldforschung; Ungleichheitsforschung.

Angelika Paseka
Professorin für Erziehungswissenschaft mit dem Schwerpunkt Schulpädagogik an der Universität Hamburg.
Forschungs- und Arbeitsschwerpunkte: Professionsforschung und Professionsentwicklung, Gender Mainstreaming und qualitative Methoden der Bildungsforschung.

Christina Schenz
Professorin am Institut für Grundschulpädagogik, Universität Passau, Inhaberin des Lehrstuhls für Grundschulpädagogik und -didaktik.
Forschungs- und Arbeitsschwerpunkte: Professionsforschung, Schulentwicklung und Bildungsforschung.

Michael Schratz
Dekan der Fakultät für Bildungswissenschaften und Professor für Schulpädagogik an der Universität Innsbruck.
Forschungs- und Arbeitsschwerpunkte: Schulforschung, Lehrerbildung, Qualitätsentwicklung, Management und Leadership. Mitglied internationaler Kommissionen und Arbeitsgruppen zur Lehrerbildung (Europarat, Europäische Union, OECD).

Ilse Schrittesser
Bis Oktober 2010 Professorin und Institutsvorständin des Instituts für Bildungswissenschaft der Universität Wien mit dem Schwerpunkt Schulpädagogik und Professionsforschung. Ab Oktober 2010 Professorin für Lehr- und Lernforschung an der Universität Innsbruck.
Forschungs- und Arbeitsschwerpunkte: Professions- und Professionalisierungsforschung, Lehrerbildung, Lehr-und Lernforschung und Universitätsentwicklung.